智能制造车间与调度

ZHINENG ZHIZAO
CHEJIAN
YU DIAODU

赵世英 王朝华 主 编
武淑琴 王继群 副主编

化学工业出版社
·北京·

内容简介

《智能制造车间与调度》系统阐述了数字化智能制造车间的基本架构、规划构建和管理调度三方面的内容。本书聚焦智能制造车间相关概念和技术理论体系，通过对构建模式、顶层设计与实施步骤、智能制造能力评价方法的论述，介绍并分析智能制造车间的规划设计方法和流程；结合工程实践，详细阐述车间构建过程中所涉及的布局规划与仿真分析、车间日常管理和任务处理、车间制造信息感知与协同、生产制造执行系统和企业资源计划、工艺规划与智能调度等各方面运行机制和理论知识；选择近年来在智能制造车间建设方面取得成效的三个不同生产类型的企业，进行案例分析。各章节内容既相互联系又自成体系，方便读者根据自身需要有选择性地学习，有助于读者迅速理解和全面系统地认识、掌握智能制造车间的布局方法和建设步骤。

本书可作为应用型本科院校和高等职业技能院校的机械工程、智能制造工程、自动化、工业工程、管理工程等专业的教材或教学参考书，也可供智能制造领域的新职业及传统升级行业从业人员阅读参考。

图书在版编目（CIP）数据

智能制造车间与调度/赵世英，王朝华主编；武淑琴，王继群副主编 . —北京：化学工业出版社，2023.5
ISBN 978-7-122-42833-2

Ⅰ.①智… Ⅱ.①赵…②王…③武…④王… Ⅲ.①智能技术-应用-制造工业-车间调度-研究 Ⅳ.①F406.2-39

中国国家版本馆 CIP 数据核字（2023）第 036882 号

责任编辑：曾　越　　　　　　　　　文字编辑：袁　宁
责任校对：刘　一　　　　　　　　　装帧设计：刘丽华

出版发行：化学工业出版社（北京市东城区青年湖南街 13 号　邮政编码 100011）
印　　装：高教社（天津）印务有限公司
787mm×1092mm　1/16　印张 18¼　字数 492 千字　　2023 年 6 月北京第 1 版第 1 次印刷

购书咨询：010-64518888　　　　　　　售后服务：010-64518899
网　　址：http://www.cip.com.cn
凡购买本书，如有缺损质量问题，本社销售中心负责调换。

定　　价：89.80 元

近年来，全球各主要经济体都在大力推进制造业的复兴，相继提出德国工业 4.0、美国先进制造业战略计划、中国制造 2025 等发展策略；5G、工业互联网、物联网、大数据、云计算等技术日新月异，全球众多优秀制造企业都开展了智能制造建设实践。当前，我国制造企业同样面临着巨大的转型压力。一方面，劳动力成本迅速攀升、产能过剩、竞争激烈、客户个性化需求日益增长等因素，迫使制造企业从低成本竞争策略转向建立差异化竞争优势。在工厂层面，制造企业面临着招工难、缺乏专业技师的巨大压力，必须实现减员增效，迫切需要推进智能工厂、智能制造车间建设。另一方面，物联网、协作机器人、增材制造、预测性维护、机器视觉等新兴技术迅速兴起，为企业推进智能制造提供了良好的技术支撑。再加上国家和地方政府的大力扶持，使各行业越来越多的大中型企业开启了智能工厂、智能制造车间建设的征程。

智能制造产业的优化升级，需要精通智能制造、智能控制、工业机器人、自动化等专业的中高级技术人才，而这类人才的培养只能由相关院校来完成。于是，对于智能制造专业培训和技术人才培养方面的知识文献需求与日俱增，本书编撰的初衷正是顺应这一产业发展趋势和服务市场需求。本书可作为智能制造领域的新职业及传统升级行业从业人员、职业技能培训机构的培训和参考用书；也可供应用型本科院校和高等职业技能院校的机械工程、智能制造工程、自动化、工业工程、管理工程等专业师生作为选修教材。

实施智能制造需要科学规划和遵循相应的规则，本书中关于智能制造车间的规划与构建按照以下层次进行论述与说明：对企业或工厂的现状与应用能力进行评估，得出所处阶段和将要进入的阶段；业务改进，通过评估明确整改的目标，包括企业管理的改进和智能制造车间的关键系统需求；具体规划和布局，按照纵向和横向集成原则和标准，构建完整的智能车间系统框架；建设方案具体落实，包括确定详细的实施计划、案例分析、建立完整的车间管理和智能调度体系等。

本书内容以实际应用为主，理论为辅，突出实用特点，与实际生产过程充分结合。采用大量图形化和表格化的表达方式；各章节知识点相互联系，由浅入深，使得读者易看、易懂，便于学习和掌握。本书由北京印刷学院赵世英、太原科技大学王朝华担任主编；北京印刷学院武淑琴、北京工业职业技术学院王继群担任副主编。赵世英负责全书统稿并编写第 1 章和第 3 章中的 3.1 节、3.2 节、3.3 节，王朝华编写第 4 章和第 5 章，王继群编写第 2 章，武淑琴编写第 3 章中的 3.4 节、3.5 节。全书由北京印刷学院齐元胜主审。

农业农村部规划设计研究院张永立博士，北京印刷学院邵丽蓉、李奕佳、郑绮悦、暴泰焚和太原科技大学贺宾等参与了本书资料整理、文字录入和图表制作等工作，在此一并致谢。

因受限于笔者的理论和实践水平、文献资料获取的深度和广度，对于日新月异、快速更新的智能制造以及智能车间相关理论与关键技术，书中内容不可避免会有偏颇之处，敬请读者和专家批评指正。

编者

目录

第 4 章 工艺规划与智能调度

第 5 章 智能制造车间案例分析

缩略语

第 1 章

智能制造车间概念

1.1 智能制造概述

1.1.1 智能制造的时代背景

(1) 我国制造业发展规模与《中国制造 2025》的提出

在进入 21 世纪第二个十年的时候，也就是 2010 年，我国超过美国成为全球制造业第一大国。按照联合国对全球工业产业划分，世界产业可以分为 39 个大类，191 个中类，525 个小类。目前我们国家是全球唯一一个拥有联合国产业分类中全部工业门类的国家。中国不仅拥有完整的工业体系，而且产值规模高居世界第一。2018 年中国制造业增加值达到 40027.53 亿美元，如表 1-1 所示，比美国、日本的制造业增加值总和还要高，占世界的比重达到 28.20%；截至 2019 年，中国制造业增加值为 39019.60 亿美元，如表 1-2 所示，继续保持大幅度领先。但总体来看，大而不强的特征仍然没有实质性改变，建设制造业强国的任务艰巨而紧迫。

⊡ 表 1-1 2018 年世界制造业十强国家制造业增加值和占比

排名	国家	制造业增加值/亿美元	占 GDP 比重	占世界制造业比重
1	中国	40027.53	29.41%	28.20%
2	美国	23346.04	11.00%	16.30%
3	日本	10332.30	20.80%	8.16%
4	德国	8324.32	22.70%	6.05%
5	韩国	4409.41	27.23%	3.36%
6	印度	4086.93	14.99%	3.10%
7	意大利	3108.98	14.99%	2.26%
8	法国	2739.72	10.90%	2.08%
9	英国	2519.86	9.90%	1.92%
10	墨西哥	2084.98	17.04%	1.66%

⊡ 表 1-2 2019 年世界制造业强国制造业增加值和占比

排名	国家	制造业增加值/亿美元	占 GDP 比重	占世界制造业比重
1	中国	39019.60	27.00%	28.10%
2	美国	23600.00	11.00%	17.00%
3	日本	10500.00	20.79%	7.60%
4	德国	7500.00	20.83%	5.20%

2015 年，我国将人工智能和工业互联网定位于国家战略高度：国务院与工业和信息化部先后出台了《中国制造2025》《国务院关于积极推进"互联网＋"行动的指导意见》等一系列指导性文件，是中国实施制造强国战略第一个十年的行动纲领。

《中国制造2025》以体现信息技术与制造技术深度融合的数字化、网络化、智能化制造为主线。主要包括八项战略对策：推行数字化、网络化、智能化制造；提升产品设计能力；完善制造业技术创新体系；强化制造基础；提升产品质量；推行绿色制造；培养具有全球竞争力的企业群体和优势产业；发展现代制造服务业。《中国制造2025》明确实施五大工程，包括智能制造、工业强基、绿色制造、国家制造业创新中心建设、高端装备创新等。

其中的"智能制造工程"主要内容包括：紧密围绕重点制造领域关键环节，开展新一代信息技术与制造装备融合的集成创新和工程应用。支持政产学研用联合攻关，开发智能产品和自主可控的智能装置并实现产业化。依托优势企业，紧扣关键工序智能化、关键岗位机器人替代、生产过程智能优化控制、供应链优化，建设重点领域智能工厂/智能制造数字化车间。在基础条件好，需求迫切的重点地区、行业和企业中，分类实施流程制造、离散制造、智能装备和产品、新业态新模式、智能化管理、智能化服务等试点示范及应用推广。建立智能制造标准体系和信息安全保障系统，搭建智能制造网络系统平台。到2020年，制造业重点领域智能化水平显著提升，试点示范项目运营成本降低30％，产品生产周期缩短30％，不良品率降低30％。到2025年，制造业重点领域全面实现智能化，试点示范项目运营成本降低50％，产品生产周期缩短50％，不良品率降低50％。

国家在人工智能、智能制造相关领域发布了一系列的政策，并紧紧围绕"继续深度优化资源配置，推进高端装备制造业务升级发展"战略进行相应的技术储备，为国家未来在智能制造领域占有一席之地而不断努力。表1-3为近年我国在人工智能和智能制造领域制定的国家政策一览表。智能制造的市场前景比较广阔，随着制造业智能化的升级改造，我国智能制造产业呈现较快的增长。

⊡ 表1-3　人工智能和智能制造国家政策一览表

发布时间	发布部门	文件名称	政策主要内容
2015 年 5 月	国务院	《中国制造2025》	将智能制造作为工业化和信息化深度融合的主攻方向
2016 年 4 月	工信部	《机器人产业发展规划(2016—2020 年)》	在我国人口红利逐步减少、中国制造亟待向中国智造迈进的大背景下，机器人产业发展迎来了全新机遇
2016 年 5 月	国家发改委、科技部、工信部、中央网信办	《"互联网＋"人工智能三年行动实施方案》	在重点领域培育若干全球领先的人工智能骨干企业，初步建成基础坚实、创新活跃、开放协作、绿色安全的人工智能产业生态，形成千亿元级的人工智能市场应用规模
2016 年 12 月	国务院	《"十三五"国家战略性新兴产业发展规划》	"十三五"时期，要把战略性新兴产业摆在经济社会发展更加突出的位置，大力构建现代产业新体系，推动经济社会持续健康发展
2017 年 3 月	工信部	推进实施《中国制造2025》情况发布	强化部门协同和上下联动，发挥企业主体作用和重大工程带动作用，为稳定工业增长、加快制造业转型升级发挥了重要作用
2017 年 7 月	国务院	《新一代人工智能发展规划》	"三步走"战略目标中到2025 年进入全球价值链高端。在智能制造、智能医疗、智慧城市、智能农业、国防建设等领域得到广泛应用，人工智能核心产业规模超过4000 亿元，带动相关产业规模超过5 万亿元

发布时间	发布部门	文件名称	政策主要内容
2018 年 1 月	工信部	《促进新一代人工智能产业发展三年行动计划(2018—2020 年)》	从国家顶层设计方面,已经越来越意识到人工智能作为一项基础技术,能够渗透至各行各业,并助力传统行业实现跨越式升级,提升行业效率,正在逐步成为掀起互联网颠覆性浪潮的新引擎
2019 年 8 月	科技部	《国家新一代人工智能创新发展试验区建设工作指引》	开展人工智能技术应用示范、人工智能政策试验、人工智能社会实验,积极推进人工智能基础设施建设。到 2023 年,布局建设 20 个左右的试验区,创新一批切实有效的政策工具,形成一批人工智能与经济社会发展深度融合的典型模式,积累一批可复制可推广的经验做法,打造一批具有重大引领带动作用的人工智能创新高地
2020 年 11 月	国家工信安全中心	《2020 人工智能与制造业融合发展白皮书》	人工智能与制造业融合主要包括研发设计、生产制造、管理活动三大方向。制造业企业与人工智能企业两大主体两端发力,共同推进人工智能与制造业融合发展

图 1-1 为中商产业研究院整理的数据,显示从 2014 年开始,中国智能制造产业规模每年以大于 22％的增长率增长,2018 年达到 18421 亿元,2019 年突破 22000 亿元。

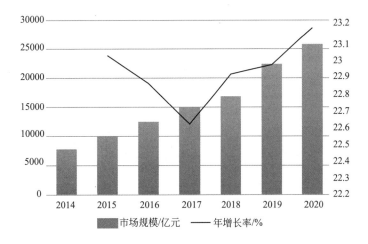

图 1-1 2014—2020 年中国智能制造产业市场规模及预测

(2) 国外智能制造发展动向

智能制造已经成为制造业未来发展的全新驱动因素,世界主要工业国家都提出明确的政策支持体系来应对该轮制造业革新浪潮,并已经在智能制造领域积累了大量的发展经验。

美国近年来提出和实施了"再工业化"计划,主要针对 21 世纪以来美国经济"去工业化"所带来的虚拟经济过度、实体经济衰落、国内产业结构空洞化等现实情况。该计划要实现的目标是重振实体经济,增强国内企业竞争力,增加就业机会;发展先进制造业,实现制造业的智能化;保持美国制造业价值链上的高端位置和全球控制者地位。可见,美国的"再工业化"是指通过政府的协调规划,实现传统工业的改造与升级和新兴工业的发展与壮大,使产业结构朝着具有高附加值、知识密集型和以新技术创新为特征的产业结构转换。

德国著名的"工业 4.0"计划则是一项全新的制造业提升计划,其模式是由分布式、组合式的工业制造单元模块，通过工业网络宽带、多功能感知器件，组建多组合、智能化的工业制造系统。德国学术界和产业界认为，前三次工业革命的发生分别源于机械化、电力和信息技术，而物联网和制造业服务化迎来了以智能制造为主导的第四次工业革命。工业 4.0 从根本上重构了包括制造、工程、材料使用、供应链和生命周期管理在内的整个工业流程。

日本自确立技术立国战略以来，一直积极推行技术带动经济的发展战略。面对当前信息技术革命带来的机遇和挑战，日本于 2006 年 10 月提出了"创新 25 战略"计划。该战略计划目的是在全球大竞争时代，通过科技和服务创造新价值，提高生产力，促进日本经济的持续增长。"智能制造系统"是该计划中的核心理念之一，主要包括实现以智能计算机部分替代生产过程中人的智能活动，通过虚拟现实技术集成设计与制造过程实现虚拟制造，通过数据网络实现全球化制造，开发自律化、协作化的智能加工系统等。

另外，以英国为代表的老牌工业国家、以韩国为代表的后发工业国家以及以印度为代表的新兴工业国家，在其最新的经济发展计划中都对智能制造概念尤为重视，具体政策见表 1-4。

⊡ 表 1-4 世界主要国家应对智能制造的政策计划

政策名称	国家	时间	政策目标
"再工业化"计划	美国	2009 年	发展先进制造业，实现制造业的智能化，保持美国制造业价值链上的高端位置和全球控制者地位
"工业 4.0"计划	德国	2013 年	由分布式、组合式的工业制造单元模块，通过组建多组合、智能化的工业制造系统，应对以智能制造为主导的第四次工业革命
"创新 25 战略"计划	日本	2006 年	通过科技和服务创造新价值，以"智能制造系统"作为该计划核心理念，促进日本经济的持续增长，应对全球大竞争时代
"高价值制造"战略	英国	2014 年	应用智能化技术和专业知识，以创造力带来持续增长和高经济价值潜力的产品、生产过程和相关服务，达到重振英国制造业的目标
"新增长动力规划及发展战略"	韩国	2009 年	确定三大领域 17 个产业为发展重点，推进数字化工业设计和制造业数字化协作建设，加强对智能制造基础开发的政策支持
"印度制造"计划	印度	2014 年	以基础设施建设、制造业和智慧城市为经济改革战略的三根支柱，通过智能制造技术的广泛应用，将印度打造成新的"全球制造中心"

全球制造业已基本形成四级梯队发展格局：第一梯队是以美国为主导的全球科技创新中心；第二梯队是高端制造领域，包括欧盟、日本；第三梯队是中低端制造领域，主要是一些新兴国家，包括中国；第四梯队主要是资源输出国，包括石油输出国组织（Organization of the Petroleum Exporting Countries，OPEC）、非洲和拉美国家。

1.1.2 智能制造的概念和解读

（1）智能制造的概念

工业和信息化部专家组对于"智能制造"有一个描述性的定义：智能制造是基于新一代信息技术，贯穿设计、生产、管理、服务等制造活动各个环节，具有信息深度自感知、智慧优化自决策、精准控制自执行等功能的先进制造过程、系统与模式的总称。

智能制造是现代先进制造技术与数字化技术、人工智能技术和电子信息技术的高度融合、协同工作的产物，包括智能生产装备、智能柔性装配线、智能仓储物流、智能车间、智能工厂等一系列智能制造单元和智能生产系统。具备信息感知、优化决策、执行控制、自动适应和调整等功用，以期有效缩短产品研制周期、降低制造成本、提高生产效率、增强产线柔性、保证产品质量、节约原材料和能源消耗。由此可见，智能制造在我国工业转型升级、由制造业大国向制造业强国迈进的关键阶段，具有非常重要的现实意义和战略意义。

(2) 传统制造向智能制造的转型升级与发展特点

传统制造是指对制造资源，如人力、机器设备、原材料、加工方法、加工环境、能源、资金、技术、信息等，按照市场要求，转化为工具、工业品及生活消费品的过程。传统制造一般只能驾驭生产过程中的物质流及能量流，在生产过程中人机交互性差、生产效率低下、能源利用率低、环境污染等现象严重。

智能制造是一种由智能机器和人类专家共同组成的人机一体化智能系统，通过人与智能机器的合作共事，去扩大、延伸和部分地取代人类专家在制造过程中的脑力劳动。总体而言，传统制造人机交互性差、生产效率低、能源消耗大、生产柔性低；而智能制造具有人机一体化、柔性化、自动化、网络化、智能化、高度集成化、学习能力强等特点，代表更加绿色的先进制造方式。

智能制造主要特征包括信息感知、优化决策、执行控制。其中，信息感知是指利用标准、高效方法采集、存储、分析和自动识别大量数据信息，实现自动感应和快速认知，同时将大量数据信息传输到优化决策系统中。优化决策是指通过运用和学习大量知识，实现面向产品全生命周期的海量异构信息的自动挖掘提炼，通过计算平台支持，将挖掘提炼的信息进行计算分析、推理预测，利用决策工具和自动化系统，形成优化制造过程的决策指令。执行控制是指根据决策指令，通过执行系统控制制造过程状态，实现系统稳定、安全运行及动态调整。

在制造过程中，产品和制造系统构成传统制造的主要组成部分，也是智能制造的主要组成部分。同时，制造系统和产品对应工信部《国家智能制造标准体系建设指南》中的系统层级和生命周期维度。因此可以从制造系统层级和产品生命周期两个维度分析传统制造向智能制造发展过程，如图1-2所示。

① 系统层级发展过程。系统层级发展是用先进的智能化制造技术，使部分系统或全部系统实现智能化生产的制造过程或组织，按智能化和成熟度不同，可将系统层级分为设备层、控制层、车间层、企业层、协同层。

a. 设备层。在制造系统发展过程中，通过对制造设备关键技术创新和核心零部件的研发，首先实现设备智能化突破，形成智能设备。智能设备包括具有分析、感知、决策功能的基本结构单元和嵌入装备中的软件系统，能实现相对完整的智能制造活动。

b. 控制层。控制层与设备层密切相关，是指将大量智能设备、智能元器件应用于自动化生产线上，形成智能生产线。智能生产线按需求生产出不同类型产品，实现智能柔性生产。

c. 车间层。在智能设备和智能生产线的基础上，将不同种类的智能设备、智能生产线，通过统一软硬件设施接口标准等环境建设，实现车间中的智能设备、生产线互联互通，形成智能车间。智能车间包含软硬件基础设施和智能管控系统。

d. 企业层。在智能车间的基础上，通过完善智能制造所需基础设施，构建实体工厂，各车间数据通过统一的企业数字化平台实现集成、协同合作，建立基于数据且能与实体工厂进行深度交互的虚拟工厂，借助大数据分析、云计算等先进技术，构建决策和管理系统，实体工厂、虚拟工厂、智能决策和管理系统4部分构成智能工厂。

e. 协同层。在智能工厂的基础上，以物联网和互联网服务平台为依托，使不同类型的智能企业通过跨行业、跨地区协同合作、资源共享，实现跨行业、跨区域智能服务、生产和研发。

② 生命周期发展过程。产品全生命周期包括设计、生产、管理、服务等阶段。

a. 设计阶段。智能设计是指在传统设计的基础上，使用具有模拟仿真技术的设计系统，借助数据库、互联网支撑，在虚拟环境中并行、协同设计产品。同时，对产品功能、结构、性能进行模拟仿真，以便优化产品设计。

b. 生产阶段。智能生产是指基于信息化机械、知识、技能等多种要素的有机结合，将大数据、云计算、物联网等新一代信息技术与传统技术相结合，实现系统之间、设备之间相互融合，成为相互响应与合作的信息物理系统，实现资源节约、提高效率的个性化生产。

c. 管理阶段。在互联互通的基础上，产品数据管理、供应链管理等软件管理系统将实现互联，产业链上多企业协同制造有助于降低物流及制造成本，提高管理效率。

d. 服务阶段。智能服务是指基于新一代信息技术，实现敏捷化、远程化服务。

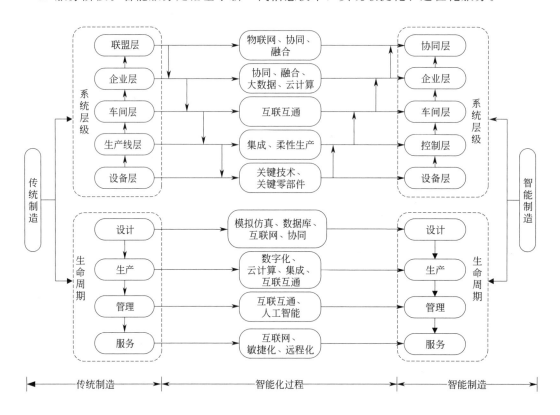

图 1-2 传统制造向智能制造发展过程

(3) 企业需求是推进智能制造工作的原动力

企业正在探索精益化管理提升路径、设备智能化改造路径、软件与平台建设路径、软硬管理同步推进路径、特定场景智能化改造路径等，在智能制造重点部署领域和路径选择方面呈现出多样化的发展趋势。

针对于日新月异的新技术以及国家智能制造的规划，几乎所有制造业的领导人和企业家都在思考如何通过新技术让自己的企业变得更加智能和高效、生产成本和人工成本更低、竞争力更强。企业的 CEO 们往往都会根据自身的情况进行判断，例如某某装置要改造、某某设备要替换，生产经营数据要可视化，仪器仪表要电子化，计量要无人化、精确化，物流运输要高效、无人化，物料要稳定、平衡供给，配料要最优方案，能耗要最低，排产和调度要自动决策，工艺过程要全自动控制，等等。无疑信息化、无人化、自动化、数字化都已经成了"智能化"发展道路的主要标签。智能化是一个持续的发展过程，不能一蹴而就，自动化是基础，但是并不是一谈智能，就考虑改造设备。企业应根据自身的实际生产经营情况和技术水平，量力而行，在某些环节先进行数字化和信息化改造，再做些智能化的提升，也会给企业增加很多实际效益。

近年来工业企业对于"智能制造"的需求变化主要体现在以下八个方面。

① 组织运作模式新变化：打破组织壁垒、数据高效协同。工业企业主要的业务部门有生产部、采购部、物流部、原料部、供应部、销售部、质检部、技术质量部、财务部。传统运作方式表现为这些部门的协作方式都是单据、逐层审批；在智能制造模式下，则可以直接在业务节点中设置定义和触发下一个流程的必要条件；当满足条件时，就进行驱动、对接，服务部门快速响应和回复，然后再驱动自己部门进行业务处理，通过信息快速流转更好地服务需求部门。这样就形成一个大连锁、大协同的运营过程，讲究高效、协同、共享，破除了传统的组织壁垒运作方式。

② 生产计划新特性：追求成本最低、收益最高的计划量。生产计划作为生产管理部门非常重要的工作之一，主要是指导下面各生产车间的生产排产和调度，但是如何制订科学的生产计划是一门深奥的学问。在 ERP（Enterprise Resource Planning，企业资源计划）时代，计划模式有面向库存和面向订单两种方案。针对离散型生产特点的行业、企业，经常用 MRP（Material Requirement Planning，物资需求计划）算法解决中间物料需求问题，倒排正排推算日期。这些 ERP 和 MRP 方式，使得生产计划量的确定相对简单。如今智能制造模式下，客户在确定计划生产量时融入了更多的可以量化的生产和管理要素，用以减少人的主观性影响因素，让最终确定生产计划量的过程数字化、科学化，目的是获取最大收益。

离散型和流程型行业、企业，在确定计划量前，都需要先进行测算成本、测算边际效益。确定计划量，需要综合平衡原料、中间产品、产品的供需关系。

③ 排产新变化：多约束的智能排产取代人为粗放判断。当确定了需要完成的生产计划量后，对于生产组织者来讲，就要考虑如何安排生产，才能确保生产成本最低。当初在确定生产计划量时，已经做了初步考虑，此处需要进一步确定，明确排产。

a. 首先生产排程不是任何时候都需要，在市场供不应求时，只需要满负荷生产，不存在复杂的排产考虑，只有当生产能力大于需要时，才需要考虑优化排产模式。

b. 考虑原材料的约束，设备对原材料有没有特定的需要，当一种原料不能满足使用时，如何搭配使用才能得到相同品质的产品，这时就会存在优化配料，目的是平衡资源，降低成本。此时需要了解每种原材料的特性、互补特性、成分含量，综合考虑其价值。

c. 考虑产线差异，当多条产线完全相同时，再考虑是否在有最低负荷的前提下，简单采取平均分配的原则，但是当投料和产出出现非线性变化时，也需要进行排程计算。对于有差异的产线，就需要考虑分别在哪条产线排多少量划算，这个划算，需要综合考虑物流成本、用料成本、能耗成本、切换成本、设备损耗成本、人工成本等因素。在众多的约束下完成排产算法。

④ 生产调度新变化：系统模型计算的结果代替人的经验判断。对于流程型企业来讲，基本前端生产都是混合料热反应的过程，控制温度、压力、进料速度等工艺参数。目前，绝大多数企业都依赖有经验的工艺师、技术员的目视、耳听、嗅觉，再结合相对滞后的化验数据，发现问题、判断问题。企业在这个环节迫切地需要智能算法、在线监测、智能模型，去替代人的主观判断，去减弱对工艺师的依赖。智能算法结果是要精准地指导投料，指导参数调整，确定反应终点，达到优化调度的目的。

a. 建设智能模型的前提是要有数据，并且要求影响目标结果的工艺数据要尽可能地齐全。

b. 其次要进行机理研究和数据挖掘分析，按照企业提供的多年大数据，建立经验型的理性知识、寻找规律，得到一个算法模型，最后根据当前的数据以及模型，推算今后可能发生的改变与转变。

c. 除了依赖模型，我们也可以初步提供一些相关性数据，通过散点图、折线图、直方图等友好地展现给调度人员并辅助其做出判断。

智能化是一个逐步实现的过程，先实现数据采集、信息化，再通过工艺和数据模型辅助人的判断，进而实现计算机指挥人，最终实现计算机指挥机器设备并完全实现自动化、智能化。

⑤ 物流管理变化：智能物流、高效利用资源替代传统的低效分配。物流管理是优化资源配置的过程，从仓库选址、空间分配到存货分配，从运输工具到承运人、运输计划、运输路线安排以及运输环节的控制，都必须考虑"安全""成本""效率""效益"等诸要素。

a. 当工厂条件允许时，企业会考虑在布局时进行整改，会考虑一些自动轨道传输设备［如 RGV（Rail Guided Vehicle，有轨穿梭小车）、自动化立体仓库等］，通过信息系统与设备联机控制，这无疑很大程度解决了运输的效率问题。

b. 不能实现这些自动化改造时，企业也会想到从信息化协同层面并结合 AGV（Automated Guided Vehicle，自动导引运输车）提高物流效率，下游自动发送准确的物料信息或者下游自动推送给下游物料指令，然后自动完成车辆优化调度，车辆精准定位，准确地识别出从 A 地点运送货物到 B 地点，实现物料自动、高效配送。

智能物流整个环节依赖大量的 IT 信息技术支撑，例如地图、卫星定位、RFID（Radio Frequency Identification，射频识别技术）扫码货物识别、视频等。

⑥ 物料追踪变化：先进的跟踪技术取代原始的粗放跟踪方式。对从事产品加工的工业企业来讲，无论流程型还是离散型都会把物料跟踪放到一定高度去谈。物料跟踪是为了在后续产品出现问题时，便于追溯源头，分析问题，寻找原因。物料跟踪也可以实现投料的防错校验。

a. 流程型行业、企业，在产品生产过程往往伴随着复杂物理化学及界面的反应以及分子结构的改变，物料跟踪首先指元素的跟踪，会做元素平衡计算。当源头的各批次物料成分确定后，在漫长的生产转换过程中，检测各环节、各种物料元素成分，判断是否达到产品质量的要求，确保生产的有效性；其次，需要进行量的平衡跟踪，跟踪回收率，跟踪中间物料的库存，跟踪每一次移动过程中的量差，以此判断生产异常、跑冒滴漏、下游能力匹配度等。

b. 离散型行业、企业，重点实现组装环节零部件的跟踪，对零部件进行信息标识，需要校验每个零件的型号是否正确可用，相对简单可行。如果再去追溯零部件的原材料，又类似流程行业，中间生产环节较多，伴随物理化学反应，很多时候只是进行粗略的批量跟踪即可，大致掌握原材料和产品的对应关系，以便产品出现质量问题，可以回溯原材料批次质量。

物料追踪时，目前基本是采用条码、芯片记载信息，通过读取设备，实现防错校验的目的。这些条码视不同的场景需要，对材质和粘贴方式都有特殊的要求。

⑦ 数据分析变化：大数据分析取代传统的统计分析。智能制造，离不开数据的支撑，要想实现智能化，数据是基础，模型是核心。为了实现智能化，企业首先考虑的是增设自动化设备、传感设备、计量设备和视频设备等。将设备的一些信息参数数字化，通过标准的 OPC 接口实现和下位机的连接通信以及和其他软件的接口，实现生产数据、设备数据和视频设备的采集。

数据采集接口实现后要进行数据处理，要根据数据处理的时间、频率、处理方式不同，进行分批、分类处理。这种处理包括了采集、计算、存储、清洗等过程，大量的数据处理要考虑性能、效率等问题，确保数据计算准确、高效。

处理完成的数据为分析决策、数据模型提供依据，当然在使用时要进行分级分组织的数据授权。

⑧ 指挥调度变化：大屏调度中心取代传统电话沟通。流程型行业、企业大部分依赖DCS（Distributed Control System，分布式控制系统）可以实现远程控制，企业也基本都建有调度指挥中心。在智能制造的浪潮下，项目建设首先从升级调度中心开始，调度中心不再是简单的视频监控、电话调度中心，大屏的元素变得更加丰富起来。通过信息化在生产过程的全面应用，大屏里实时刷新着最新的生产工艺数据、产量、处理量、环保、能源、设备、质量、人员等方方面面的信息，甚至一部分生产的自动指令也从这里发送出来。大屏调度中心是名副其实的智慧心脏，也是企业智能制造宣传的窗口。

而离散行业，受制于条件、技术成熟度，大部分设备都无法实现集中控制，多数PLC（Programmable Logic Controller，可编程控制器）在现场进行人工操作，对调度大屏实际需求相对弱化。今后，随着数控机床的不断改造，集中化的控制和调度也会成为重要诉求。

1.1.3 我国智能制造发展现状和存在的主要问题

近年来，我国在推进制造业智能转型升级中采取了一系列措施，也取得了一些效果，随着智能科技的发展，智能制造已成为推动国内企业新技术、新工艺、新产品快速发展，带动生产和管理模式不断创新，促进产业结构转型升级的有效手段。

(1) 智能制造发展现状

我国智能制造发展呈现出四大特征：转型升级取得一定进展；自主探索路径多元化；独立运营趋势明显；不同企业发展基础不均衡。

① 转型升级取得一定进展。我国智能制造的发展起步较晚，但是最近几年政府及企业已开始注重智能制造的发展。一是国家不断完善发展智能制造的产业政策，从《智能制造装备产业"十二五"发展规划》《智能制造科技发展"十二五"规划》到《中国制造2025》的发布，都是以发展先进制造业为核心目标，布局规划制造强国的推进路径。二是智能制造装备产业体系已逐渐成形，2010年工业自动化控制系统和仪表仪器、数控机床、工业机器人等部分装备产业规模销售收入超过3000亿元，此外还取得了一批智能制造技术的突破，包括机器人技术、感知技术、智能信息处理技术等，建立了一批国家级研发基地。但智能制造的一些关键性技术仍旧依赖于进口，自主创新能力还较弱。此外，部分地区率先布局智能制造的发展，但总体处于实验阶段。例如广东、福建、四川、上海、浙江等，2015年已启动智能制造的规划布局。同时，国内领军制造企业积极进行生产的智能化升级，例如海尔2012年就开始筹建数字化互联网工厂，已经建成两大支撑平台及四大互联工厂等一套较为完整的互联工厂体系；2016年与清华大学合作，成立智研院，为其提供智能制造相关领域的技术研究及人才供应。

在国家强有力政策指引下，国内主要企业正在积极探索适用于企业自身实际的智能化转型升级路径，开展了一批试点项目，得到了国家的大力支持。智能制造试点示范项目和智能制造综合标准化与新模式应用项目，对推动制造业转型起到了示范引领效果。

② 自主探索路径多元化。各类制造业企业的生产组织方式、管理流程、工艺技术路线与自动化水平等差异较大，很难用一种通用性的方案解决所有企业的问题。因此，制造业各个行业智能化转型没有统一的标准，需要多样化的发展路径。

③ 独立运营趋势明显。企业智能制造转型是一项复杂的系统工程，难以依靠企业内部传统部门推动。部分有实力的大型企业开始组建跨部门、跨专业的复合型团队，成立新的智能制造部门或者子公司，例如汽车制造业中，一汽集团数字化部、吉利集团易云科技、北汽集团蓝谷信息等，均在积极探索智能化转型升级整体规划与实施，积累了智能制造管理理念与技术，提高了汽车类企业智能制造项目的成功率。

④ 不同企业发展基础不均衡。制造业各个行业智能制造的发展基础不均衡，例如汽车制造业，一般来说轻型汽车企业基础优于重型商用车企业，重型商用车企业优于零部件企业。轻型汽车一般实现了规模化生产，自动化和信息化水平相对较高，智能制造发展的基础最好，先进技术一般率先在轻型汽车企业进行推广应用。重型商用车定制化程度较高，特别是大中型客车用户"个性化"需求较多，主要采用小批量生产模式，自动化和信息化水平与轻型汽车企业相比有一定的差距。汽车零部件企业数量多，企业结构和发展水平存在差异，大部分企业规模小，自动化与信息化水平低，与整车企业相比存在较大差距。

(2) 存在的主要问题和发展瓶颈

① 智能制造行业标准没有统一。目前我国智能制造转型升级正处于初期阶段，不同行业、企业都在积极探索智能制造转型升级的发展路径，存在智能制造发展现状不均衡、企业重点需求不明确、智能制造产学研对接困难等诸多问题，严重影响了智能制造转型升级的历史发展进程。

制造业智能化过程中所需的各种智能化器件、网络端口的连接、系统软件的集成等，都需要有一套权威性行业标准作为前提性条件，用以实现制造业智能化在更为广泛的空间中得以顺利对接。智能制造行业标准的不统一，会造成行业发展混乱，阻碍智能制造行业的发展壮大。设备之间良好的连接能够带来整个系统的信息交流、分析，实现更大边界范围中的资源整合。美国、德国等国外制造业强国不断扩大对先进制造业国际标准的控制权，积极发展本国智能制造行业标准的制定及推广工作。反观国内，大部分传统制造企业间自动化系统中的技术参数不同，即使其中的一些标准在各种学科领域、协会机构和工作单位中得到了使用，但是缺乏对这些标准的协调统一，不同网络之间、设备之间存在严重的异构异质问题。随着全球智能制造的发展大势不断明确，行业标准的不规范、不统一问题将会越发明显地制约制造业变大变强。因此，国内应迅速建立智能制造标准委员会进行标准的设定及推广工作。

② 智能制造企业改造升级成本压力较大。智能化制造是一种全新的生产方式，需要新的技术、新的设备、高技术性人才。然而中国传统企业以成本最小化为竞争策略，大部分制造企业处于产业链附加值较低位置，对升级改造中所产生的成本必然有一定的压力：一是前期需要投入的科研费用、购买智能机器的成本费用及学习培训成本等所带来的企业智能化改造障碍；二是智能制造是网络化、智能化、系统化的新型生产模式，与过去的生产方式相比具有颠覆性的变化，因此，企业在学习消化过程中会遇到人、财、物等各种成本压力；三是智能制造是制造技术和网络技术不断发展的结果，企业在升级过程中需要智能化技术的引入，然而现实中大型供应商提供的技术、软件系统的价格都比较高，影响企业改造的积极性。此外，智能制造的一些关键性技术、设备、软件系统由国外大型企业所把控并且定价很高。以上各种成本压力直接制约了企业改造升级的积极性，需要政府对企业购买先进制造设备、技术进行一定的税收优惠，鼓励企业进行智能化升级改造。

③ 智能制造业的发展缺乏自主创新能力。产业的持续发展需要创新的支撑，自主创新的落后会导致过分依赖于外部，失去产业高端价值链的主导权。我国近些年在智能制造领域确实取得了一定的成就，但是注重引进模仿创新，自主创新能力较弱，因此难以登上制造产业链的顶端。

④ 智能制造相关的现代服务业发展滞后。智能制造的发展需要先进制造服务业的支撑，先进生产性服务业的发展能极大地促进智能制造的发展。智能制造产前、产后需要整套的服务体系，智能技术的供应、智能设计、智能物流、智能监测、智能系统软件和管理软件等都要求发展一批智能制造相关的现代服务业。而中国的生产性服务业，与发达国家相比还较弱。主要表现在以下几个方面：

一是市场化程度较低，智能制造的服务业市场还没有完全打开，市场的竞争性没有体现出来，存在一定的垄断现象，知识产权、数据产权等政策体系不完善。二是传统服务业比重过大，新兴服务业、知识密集型服务业比例偏小，传统的商贸流通、餐饮、旅游、批发零售等存在供给过剩问题，而先进生产性服务业，例如信息咨询、智能技术、智能系统软件、智能化物流网络平台服务等存在供给不足问题。三是智能制造专业人才供应及培训服务体系发展滞后，在智能制造中，工人需要在虚拟网络、现实机器、工厂控制系统和生产管理系统中进行组织和协调，加上信息网络技术、自组织技术和系统管理软件的发展，带来了对具有组织能力、强技术的专业性人才极大的需求。我国需尽快建立智能制造人才培育和职业学习计划体系。

(3) 智能制造人才需求与培养方法

智能制造企业对于员工的技术要求偏高，很多智能制造企业苦于招不到计算机技术与机械制造技术相融合的"复合型"人才，因此存在工作人员与企业技术需求不匹配的现状，导致企业发展出现瓶颈。目前制造企业急需大数据分析、自动化技术、软件编程等方面的人才，但苦于用工成本、市场人才供不应求等诸多方面的原因，技术人才缺乏已成为当前制造企业的普遍问题。智能制造产业的优化升级，需要精通智能制造、智能控制、工业机器人、自动化等专业的技术人才，这类人才的培养只能由相关院校来完成。

① 智能制造企业对高级人才的需求。"中国制造2025"不仅催生传统制造产业的改革和重组，对高等教育专业设计和学生培养也发起了正面冲击，人才培养的标准与市场岗位对接已经发生重大变化。例如在装备制造企业中对"熟练工种"需求急剧下降，企业对"能动工种"需求却大幅增加。应对"中国制造2025"这一历史机遇，高等院校不得不重新审视制造类专业定位，不断提升师资队伍水平，将教学内容与企业需求进行无缝对接。在学科建设上各高校要用活用足国家的有关政策；在高校专业设置上，必须贴近"互联网＋"和"中国制造2025"时代主题，推进高等院校专业学位建设，不断加强应用型专门人才培养。要充分结合各地区各行业发展智能制造的产业定位，不断优化学科建设，力争进入教育部"双一流"工程。

新一轮的制造业已经在全世界展开，高级人才作为智能制造企业发展的关键因素，是否具备完善的人力资源结构和充足的高级人才资源储备，是衡量智能制造企业竞争优势大小的标志。"两化融合"是信息化和工业化的高层次的深度结合，是指以信息化带动工业化、以工业化促进信息化，走新型工业化道路；"两化融合"的核心就是信息化支撑，追求可持续发展模式。随着"两化"的深度融合，国内许多一线城市为吸引人才、培育人才出台了很多非常优惠的政策，作为正在产业调整、转型、升级中的国内很多老工业基地，特别是智能装备制造行业亟需大量的专业化、复合型的高级人才和优秀创新创业团队。

人才就是未来，政府、学校、企业都要抓紧制定并落实振兴高级人才发展规划，加快争夺和培养智能制造装备业所需的各级各类高级人才。要在高级人才竞争、选拔和激励机制方面推陈出新，创造高级人才脱颖而出的工作环境。要大力实施各类引才、用才计划，制定吸引、培养、使用高级人才的竞争模式，形成广纳群贤、人尽其才、能上能下、充满活力的用人体制机制。企业要在引进人才、使用人才、培养人才方面，敢于突破政策瓶颈，为企业转型升级和智能制造全面振兴，提供坚强有力的智力支持和人才保障。

② 应用技术型智能制造人才的培养。面对新一轮产业结构调整，高等职业院校同样面临课改的问题，如何缩短用人企业与学校课程设置的差距，培养企业实际需要的技术技能型人才，成为各大高职院校亟须攻克的难题。在一些学习技术型专业的学生眼里，智能制造业是目前高大上的行业，这个行业的准入门槛肯定很高，自己所学的知识、自己的实践能力，肯定不能胜任智能制造业的需求。因此，他们的就业意愿不统一、不明确，自信心也不足，对能否到智能制造行业就业存在较大的担忧，有时院校和相关教师推荐他们去智能制造企业就业，他们却心存疑惑，不敢去积极尝试，这是其一。其二，有些专业毕业生误认为智能制造行业内，他们从事的工作仍然会很累，就不愿意去这些行业就业，等着毕业后改行，选择从事销售、中介、文员等服务性行业，故此他们在学习与实践训练时也不太积极，不肯认真学习专业知识。

我国相关地方政府需要积极引导和鼓励企业与相关工科院校的合作，为企业与这些院校搭建起合作平台，同时给予企业政策方面的支持，最终目的是实现学生个人的快速成长和企业能够便捷地招揽更多人才的双赢局面。通过新的校企结合的教学模式，学生通过顶岗实习，逐渐认识和融入智能制造企业的管理中，也会明确工作岗位职责，提升学生的综合能力，提早成为岗位上的标兵能手。

随着"中国制造2025"的不断推进，急需大批高素质技术技能人才，各大高职院校应不断优化人才培养模式，创新开展新时期培养模式，进一步加大校企合作力度，建设智能制造技术技能人才实训基地。抓住国家专业技术人才知识更新工程、企业经营管理人才素质提升工程、高技能人才振兴计划等有利契机，加快新一轮职业人才和高级人才的培养。

1.2 智能制造车间的定义

1.2.1 智能制造车间在智能工厂架构中的层级

智能制造车间是智能工厂的组成单元，下面以基于云制造的智能工厂架构来简要说明二者的层级和关系。

云制造是在"制造即服务"理念的基础上，借鉴了云计算思想发展起来的一个新概念。国家标准 GB/T 29826—2013《云制造 术语》中是这样定义"云制造"的：一种基于网络的、面向服务的智能制造新模式。它融合发展了现有信息化制造（信息化设计、生产、试验、仿真、管理、集成）技术与云计算、物联网、服务计算、智能科学等新兴信息技术，将各类制造资源和制造能力虚拟化、服务化，构成制造资源和制造能力的服务池，并进行统一的、集中的优化管理和经营，从而用户只要通过网络和终端，就能随时随地按需获取制造资源与制造能力的服务，进而智能地完成其产品全生命周期各类活动。

可见，云制造是先进的信息技术、制造技术以及新兴物联网技术等交叉融合的产品，是制造即服务理念的体现。采取包括云计算在内的当代信息技术前沿理念，支持制造业在广泛的网络资源环境下，为产品提供高附加值、低成本和全球化制造的服务。针对工业制造领域中的数据共享问题，随着工业互联网的发展，云技术是企业连接用户、企业连接企业，以及提升企业竞争力的必然途径，云架构、云制造将是未来企业制造系统的必然趋势。

基于云制造的智能工厂是利用云制造服务平台，以制造资源层、现场控制层、车间执行层、企业管理层、平台应用层、协同应用层的业务需求和集成协作为牵引，综合基于云制造服务平台的应用模式，同时考虑智能工厂整体安全，构建基于云制造的智能工厂总体架构，如图 1-3 所示。从图中的最底端"制造资源层"到中间位置的"车间执行层"，构成了智能制造车间主要功能单元模块。

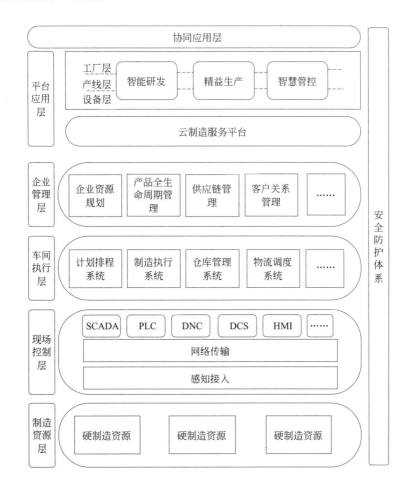

图 1-3　基于云制造的智能工厂架构图

图中的制造资源层中的硬制造资源主要指产品全生命周期过程中制造设备、计算设备、物料等资源。硬制造资源应包括但不限于 IT（Information Technology，信息技术）基础资源、制造设备、数字化生产线等。软制造资源主要指以软件、数据、模型、知识为主的制造资源。软制造资源应包括但不限于企业信息系统、工具软件、知识模型库等。制造能力主要是指完成产品全生命周期活动中各项活动的能力，是人及组织、经营管理、技术三要素的有机结合。制造能力应包括但不限于人/组织以及相应的业务逻辑、研发能力、供应能力、生产能力、营销能力、服务能力等资源。

图中的现场控制层中的感知接入是指通过 RFID 传感器、适配器、声光电等传感器/设备、条码/二维码、温湿度传感器等智能感知单元和智能网关等接入设备，实现工业服务、工业设备、工业产品的感知和接入。应提供但不限于如下功能：应能够对多类型异构传感器进行管理，实现资源的主动感知；应能够通过工业物联网网关、Web Service、API 接口（Application Programming Interface，应用程序编程接口）等方式，实现制造资源的接入；

应能够实现感知信息和接入数据的融合和边缘计算。

网络传输应能够实现制造资源层、现场控制层、车间执行层、平台应用层的互联互通，实现人员、设备、物料、环境等制造资源的互联互通。网络传输应提供但不限于如下功能：应包括光纤宽带、协议管理、虚拟路由、流量监控、负载均衡、业务编排等功能；应提供但不限于专用网络、物联网、传感网络、以太网、智能网关等工业现场通信网络集成功能；应能够提供标准的协议转换模块，支持但不限于 OPC UA（OLE for Process Control Unified Architecture，过程控制统一对象模型）、MODBUS、PROFINET、PROFIBUS 等工业通信协议和 MQTT（Message Queuing Telemetry Transport，消息队列遥测传输）、TCP/IP（Transmission Control Protocol/Internet Protocol，传输控制协议/互联网协议）等通信传输协议；应能够实现工厂全覆盖，管理流程和控制业务全面互联，实现无缝信息传输；应能够保证通信数据的实时性、准确性和稳定性。

现场控制层应包括但不限于 SCADA（Supervisory Control And Data Acquisition，实时数据采集与可视化）、PLC、DNC（Distributed Numerical Control，分布式数字控制）、DCS、HMI（Human Machine Interface，人机界面）等软件和接口，实现对工业现场的数据采集、编程控制、人机交互等。应提供但不限于如下功能：应能够对生产过程中的设备、物料、产品等进行监测、分析及优化控制；应能够实现软硬件集成，对制造资源层的制造资源进行集中控制，并对运行状态进行监控和分析；应能够接收设备资源车间执行层的数据和生产指令，并反馈处理结果。

图中车间执行层应包括但不限于计划排程系统、制造执行系统、仓库管理系统、物流调度系统等执行控制系统。应提供但不限于如下功能：应能够通过计算机、智能仪器等，实现对制造资源的工况状态等信息的实时监测；应能够通过自动化执行器、数字机床、智能机器人等实现对生产现场的精准控制；应能够对生产现场的实时数据进行统计、分析、优化决策等；应能够对实时事件进行反应，并做出及时处理。

1.2.2 智能制造数字化车间概念

智能制造数字化车间是在企业传统生产车间发展过程中，工业化与信息化相互融合的产物，是实施智能制造项目的核心所在，也是构建智能制造环境下智能工厂的核心单元。2019年 5 月，国家市场监督管理总局和国家标准化管理委员会下达 2019 年第 6 号公告，《数字化车间　通用技术要求》和《数字化车间　术语和定义》2 项国家标准正式发布，编号分别为 GB/T 37393—2019 和 GB/T 37413—2019，标志着我国首批智能制造数字化车间国家标准正式发布。

上述标准文件中明确定义了智能制造车间，即智能制造数字化车间是指以生产对象所要求的工艺和设备为基础，以信息技术、自动化、测控技术等为手段，用数据连接车间不同单元，对生产运行过程进行规划、管理、诊断和优化的实施单元。数字化车间仅包括生产规划、生产工艺、生产执行阶段，不包括产品设计、服务和支持等阶段。

智能制造数字化车间（后文统一简称为智能制造车间）是运用精益生产、精益物流、可视化管理、标准化管理、绿色制造等先进的生产管控理论和方法设计和建造的信息化车间，具有精细化管控能力，是实现智能化、柔性化、敏捷化的产品制造的基础。数字化车间作为智能制造的核心单元，涉及信息技术、自动化技术、机械制造、物流管理等多个技术领域。

智能制造车间重点涵盖产品生产制造过程，其体系结构如图 1-4 所示，分为基础层和执行层。在智能制造车间之外，还有企业的管理层。智能制造车间的基础层包括了数字化车间生产制造所必需的各种制造设备及生产资源，其中制造设备承担执行生产、检验、物料运送等任务，大量采用数字化设备，可自动进行信息的采集或指令执行；生产资源是生产用到的物料、托盘、工装辅具、人、传感器等，本身不具备数字化通信能力，但可借助条码、RFID 等技术进行标识，参与生产过程并通过其数字化标识与系统进行自动或半自动交互。

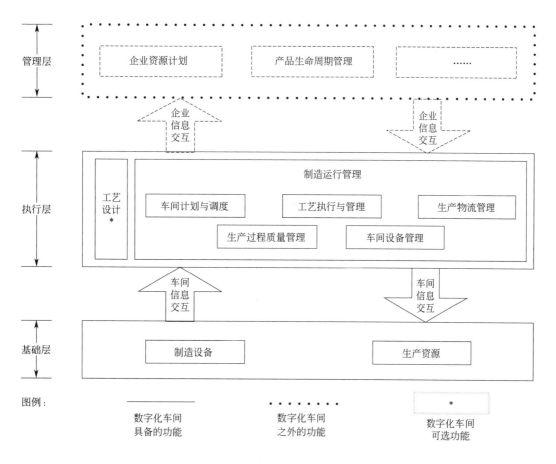

图 1-4　智能制造数字化车间体系结构

　　智能制造车间的执行层主要包括车间计划与调度、生产物流管理、工艺执行与管理、生产过程质量管理、车间设备管理五个功能模块，对生产过程中的各类业务、活动或相关资产进行管理，实现车间制造过程的数字化、精益化及透明化。由于数字化工艺是生产执行的重要源头，对于部分中小企业没有独立的产品设计和工艺管理情况，可在智能制造车间中建设工艺设计系统，为制造运行管理提供数字化工艺信息。

　　智能制造车间除了上述基础功能模块，可根据实际情况增加其他模块，如能效管控系统、生产安全管理系统等。

　　智能制造车间各功能模块之间主要数据流如图 1-5 所示。

　　系统从企业资源计划承接分配到车间的生产订单，在车间计划与调度模块依据工艺路线分解为工序作业计划，排产后下发到现场。

　　工艺执行与管理模块指导现场作业人员或者设备按照数字化工艺要求进行生产，并采集

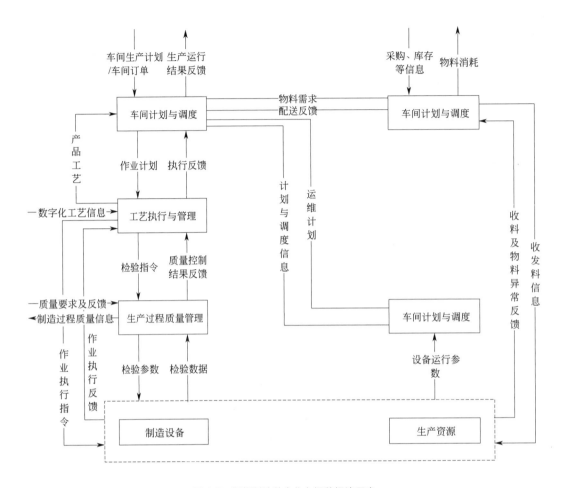

图 1-5　智能制造数字化车间数据流示意

执行反馈给车间计划与调度。若生产过程出现异常情况，不能按计划完成，需敏捷协调各方资源，通过系统进行调度以满足订单需求。

工艺执行过程中若需进行检验控制，由生产过程质量管理模块将检验要求发送给检验员或检验设备执行检验，并采集检验结果，进行质量监控和追溯。

生产现场需要的物料，根据详细计划排产与调度结果，发送相应物料需求给生产物流管理模块，由仓库及时出库并配送到指定位置，生产完成后将成品入库，实现生产物料的管理及追踪。

生产执行过程的工艺执行、质量控制等结果反馈到车间计划与调度，进行实时监控及生产调度，并形成完工报告反馈到更高一层企业资源计划。

智能制造车间中大量的设备运维，通过车间设备管理模块统一维护，提醒和指导设备人员定期保养，记录维修保养结果。设备维保计划与工序作业计划需相互协调，以保证生产正常进行。

在智能制造系统的发展过程中，通常是在智能装备层面上的单个技术点首先实现智能化突破，然后出现面向智能装备的组线技术，并逐渐形成高度自动化与柔性化的智能生产线。在此基础上，当面向多条生产线的车间中央管控、智能调度等技术成熟之后，才可形成智能制造车间。由此可见，智能制造系统的发展是由低层级向高层级逐步演进的。

1.3 构建智能制造车间的关键技术

智能制造车间构建关键技术总体来说就是现代制造技术与信息网络技术的融合，并且随着云计算、物联网、大数据、人工智能等信息技术创新体系的发展，会不断涌现出各种新模式和新业态。核心技术包括控制技术、数字驱动技术、网络技术、视觉技术、自动导航、人机协作和人工智能等。

1.3.1 智能制造车间的重要特征及其支撑技术

(1) 智能制造车间的五项重要特征

① 全面互联。"智能"从根本上依托于实时数据的驱动，而实时数据源自标识、感知与互联。基于标识与感知技术的生产制造各要素之间的互联互通，是实现智能制造的重要基石。

全面互联的基础是集成互联技术。集成互联包括集成和互联两部分。集成一般是指将二维码、射频识别等先进技术应用到零件、制造设备、原材料等各种实现制造所需的资源方面，实现从单个设备、生产线、车间、工厂甚至整个产业链在纵向数据资源上的高度集成。集成是面向全生命周期设计、生产、管理、服务等各个环节软件系统和硬件设备的高效结合，包含生产过程中实时制造数据、实时分析、动态指令等集成。集成已成为传统制造向智能制造系统发展的重要表现形式。互联通常是指基于无线通信技术和有线通信技术，实现设备与设备之间、控制系统与设备之间及工厂与工厂之间互通互联。集成互联将独立制造设备、信息与功能等集成到互相联系、协调统一的系统中，既有助于各种资源、数据集成，又实现了便捷、高效、集中管理。

② 数据驱动。数据源自产品全价值链的各个环节和全生命周期的各项活动，准确的数据采集与集成、及时的数据传输与分发、高效的数据分析与处理，从根本上支撑着制造系统的智能自主决策。

数据驱动的前提和基础是数字化转型技术。数字化转型是指对制造企业内部设备和工作流程全面优化，在企业产品全生命周期建立共享数据库，通过数据处理，形成有用信息，利用相关数据和信息，模拟仿真实际生产过程，对生产过程实行数字化管理，使生产过程达到最优。传统制造向智能制造发展所需的动态感知、处理和分析能力要求企业必须用数字化技术和设备等对自身技术进行改造升级，将数字化作为传统制造向智能制造转型升级的核心动力。数字化转型是实现智能制造的基础，是传统制造向智能制造发展不可或缺的一步。

③ 信息物理融合。将依靠底层标识、感知以及状态监测体系所采集到的物理空间的动态实时数据同步推送到信息空间，信息空间通过对实时数据的集成、过滤和封装形成物理空间的数字镜像，据此模拟分析实际的制造过程，为制造资源管理系统的智能自主决策提供支持。

信息物理融合必须依赖协同融合技术。在数字化转型和集成互联的基础上，利用新一代大数据、物联网、云计算等信息技术，在确保信息安全的同时，达到信息资源协同共享。融合方式包括交叉融合、嵌入融合、复合融合、跨界融合。融合是传统制造向智能制造发展的创新驱动力，它使传统制造不断向前发展和升级，同时产生更多经济增长点，是传统制造演进的重要思路。信息化与工业化深度融合是智能制造的关键支撑。

④ 智能自主。通过制造过程实时数据库和决策支持专家知识库的集成，实现制造过程

自组织和制造要素自协作的制造资源与制造服务的智能化管理，提高制造系统的信息判别能力和自主决策的可靠性，从而适应制造系统内外部环境的动态变化。

⑤ 开放共享。以集中经营为典型特征的传统制造方式正在被分散经营的现代化制造方式逐步取代，制造服务化的进程自然而然地瓦解了不同企业之间的边界，推动了社会化的制造资源开放共享进程。

(2) 智能制造车间重点支撑技术

① 智能感知、识别和定位技术。通过安装配置制造资源和制造业务流程各重要节点中的各种信息标识、感知、传输和实时状态检测设施设备，感知、采集并传输生产制造现场的多源异构信息，并利用新兴的高效信息处理技术实现对这些原始数据的标准化、功能化和服务化处理，使生产制造现场实时状态和制造服务实况全面、准确、实时地呈现于上层制造资源和制造服务管理系统，为管理层提供实时的决策支持。

识别功能是智能制造服务环节关键的一环，需要的识别技术主要有：射频识别技术，基于深度三维图像识别技术，以及物体缺陷自动识别技术。基于三维图像物体识别的任务是识别出图像中有什么类型的物体，并给出物体在图像中所反映的位置和方向，是对三维世界的感知理解。在结合了人工智能科学、计算机科学和信息科学之后，三维物体识别在智能制造服务系统中成为识别物体几何情况的关键技术。

例如视觉识别，又称为"机器视觉"，即采用机器代替人眼来做测量和判断，通过CCD/CMOS（Charge-coupled Device，电荷耦合元件/Complementary Metal-Oxide-Semiconductor，互补金属氧化物半导体）图像摄取装置抓取图像后，将图像传送至处理单元。继而通过数字化处理，根据像素分布和亮度、颜色等信息，来进行尺寸、形状、颜色等的判别，进而根据判别的结果来控制相应设备的动作。

实时定位系统可以对多种材料、零件、工具、设备等资源进行实时跟踪管理。生产过程中，需要监视在制品的位置行踪，以及材料、零件、工具的存放位置等。于是，在智能制造服务系统中需要建立一个实时定位网络系统，以完成生产全程中角色的实时位置跟踪。

② 智能化建模技术。该技术是对生产制造现场感知采集到的多源多维异构原始数据进行初步的过滤和转译处理，以底层分布式制造资源为原型，建立感知到的制造现场动态事件与制造资源组织以及制造服务进程之间的确定性映射关系，实现基于动态事件感知的制造资源组织与制造服务进程关键节点的状态在线监测，进而实现产品全制造流程的可视化管理。

③ 数据驱动的设计＋制造＋运维三位一体的系统协同技术。智能制造工程属于大型制造工程项目，智能制造系统是复杂自动化系统，其系统协同技术需要以下各项技术相互协同来完成：整体方案设计技术、安装调试技术、统一操作界面和工程工具的设计技术、统一事件序列和报警处理技术、一体化资源管理技术等。

当前全球经济面临下行压力，市场竞争不断加剧，更高的产品品质、更短的产品研发周期、更优质的服务、更少的资源投入与消耗已经成为制造型企业的生存法则。问题是客观存在的，该如何通过对产品全价值流程和全生命周期状态变化的剖析，探寻问题的实质、内在规律和相互间的关联；如何通过各阶段各个关键节点的实时数据与制造系统专家知识库的集成应用，构建一种实时信息反馈机制，反向引导和协调产品全价值流程与全生命周期的协同优化是困扰全球制造业的一大难题。考虑到用于支持制造企业科学决策的产品全价值流程与全生命周期的数据的复杂性，制造型企业亟需一种行之有效的决策过程智能化改进方法，边缘计算（Edge Computing）和数据挖掘（Data Mining）技术可分别用于解析生产现场实时数据和分析产品历史生命周期数据，形成知识库。

④ 智能决策优化技术。制造服务的推进过程会面临各式各样的问题，应用高效的数据处理技术对感知和采集到的数据进行解析，基于数据处理所形成的知识库和数据库做出推理

和决策，得出具体问题的针对性解决方案，即智能的内涵和重要表现。除此之外，以特定事件或具体任务为触发因素，实现制造资源自组织和制造流程控制策略自适应，也是制造系统智能化的一项重要标志。

⑤ 网络安全技术。数字化推动了制造业的发展，在很大程度上得益于计算机网络技术的发展，与此同时也对工厂、企业的网络安全构成了威胁。以前习惯于纸质媒介的熟练工人，现在越来越依赖于计算机网络、自动化机器和无处不在的传感器，而技术人员的工作就是把数字数据转换成物理部件和组件。制造过程的数字化技术资料支撑了产品设计、制造和服务的全过程，必须加以保密和保护。

1.3.2 智能制造车间的基础关键技术

(1) 工业互联网、物联网、信息物理系统、云技术与大数据

新一代信息技术，主要是指云计算、物联网、大数据等信息技术。新一代信息技术是智能制造的基础，是实现制造业智能化的动力引擎。新一代信息技术是制造系统和各环节智能化的支撑，是制造信息及知识流动的通道，其在智能制造系统中占据重要地位。利用云计算技术对大数据进行分析和挖掘，可以改进产品设计、质量控制等，使产品更满足客户需求。互联网环境下，智能化虚拟制造平台主要由大数据支撑，大数据是驱动模拟制造平台准确模拟或者执行生产的重要因素，制造企业有可能呈现跃升式、非线性智能制造转型升级。同时，新一代信息技术发展能够有效提高制造企业数据信息处理效率，加速制造企业内部设备和生产线及上下游企业之间的互联互通，加快不同系统层级纵向集成。

① 工业互联网和物联网。工业互联网、工业物联网是互联网、物联网在工业中的应用，是实现智能生产制造的基础，在智能工业生产制造体系中，把人、设备、生产线、工厂车间、供应商、客户紧密地连接在一起。设备和设备的互联成为生产线；单机智能设备相互连接成为智能生产线；智能车间、智能工厂、供应链等有关企业、客户互联形成产业链网络。

物联网技术可以称为工业云技术的"身躯"，物联网是新一代信息技术的重要组成部分，也是"信息化"时代的重要发展阶段。物联网就是物物相连的互联网，包含两层意思：其一，物联网的核心和基础仍然是互联网，是在互联网基础上延伸和扩展的网络；其二，其用户端延伸和扩展到了任何物品与物品之间，进行信息交换和通信，也就是物物相息。物联网的开展步骤主要如下：

a. 对物体属性进行标识，属性包括静态和动态的属性，静态属性可以直接存储在标签中，动态属性需要先由传感器实时探测；

b. 需要识别设备完成对物体属性的读取，并将信息转换为适合网络传输的数据格式；

c. 将物体的信息通过网络传输到信息处理中心，由处理中心完成物体通信的相关计算。

② 信息物理系统。基于设备与人互联的信息物理系统 CPS（Cyber Physical Systems）也是工业互联网、物联网的核心，能极大地提升人员效率、工业效益，创造更多价值，为用户提供更好服务。

信息物理系统 CPS 作为计算进程和物理进程的统一体，是集成计算、通信与控制于一体的智能系统。CPS 并不是某个单独的技术，而是一个有明显体系化特征的技术框架，即以多源数据的建模为基础，并以智能连接（Connection）、智能分析（Conversion）、智能网络（Cyber）、智能认知（Cognition）和智能配置与执行（Configuration）作为其 5C 技术体系架构。

信息物理系统包含了环境感知、嵌入式计算、网络通信和网络控制等系统工程，使物理

系统具有计算、通信、精确控制、远程协作和自治功能。它注重计算资源与物理资源的紧密结合与协调，主要用于一些智能系统上，如设备互联、物联传感、智能家居、机器人、智能导航等。

信息物理系统通过人机交互接口实现和物理进程的交互，使用网络化空间以远程的、可靠的、实时的、安全的、协作的方式操控一个物理实体。在这样的系统中，一个工件就能算出自己需要哪些服务。通过数字化逐步升级现有生产设施，这样生产系统可以实现全新的体系结构。

早在 20 世纪 90 年代，美国对 CPS 技术核心就有了定义：控制、通信和计算，简称 3C。起初 CPS 的科学研究和应用开发的重点首先放在了医疗领域，利用 CPS 技术在交互式医疗器械、高可靠医疗、治疗过程建模及场景仿真、无差错医疗过程和易接入性医疗系统等方面进行改善，同时开始建立政府公共的医疗数据库用于研发和管理，实现医疗系统在设计、控制、医疗过程、人机交互和结果管理等方面的使能技术突破。随后，CPS 技术又运用到能源、交通、市政管理和制造等各个领域。

CPS 技术后续相关内容解析详见第 3 章。

③ 云技术与大数据。

a. 云技术可以分为：云计算、云储存、云安全等。

互联网上的应用服务一直被称作软件即服务 SaaS（Software as a Service）。而数据中心的软硬件设施就是我们称作的云（Cloud）。云是网络、互联网的一种比喻说法。过去在图中往往用云来表示电信网，后来也用来表示互联网和底层基础设施的抽象。云可以是广域网或者某个局域网内硬件、软件、网络等一系列资源统一在一起的一个综合称呼。

云计算（Cloud Computing）是基于互联网的相关服务的增加、使用和交付模式，通常涉及通过互联网来提供动态易扩展且经常是虚拟化的资源。云计算系统的核心技术是并行计算（Parallel Computing），指同时使用多种计算资源解决计算问题的过程。通过并行计算集群完成数据的处理，再将处理的结果返回给用户。

按服务商提供云服务的资源所在层次分，云计算可以分为基础设施即服务（IaaS，Infrastructure as a Service）、平台即服务（PaaS，Platform as a Service）和软件即服务（SaaS，Software as a Service）三个层面。

按照运营模式云计算可以分为公共云、私有云和混合云三种。公共云通常是指第三方提供商为用户提供的通过 Internet 访问使用的云，用户可以使用相应的云服务但并不拥有云计算资源；私有云是指企业自行搭建的云计算基础架构，可以为企业自身或外部客户提供独享的云计算服务，基础架构搭建方拥有云计算资源的自主权；混合云是指既有私有云的基础架构，也使用公共云服务的模式。

b. 工业云、云制造。

工业云属于行业云下的一个范畴，行业云通常包括金融云、政府云、教育云、电信云、医疗云、云制造和工业云。工业云是智能工业的基础设施，通过云计算技术为工业企业提供服务，是工业企业的社会资源实现共享的一种信息化创新模式。

云制造是一种利用网络和云制造服务平台，按用户需求组织网上制造资源（制造云），为用户提供各类按需制造服务的一种网络化制造新模式。云制造技术将现有网络化制造和服务技术同云计算、云安全、高性能计算、物联网等技术融合，实现各类制造资源（制造设备、计算系统、软件、模型、数据、知识等）统一的、集中的智能化管理和经营，为制造业全生命周期过程提供可随时获取的、按需使用的、安全可靠的、优质廉价的各类制造活动服务。它是一种面向服务、高效低耗和基于知识的网络化智能制造新模式，目前在航天、汽车、模具行业已有成功的试点和示范应用，并开始推广。

c. 大数据（Big Data），指无法在一定时间范围内用常规软件工具进行捕捉、管理和处理的数据集合，是需要新处理模式才能具有更强的决策力、洞察发现力和流程优化能力来适应海量、高增长率和多样化的信息资产。

云计算与大数据之间是相辅相成、相得益彰的关系。大数据挖掘处理需要云计算作为平台，而大数据涵盖的价值和规律则能够使云计算更好地与行业应用结合，并发挥更大的作用。云计算将计算资源作为服务支撑大数据的挖掘，而大数据的发展趋势是对实时交互的海量数据查询和分析提供了各自需要的价值信息。

大数据的信息隐私保护是云计算大数据快速发展和运用的重要前提。没有信息安全也就没有云服务的安全。产业及服务要健康、快速地发展就需要得到用户的信赖，就需要科技界和产业界更加重视云计算的安全问题，更加注意大数据挖掘中的隐私保护问题。从技术层面进行深度的研发，严防和打击病毒和黑客的攻击。同时加快立法的进度，维护良好的信息服务环境。

d. 工业大数据。工业大数据包括产品数据、运营数据、管理数据、供应链数据、研发数据等企业内部数据，以及国内外市场数据、客户数据、政策法律数据等企业外部数据。信息化、网络化带来了海量的结构化与非结构化数据。数据本身最基本的特征是及时性、准确性、完整性，大数据的实时采集和处理带来更高的研发生产效率以及更低的运营成本。这为更精准、更高效、更科学地进行管理、决策以及不断提升智能化水平提供了保证。工业大数据与互联网大数据的区别如表 1-5 所示。

◻ 表 1-5　工业大数据与互联网大数据的区别

区别	互联网大数据	工业大数据
数据量需求	大量样本数	尽可能全面的工况样本
数据质量要求	较低	较高，需要进行数据的整理
对数据属性意义的解读	不考虑属性的意义，只分析统计的显著性	强调特征之间的物理关联
分析手段	挖掘样本中各个属性之间的相关性	具有一定逻辑的流水线式数据流分析手段
分析结果准确性要求	较低	较高

（2）增材制造及其 3D 打印技术

增材制造技术 AM（Additive Manufacturing）又称为快速成型，是采用材料逐渐累加的方法制造实体零件的技术，相对于传统的材料去除-切削加工技术，是一种"自下而上"的制造方法。近二十年来，AM 技术取得了快速的发展，"快速原型制造（Rapid Prototyping）""三维打印（3D 打印）""实体自由制造（Solid Free-form Fabrication）"之类各异的叫法分别从不同侧面表达了这一技术的特点。

3D 打印是一种以数字模型文件为基础，运用粉末状金属或塑料等可黏合材料，通过逐层打印的方式来构造物体的技术。3D 打印通常是采用数字技术材料打印机来实现的。常在模具制造、工业设计等领域被用于制造模型，后逐渐用于一些产品的直接制造。该技术在珠宝、鞋类、工业设计、建筑、工程和施工、汽车、航空航天、牙科和医疗产业、教育、地理信息系统、土木工程以及其他领域都有所应用。

3D 打印机出现在 20 世纪 90 年代中期，实际上是利用光固化和纸层叠等技术的最新快速成型装置。它与普通打印机工作原理基本相同，打印机内装有液体或粉末等"打印材料"，与电脑连接后，通过电脑控制把"打印材料"一层层叠加起来，最终把计算机上的蓝图变成实物。这种打印技术称为 3D 立体打印技术。

（3）工业机器人

工业机器人是面向工业领域的多关节机械手或多自由度的机器装置，它能自动执行工作，是靠自身动力和控制能力来实现各种功能的一种机器。它可以接受人类指挥，也可以按照预先编排的程序运行。

① 工业机器人最显著的特点有以下几点：

a. 可编程。生产自动化的进一步发展是柔性自动化。工业机器人可随其工作环境变化的需要而再编程，因此它在小批量多品种产品，特别是在具有均衡高效率的柔性制造过程中能发挥很好的功用，是柔性制造系统中的一个重要组成部分。

b. 拟人化。工业机器人在机械结构上有类似人的腰部、大臂、小臂、手腕、手爪等部分，在控制上有电脑。此外，智能化工业机器人还有许多类似人类的"生物传感器"，如皮肤型接触传感器、力传感器、负载传感器、视觉传感器、声觉传感器、语言功能等。

c. 通用性。除了专门设计的专用的工业机器人外，一般工业机器人在执行不同的作业任务时具有较好的通用性。比如，更换工业机器人手部末端操作器（手爪、工具等）便可执行不同的作业任务。

d. 工业机器人技术涉及的学科相当广泛，归纳起来是机械学和微电子学的结合，即机电一体化技术。第三代智能机器人不仅具有获取外部环境信息的各种传感器，而且还具有记忆能力、语言理解能力、图像识别能力、推理判断能力等人工智能，这些都是微电子技术的应用，特别是与计算机技术的应用密切相关。

② 当今工业机器人技术正逐渐向着具有行走能力、具有多种感知能力、具有较强的对作业环境的自适应能力的方向发展。

a. 技术先进。工业机器人集精密化、柔性化、智能化、软件应用开发等先进制造技术于一体。通过对过程实施检测、控制、优化、调度、管理和决策，实现增加产量、提高质量、降低成本、减少资源消耗和环境污染，是工业自动化水平的最高体现。

b. 技术升级。工业机器人与自动化成套装备具备精细制造、精细加工以及柔性生产等技术特点，是继动力机械、计算机之后，出现的全面延伸人的体力和智力的新一代生产工具，是实现生产数字化、自动化、网络化以及智能化的重要手段。

c. 应用领域广泛。工业机器人与自动化成套装备是生产过程的关键设备，可用于制造、安装、检测、物流等生产环节，并广泛应用于汽车整车及汽车零部件、工程机械、轨道交通、低压电器、电力、IC（Integrated Circuit，集成电路）装备、军工、烟草、金融、医药、冶金及印刷出版等众多行业，应用领域非常广泛。

d. 技术综合性强。工业机器人与自动化成套技术，集中并融合了多项学科，涉及多项技术领域，包括工业机器人控制技术、机器人动力学及仿真、机器人构建有限元分析、激光加工技术、模块化程序设计、智能测量、建模加工一体化、工厂自动化以及精细物流等先进制造技术，技术综合性强。

(4) RFID 射频技术

RFID（Radio Frequency Identification）技术，又称无线射频识别，是一种通信技术，可通过无线电信号识别特定目标并读写相关数据，它的基本原理是利用射频信号和空间耦合或雷达反射的传输特性，从一个贴在商品或者物品上的电子标签（或者称为 RFID 标签）中读取数据，从而实现对物品或者商品的自动识别。

RFID 读写器也分移动式的和固定式的，目前 RFID 技术应用很广，例如图书馆、门禁系统、食品安全溯源等。

① RFID 特点　射频识别系统最重要的优点是非接触识别，它能穿透雪、雾、冰、涂料、尘垢和在条码无法使用的恶劣环境中阅读标签，并且阅读速度极快，大多数情况下不到100毫秒。有源式射频识别系统的速写能力也是重要的优点，可用于流程跟踪和维修跟踪等交互式业务。

a. 快速扫描。RFID 辨识器可同时辨识读取数个 RFID 标签。

b. 体积小型化、形状多样化。RFID 在读取上并不受尺寸大小与形状限制，不需为了读取精确度而配合纸张的固定尺寸和印刷品质。此外，RFID 标签更可往小型化与多样形态发展，以应用于不同产品。

c. 抗污染能力和耐久性。传统条码的载体是纸张，因此容易受到污染，但 RFID 对水、油和化学药品等物质具有很强抵抗性。此外，由于传统条码是附于塑料袋或外包装纸箱上，所以特别容易受到折损；RFID 卷标是将数据存在芯片中，因此可以免受污损。

d. 可重复使用。现今的条码印刷上去之后就无法更改，RFID 标签则可以重复地新增、修改、删除 RFID 卷标内储存的数据，方便信息的更新。

e. 穿透性和无屏障阅读。在被覆盖的情况下，RFID 能够穿透纸张、木材和塑料等非金属或非透明的材质，并能够进行穿透性通信。而条码扫描机必须在近距离而且没有物体阻挡的情况下，才可以辨读条码。

f. 数据的记忆容量大。一维条码的容量是 50Bytes，二维条码可储存 2～3000Bytes，RFID 最大的容量则有数 MB。随着记忆载体的发展，数据容量也有不断扩大的趋势。未来物品所需携带的资料量会越来越大，对卷标所能扩充容量的需求也相应增加。

g. 安全性。由于 RFID 承载的是电子式信息，其数据内容可经由密码保护，使其内容不易被伪造。

② 应用　射频识别技术以其独特的优势，逐渐地被广泛应用于工业自动化、商业自动化和交通运输控制管理等领域。随着大规模集成电路技术的进步以及生产规模的不断扩大，射频识别产品的成本将不断降低，其应用也将越来越广泛，如电子标签、IC 卡、智能卡、动物识别系统等，而且 RFID 技术已普遍应用在食品卫生、物流、服装、医疗、交通等各个领域，促进我国信息化快速发展。

a. RFID 标签技术。电子标签是一种非接触式的自动识别技术，它通过射频信号自动识别目标对象并获取相关数据。电子标签上的数据可以加密，存储数据容量大，存储信息容易更改，因而它比条码的应用范围更广泛，使用起来也更方便。

b. RFID 门禁控制。门禁控制器通常是指分体式门禁控制系统，主要用于门禁管理系统的底层控制。通过和计算机的命令、数据通信，管理者可以随时掌握门和防区的实际情况，便于在紧急情况下迅速作出反应。

c. RFID 智能卡。智能卡也叫 IC 卡，是一个带有微处理器和存储器等微型集成电路芯片的、具有标准规格的卡片。智能卡已应用到银行、电信、交通、社会保险、电子商务等领域，IC 电话卡、金融 IC 卡、社会保险卡和手机中的 SIM 卡都属于智能卡的范畴。

③ RFID 在智能制造中的应用　供应链是一个网络结构，由围绕核心企业的供应商、供应商的供应商和用户、用户的用户组成。供应链上一般有供应商、制造商、销售商以及最终客户 4 个节点，RFID 技术在各个节点的应用优势主要有以下几个方面：

a. 加强供应商管理，促进原材料的快速周转。在原材料供应环节，RFID 技术给原材料供应商和制造商提供了一个共享信息的平台。采用 RFID 技术以后，带有 RFID 电子标签的原材料包装箱进入射频天线工作区时，电子标签将被激活，标签上的相关数据（如供应商、原材料名称、类型、数量等）都将被自动识别，可以实时地获取供应商及原材料的各种信息。因此，RFID 技术可简化原材料的卸货、检验及等待工序，加快原材料的周转速度，提高企业的自动化水平，同时也可以对供应商进行实时控制及考核。

b. 优化采购管理，实现 JIT（Just In Time，准时制）生产。在制造环节，制造型企业采用 RFID 技术可以优化采购管理并实现 JIT 生产，应用于从生产命令下达至产品完成的整个生产过程。RFID 技术可以实现自动化流水线操作，实现对原材料、零部件、半成品和成品的识别与跟踪，进行物料动态管理，并可以收集生产过程中大量的实时数据，随时根据现场实际变动情况调整整个车间的生产工序节拍；由此减少人工处理的出错率，从而提高工人的工作效率和企业整体经济效益。另外，采用 RFID 技术后，生产车间可预先设置物料预警点，企业调度员可以利用便携式数据终端 PDT（Portable Data Terminal）调用后台数据资料，并读取生产区库存物品的 RFID 标签信息，决定是否补货，从而实现流水线均衡生产，加强对产品质量的控制与追踪。

c. 提高销售商品的管理水平，提升商品的销售业绩。在商品销售环节，销售商应用 RFID 技术可以进行高效率的商品出入库、存储和销售信息管理，并可以用于商品防盗、货物有效监控等。现场管理人员只需将货物中来自于不同企业的商品信息扫入 RFID 处理终端，并上传至后台信息系统数据库，就可以实时地监控商品的销售流动情况，及时更新商品的库存信息，并根据不同商品的销售数据，可以统计分析畅销或滞销商品，并对大量的数据进行数据挖掘，制定相应的销售策略。另外，RFID 电子标签可以有效监控商品的时效性，即当商品超过了保质期，电子标签及时地发出警报，并及时地提醒销售人员更新库存，以提高商品的库存周转率。

d. 方便客户，维护消费者利益。在客户环节，消费者在超市购物时，挑选好商品后只需将贴有 RFID 标签的商品通过装有 RFID 识读器的通道，就可以即时完成结算；不需要再进行原来费时费力的手工或人工结算，商品清点及统计也就自动完成，这时消费者可以自由选择现金、信用卡付款，也可以使用带有 RFID 标签的结算卡进行结算。因此，在结算过程中，商家节省了人力资源，而消费者也不用为排队而苦恼，极大地提高了顾客满意度。另外，RFID 标签也可以防止商品的"假冒伪劣"现象。RFID 标签就像公民的身份证，从商品下线时，就赋予了商品的身份，并一直跟踪商品的流动。因此，无论商品在哪个流动环节出了质量问题，制造商都无法推卸责任，由此切实维护了消费者的切身利益。

（5）虚拟现实技术

虚拟现实技术是一种可以创建和体验虚拟世界的计算机仿真系统，它利用计算机生成一种模拟环境。是一种多源信息融合的交互式三维动态视景和实体行为的系统仿真，能够使用户沉浸到该环境中。

在其应用的领域中，为能达到虚拟现实这种环境而综合运用计算机图形学、图像处理与模式识别、计算机视觉、计算机网络/通信技术、心理/生理学、感知/认知科学、多传感器技术、人工智能技术以及高度并行的实时计算技术等多方面技术，对观察者头、眼和手的跟踪技术，以及触觉/力觉反馈、语音处理与音响技术等，营造出一个虚拟环境（Virtual Environment），这些技术统称为虚拟现实技术。

虚拟现实的特征如下。

a. 多感知性：指除一般计算机所具有的视觉感知外，还有听觉感知、触觉感知、运动感知，甚至还包括味觉、嗅觉感知等。理想的虚拟现实应该具有一切人所具有的感知功能。

b. 存在感：指用户感到作为主角存在于模拟环境中的真实程度。理想的模拟环境应该达到使用户难辨真假的程度。

c. 交互性：指用户对模拟环境内物体的可操作程度和从环境得到反馈的自然程度。

d. 自主性：指虚拟环境中的物体依据现实世界物理运动定律，进行动作表达的灵活程度。

（6）人工智能

人工智能（Artificial Intelligence）简称 AI，主要研究如何用人工的方法和技术，使用各种自动化机器或智能机器（主要指计算机）模仿、延伸和扩展人的智能，实现某些机器思维或脑力劳动自动化。

人工智能是那些与人的思维相关的活动，诸如决策、问题求解和学习等的自动化；人工智能是一种计算机能够思维，使机器具有智力的激动人心的新尝试；人工智能是研究如何让计算机做现阶段只有人才能做得好的事情；人工智能是那些使知觉、推理和行为成为可能的计算的研究。广义地讲，人工智能是关于人造物的智能行为，而智能行为包括知觉、推理、学习、交流和在复杂环境中的行为。

人工智能是一个极富挑战性的研究方向，从事这项工作的人必须懂得计算机知识、心理学和哲学。人工智能是内容十分广泛的科学，它由不同的领域组成，如机器学习、计算机视觉等。人工智能研究的一个主要目标是，使机器能够胜任一些通常需要人类智能才能完成的复杂工作。

机器学习（Machine Learning，ML）是一门多领域交叉学科，涉及概率论、统计学、逼近论、凸分析、算法复杂度理论等多门学科。专门研究计算机怎样模拟或实现人类的学习行为，以获取新的知识或技能，重新组织已有的知识结构使之不断改善自身的性能。

机器学习领域的研究工作主要围绕以下三个方面进行：

a. 面向任务的研究。研究和分析改进一组预定任务的执行性能的学习系统。

b. 认知模型。研究人类学习过程并进行计算机模拟。

c. 理论分析。从理论上探索各种可能的学习方法和独立于应用领域的算法。

机器学习是继专家系统之后人工智能应用的又一重要研究领域，也是人工智能和神经计算的核心研究课题之一。现有的计算机系统和人工智能系统没有什么学习能力，至多也只有非常有限的学习能力，因而不能满足科技和生产提出的新要求。对机器学习的讨论和机器学习研究的进展，必将促使人工智能和整个科学技术的进一步发展。

业界专家普遍认为，在新一代智能制造系统中，人将部分学习型的脑力劳动转移给信息系统，让信息系统具有了"认知能力"，人和信息系统的关系发生了根本性的变化。在第一代和第二代智能制造体系当中，人和信息系统的关系是"授之以鱼"；而在新一代智能制造体系当中，人和信息系统的关系变成了"授之以渔"。

(7) 智能制造的信息安全技术

① 信息安全关键技术。

安全芯片：安全芯片就是可信任平台模块，是一个可独立进行密钥生成加解密的装置，内部拥有独立的处理器和存储单元，可存储密钥和特征数据，为电脑提供加密和安全认证服务。用安全芯片进行加密，密钥被存储在硬件中，被窃的数据无法解密，从而保护商业隐私和数据安全。

安全操作系统：安全操作系统是指计算机信息系统在自主访问控制、强制访问控制、标记、身份鉴别、客体重用、审计、数据完整性、隐蔽信道分析、可信路径、可信恢复等方面满足相应的安全技术要求的操作系统。

密码技术：密码技术包括密码理论、新型密码算法、对称密码体制与公钥密码体制的密码体系、信息隐藏技术、公钥基础设施技术PKI（Public Key Infrastructure）以及消息认证与数字签名技术等。

信息安全总体技术：总体技术主要包括系统总体安全体系、系统安全标准、系统安全协议和系统安全策略等。信息安全体系包括体系结构，攻防、检测、控制、管理、评估技术，大流量网络数据获取与实时处理技术，网络安全监测技术，网络应急响应技术，网络安全威胁及应对技术，信息安全等级保护技术。

智能制造中的信息安全技术分类如表1-6所示。

技术类别	技术内容
工业云安全技术	①数据安全 ②应用安全 ③虚拟化安全
工业物联网安全技术	①物联网信息采集安全 ②物联网信息传输安全 ③物联网信息处理安全 ④物联网个人隐私保护
工业控制系统 （工控系统）安全技术	①工控系统安全风险分析、评估技术、威胁检测技术、大数据分析、漏洞挖掘技术 ②工控系统信息安全体系架构与纵深防护技术 ③工控系统信息安全等级保护技术（构建在安全管理中心支持下的计算环境、区域边界、通信网络三重防御体系） ④本质安全工控系统关键技术（安全芯片、安全实时操作系统、安全控制系统设计技术） ⑤可信计算应用技术（可信计算平台技术、可信计算组件、可信密码模块应用技术）

② 智能制造信息安全特征。

a. 颠覆了已有的互联网商业模式，网络安全威胁严重影响物质形态和特性的异化。

b. 智能制造中信息物理系统（CPS）成为网络安全威胁的核心目标。

c. 开放环境中智能制造存在受到攻击的风险。

d. 智能制造安全标准缺失的挑战。

③ 智能制造中工控系统 ICS（Industry Control System）网络信息安全。工业控制系统 ICS 是智能制造中的核心环节之一。2013 年中国 ICS 信息安全市场研究报告显示，据不完全统计，超过 80% 涉及国计民生的关键基础设施依靠工业控制系统实现自动化作业，工业控制系统已成为国家安全战略的重要组成部分，但很多工业控制系统尚未做好应对网络攻击的准备。随着计算机和互联网的发展，特别是信息化与工业化的深度融合以及物联网的快速发展，工业控制系统的安全问题越来越突出。相对安全、相对封闭的工业控制系统已经成为不法组织和黑客的攻击目标，黑客攻击正在从开放的互联网向封闭的工控系统蔓延。

目前，工业控制系统信息安全威胁主要包括黑客攻击、病毒、数据操纵、蠕虫和特洛伊木马等。统计显示，工控网络恶意软件的数量呈现大幅度增长的态势，2014 年产生了 3.17 亿个，同比增长 26%。如果没有防护措施，这些病毒会利用工控系统的安全漏洞，在网络中进行自我复制和传播，感染工业控制计算机或攻击可编程控制器，攻击手段包括直接攻击 PLC 控制器的病毒、间接攻击的病毒和可自我复制的恶意软件等。

另外，我国大多数工控企业核心产品和技术来自国外企业，短时间内难以改变国内中高端工业软件市场被外国公司占据的现状。据统计，我国 22 个行业的 900 套工业控制系统主要由外国公司提供，其中数据采集与监控系统（SCADA）国外产品占比 55.12%，分布式控制系统（DCS）国外产品占比 53.78%，过程控制系统（Process Control System，PCS）国外产品占比 76.79%，在大型可编程控制器（PLC）中国外产品则占据了 94.34% 的份额。我国的工业控制系统信息安全起步相对较晚，工业控制系统的安全防护能力比较薄弱。因此，加快工业控制系统信息安全的制度建设，制定工业控制系统信息安全的标准，提升工业控制系统信息安全的保障能力等，都是中国在发展智能制造过程中急需解决的课题。

④ 智能制造中云安全与大数据安全。云服务是实现智能制造不可或缺的重要组成部分，是智能制造赖以发展的新的基础设施。因此，云计算安全是智能制造产业快速发展和应用的重要前提。越来越多的中小企业的安全控制将基于云，越来越多的组织机构将建立专注于数据保护、安全风险管理及安全基础设施管理的云安全。在智能制造云计算环境中存在多种网

络安全威胁，包括：

　　a. 拒绝服务攻击。指攻击者让目标服务器停止提供服务甚至令主机死机。如攻击者频繁地向服务器发起访问请求，造成网络带宽的消耗或者应用服务器的缓冲区满溢，该攻击使服务器无法接收新的服务请求，其中包括合法客户端的访问请求。

　　b. 中间人攻击。攻击者拦截正常的网络通信数据，并进行数据篡改和嗅探，而通信的双方却毫不知情。

　　c. 网络嗅探。网络嗅探本是用来查找网络漏洞和检测网络性能的一种工具，但是黑客将网络嗅探变成一种网络攻击手段，使之成为严峻的网络安全问题。

　　d. 端口扫描。一种常见的网络攻击方法，攻击者通过向目标服务器发送一组端口扫描消息，从而破坏云计算环境。

　　e. SQL（Structured Query Language，结构化查询语言）注入攻击。这是一种安全漏洞，攻击者利用该安全漏洞，可以向网络表格输入框中添加 SQL 代码以获得访问权。

　　f. 跨站脚本攻击。攻击者利用网络漏洞，以提供缓冲溢出、DoS（Denial of Service，拒绝服务）攻击和恶意软件植入 Web 浏览器等方式盗取用户信息。

　　g. 数据保护。云计算中的数据保护成为非常重要的安全问题。由于用户数据保存在云端，因此需要有效地管控云服务提供商的操作行为。

　　h. 数据删除不彻底。主要原因是数据副本已经被放置在其他服务器中，在云计算中具有极大风险。

1.3.3　提高我国智能制造能力的建议

　　① 注重技术创新。提升企业研发能力是传统制造向智能制造发展的重点，针对传统制造设计、生产等各个环节，应重点研发新型传感技术、先进控制与优化技术等关键共性技术，在核心领域实现原始创新，建立并完善智能制造技术创新体系。支持科研机构与高校合作，重点研究并突破影响制造业发展的关键共性技术，逐渐缩小与欧美等技术创新水平较高国家及地区之间的差距。

　　② 强化政策导向。通过政策引导鼓励我国企业智能化发展，逐渐实现传统制造向智能制造转型升级。研究制定相应政策措施，鼓励各级政府组建开放与低成本、资源共享、线上与线下相结合的众创空间，释放我国制造业从设计到生产与管理等方面的创新潜力。通过财税相关政策制定，对智能制造企业给予财政资金扶持及税收减免等优惠政策，充分发挥财税政策在智能制造企业发展中的助力作用。

　　③ 发展新一代信息技术。云计算、互联网、物联网、大数据等信息技术的快速发展是实现制造业智能化的动力引擎。在新一代信息技术支持下，促进传统制造企业打破传统生产管理模式，将云计算、物联网、大数据等互联协作方式融入传统生产管理模式中，提升传统制造企业在设计、生产、管理和服务等全生命周期的智能化水平，加快制造企业转型升级。

　　④ 加强人才队伍建设。我国传统制造向智能制造发展的关键仍是人才队伍建设。高技术研发人才是实现制造业转型升级的主要力量。制定制造业相关激励机制、人才培养体系和人才引进方案，激励、培育、引进各类高素质、高技术研发型人才。激励高技术企业与社会资本联合成立专业人才培训基地，培育造就一批能够承担智能制造关键技术研发的攻关人才，引进国内外优秀的专业人才进入智能制造企业，为我国传统制造向智能制造升级提供"源头活水"。

1.4 智能制造车间分类

1.4.1 按制造流程特点分类

生产企业按照产品生产流程特点，可以分为"离散型制造企业""流程型制造企业"和"混合型制造企业"，与之相应的智能制造车间则可以称之为"离散型智能制造车间""流程型智能制造车间"和"混合型智能制造车间"。

（1）离散型智能制造车间

车间制造组织形式和工艺特征为离散型。车间产成品由不同加工工序、多种零配件经过一系列的加工组装完成，具有产品多样化、工艺路线复杂、生产周期长、管理复杂等特点。生产过程中基本上没有发生物质改变，只是物料的形状和组合发生改变，即最终产品是由各种物料装配而成，并且产品与所需物料之间有确定的数量比例，如一个产品有多少个部件，一个部件有多少个零件，这些物料不能多也不能少。按通常行业划分，属于离散型车间生产模式的典型行业有机械制造业、汽车制造业、家电制造业等等。

（2）流程型智能制造车间

车间制造组织形式和工艺特征为流程型。原材料、半成品、产成品都通过不间断的管道式、输送带式或链式等流水线进行车间内物流运输，生产连续性强，前后流程比较规范，工艺柔性比较小，产品比较单一，原料比较稳定。基本的生产特征是通过一系列的加工装置使原材料进行规定的化学反应或物理变化，生产过程是连续不断的。按通常行业划分，采用流程型车间生产模式的典型行业有：冶金、化工、水泥、烟草、食品、生物制药等。

（3）混合型智能制造车间

车间制造组织形式和工艺特征兼有离散型和流程型特点。例如产品包装成本占有较大比例的一些制造企业，车间前端生产工序是流程型的，后期包装工序则是离散型的；并且后期生产基本没有半成品和在制品，这是由于这类行业的后期都是包装，自动化程度较高，往往都能做到当天投料当天完成。按通常行业划分，属于混合型车间生产模式的典型行业有制药行业、化妆品生产行业、食品行业、酒类生产行业等。这类企业的前期生产工序与流程型车间完全相同，后期生产与离散型车间基本相同。

1.4.2 按智能制造新模式分类

按照智能制造新模式分类方法，智能制造车间可以相应划分为五类：离散型智能制造新模式车间、流程型智能制造新模式车间、网络协同制造式智能制造新模式车间、大规模个性化定制式智能制造新模式车间、远程运维服务式智能制造新模式车间。

（1）离散型智能制造新模式车间

车间总体设计、工艺流程及布局数字化建模；基于三维模型的产品设计与仿真，建立产品数据管理系统 PDM（Product Data Management），关键制造工艺的数值模拟以及加工、装配的可视化仿真；先进传感、控制、检测、装配、物流及智能化工艺装备与生产管理软件高度集成；现场数据采集与分析系统、车间制造执行系统 MES（Manufacturing Execution System）与产品全生命周期管理 PLM（Product Lifecycle Management）、企业资源计划系统 ERP 高效协同与集成。

离散型智能制造新模式车间的要素包括：

① 车间/工厂的总体设计、工艺流程及布局均已建立数字化模型，并进行模拟仿真，实现规划、生产、运营全流程数字化管理。

② 应用数字化三维设计与工艺技术进行产品、工艺设计与仿真，并通过物理检测与试验进行验证与优化。建立产品数据管理系统（PDM），实现产品设计、工艺数据的集成管理。

③ 制造装备数控化率超过70%，并实现高档数控机床与工业机器人、智能传感与控制装备、智能检测与装配装备、智能物流与仓储装备等关键技术装备之间的信息互联互通与集成。

④ 建立生产过程数据采集和分析系统，实现生产进度、现场操作、质量检验、设备状态、物料传送等生产现场数据自动上传，并实现可视化管理。

⑤ 建立车间制造执行系统（MES），实现计划、调度、质量、设备、生产、能效等管理功能。建立企业资源计划系统（ERP），实现供应链、物流、成本等企业经营管理功能。

⑥ 建立工厂内部通信网络架构，实现设计、工艺、制造、检验、物流等制造过程各环节之间，以及制造过程与制造执行系统（MES）和企业资源计划系统（ERP）的信息互联互通。

⑦ 建有工业信息安全管理制度和技术防护体系，具备网络防护、应急响应等信息安全保障能力。建有功能安全保护系统，采用全生命周期方法有效避免系统失效。通过持续改进，实现企业设计、工艺、制造、管理、物流等环节的产品全生命周期闭环动态优化，推进企业数字化设计、装备智能化升级、工艺流程优化、精益生产、可视化管理、质量控制与追溯、智能物流等方面的快速提升。

(2) 流程型智能制造新模式车间

工厂总体设计、工艺流程及布局数字化建模；生产流程可视化、生产工艺可预测优化；智能传感及仪器仪表、网络化控制与分析、在线检测、远程监控与故障诊断系统在生产管控中实现高度集成；实时数据采集与工艺数据库平台、车间制造执行系统（MES）与企业资源计划系统（ERP）实现协同与集成。

流程型智能制造新模式车间的要素包括：

① 工厂总体设计、工艺流程及布局均已建立数字化模型，并进行模拟仿真，实现生产流程数据可视化和生产工艺优化。

② 实现对物流、能流、物性、资产的全流程监控，建立数据采集和监控系统，生产工艺数据自动数采率达到90%以上。实现原料、关键工艺和成品检测数据的采集和集成利用，建立实时的质量预警系统。

③ 采用先进控制系统，工厂自控投用率达到90%以上，关键生产环节实现基于模型的先进控制和在线优化。

④ 建立制造执行系统（MES），生产计划、调度均建立模型，实现生产模型化分析决策、过程量化管理、成本和质量动态跟踪以及从原材料到产成品的一体化协同优化。建立企业资源计划系统（ERP），实现企业经营、管理和决策的智能优化。

⑤ 对于存在较高安全与环境风险的项目，实现有毒有害物质排放和危险源的自动检测与监控、安全生产的全方位监控，建立在线应急指挥联动系统。

⑥ 建立工厂通信网络架构，实现工艺、生产、检验、物流等制造过程各环节之间，以及制造过程与数据采集和监控系统、制造执行系统（MES）、企业资源计划系统（ERP）之间的信息互联互通。

⑦ 建有工业信息安全管理制度和技术防护体系，具备网络防护、应急响应等信息安全保障能力。建有功能安全保护系统，采用全生命周期方法有效避免系统失效。通过持续改进，实现生产过程动态优化，制造和管理信息的全程可视化，企业在资源配置、工艺优化、过程控制、产业链管理、节能减排及安全生产等方面的智能化水平显著提升。

（3）**网络协同制造式智能制造新模式车间**

建立网络化制造资源协同平台，企业间研发系统、信息系统、运营管理系统可横向集成，信息数据资源在企业内外可交互共享。企业间、企业部门间创新资源、生产能力、市场需求实现集聚与对接，设计、供应、制造和服务环节实现并行组织和协同优化。

网络协同制造式智能制造新模式车间的要素包括：

① 建有网络化制造资源协同云平台，具有完善的体系架构和相应的运行规则。

② 通过协同云平台，展示社会/企业/部门制造资源，实现制造资源和需求的有效对接。

③ 通过协同云平台，实现面向需求的企业间/部门间创新资源、设计能力的共享、互补和对接。

④ 通过协同云平台，实现面向订单的企业间/部门间生产资源合理调配，以及制造过程各环节和供应链的并行组织生产。

⑤ 建有围绕全生产链协同共享的产品溯源体系，实现企业间涵盖产品生产制造与运维服务等环节的信息溯源服务。

⑥ 建有工业信息安全管理制度和技术防护体系，具备网络防护、应急响应等信息安全保障能力。通过持续改进，网络化制造资源协同云平台不断优化，企业间、部门间创新资源、生产能力和服务能力高度集成，生产制造与服务运维信息高度共享，资源和服务的动态分析与柔性配置水平显著增强。

（4）**大规模个性化定制式智能制造新模式车间**

产品可模块化设计和个性化组合；建有用户个性化需求信息平台和各层级的个性化定制服务平台，能提供用户需求特征的数据挖掘和分析服务；研发设计、计划排产、柔性制造、物流配送和售后服务实现集成和协同优化。

大规模个性化定制式智能制造新模式车间的要素包括：

① 产品采用模块化设计，通过差异化的定制参数，组合形成个性化产品。

② 建有基于互联网的个性化定制服务平台，通过定制参数选择、三维数字建模、虚拟现实或增强现实等方式，实现与用户深度交互，快速生成产品定制方案。

③ 建有个性化产品数据库，应用大数据技术对用户的个性化需求特征进行挖掘和分析。

④ 个性化定制平台与企业研发设计、计划排产、柔性制造、营销管理、供应链管理、物流配送和售后服务等数字化制造系统实现协同与集成。通过持续改进，实现模块化设计方法、个性化定制平台、个性化产品数据库的不断优化，形成完善的基于数据驱动的企业研发、设计、生产、营销、供应链管理和服务体系，快速、低成本满足用户个性化需求的能力显著提升。

（5）**远程运维服务式智能制造新模式车间**

建有标准化信息采集与控制系统、自动诊断系统、基于专家系统的故障预测模型和故障索引知识库；可实现装备（产品）远程无人操控、工作环境预警、运行状态监测、故障诊断与自修复；建立产品生命周期分析平台、核心配件生命周期分析平台、用户使用习惯信息模型；可对智能装备（产品）提供健康状况监测、虚拟设备维护方案制定与执行、最优使用方案推送、创新应用开放等服务。

远程运维服务式智能制造新模式车间的要素包括：

① 采用远程运维服务模式的智能装备/产品应配置开放的数据接口，具备数据采集、通信和远程控制等功能。利用支持 IPv4、IPv6 等技术的工业互联网，采集并上传设备状态、作业操作、环境情况等数据，并根据远程指令灵活调整设备运行参数。

② 建立智能装备/产品远程运维服务平台，能够对装备/产品上传数据进行有效筛选、梳理、存储与管理。通过数据挖掘、分析，向用户提供日常运行维护、在线检测、预测性维

护、故障预警、诊断与修复、运行优化、远程升级等服务。

③ 智能装备/产品远程运维服务平台应与设备制造商的产品全生命周期管理系统（PLM）、客户关系管理系统 CRM（Customer Relationship Management）、产品研发管理系统实现信息共享。

④ 智能装备/产品远程运维服务平台应建立相应的专家库和专家咨询系统，能够为智能装备/产品的远程诊断提供智能决策支持，并向用户提出运行维护解决方案。

⑤ 建立信息安全管理制度，具备信息安全防护能力。通过持续改进，建立高效、安全的智能服务系统，提供的服务能够与产品形成实时、有效互动，大幅度提升嵌入式系统、移动互联网、大数据分析、智能决策支持系统的集成应用水平。

1.4.3　智能制造车间发展现状和趋势

(1) 工业互联网和人工智能等新技术，作为智能制造新模式创新应用的重要条件，其作用越来越突出

① 工业互联网。

a. 建立工业互联网工厂内网，采用工业以太网、工业 PON、工业无线、IPv6 等技术，实现生产装备、传感器、控制系统与管理系统等的互联。实现数据的采集、流转和处理；利用 IPv6、工业物联网等技术，实现与工厂内、外网的互联互通，支持内、外网业务协同。

b. 采用各类标识技术自动识别零部件、在制品、工序、产品等对象，在仓储、生产过程中实现自动信息采集与处理，通过与国家工业互联网标识解析系统对接，实现对产品全生命周期管理。

c. 实现工厂管理软件之间的横向互联，实现数据流动、转换和互认。

d. 在工厂内部建设工业互联网平台，或利用公众网络上的工业互联网平台，实现数据的集成、分析和挖掘，支撑智能化生产、个性化定制、网络化协同、服务化延伸等应用。

e. 通过部署和应用工业防火墙、安全监测审计、入侵检测等安全技术措施，实现对工业互联网安全风险的防范、监测和响应，保障工业系统的安全运行。

② 人工智能。

a. 关键制造装备采用人工智能技术，通过嵌入计算机视听觉、生物特征识别、复杂环境识别、智能语音处理、自然语言理解、智能决策控制以及新型人机交互等技术，实现制造装备的自感知、自学习、自适应、自控制。

b. 结合行业特点，基于大数据分析技术，应用机器学习、知识发现与知识工程以及跨媒体智能等方法，在产品质量改进与缺陷检测、生产工艺过程优化、设备健康管理、故障预测与诊断等关键环节具备人工智能特征。

c. 目标产品采用智能感知、模式识别、智能语义理解、智能分析决策等核心技术，实现复杂环境感知、智能人机交互、灵活精准控制、群体实时协同等方面性能和智能化水平的显著提高。

d. 人工智能技术已在产品开发、制造过程等产品全生命周期过程中实际运用，实现对制造过程优化，技术方案和应用模式等具有可复制性、可推广性。

(2) 面临的挑战和机遇

① 制造业进行智能制造产业升级需关注的关键问题。以流程型制造业为例，作为国民经济的重要基础和支柱产业，2019 年华制智能联合中国电子技术标准化研究院、东北大学国家重点实验室重磅发布《流程型智能制造白皮书》。我国流程行业产能高度集中，钢铁、

有色、电力、水泥、造纸等行业的产能均居世界第一，我国十种有色金属总产量连续 15 年世界第一，石油加工能力、乙烯产量位居世界第二。与此同时，流程型制造业企业也存在很多亟待解决和改进改造的主要问题：能耗过大、产品结构性过剩；智能化自决策性弱；资源与能源利用率不高；关键技术水平亟待提高；安全环保压力大。

上述问题既有特殊性，又具有普遍性。由此可见，各类型智能制造企业需要解决的关键问题，主要包括：工艺优化、智能控制、计划调度、物料平衡、设备运维、质量检验、能源管控、安全环保等内容。具体表现在以下几个方面：

a. 经营决策。供应链采购与装置运行特性关联度不高，产业链分布与市场需求存在不匹配，知识型工作自动化水平低，缺乏快速和主动响应市场变化的商业决策机制。

b. 生产运行。资源缺乏综合利用，运行过程依靠知识工作者凭经验和知识进行操作，精细化优化控制水平不高。

c. 能效安全。能源管理与生产运行缺乏协同，单位产量能效水平亟须提高，危化品缺乏信息化集成的流通轨迹监控与风险防范。

d. 信息感知。物料属性和加工过程部分参量无法快速获取，大数据、物联网和云计算等技术在生产和管理优化中的应用不够。

e. 系统支撑。我国流程行业生产效率不理想，生产系统跨层次运行效率和企业跨领域运营效率低下。需要全新的控制系统架构以实现控制-优化-决策一体化。

f. 行业间、企业间发展基础参差不齐，统一推进智能制造实施存在挑战。航空、电子、汽车、石化、钢铁等行业信息化建设起步早、基础好，先进企业自动化率基本达到 80%，数据自动采集率达到 90%；相比之下，纺织、建材等行业企业规模偏小，行业平均自动化普及率仅能达到 60%。

g. 核心技术装备、关键共性/行业标准的自主化进程相对缓慢。以智能制造核心技术装备为例，国内机床、机器人企业在高端市场处于劣势，80% 的高端机床依赖进口，ABB 等国际工业机器人四大家族占我国机器人本体市场的 50% 以上，减速器、伺服电机、敏感芯片、外围芯片等关键核心元器件均由国际企业主导垄断。

h. 缺少跨界领军企业，生态体系竞争力薄弱。目前，我国缺乏一批类似 GE、西门子的跨界巨头企业和系统集成商，尚未形成具有竞争力的智能制造生态体系。例如，我国沈阳机床厂研发网联装备 i5 数控机床，以智能云科平台为载体构建行业用户与供应商生态圈，目前虽有 600 多家制造商入驻，但影响力和竞争力仍然无法与覆盖 140 多个国家的德玛吉等国际机床巨头相比。

智能制造车间重点建设方向是：面向工艺优化、智能控制、生产调度、物料平衡、设备运维、质量检验、能源管理、安全环保等核心问题，流程行业智能制造建设主要围绕数字化、网络化、智能化展开。基于已有的物理制造系统，充分融合智能传感、先进控制、数字孪生、工业大数据、工业云等智能制造关键技术，从生产、管理以及营销的全过程优化出发，实现制造流程、操作方式、管理模式的高效化、绿色化和智能化。

② 建设智能制造车间的实施策略。全球新一轮科技革命和产业变革加紧孕育兴起，给智能制造车间改造和发展带来了新的机遇，将推动现代制造业形成新的商业模式、产业形态和生产方式。

a. 新商业模式：引入工业互联网平台，建立智慧供应链、市场和供应商评价体系及远程协同运维模式，数据共享、跨界合作，创造新的商业生态。

b. 新运营模式：通过信息融合管理、业务数据分析、智能优化排产等手段，实现研产供销、经营管理、生产控制、业务与财务全流程的无缝衔接和业务协同，促进业务流程、决策流程、运营流程的整合、重组和优化，形成新的运营管理体系。

c. 新生产模式：结合物联网、大数据、人工智能等技术，实现工艺、控制、调度、质检、能源等方面的智能优化。使得生产过程中物料使用趋于平衡，生产效率显著提升，生产环境更加安全，能源使用更加节约。

d. 新设备运维，资产管理模式：通过设备智能化改造上云，进行多维度、全数字化管理，实现设备资产管理数字化和设备运维平台化。

③ 智能制造车间的实施路线。与发达国家企业普遍走过了机械化、电气化和自动化的串联式道路不同，我国企业工业 1.0、2.0、3.0 的发展阶段并存，不同行业、不同企业智能制造的实施基础存在较大差异，重点行业的差异化智能制造推进路径也不同。

a. 实施基础差异较大，打造以智能装备、网络互联与数据集成为核心的智能工厂。以石化、钢铁为代表的原材料行业，自动化、数字化、信息化建设起步较早，发展程度较高，智能制造实施主要以工厂内外各环节数据打通及应用为重点，实现生产管控一体化、供应链协同与能耗优化。在生产管控一体化方面，九江石化的智能工厂建设，在生产现场通过 4G 无线网络、防爆智能终端实现装置数据的采集传输，大幅提升生产管理与装置优化水平。在供应链协同方面，东岳化工通过对物流、能流、安全、资产的全流程监控与数据集成，建立数据采集和管控系统，实现从响应式制造到预测制造的智能供应链转变。在能耗优化方面，鲁西化工以"互联网＋化肥"方式改造传统化肥生产，通过建立数据采集和监控系统，并与控制系统有机结合，实现重点污染物排放监控的全覆盖，合成氨综合能耗大幅下降。

b. 推进面向高价值产品的智能设计、协同制造和远程运维。航空、汽车、船舶、工程机械等高端装备行业，具有资金技术密集、产品附加值高的特点，企业生产过程普遍建立了良好的自动化、数字化基础，智能制造实施主要需求在于结合数字化、网络化技术，推进虚拟设计、协同制造和远程运维。在数字化设计方面，中国商飞建设三维 PDM 数据管理系统，应用数字化三维设计与工艺技术，实现产品数据流打通"设计-分析-工艺-制造"环节，大幅缩短研制周期。在网络协同制造方面，长安汽车搭建全球协同研发平台，推动基于同一模型与数据源的协同设计，实现了 24 小时不间断协同开发。在远程运维服务方面，三一重工依托工程机械服务平台，为客户提供故障诊断、性能优化托管等智能服务，产品市场占有率整体提高 5%，服务营收占比提高 28%。

c. 探索用户需求导向的个性化定制。家电、服装、家具、汽车等消费品行业，具有显著的订单拉动式生产特点，企业积极拓展个性化定制模式。在服装行业，报喜鸟公司开发西服私享定制云平台与大数据平台，对用户个性化需求特征进行挖掘和分析，实现"一人一版、一衣一款"的西装自主设计与定制生产。在家电行业，海尔集团打造"互联工厂"，前端打造"众创汇"的用户交互平台，终端依托沈阳、郑州、佛山和青岛四个互联工厂，后端依托"海达源"模块商资源平台，实现冰箱、空调等产品的定制化生产。

d. 强化以局部环节自动化、数字化改造为突破点的生产智能管控。以信息通信、光学元器件可穿戴设备等为代表的电子行业，在检测、装配、物流环节普遍存在较大的自动化和数字化短板，企业智能制造实施主要以局部环节改造为切入口，逐步提升生产的数据采集与利用能力，提高生产效率和产品质量。在质量检测方面，中兴无线基站产品智能工厂，通过工业机器人、自动化检测设备的综合集成，突破模块化电源检测的自动化瓶颈，单条检测线减少 12 个人工需求，检测作业效率提升 33%。在产线控制优化方面，华星光电子在自动化及传送设备基础上，对设备运行数据、原材料数据、生产过程数据进行综合集成，大幅提升生产效率。在智慧物流方面，歌尔声学依托基于射频识别技术（RFID）的智能物流管理系统和立体仓库，实现物料精准配送，大幅提升物流仓储效率。

e. 探索中小企业低成本推进智能制造的路径。受制于资金、技术和人才，中小企业低成本实施智能制造是现实选择。在硬件方面，中小企业通过对旧设备进行升级改造、智能设备以租代买等方式节省成本。山东威达机械充分利用原有旧设备，改造升级 PLC 系统、线轨等关键部分，并入新系统组成智能制造生产线，节省 50％投资成本。在软件方面，中小企业可通过"按需付费、按次付费"取代"成套购买"的方式，降低使用门槛。

f. 有效应对数据的集成和综合利用不足、智能化水平受限问题。随着智能制造的深入推进，企业逐渐暴露出数据集成和综合利用能力不足的短板，难以将采集到的生产数据转化为对生产经营决策的支撑，制约了智能化水平的进一步提升。差异化路径助力应用推广，围绕不同行业的不同基础与需求，分类施策，鼓励企业探索差异化智能制造实施路径。基于不同行业和不同企业的生产特点、实际需求与基础能力等级，结合试点示范企业智能制造实施经验，加快建设具有操作性行业性智能制造实施指南，加快智能制造应用推广。

g. 加快平台类产品的研发，突破重点行业场景下的数据智能应用瓶颈。围绕智能制造发展的共性技术要素，以企业应用为牵引，加快产学研用联合创新，推动面向数据集成分析的平台类产品研发应用，着重开发面向各类优化场景的模型算法，提升工业企业智能化应用能力。

着力推动中小企业自动化改造和信息化升级，针对中小企业资金、技术、人才力量有限，鼓励并推广面向关键工序的自动化改造和信息化升级，积极探索中小企业的低成本智能制造实施路径，激发中小企业积极性。

参考文献

[1] 庞国锋，徐静，沈旭昆. 离散型制造模式（智能制造新模式探索与案例分析）. 北京：电子工业出版社，2019.
[2] 陈明，梁乃明. 智能制造之路数字化工厂. 北京：机械工业出版社，2016.
[3] 王进峰. 智能制造系统与智能车间. 北京：化学工业出版社，2020.
[4] 朱铎先，赵敏. 机·智：从数字化车间走向智能制造. 北京：机械工业出版社，2018.
[5] 陈卫新. 面向中国制造 2025 的智能工厂. 北京：中国电力出版社，2017.
[6] 庞国锋，徐静，张磊. 流程型制造模式（智能制造新模式探索与案例分析）. 北京：电子工业出版社，2019.
[7] 邓朝晖，万林林，邓辉，等. 智能制造技术基础. 2 版. 武汉：华中科技大学出版社，2021.
[8] 王芳，赵中宁. 智能制造基础与应用. 北京：机械工业出版社，2018.
[9] 李晓雪. 智能制造导论. 北京：机械工业出版社，2019.
[10] 赵伟. "十四五"期间中国经济发展不宜设定制造业占比指标. 探索与争鸣，2021（01）：60-68，178.
[11] 孟凡生，赵刚. 传统制造向智能制造发展影响因素研究. 科技进步与对策，2018，35（01）：66-72.
[12] 王怀喜. 从传统制造走向智能制造. 仪器仪表与分析监测，2019（04）：4-7.
[13] 杨正位，崔琴. 发达国家"制造业回归"的成效与启示：兼及与金砖国家的对照. 中国浦东干部学院学报，2021，15（01）：124-133，22.
[14] 李春花. 基于工业企业的智能制造需求分析. 铜业工程，2019（01）：70-73.
[15] 王峰. 角力智能制造世界各国战略不相同. 通信世界，2017（10）：23-24.
[16] 吴文文. 离散型制造企业智能制造能力评价研究. 杭州：杭州电子科技大学，2018.
[17] 门峰，董方岐，苏青福，等. 汽车企业智能制造发展现状及需求研究. 科技创新导报，2020，17（16）：93-97.
[18] 唐堂，滕琳，吴杰，等. 全面实现数字化是通向智能制造的必由之路：解读《智能制造之路：数字化工厂》. 中国机械工程，2018，29（03）：366-377.
[19] 胡常俊. 沈阳市智能制造装备企业对高级人才需求的调查研究. 沈阳：沈阳大学，2017.
[20] 张军. 苏州智能制造发展现状、问题及对策研究. 市场周刊，2019（02）：1-2.
[21] 林汉川，汤临佳. 新一轮产业革命的全局战略分析：各国智能制造发展动向概览. 人民论坛·学术前沿，2015（11）：62-75.
[22] 田洪川，蒋昕昊. 行业差异当前，智能制造如何分类施策？人民邮电，2017，04-17（006）.
[23] 刘星星. 智能制造的发展：现状、问题及对策研究. 齐齐哈尔大学学报（哲学社会科学版），2016（07）：66-68.
[24] 谭伟美，梁洛铭. 智能制造企业人才需求与培养方向的分析研究. 科技资讯，2018，16（17）：201，203.
[25] 姚丽媛，王健. 智能制造特点与典型模式研究. 智慧中国，2017（10）：76-79.
[26] 杜茵. 智能化生产车间建模与 Simio 仿真. 柳州：广西科技大学，2019.
[27] GB/T 37413—2019. 数字化车间　术语和定义.
[28] GB/T 37393—2019. 数字化车间　通用技术要求.
[29] GB/T 39474—2020. 基于云制造的智能工厂架构要求.

第**2**章

智能制造车间规划设计

2.1 智能制造车间通用构建模式

2.1.1 构建的原则和目标

智能制造车间是在数字化智能生产线的基础上，以产品全生命周期数据为基础，通过实时获取制造装备状态、生产过程控制数据以及质量控制数据等信息，并与信息系统有效集成，实现产品制造全过程透明化管理。智能制造车间构建时要遵循一定的原则并达成建设目标，其构建原则如表 2-1 所示。

▫ 表 2-1　智能制造车间构建原则

构建原则	原则内容
战略一致性原则	依据组织的发展战略实施,确保智能车间的建设与其战略的一致性和协调性
统筹规划,分步实施的原则	统筹规划,实现资源共享,防止重复建设。智能制造车间的建设是逐步推进的过程,应做好顶层设计,分阶段有效实施,通过阶段目标的实现,最终达到总体目标的实现
技术适用性原则	依据组织自身的需求,选择最合适的技术。同时,应考虑该项技术的适用范围及外部接口等问题
系统"扁平"化原则	建设过程中,为避免产生"信息孤岛",应对相关信息系统进行优化、整合,必要时淘汰不合适的系统

智能制造车间建设的最终目标是通过实现装备数字化、智能化，设计研发数字化、智能化，生产过程数字化、智能化，经营管理数字化、智能化，对组织现有的各种资源进行整合、优化、提升，以提高组织的核心竞争力和综合效率。

2.1.2 通用模式的基本构成

下面以机加工智能制造车间为例，如图 2-1 所示，对智能制造车间基本构成进行说明。依据制造系统层级传统模式的划分模式，智能制造车间可划分为装备（设备）级、生产线级、车间级 3 个层级。智能制造装备（设备）中包含了若干具有一定感知、分析、决策能力的基本逻辑结构，并能实现相对完整的智能制造活动，智能制造装备（设备）除包含装备（设备）本体外，还包括嵌入装备（设备）中的软件系统以及与之协作的配套设施；智能生产线将若干智能制造装备（设备）从物理与逻辑上进行关联，并通过生产线的自动化系统实现各制造装备（设备）的协作；智能车间则是由若干条智能生产线以及车间层级的智能决策系统、仓储物流系统等构成。

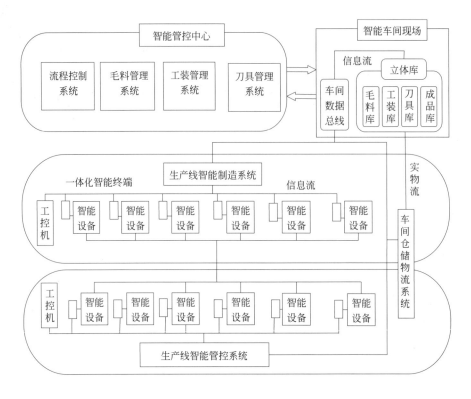

图 2-1　智能制造车间基本构成

（1）智能制造装备（设备）

智能制造装备（设备）能够对其制造过程进行智能辅助决策、自动感知、智能监测、智能调节和智能维护，从而支持制造过程的高效、优质和低耗的多目标优化运行。

① 典型的智能制造装备（设备）　典型的智能制造装备（设备）包括智能机床、智能机器人和智能物流装备等。

智能机床包含各种先进的传感器，通过监测、分析和诊断来纠正整个制造环节中的各种偏差，并及时调整来优化生产过程。智能机床能与工作人员交流共享机器自身生产情况；具有自我学习和进步的功能；能够实时监测和优化自身运行状况；可以评估产品质量；机器设备可以没有障碍地进行相互通信；采用传感器收集生产数据并通过故障识别分析技术，远程监控设备运行过程中的运行状态和健康状况，实时调整处理参数。

在现代制造业，智能工业机器人是一种尤其重要的自动化设备，传统的工业机器人只能按照人们提前设定的程序按部就班地工作，而智能工业机器人不仅融合了互联网、人工智能等新型科学，还融合了机械、电子等学科的热点技术。机器人可以通过各种传感器感知各种外部信息，例如：机器人拥有视觉功能源自视觉功能技术模块，机器人具有触觉功能源自装配力控制模块，这些传感器帮助机器人调整具体动作。智能机器人可以适应外部环境和对象，并可以通过感知推理、判断和决策来执行更复杂的操作。通过各种智能传感器，智能机器人可获取外部环境信息，经过分析处理信息后得到信息反馈，这样能够使得目标任务是在适应环境的同时完成的。

智能物流装备是智能化物流系统的基础组成部分。智能化物流系统的基本特点是：自动分发流程、智能分析需求和优化资源使用。智能物料配送的主要目标是有效控制制造成本。物流系统通过减少分配点处的物料库存量，跟踪物料小车走向，改善车间中的物料流动，做到生产物料实时供应，即需即送，从而降低物料浪费。

② 支撑智能制造装备（设备）的技术体系　支撑智能制造装备（设备）的技术体系可分为3个部分，即智能基础元器件、智能数控系统以及智能制造应用技术。

具备工况感知与智能识别技术的智能基础元器件是制造装备（设备）实现智能的前提。智能制造设备嵌入了各种类型的传感器，如直线光栅尺、旋转光栅尺、温度热电偶、振动/力传感器、声发射传感器等，这些传感器能够实时采集加工过程中的振动、温度、切削力等制造数据，并将这些数据传送至数控系统。

智能数控系统主要负责设备的自主分析和智能决策。其接收智能传感器采集到的数据，通过对数据的分析实时控制与调整设备的运行参数，使设备在加工过程中始终处于最佳的效能状态，实现设备的自适应加工。同时，通过传感器对设备运行数据的采集与分析，还可以实现对设备健康状态的监控与故障预警。智能数控系统的技术体系主要包括开放式软硬件系统平台，大数据采集、传输与存储平台，以及云计算与云平台系统。

在智能数控系统的基础上，可以根据需求开发出各种智能化应用程序。这些智能化应用程序嵌入到数控系统中，能够充分发挥设备的最佳效能，提升产品制造质量，并实现设备的健康监控与故障诊断等。例如，在机床的加工过程中，通过采集系统的跟踪误差、振动、电流等数据，建立加工指令与加工状态之间的映射关系，实现对加工代码中加工参数、机床参数等的调整，从而达到提高加工效率与质量的目的。

(2) 智能生产线

智能生产线是在专业化与自动化生产线的基础上，将大量的智能设备、智能元器件应用于产品加工关键环节，在其他生产活动环节采用智能识别、自动搬运与装夹等技术，实现物料、加工设备、刀具、工装等的自动识别、匹配与装夹。这不仅提升智能设备的利用率，使其充分发挥其功能，而且还使整条生产线具有柔性，能够快速地按需要生产出不同类型的产品。智能生产线除了加工与物流配送的自动化外，还具有智能管控能力，能够根据生产任务与设备、原材料、工装等资源情况，优化生产作业计划，形成自主决策的工作指令。

智能生产线通常由集成控制系统、物料传输系统、工件存储系统、加工单元与其他外围防护等部分组成。集成控制系统主要包括生产管理系统、网络化检测系统以及物流控制系统等。生产管理系统接收由车间中央管控中心传来的生产任务，制订出生产线的作业计划，并向加工设备、物料系统等发送制造指令与制造数据。此外，生产管理系统还以可视的形式，实现对生产线计划调度、运行状态、生产进度、质量信息、设备信息等与生产线运行相关信息的全面管理；网络化检测系统通过大量采用二维码、RFID等识别技术，在物料配送与机床运行过程中，通过扫描二维码或借助RFC（Request For Comments，以编号排列的文件）技术对物流的运行状态、必要的位置信息、机床运行数据等进行实时监测。

物料传输系统包括输送轨道、AGV/RGV系统、移动工作台的交换动力装置等。物料传输系统主要完成各工序间的移动工作台的自动传送、调运等工作。AGV/RGV系统中主要包括自动小车、车载控制系统、地面控制系统以及导航系统。其中，地面控制系统是AGV系统的核心，主要需要解决任务分配、车辆管理、交通管理、通信管理等问题。车载控制系统需要负责自动小车单机的导航、路径选择、车辆驱动、装卸操作等。目前的导航技术主要包括直接坐标导引技术、电磁导引技术、光学导引技术、惯性导航技术及全球定位系统GPS（Global Positioning System）导航技术等。

工件存储系统主要包括上下料站区、工件缓冲区等。上下料站区主要由上下料交换台组成。工件缓冲区主要是为了满足生产线在一定时间内无人值守的需求，同时也实现零件在不同工序之间传送的缓冲。自动小车在工件存储区与机床工作台之间完成物料的自动装卸和传输，根据上下料的需求，自动小车上配有相应的自动上下料机构。

（3）智能车间

智能车间包含各种不同种类的智能设备以及各种不同形态的生产线，为了使这些智能装备（设备）、智能化生产线发挥最佳的效能，智能车间中有两个方面尤为重要：一是车间的软硬件基础设施；二是车间的智能管控系统。

软硬件基础设施是这些智能装备（设备）、生产线之间畅通的数据传递、物料传输的基础条件，包括硬件设施以及软件环境两大类。在硬件设施方面，智能车间中首先需要根据车间中产品、工艺流程的特点，综合物流传输、工件存放等因素，做出合理的车间布局；其次，各种设备、工装、物料应遵循统一的机械、电气接口标准。在软件方面，智能车间中需要搭建数据传输总线，对于不同形式、不同来源的数据，需要建立统一、高效的数据交换协议与数据接口，进而明确各种数据的封装、传输与解析方法，实现车间中各智能实体之间的信息传递。通过软硬件环境的建设，车间中的各智能体实现互联互通，并使新的智能加工单元可实现插拔式接入。

车间中央管控系统是智能车间最核心的组成部分。中央管控系统全面负责车间中的制造流程、仓储物流、毛料与工装等的管理，其中制造过程的智能调度以及制造指令的智能生成与按需配送是车间中央管控系统的重要职能。中央管控系统面向生产任务，通过对生产线加工能力与产品工艺特性的综合分析，实现生产任务的均衡配置。同时，通过对生产线运行状态、设备加工能力等的分析，自动生成制造指令，并基于此对工件、物料等制造资源进行实时按需调配，从而使设备的综合利用率获得大幅提升。

在传统的加工过程中，工件与加工设备的匹配是在工艺设计过程中决定的，即在工艺设计过程中就为工件指定了唯一的加工设备。然而，在实际加工过程中，常出现已指定的机床处于占用状态的情况，此时无论其他机床是否具备加工能力，是否处于空闲状态，当前零件必须等待当前设备加工完毕才能开始加工。此外，由于加工设备是由人工凭经验指定的，为了避免对机床造成破坏，工艺设计人员倾向于选择较为保守的加工参数，高性能机床长期处于低效运转的状态，其加工能力无法完全发挥，这样也从另一方面导致了加工效率的降低。在智能加工车间中，零件所需的加工设备是由中央管控系统根据设备的忙闲状态、零件的工艺特征以及设备的加工能力来综合分析决定的。在选定加工设备后，中央管控系统将进一步分析设备性能，确定最佳的工艺参数，并自动将加工指令传送至设备。同时，管控系统将根据实际需求向物流、工装、刀具等系统发送对应的指令，将相关制造资源配送至指定设备，进而完成零件的加工。

2.1.3　基于 OPC UA 的智能制造车间架构模式

制造业物联网分为三层：应用层、传输层以及感知层。在物联网中对各类传感以及控制信息进行采集的关键部位在感知层，感知层用于识别底层各类接入的设备以及对制造过程中的数据进行采集。现今物联网对底层设备信息进行访问的方法主要分为两种：采用自动化设备读取，例如采用 RFID、条码读写器去获取在制品信息；从控制设备中获取数据，例如通过底层设备提供的接口去得到所需数据。

制造业物联网的具体实施还有许多亟待解决的问题，特别是在底层设备数据的采集方面，由于底层设备繁多，所用接口各不相同，因此给数据的采集带来了困难。随着制造业信息化迅猛发展，车间的智能化程度日益增强，车间智能化与车间内的智能化设备有着直接的联系。伴随车间智能化程度的提升，车间设备也更加多元化，如数控机床、工业机器人、AGV、嵌入式系统设备等，但是多样化的底层设备使得与之通信的接口和协议也变得种类繁多，这就导致上层信息系统要想与各类底层设备进行通信，就必须使用对应的接口和通信协议，而这样的数据采集模式不仅烦琐昂贵，而且大大增加了系统的开发难度，数据采集效率也十分低下。对于上述问题，亟需一种可以跨语言、跨平台的通用化通信协议来解决，而采用 OPC UA（OLE for Process Control Unified Architecture，过程控制统一对象模型）技术就可以很好地解决这类问题。

OPC 统一架构相较于传统 OPC 规范能为制造业生产设备提供更多的语义操作和跨平台通信，通过 OPC UA 协议可便捷地对车间内各种异构生产设备建立统一化的数据接口。OPC UA 是一个开放的跨平台架构，由全世界 30 多家知名制造企业联合开发，目前已成为工业 4.0 中的通信标准。OPC UA 协议不受限于操作系统，具有很强的独立性，并且还拥有很高的安全保护机制，可以确保信息通信安全可靠。OPC UA 还能支持各类设备复杂的数据结构通信，通过将设备的各种数据以及结构节点封装为对象来对设备信息模型进行描述，以此来实现复杂数据结构的通信。OPC UA 客户端可以通过对 OPC UA 服务器的访问去实时地获取底层设备信息，并且可以对设备进行数据查询和写入等操作进而完成对设备的远程监控，提供历史数据查询来实现设备的远程监控。近些年来 OPC UA 不断发展，在工业领域取得显著的成功，越来越多的企业使用 OPC UA 技术进行实际应用。ABB、爱默生、罗克威尔、西门子等企业已经实现了 OPC UA 应用程序的开发和应用。如西门子已经将 OPC UA 的整套服务集成在产品之中。

目前，OPC UA 正式成为国家推荐性标准，OPC UA 的独立性、安全、国际标准、建模与信息模型、即插即用等特点成为制造业相关企业关注的焦点。OPC UA 使得开发变得更加简单，OPC UA 通过采用共享的信息模型，让面向服务（SOA）的应用得以实现。OPC UA 为应用之间提供了互操作的、平台独立的、高性能的、可扩展的、安全和可靠的通信模式。

（1）智能制造车间互联网络的层次结构及各层次系统、设备间连接

如图 2-2 所示（图中仅示意说明层次关系及可能的连接关系）。

各层次功能和各种系统、设备在不同层次上的分配如表 2-2 所示，企业可根据实际生产制造需求和规模，实现全部或可选地实现部分层次。

▫ **表 2-2 数字化车间互联网络层次功能和各种系统、设备在不同层次上的分配**

层次名称		分配内容
设备层		实现制造过程的传感和执行,定义参与感知和执行生产制造过程的活动。时间分辨粒度可为秒、毫秒、微秒。各种传感器、变送器、执行器、RTU、条码/二维码扫描器、RFID,以及数控机床、工业机器人、AGV、自动化仓储设备等智能制造装备(设备)在此层运行。这些设备统称为现场设备
控制层		控制层实现制造过程的监视和控制,定义对生产制造过程进行监视和控制的活动。时间分辨粒度可为小时、分、秒、毫秒。按照不同功能,该层次可进一步细分为监视控制层和现场控制层
	监视控制层	以操作监视为主要任务,兼有高级控制策略、故障诊断等部分管理功能。各种监视控制设备/系统,如可视化的 SCADA、HMI、DCS、操作员站等在此层运行
	现场控制层	对生产过程进行测量和控制,采集过程数据,进行数据转换与处理,输出控制信号,实现逻辑控制、连续控制和批次控制功能。各种可编程控制设备,如 PLC、DCS 控制器、IPC,其他专用控制器等在此层运行
车间层		实现车间的生产管理,定义生产预期产品的工作流/配方控制活动,包括:维护记录、详细排产、可靠性保障等。时间分辨粒度可为日、班次、小时、分、秒。MES、WMS、QMS、EMS、LIMS 等在此层运行

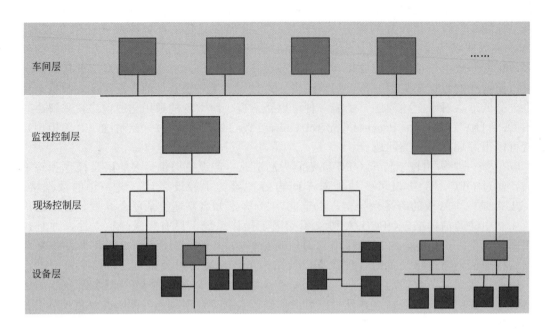

图 2-2　数字化车间互联网络层次结构示意

（2）数字化智能制造车间的互联网络信息流

① 互联网络连接方式　智能制造车间中典型的与生产相关的软硬件组成及其之间可能连接与信息流（箭头表示）如图 2-3 所示。

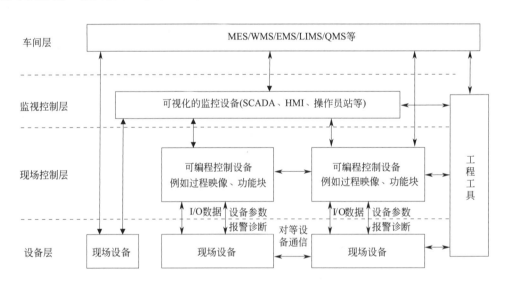

图 2-3　软硬件组成及其之间可能连接与信息流示意图

这些软硬件分布在数字化车间的不同层次且通过通信系统互联，共同实现整个车间自动化生产和信息化管理功能。典型的网络连接包括：

a. 现场设备与可编程控制设备［PLC、DCS 控制器或进程间通信 IPC（Inter-Process Communication）］通过现场总线、工业以太网或工业无线网连接；

b. 可编程控制设备与 HMI、SCADA 或 MES 等通过现场总线或工业以太网连接，或者通过局部区域网 LAN（Local Area Network）或以太网连接；

c. 工程工具（包括各种编程工具、组态工具、调试工具等）可访问现场设备和可编程控制设备，一般通过以太网、串口（RS-232、RS-485、USB）或其他专用接口与设备连接，并且仅在组态或调试期间存在；

d. 现场设备的多个分组（有或没有控制器）也可通过 LAN 相互连接，或者连接到更高层（HMI、SCADA 等）系统；

e. 现场设备之间还可通过现场总线、工业以太网、工业无线网或控制器（PLC）直接通信；

f. MES 系统可直接访问现场设备，或通过可编程控制设备间接访问现场设备。

② 互联网络信息流　数字化车间不同层次或同一层次上的设备和系统通过网络连接在一起，相互之间实现数据传输，更进一步，这些设备和系统能够一致地解析所传输信息/数据，甚至了解其含义。数字化车间各组成部分之间的可能交互的信息流见表 2-3。

□ 表 2-3　数字化车间各组成部分之间的可能交互的信息流

各组成部分区间	交互的信息流
MES 等系统与可编程控制设备之间	MES 等系统向可编程控制设备发送作业指令、参数配置、配方数据、工艺数据、程序代码等； 可编程控制设备向 MES 等系统发送与生产运行相关的信息，如生产实绩信息、质量信息、库存信息、设备状态、能耗信息等； 可编程控制设备向 MES 发送诊断信息和报警信息
MES 等系统与监控设备之间	监控设备向 MES 等系统发送与生产运行相关的信息，如生产实际信息、质量信息、库存信息、设备状态、能耗信息等； 监控设备向 MES 等系统发送诊断信息和报警信息
MES 等系统与现场设备之间	MES 等系统向现场设备发送作业指令、参数配置、配方数据、工艺数据、程序代码等； 现场设备向 MES 等系统发送与生产运行相关的信息，如生产实际信息、质量信息、库存信息、设备状态、能耗信息等； 现场设备向 MES 等系统发送诊断信息和报警信息
监控设备与可编程控制设备之间	监控设备向可编程控制设备发送控制和操作指令、参数设置等信息； 监控设备从可编程控制设备获取可视化所需要的现场数据； 可编程控制设备向监控设备发送诊断信息和报警信息
监控设备与现场设备之间	监控设备向现场设备发送控制和操作指令、参数设置等信息； 监控设备从现场设备获取可视化所需要的现场数据； 现场设备向监控设备发送诊断信息和报警信息
可编程控制设备与现场设备之间	可编程控制设备与现场设备之间交换输入、输出数据，例如可编程控制设备向现场设备传送输出数据（如参数设定值、作业指令等），以及现场设备向可编程控制设备传送输入数据（如测量值、作业完成情况、质量信息、库存信息、设备状态信息、能耗信息等）； 可编程控制设备配置或获取现场设备的参数；现场设备向可编程控制设备发送诊断信息和报警信息
现场设备与现场设备之间	现场设备与现场设备之间交换测量值、互锁信号、作业指示、作业完成情况、设备状态等
工程工具与监控设备、可编程控制设备、现场设备之间	编程工具、组态工具向可编程控制设备或现场设备发送程序代码或组态信息； 调试工具向可编程控制设备或现场设备发送读写参数请求，可编程控制设备或现场设备向调试工具返回读写参数响应

(3) 基于 OPC UA 的数字化车间互联网络架构

① OPC UA 实现方式　OPC UA 服务器和客户端的实现方式包括：

a. OPC UA 客户端可以是独立的应用程序或者应用程序的一部分，如 ERP、MES、SCADA 都可以是客户端应用程序；

b. 网络上单独存在的 OPC UA 协议网关，向上层网络提供 OPC UA 服务器，向下层网络采集现场数据；

c. 同时作为 OPC UA 服务器和客户端，如 SCADA，既可作为客户端获取现场数据，又可作为服务器向 MES 提供数据；

d. 嵌入式 OPC UA 服务器，可嵌入到 PLC、DCS 控制器等可编程控制设备，或者嵌入到数控机床、工业机器人、自动化仓储设备、RFID 读写器等现场设备。

② OPC UA 作用位置 数字化车间互联网络中可使用 OPC UA 实现不同层次系统、设备之间集成与信息交换的作用位置，如图 2-4 所示（用椭圆框表示）。OPC UA 作用位置包括：

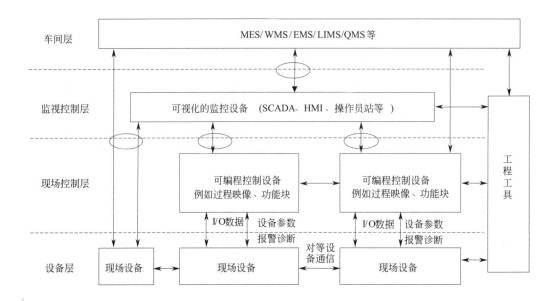

图 2-4 OPC UA 的作用位置示意

a. MES 等系统与可编程控制设备之间；

b. MES 等系统与现场设备之间；

c. 监控设备与可编程控制设备之间；

d. 监控设备与现场设备之间。

现场设备与现场设备之间、现场设备与可编程控制设备之间、可编程控制设备与可编程控制设备之间、工程工具与 ERP/MES 之间、ERP 与 MES 之间的集成与信息交换也可通过 OPC UA 实现。

③ OPC UA 网络分布 在数字化车间互联网络架构中，OPC UA 服务器和客户端的一般分布如图 2-5 所示，以实现企业内部信息的获取。

OPC UA 具有信息建模能力，可提供不同层次的数据语义，包括的内容如表 2-4 所示。

⊡ 表 2-4 OPC UA 数据语义包括的内容

数据语义类型	语义内容
制造过程语义	UA 服务器定义与生产运作管理或生产工艺相关的信息模型
生产单元语义	UA 服务器定义生产单元、生产线的信息模型
现场设备语义	UA 服务器定义现场设备的信息模型

基于 OPC UA 的互联网络架构、OPC UA 协议规范与技术概述、OPC UA 的开发实

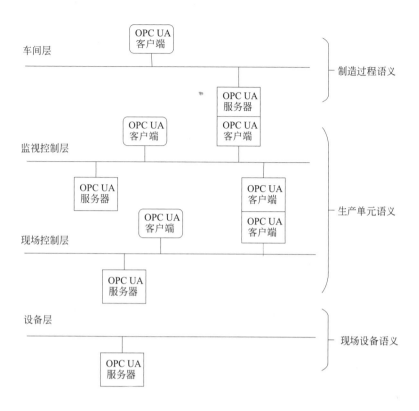

图 2-5　OPC UA 网络分布概念

现、OPC UA 的兼容性等详细内容读者可以参见 GB/T 38869—2020《基于 OPC UA 的数字化车间互联网络架构》标准原文。

2.2　顶层设计与实施步骤

有关智能制造车间的设计和实施，在国家标准、地方标准以及行业标准各个层次的文献中都有所阐述和说明。例如 GB/T 39474—2020《基于云制造的智能工厂架构要求》、GB/T 38869—2020《基于 OPC UA 的数字化车间互联网络架构》、GB/T 37928—2019《数字化车间 机床制造 信息模型》、DB34/T 3052—2017《智能工厂和数字车间建设 实施指南》、DB34/T 3671—2020《家居智能制造 生产状态监测技术规范》、T/CTIMSA 03—2019《轮胎智能制造 制造执行系统（MES）部署规范》等。

下面以安徽省地方标准 DB34/T 3052—2017《智能工厂和数字车间建设 实施指南》内容为例，介绍智能制造车间的顶层设计与实施步骤。

2.2.1　顶层设计流程

(1) 明确建设原则和目标

智能制造车间建设原则一般包含以下四项：战略一致性原则，统筹规划、分步实施原则，技术适用性原则，系统"扁平"原则。具体内容见表2-5。

原则名称	原则含义
战略一致性	应依据组织的发展战略实施,确保车间的建设与组织战略
统筹规划、分步实施	①统筹规划,实现资源共享,防止重复建设 ②车间的建设是逐步推进的过程,应做好顶层设计,分阶段有效实施,通过阶段目标的实现,最终达到总体目标的实现
技术适用性	①应依据组织自身的需求,选择最合适的技术 ②考虑该项技术的适用范围及外部接口等问题
系统"扁平"	建设过程中,为避免产生"信息孤岛",应对相关信息系统进行优化、整合,必要时淘汰不合适的系统

智能制造车间建设的最终目标是通过实现装备（设备）数字化、设计研发数字化、生产过程数字化、经营管理数字化，对组织现有的各种资源进行整合、优化、提升，以提高组织的核心竞争力和综合效率。

（2）组织的领导作用

组织的领导作用包括最高管理者的组织领导作用、职责与协调沟通两个方面。

① 最高管理者的组织领导作用　为确保智能制造车间得以有效地建设和实施，最高管理者应充分认识智能制造车间建设的必要性和长期性，并应兼顾组织的长远发展和近期发展，进行科学决策。最高管理者应为智能制造车间的建设提供必要的资源支持，资源宜包括：

a. 所需的财务、人力和其他资源；

b. 所需的技术资源、基础设施资源；

c. 信息资源、工作环境资源等；

d. 专业技能和培训的需求。

应对资源及其配置的充分性、适宜性和有效性进行定期评审，以确保其满足智能制造车间建设的需要。

② 职责与协调沟通　具体内容如表2-6所示。

作用内容	实施细则
职责与权限	①成立项目实施小组,并以任命书的形式指定项目负责人 ②对所有承担智能制造车间建设的部门及人员确定职责和权限,通过《项目任务书》《岗位描述》形式规范职责和权限
协调与沟通	①明确智能制造车间建设过程中的沟通与协调的机制和方法,并保持畅通 ②在制定沟通程序时,组织宜考虑以下因素: 信息的接收者及其需求;方法和媒介;可利用的技术;组织的复杂性、结构和规模;工作场所有效沟通的障碍,如文化水平和语言上的障碍;法律法规及其他要求;沟通有效性的评估

（3）资源管理

最高管理者应对智能制造车间建设所需资源的配置进行统筹策划和安排，使其充分、适宜。应围绕智能制造车间的建设，识别、配置、维护、持续优化所需要的资金、人才、设备、设施等支持条件和资源，不同支持条件和资源之间应保证相互协调和匹配。如需采用外部资源，应对其适宜性、充分性进行评估。

（4）建设规划

不同类型和功能的智能单机设备的互联互通组成数字生产线，不同的数字生产线间的互联互通是组成智能制造数字化车间的基础，数字化车间的互联互通是组成智能工厂的基础。这些单机智能设备、数字生产线、智能制造车间、智能工厂可以动态地组合，以满足不断变化的需求。

① 设计流程　智能制造车间顶层设计流程可参考图 2-6。

② 总体规划　编制智能制造车间建设的顶层设计方案。在编制顶层设计方案时，宜包括以下内容：

a. 组织的基本情况及战略定位；

b. 组织的战略目标及核心经济指标；

c. 组织智能化、数字化发展的总体思路；

d. 智能制造车间的总体布局；

e. 智能制造车间建设的架构。

③ 规划设计　对智能制造车间建立参考模型，在建立参考模型时宜从横向集成、纵向集成及产品全生命周期端到端集成三个方面进行考虑。横向集成宜从客户需求、产品设计、工艺设计、物料采购、生产制造、物流、售后服务等方面进行考虑。纵向集成宜从企业设备层、控制层、管理层三个层面进行考虑，包括组织内部的设备与控制层、制造执行层、经营管理层、经营决策层。

产品全生命周期端到端的集成，宜从信息物理系统（CPS）角度进行分析，包括感知执行、适配控制、网络传输、认知决策和服务平台。模

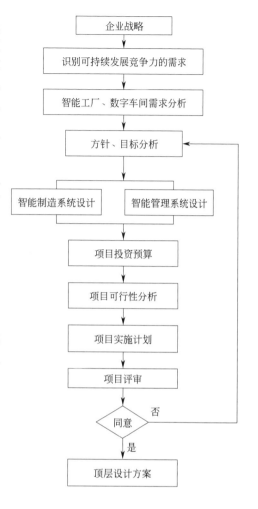

图 2-6　智能制造车间顶层设计流程

型建立可参考图 1-4 智能制造数字化车间体系结构、图 2-1 智能制造车间基本构成，数字车间的建设可根据具体情况进行部署。

④ 系统设计　智能制造车间的建设包括总体架构和功能结构。组织在进行智能制造车间系统设计时，应考虑数字化生产线、智能制造车间、智能工厂的递进关系。应编制系统设计方案，在编制方案时，宜包括如下内容：公司的总体战略目标及阶段性目标；信息化框架设计；工艺规划设计；自动化架构设计；组织管理集成化设计；系统安全设计。下面加以说明。

a. 信息化框架设计。应对智能工厂、数字车间建设的信息化框架进行设计并建立数字化模型，可以采用的方法包括但不限于：CIM-OSA 方法（Computer Integrated Manufacturing-Open System Architecture）；ARIS 方法（Architecture of Integrated Information System）；IDEF 方法（ICAM Definition Method）；GRAI/GIM 方法（Graph with Results and Activities Interrelated）；IEM 方法（Integrated Enterprise Modeling）；EAM 方法（Enterprise Asset Management，企业资源管理）。

智能制造车间的信息化框架包括基础平台层、数据库层、功能层。各层的相关要求和考虑要素见表 2-7。

框架分层	相关要素
基础平台层	①软件,例如:CAD、PDM、ERP、CAPP、CAE、FMS、MES 以及数据库管理、操作系统等
	②硬件,例如:计算机、存储设备、输入/输出设备、无线射频识别技术、传感器、摄像头等
	③公共服务,例如:软件接口、硬件接口、结构模式及信息安全
数据库层	①设计类,例如:基础设计类数据库、设计类知识库
	②试验类,例如:试验数据、试验规范等
	③工艺类,例如:工艺数据、工艺文件等
	④管理类,例如:管理制度、管理标准
	⑤标准体系库,例如:数字化管理标准、测试与试验标准、设计标准等
功能层	工厂布局;产品设计;工艺规划;生产仿真;虚拟装配;实验验证

工厂管理层,完成将车间生产数据送到车间管理层。车间管理网作为工厂主网的一个子网,连接到厂区骨干网,将车间数据集成到工厂管理层。

b. 工艺规划设计。应对产品生产工艺进行设计,建立工艺过程模块。组织在建立工艺过程模块时宜考虑:生产效率、成本、质量等目标;产品数据;制造资源;工序操作及过程控制数据;制造特征。

应对工艺制造装备（设备）进行选择,例如,针对离散型制造组织,可选择数控机床、工业机器人、智能传感器、智能检测装备、装配装备（设备）等。

c. 自动化架构设计。应对自动化架构进行设计,包括现场设备层、车间监控层以及生产管理层三个层面。自动化架构分层设计内容见表 2-8。

▣ 表 2-8　自动化架构分层设计内容

架构分层	设计内容
现场设备层	完成现场设备控制及设备间联锁控制,宜包括:分布式 I/O,如现场总线控制、网络信号控制、集散控制;传感器;驱动设备;执行机构和开关设备等
车间监控层	用来完成车间主生产设备之间的连接,宜包括:生产设备状态的在线监控;设备故障报警及维护等
生产管理层	利用计划、组织、用人、指导、控制等活动,对生产过程进行管理,宜包括:生产任务管理;工序计划与派工管理;领料与投料管理;生产过程管理;检验过程管理;产品入库管理

d. 组织管理集成化设计。应充分利用信息技术,对管理集成进行设计。在进行管理集成设计时,宜考虑如下因素:经营与决策能力;产品设计研发能力;供应链协同能力;生产协同能力;质量管理与保证能力;资产管理能力;设备互联能力;绿色制造能力;安全管理能力;环境管理能力;资金投入使用能力。

⑤ 设计过程的监控　应对设计过程的关键控制点进行监控,制订监控方案或计划。方案或计划宜明确:监控的责任人及责任部门;监控的时机;监控的方法,如可采取评审、研讨、专家座谈会等方式进行。

2.2.2　建设与实施步骤

（1）建设实施

应依据智能制造车间建设模型和设计方案,通过技术获取、项目建设、验收等全过程受控,确保智能工厂、数字车间的建设符合要求。在利用外部资源时,应与咨询、技术、系统集成、运行维护等供方沟通合作,确保合作过程有效可控。

① 技术获取　技术获取包括实施准备、执行、安装部署、调试和测试等过程。应对智能制造车间建设实施做出制度化的安排,包括职责、流程和方法等。车间建设过程包括硬件

平台建设和软件平台建设，建设方式和实施内容见表2-9。

▣ 表2-9 智能制造车间硬件平台和软件平台建设方式和实施内容

平台类型	建设实施内容
硬件平台	①通过购置新的设备或对现有设备进行改造升级的方式对硬件平台进行建设 ②在硬件平台的建设过程中，组织宜编制建设实施方案，明确以下内容：设备选型；供应商选择；检验、安装、验收及售后服务
软件平台	①通过购置新的软件或对现有软件进行升级的方式对软件平台进行建设 ②在软件平台的建设过程中，组织宜编制建设实施方案，明确以下内容：软件选型；供应商选择；培训和实施；安装；测试；运行及维护

应确保技术的应用主体全程参与技术获取过程。应明确信息系统的安全性、保密性及可用性的要求，相关标准和规范可以参考如下资料：GB/T 36323—2018《信息安全技术 工业控制系统安全管理基本要求》、GB/T 38129—2019《智能工厂 安全控制要求》、GB/T 39173—2020《智能工厂 安全监测有效性评估方法》、GB/T 20269—2006《信息安全技术 信息系统安全管理要求》。

② 建设 应编制智能制造车间建设实施的具体方案，在编制方案时，组织宜考虑如下因素：项目实施进度；项目的滚动、调整方案；采购需求；资金准备；人员需求；关键项目论证与系统监理体制。在智能制造车间的建设过程中，应加强风险点识别和风险控制，制定应对措施以规避风险。

③ 验收 应编制试运行计划，明确试运行的时间、方式、步骤、操作人员等内容，必要时包括应急处理的相关内容。试运行前，应组织对试运行人员进行必要的操作培训。

应针对智能制造车间的建设编制验收方案，包括验收的目的、依据、内容，测试的方法及数据获取、处理等内容。

应对验收的结果进行评审。

④ 效果评估 应编制评价的准则，可以参见 GB/T 23020—2013《工业企业信息化和工业化融合评估规范》、GB/T 39117—2020《智能制造能力成熟度评估方法》的要求，结合组织的实际情况，策划并建立一套完整、有效的评测与改进体系。

应对智能制造车间的阶段性建设以及整体的投运效果进行评价，并对评价的结果进行分析。对于未达到目标的情况需进行原因分析并制订改进计划，或在后续建设过程中根据要求对建设方案进行动态的调整，并针对调整的方案进行评审。

(2) 监督与控制

① 监督管理 建立质量保证体系，以明确智能制造车间建设中的质量要求。应对关键质量控制点建立监督检查制度，包括检查的时机、方法、人员，以保证质量符合要求。

② 控制管理 应对车间的建设、实施进行过程控制，以保证应用实效。在建立控制措施时，可考虑以下因素：生产效率；产品设计开发；产品质量；运营成本；用工情况；市场响应；供应链运行；节能减排；安全运行；环境绩效；设备运行。

③ 风险防范 应建立全面风险管理机制，树立风险全生命周期管理理念，进行风险管理规划，提出风险的应对措施，使风险管理贯穿于生产管控全过程，确保实现进度、质量、费用、安全等目标。

2.2.3　生产系统仿真和数字孪生技术在规划设计阶段的作用

(1) 生产系统仿真技术

智能工厂或智能制造车间的建设基础和前提是数字化。数字化工厂是以产品全生命周期的相关数据为基础，利用计算机仿真技术，根据虚拟制造原理，在虚拟环境中，对整个生产过程进行规划、仿真和优化的一种现代生产组织方式。在数字化工厂中，产品的加工制造、装配、测试、生产规划和物流管理等都可以得到模拟，这使得规划工程师、工艺工程师和工业工程师可以在一个虚拟的环境中对未来的过程进行预分析。在当前数字化工厂技术迅速发展的今天，使工厂规划更加智能化是制造业升级的必然选择。数字化模拟工厂在现代制造企业中得到了广泛的应用，典型应用包括：加工仿真、装配仿真、物流仿真、工厂布局仿真等。

虚拟仿真技术及其相应软件系统在验证智能制造车间的设计方案方面应用越来越广泛，取得了很好的效果。现实的制造车间可以通过计算机虚拟仿真工具软件建立起形象逼真的"虚拟制造车间"，对于车间的生产线布局、设备配置、生产制造工艺路径、物流等进行预规划，并在仿真模型"预演"的基础之上，进行分析、评估、验证，迅速发现系统运行中存在的问题和有待改进之处，并及时进行调整与优化，减少后续生产执行环节对于实体系统的更改与返工次数，在有关车间设计、施工、运行、改造时起到提高效率、降低成本、规避风险等重要作用。目前国内外已有多种类型的仿真系统可用于制造车间仿真，随着仿真算法的优化，仿真平台对计算机系统硬件要求在逐步降低，计算机性能在不断提高而价格在不断下降，为制造车间仿真系统开发创造了良好条件。

车间生产系统仿真侧重于对生产线、工艺、物流等的仿真，在虚拟环境中对其进行优化。随着现代产品的复杂性增加，其工艺更加复杂，传统的流水线形式无法满足很多特定产品的生产过程，这就需要对产线的布局、工艺、物流进行设计，以避免出现效率及成本的浪费。车间生产系统仿真主要包括生产线布局仿真、工艺仿真、物流仿真、机器人仿真和人机工程仿真五个方面，具体内容见表2-10。

◻ 表2-10 车间生产系统仿真主要内容

仿真项目	仿真内容
生产线布局仿真	针对新工厂建设与现有车间改造,基于企业发展战略与前瞻性进行三维工厂模拟验证,减少未来车间调整带来的时间和成本浪费
工艺仿真	真实反映加工过程中工件过切或欠切,刀具与夹具及机床的碰撞、干涉等情况,并对刀位轨迹和加工工艺进行优化处理
物流仿真	通过物流仿真优化工艺、物流及设施布局、人员配置等规划方案,提升数字化车间规划科学性,避免过度投资
机器人仿真	基于三维空间,验证机器人工作可达性、空间干涉、效率效能、多机器人联合加工等,输出经过验证的加工程序,提升工艺规划效率
人机工程仿真	通过仿真对关键工艺进行装配仿真分析、人机工程分析、装配过程运动学分析,最终可输出三维作业指导

对于这一类进行生产系统仿真的软件尚无明确的定义，名称也不统一，有些称为生产系统建模与仿真软件，有些则称为生产系统规划与仿真软件，有些又称为生产仿真软件，还有称为数字化工厂仿真软件的，本书统称为生产系统仿真软件。

在仿真工具软件方面，基本上相关的工厂仿真技术都被国外产品垄断。如达索公司的Delmia/Simulia、Siemens公司的Technomatix和PTC公司的Ployplan等，这些产品的特点在于与其同公司CAD/PLM系列产品的紧密集成。用于生产制造领域的仿真软件还有很多，如用于装配仿真的EM Assembly、DMU，用于公差分析的3DCS、eM-TolMate等，用于车间物流仿真的Plant Simulation、Quest、FlexSim、Witness、Automod等。国外主要生产系统仿真软件如表2-11所示。

⊡ 表 2-11 国外主要生产系统仿真软件一览表

软件	厂商	特点	应用领域
FlexSim	美国 FlexSim	基于面向对象技术建模,建模过程快捷简便,仿真速度快,突出的 3D 图形显示,扩展性好,开放的接口	汽车、食品、化工、造纸、电子、银行和财务、航空、政府、工程、运输等
Plant Simulation（原名 eM-Plant）	德国 Siemens PLM Software	交互式建模仿真界面,模型层次化的结构,具有面向对象的继承性,具有丰富的分布函数,多种形式的接口	项目规划、物流仿真和优化制造、生产系统和工艺过程
Delmia/Quest	法国达索	交互式面向对象建模环境,提供了智能化的物流处理系统模板,直接仿真实际系统的行为,预置了实际系统的控制逻辑,内置 SCL 仿真控制语言,可通过 Quest Express 与 MES、ERP 或生产系统连接,3D 动画显示,并以直方图、饼状图等方式显示统计结果	生产、物流
Witness	英国 Lanner Group Ltd.	交互式面向对象的建模环境,灵活的执行策略,丰富的模型单元,工程友好性强,实时的彩色动画显示,灵活的输入/输出方式	汽车制造、港口物流、钢铁制造、电子制造、空港规划设计等行业
Stream	日本三井造船	不仅可以当作物流生产线的仿真器使用,而且在单一的机械设备的仿真方面也可以用来变通使用,机器人仿真器很齐备;其开发基础是 Sil-Tools,在扩展性和技术支持方面令人担忧	生产线、物流、机器人
Automod	德国 Applied Materials	采用内置的模板技术,模型精度高,具有强大的统计分析工具,3D 图形显示,可生成高质量的 AVI 格式动画文件,兼容性好	钢铁与铝材、航空航天包裹与信件处理、汽车仓储与配送、制造机场/行李处理、运输、半导体、物流等
ProModel	美国 ProModel	ProModel 专注于以下问题:资源利用率、系统容量、流程改进、吞吐量和瓶颈分析、供应链和物流、客户服务水平,通过建模制造、物流或服务系统的重要元素,领导者可以尝试不同的运营策略和设计,以实现组织的最佳绩效。ProModel 易于使用、界面直观,使用逼真的动画显示、各种分析报表以及优化功能,帮助用户更快地找到最佳的运作方案	生产、物流
Arena	美国 Rockwell Automation	通用交互集成式仿真环境,可视化柔性建模,提供专门的输入/输出分析器,优化决策工具 Opt Quest,多种形式和类型的外部接口	制造业、物流及供应链、服务、医疗、军事、日常生产作业、各类资源的配置、业务过程的规划、系统性能评价、风险预测
ExtendSim	美国 Imagine That Inc 公司	模块化建模,可重复使用的建模模块,交互性好,可扩展性好,连接性好,第三方开发支持	仓库物流仿真
Visual Components	芬兰 Visual Components	软件集三大功能于一个平台:离散物流仿真模拟、机器人离线编程、PLC 虚拟调试。可实时采集仿真数据生成数据图表。适合工业自动化设备制造厂商和其他设备制造商	离散事件模拟仿真、机器人离线编程、虚拟调试、人机协作仿真
AnyLogic	俄罗斯 AnyLogic 公司	对离散、系统动力学、多智能体和混合系统建模和仿真的工具。用于设计离散、连续和混合行为的复杂系统。快速地构建设计系统的仿真模型(虚拟原型)和系统的外围环境,包括物理设备和操作人员	物流、供应链、制造生产业、行人交通仿真、行人疏散、城市规划、建筑设计、Petri 网、城市发展及生态环境、经济学、业务流程、服务系统、应急管理、GIS 信息、公共政策、港口机场、疾病扩散等

下面以智能工厂仿真软件 Visual Components 为例，对其主要功用做个简要介绍。芬兰 Visual Components 公司是一家世界著名的 3D 工业仿真和可视化的专业模拟软件开发和实施公司，它为自动化设备制造商、系统集成商提供一种低成本、高效率的方式构建工厂内部的整体可视化制造过程，快速设计 3D 机械及组件库。隶属于中国美的集团的德国库卡（KUKA）机器人有限公司，其 2018 年收购了芬兰 Visual Components 公司。

Visual Components 仿真软件是全方位的智能工厂规划工具，仿真系统布局操作界面如图 2-7 所示。软件集三大功能于一个平台：离散物流仿真模拟、机器人离线编程、PLC 虚拟调试。从制程规划、生产到营销都能够整合在同一个平台上作业，有助于内部的技术沟通及外部营销。此外，Visual Components 整合了物流及机器人模拟功能，帮助企业在研发前期即可进行产能确认，减少不必要的成本支出和浪费，成功提升企业竞争力。

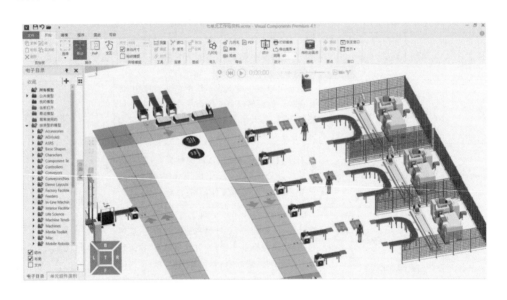

图 2-7　Visual Components 仿真软件系统布局操作界面

通过 Visual Components 软件建立智能制造车间工艺仿真模型系统，构建出生产车间内部的整体可视化仿真加工过程。包括加工车间虚拟布局、产品物流过程仿真和机器人应用仿真，实现产线的信息控制和流程模拟。不但可以在智能工厂前期的布局规划阶段，提供可视化产线布局仿真模型、动态工艺流程和物流仿真模型，而且在智能工厂建设过程中、正式投产后，都能实时地辅助工程技术人员和企业管理者，对整个生产系统进行持续的调整优化。通过该仿真平台可以分析生产流程、时间节拍、产能、碰撞检查等，并以图表形成报告，分析生产线各组成部分的工作参数和生产效能。可以进行详细的工业工程时间和成本的预先分析，计算出最佳经济方案。可实时采集仿真数据生成数据图表。在模拟仿真中，让用户了解整线的效率、产出率，寻找自动化产线瓶颈，查看各工位的实际效率，对各个设备的实际使用率了如指掌，对成本控制相当地有帮助。还可通过 API 导出 Excel 表格，做数据分析、工艺排程等使用。

（2）数字孪生车间

数字孪生技术可以看作是虚拟仿真技术的升级版，实现虚拟世界和现实物理世界的实时双向交互和双向驱动。数字孪生车间（Digital Twin Workshop，DTW）是在新一代信息技术和制造技术驱动下，通过物理车间与虚拟车间的双向真实映射与实时交互，实现物理车间、虚拟车间、车间服务系统的全要素、全流程、全业务数据的集成和融合，在车间孪生数据的驱动下，实现车间生产要素管理、生产活动计划、生产过程控制等在物理车间、虚拟车间、车间服务系统间的迭代运行，从而在满足特定目标和约束的前提下，达到车间生产和管控最优的一种车间运行新模式。DTW 主要由物理车间（Physical Workshop）、虚拟车间（Cyber Workshop）、车间服务系统 WSS（Workshop Service System）、车间孪生数据（Workshop Digital Twin Data）四部分组成。

① 数字孪生车间系统组成　数字孪生车间主要系统组成如图 2-8 所示，其中：物理车间是车间客观存在的实体集合，主要负责接收 WSS 下达的生产任务，并严格按照虚拟车间仿真优化后预定义的生产指令，执行生产活动并完成生产任务；虚拟车间是物理车间的忠实的完全数字化镜像，主要负责对生产计划/活动进行仿真、评估及优化，并对生产过程进行实时监测、预测与调控等；WSS 是数据驱动的各类服务系统功能的集合或总称，主要负责在车间孪生数据驱动下对车间智能化管控提供系统支持和服务，如对生产要素、生产计划/活动、生产过程等的管控与优化服务等；车间孪生数据是与物理车间、虚拟车间和 WSS 相关的数据，以及三者数据融合后产生的衍生数据的集合，是物理车间、虚拟车间和 WSS 运行及交互的驱动。

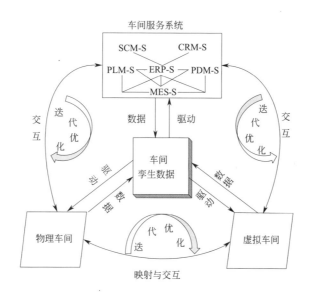

图 2-8　数字孪生车间主要系统组成

a. 物理车间。与传统车间相比，DTW 除传统车间所具备的功能和作用外，其物理车间还需具备异构多源实时数据的感知接入与融合能力，以及车间"人-机-物-环境"要素共融的能力。

在实现异构多源数据的感知接入与融合方面，需要一套标准的数据通信与转换装置，以实现对生产要素不同通信接口和通信协议的统一转换以及数据的统一封装。在此基础上，采用基于服务的统一规范化协议，将车间实时数据上传至虚拟车间和 WSS。该装置对多类型、多尺度、多粒度的物理车间数据进行规划、清洗及封装等，实现数据的可操作、可溯源的统一规范化处理，并通过数据的分类、关联、组合等操作，实现物理车间多源多模态数据的集成与融合。

此外，物理车间异构生产要素需实现共融，以适应复杂多变的环境。生产要素个体既可以根据生产计划数据、工艺数据和扰动数据等规划自身的反应机制，也可以根据其他个体的请求作出响应，或者请求其他个体作出响应，并在全局最优的目标下对各自的行为进行协同控制与优化。与传统的以人的决策为中心的车间相比，"人-机-物-环境"要素共融的物理车间具有更强的灵活性、适应性、鲁棒性与智能性。

b. 虚拟车间。虚拟车间本质上是模型的集合，这些模型包括要素、行为、规则三个层面。在要素层面，虚拟车间主要包括对人、机、物、环境等车间生产要素进行数字化/虚拟化的几何模型和对物理属性进行刻画的物理模型。在行为层面，主要包括在驱动（如生产计划）及扰动（如紧急插单）的作用下，对车间行为的顺序性、并发性、联动性等特征进行刻画的行为模型。在规则层面，主要包括依据车间繁多的运行及演化规律建立的评估、优化、预测、溯源等规则模型。

在生产前，虚拟车间基于与物理车间实体高度逼近的模型，对 WSS 的生产计划进行迭代仿真分析，真实模拟生产的全过程，从而及时发现生产计划中可能存在的问题，实时调整和优化。在生产中，虚拟车间不断积累物理车间的实时数据与知识，在对物理车间高度保真的前提下，对其运行过程进行连续的调控与优化。同时，虚拟车间逼真的三维可视化效果可使用户产生沉浸感与交互感，有利于激发灵感、提升效率；且虚拟车间模型及相关信息可与物理车间进行叠加与实时交互，实现虚拟车间与物理车间的无缝集成、实时交互与融合。

c. 车间服务系统（WSS）。WSS 是数据驱动的各类服务系统功能的集合或总称，主要负责在车间孪生数据驱动下对车间智能化管控提供系统支持和服务，如对生产要素、生产计划/活动、生产过程等的管控与优化服务等。例如，在接收到某个生产任务后，WSS 在车间孪生数据的驱动下，生成满足任务需求及约束条件的资源配置方案和初始生产计划。在生产开始之前，WSS 基于虚拟车间对生产计划的仿真、评估及优化数据，对生产计划做出修正和优化。在生产过程中，物理车间的生产状态和虚拟车间对生产任务的仿真、验证与优化结果被不断反馈到 WSS，WSS 实时调整生产计划以适应实际生产需求的变化。DTW 有效集成了 WSS 的多层次管理功能，实现了对车间资源的优化配置及管理、生产计划的优化以及生产要素的协同运行，能够以最少的耗费创造最大的效益，从而在整体上提高数字孪生车间的效率。

d. 车间孪生数据。车间孪生数据主要由物理车间相关的数据、虚拟车间相关的数据、WSS 相关的数据以及三者融合产生的数据四部分构成。

物理车间相关的数据主要包括生产要素数据、生产活动数据和生产过程数据等。生产过程数据主要包括人员、设备、物料等协同作用完成产品生产的过程数据，如工况数据、工艺数据、生产进度数据等。虚拟车间相关的数据主要包括虚拟车间运行的数据以及运行所需的数据，如模型、仿真及评估、优化、预测等数据。WSS 相关的数据包括了从企业顶层管理到底层生产控制的数据，如供应链管理数据、企业资源管理数据、销售/服务管理数据、生产管理数据、产品管理数据等。以上三者融合产生的数据是指对物理车间、虚拟车间及 WSS 的数据进行综合、统计、关联、聚类、演化、回归及泛化等操作下的衍生数据。

车间孪生数据为 DTW 提供了全要素、全流程、全业务的数据集成与共享平台，消除了信息孤岛。在集成的基础上，车间孪生数据进行深度的数据融合，并不断对自身的数据进行更新与扩充，是实现物理车间、虚拟车间、WSS 的运行及两两交互的驱动。

② 车间生产过程数字孪生系统　生产车间是一个多技术的复杂组织体，在数字孪生五维结构的基础上，车间生产过程数字孪生系统如图 2-9 所示。

a. 物理实体层。物理实体层是车间的主体，主要包括机器人、机床、专用加工设备、人员、自动导引运输车 AGV、传送带、立体仓库以及产品/零部件等实体，以及能够进行数据采集与通信的工控机、可编程控制器 PLC、传感器、射频识别 RFID 读写器等功能部件。

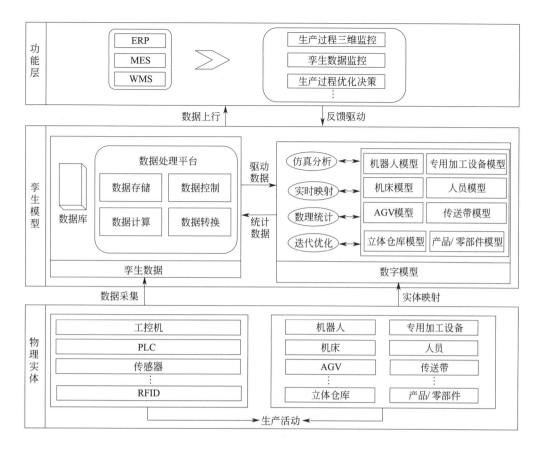

图 2-9　车间生产过程数字孪生系统

它们有机结合，实现了对产品的加工、装配、运输和仓储等生产活动。

b. 孪生模型层。孪生模型层是数字孪生技术的核心。孪生模型由孪生数据和数字模型构成，其中数字模型是车间对象实体的映射，是车间实体几何等物理特征的真实写照，孪生数据由车间实体产生，将孪生数据与数字模型有机结合形成孪生模型。孪生模型是对生产现场的数字化重建，旨在从虚拟的数字空间内映射实体空间的生产活动，包括实体形状、位置、动作以及其相互关系。孪生模型层主要实现车间生产活动在数字空间内的虚拟再现、分析、优化以及决策等功能。

c. 功能层。功能层面向用户，通过孪生模型在数字空间内进行生产实时映射，实现多角度的三维实时监控，同时利用虚实交互过程中的大量孪生数据实现生产过程优化决策。

根据上述构建的车间生产过程数字孪生系统体系构架，为实现功能层的功能，孪生数据的获取、孪生模型的构建以及车间生产运行实时映射是整个系统的关键。

③ 数字孪生车间关键技术

a. 车间运行过程数字孪生建模。数字孪生模型的建立需要构建统一的逻辑结构，面对不同的物理实体类型和多样化功能，以及实体产生的数据，构建出数字空间中的孪生模型。

b. 物理实体多源异构孪生数据采集。车间底层存在大量来自不同技术和生产厂家的产品和设备，各家厂商多类型设备的接入、数据类型解析和格式均不统一。目前，工业互联网常用的多源数据获取技术包括基于 OPC 的统一架构（OLE for Process Control Unified Architecture，OPC UA）、Modbus 等。为了保证孪生模型与现场的实时交互，稳定、迅速、安全的数据采集方式尤为重要。因此，多源异构数据采集技术是数字孪生系统实现的基础。

c. 车间生产运行实时映射。数字孪生体对实体的实时动作、行为和状态的映射是数字孪生技术的基础应用。与传统对生产现场数据统计分析相比，通过对孪生体的实时监控，可以提供更全面、透明、多层次的视角；车间生产运行实时映射通过利用实时数据实现车间多种设备动作的驱动、工件位置状态的变化、故障预警及调度规划等功能。因此，车间生产运行实时映射是生产过程虚实融合的最终目的，为车间生产过程监控与优化提供基础服务。

④ 数字孪生车间不足和展望　目前数字孪生车间系统研究可基本实现车间现场状态可视化监控，但是仍存在如下不足：

a. 缺乏有效的数据集成与数据管理，系统在完成数据实时驱动时计算负荷较大，导致系统交互性、可靠性差；

b. 现有系统只实现了基于数据触发的预定义虚拟模型动作，缺乏描述车间真实物理行为的虚拟仿真系统，达不到数字孪生多维高保真映射的技术要求，且无法满足远程运维的需求；

c. 产线存在多源异构数据，由于缺乏统一的数据采集与传输方案，造成系统"数据信息孤岛"，影响车间的逆时复现、故障诊断、预测性维护以及健康管理等；

d. 对于数字孪生车间系统的软件架构设计仍处于初级阶段，缺乏模块化、面向时间响应的系统思想，束缚了系统的通用化、可扩展化。

数字孪生作为战略科技发展趋势之一，是连接制造物理世界和数字虚拟世界的最佳纽带。通过数字孪生改善生产运营，在相关技术持续进步和产业应用过程中，必将不断克服上述缺点和不足，实现全价值链的闭环反馈和持续改进。

2.3　智能制造车间的评价体系

2.3.1　智能制造能力评价的理论与方法

对企业而言，进行智能制造能力评价能够衡量其智能制造发展水平，总结特点，对比差距，及时发现问题，进而规划发展路径，制定发展目标；对政府相关部门而言，评价的结果可以为制定智能制造发展政策及各种试点示范专项行动提供参考和依据，指导智能制造相关项目的评审和验收；对解决方案供应商而言，掌握科学的评价方法能更精准地把握甲方需求，支撑调研报告的编制和解决方案的设计。除此之外，智能制造评价方法的研究工作与相关标准的研究工作相辅相成，可起到相互促进、相互完善的作用。因此，研究并构建智能制造评价指标体系意义重大。

（1）主要评价方法

在智能制造提出的初期，评价工作多围绕具体的技术领域展开，例如针对大数据处理的评价方法、针对人工智能的评价方法等。随着对智能制造内涵的理解逐渐加深，评价体系的框架也在慢慢更改，工业4.0就绪度模型、智能制造能力成熟度模型以及工业企业信息化和工业化融合评估规范等面向智能制造整体的评价方法开始成为主流，最终形成了多层次、多领域评价方法并存的局面。下面介绍几类具有广泛影响力的评价方法。

① 制造业信息化评估体系　我国确立了以信息化带动工业化的路线，制造业信息化评

估体系已成为制造业信息化推进的指导性原则。信息化是实现智能制造的前提，国家标准 GB/T 31131—2014《制造业信息化评估体系》为制造业信息化的发展提供了科学有效的分析和诊断方法。评估体系由制造业信息化建设、制造业信息化应用水平、制造业信息化效益、制造业信息化环境四个维度指标组成。实施的基本步骤为：选择评估指标、设计调查表、数据采集、数据预处理、信息化水平评估计算、形成信息化评估报告。

② 数据管理能力成熟度评价方法 工业生产过程中积累数据的储存和管理直接关系到智能制造的信息获取，国外专家陆续提出了数据能力成熟度模型 DMM（Data Capability Maturity Model）、数据管理能力评价模型 DCAM（Data Management Capability Model）等评价方法以判断工业大数据的管理水平。我国也于 2018 年发布标准 GB/T 36073—2018《数据管理能力成熟度评估模型》，定义了数据战略、数据治理、数据架构、数据应用、数据安全、数据质量、数据标准和数据生存周期等 8 个能力域，并根据能力域的评估结果将数据管理能力定为初始级、受管理级、稳健级、量化管理级、优化级五个级别。

目前《数据管理能力成熟度评估模型》已成为国内各企业评估自身数据管理能力的首要依据。

③ 工业互联网平台评价 随着智能化在工业生产过程中的推广，工业互联网的概念应运而生。2018 年工信部印发了《工业互联网平台建设及推广指南》以加快工业互联网的发展，同时发布《工业互联网平台评价方法》作为参考。该评价方法聚焦平台资源管理和应用服务两大核心能力，按照要求逐步递增的思路构建了包括平台基础共性能力要求、特定行业平台能力要求、特定领域平台能力要求、特定区域平台能力要求、跨行业跨领域平台能力要求在内的五大类评价要求。五大类要求细分为 17 项具体能力，为编制具体评价指标和标准提供依据。

我国于 2019 年发布《工业互联网综合标准化体系建设指南》，明确了作为基础共性标准之一的测试评估标准的重要性。

④ 工业 4.0 就绪度模型 工业 4.0 就绪度模型主要应用于汽车、电子制造等离散型制造行业。模型将评价企业工业 4.0 水平的核心要素凝练为由战略与组织、智能工厂、智能运营、智能产品、数据驱动服务和雇员 6 个维度细分的 18 个域。评价结果将明确企业在 6 个评价等级中的定位，并可针对企业实现工业 4.0 模式所需的核心要素和路径等提出参考建议。

基于模型框架开发的智能制造成熟度指数（SIRI）已陆续在新加坡、泰国、印度尼西亚、日本、德国得到应用，以帮助企业全面挖掘"工业 4.0"潜力。

⑤ 智能制造能力成熟度模型 能力成熟度模型适用于离散型制造行业和流程型制造行业。模型依据"智能＋制造"两个维度把智能制造的特征归类为设计、生产、物流、销售、服务、资源要素、互联互通、系统集成、信息融合和新兴业态十项核心能力。制造维主要体现面向产品的全生命周期或全过程的智能化提升，而智能维则是对信息物理融合过程的表征。核心能力进一步分解为 27 个域，根据域的评估结果将企业智能制造能力划分为规划级、规范级、集成级、优化级和引领级。

以模型框架为基础编制的 GB/T 39116—2020《智能制造能力成熟度模型》、GB/T 39117—2020《智能制造能力成熟度评估方法》两项国家标准已成为国内大部分第三方机构开展智能制造诊断评价工作的依据。

⑥ 工业企业信息化和工业化融合评估规范 两化融合是我国为适应自身国情提出的工业发展路径，其深层次含义即为智能制造。GB/T 23020—2013《工业企业信息化和工业化融合评估规范》将两化融合发展水平评估指标归纳为就绪度、成熟度和贡献度三个方面。其中就绪度包括资金投入、规划和组织、设备设施以及信息资源等；成熟度包括单项应用、系统集成、协同与创新；贡献度包括竞争力、经济效益和社会效益。两化融合评估体系通过就

绪度、成熟度相关指标来反映企业两化融合水平与能力，通过贡献度指标来反映企业两化融合效能与效益，综合将企业两化融合水平划分为初级水平、中级水平、高级水平或卓越水平。

工业企业信息化和工业化融合评估规范，归因于《信息化和工业化深度融合专项行动计划（2013—2018年）》等政策的推广，该评估体系已成为遴选两化融合标杆企业的重要依据，在国内工业界得到广泛认可。

⑦ 其他评价方法　针对智能制造的不同视角有不同的评价方法，这些评价方法的研究工作仍在继续深入。前文提到的《智能制造能力成熟度评估方法》主要用于评价企业的智能制造发展程度，目标在于规划发展路径，提高能力建设。为了对企业的智能化成果有清晰的、量化的指标，需要不同的评价方法作为参考。国家标准《智能制造评价指数》正是为这项要求而服务，目前该标准已获备案，正处于研讨阶段。其评价指数能够对企业的智能化程度给出量化的结果，更可形成数据地图给予相关政策制定方反馈。

(2) 部分常用评价理论简介

① 制造能力的概念　制造能力一般是指企业把研究与开发成果转化为满足市场需求、符合设计要求、能够得以成批生产的产品的能力。企业的创新能力、对市场的反应速度、设备水平、成本结构、质量管理及库存策略都对企业制造能力有影响。制造能力是企业综合利用各种资源要素完成制造目标的集合，反映的是制造中基本的行业能力，能够反映出完成制造目标的状况水平，是企业达到预期绩效的程度。

② 智能制造能力的概念及特征　智能制造能力是企业通过对自身智能设备及资源的有效利用，直接或间接地提高企业在行业中的综合竞争力的能力。智能制造能力考虑各个方面，如交付速度的快慢、成本控制能力、质量控制能力、先进制造设备的使用、企业研发水平、售后服务、市场需求及企业信誉等。智能制造能力无法单纯地用生产的产品品种、数量及时间等形式进行记录，体现的是企业的综合能力，因此智能制造能力的评价更加困难。智能制造能力的特征包括五个方面的内容，如表2-12所示。

▫ 表2-12　智能制造能力的特征表现

智能制造能力特征	表现内容
智能＋人机一体化	将智能技术及设备应用到设计、制造、销售及服务等制造全过程，实现在智能设备的配合下充分发掘人的潜能
快速响应市场需求	在原有制造能力的基础上加入智能制造技术，使得整个制造过程各个环节的操作更加智能化、信息化、可视化，提高柔性生产能力及企业生产效率，及时响应市场需求
综合效益最大化	在原有生产方式的基础上，加入智能制造技术，而智能设备的操作更加精确，也能减少人在制造过程中的参与度，使得产品质量进一步提高，进而提高企业信誉及综合竞争力
更高的产品质量	借助智能制造技术，降低生产过程中的污染及危险，同时可以实时监测产品质量，及时发现生产线上存在的问题，从多方位提高产品质量
更高的柔性生产水平	智能制造设备的使用帮助企业提高生产效率，能够更加及时发现生产中存在的问题，找到更加适合企业生产的生产模式，提高企业面对客户多样化需求的能力

③ 智能制造能力的构成要素　制造能力涉及企业生产活动中的每一个环节，是一个综合性的概念。如缩短交货周期，快速上市，则能够在市场上站稳脚跟，有利于提高企业的市场份额；保证产品质量，与同类型的产品相比更能够满足客户的需求，保证客户的满意度；在保证质量的同时降低生产成本，为企业争取更大的盈利空间；供应链能够根据市场变化及时响应，并能保证一定的生产量，及时满足市场的需求，也能不断地接收新的订单；柔性水平高，生产流程优化，节省时间成本，与竞争者相比具有交付速度快的优势。可见制造能力的基本维度是交付、质量、成本及柔性。有不少学者提出在原有的维度上增加创新、服务及

需求供应等维度。智能制造能力的构成要素主要包含七个方面的内容，如表2-13所示。

⊡ 表2-13　智能制造能力的构成要素及内容解读

智能制造能力构成要素	内容解读
交付速度控制能力	在实际生产中,交付速度受多方面因素的影响,如采购周期、天气、运输方式、生产周期、存储周期等。而现在企业间的竞争已转变为供应链之间的竞争,供应链管理的状况体现在交付速度上,企业进行智能制造改造的目的之一就是提高交付速度,在激烈的市场竞争中只有交付速度快,才能更快地在市场站稳脚跟
成本控制能力	成本的主要影响因素有生产成本、存储成本、物流成本、延期成本及管理成本。制造能力强的企业在成本方面的具体表现为成本控制能力较一般企业的高,这主要是由于其生产工艺更加成熟,生产管理更加规范,制造过程中存在的浪费较少
质量控制能力	质量主要指在固定价格下,产品固有的特征或偏好,能提高产品对消费者的吸引力。对同一个企业来说,其某一产品的质量是相对稳定的,但是不同企业间产品的质量是有差距的。产品的质量也与投入市场时间的长短有关,随着投入市场时间的延长,产品的质量逐渐趋于稳定
需求供应能力	需求是指某种产品在某段时期内市场所需的数量。影响需求的因素有很多,如季节、质量、政府政策等。制造能力强的企业一般能够较好地满足市场需求,因其能够根据市场环境变化快速做出决策以提供更好的产品质量、服务等
柔性水平	柔性水平说明企业在面对内外部环境变化时快速调整各种资源的能力。而柔性制造系统的调度涉及的因素众多,因此在面对外界环境变化时,如何提高制造系统的柔性水平是企业及时满足客户需求的关键
企业信誉水平	企业信誉水平是企业社会形象的映射。企业信誉能够反映出企业向客户准时、准量地提供产品的能力,另一方面能够说明企业在交易过程中的可信程度。而产品的质量及交付速度等会对企业信誉产生影响
政府政策影响力	政府在企业智能制造中担任的角色是决策制定者,政府积极推进智能制造,制定相应的支持政策及规则,对企业进行技术、资金上的支持,特别有利于中小型企业的智能制造革新,由于其与大型企业相比获取资金的渠道更少,而我国的制造企业又以中小型企业居多,因此会对我国企业智能制造的推进有很大的促进作用

④ 相关评价方法概述及应用

a. 层次分析法 AHP。层次分析法 AHP（Analytic Hierarchy Process）最早是由著名运筹学家 T. L. Saaty 于 20 世纪 70 年代提出的一种层次权重决策分析方法，其理论基础是网络系统理论和多目标综合评价方法，是一种对现有方案的多指标特性进行层层简化分解的决策分析方法，能够将定性分析与定量分析有机结合。它将决策者对方案的思维评判过程通过层次结构模型的形式具体化，分析影响方案评价结果的因素并将其分解成不同层次及各层次因素，对同一层次的因素之间的相对重要性进行比较，从而将定性判断转化为定量计算，经过计算即可得出各因素对最终方案的重要程度（权重），从而从现有的方案中选择出最佳方案。其基本步骤如图 2-10 所示。

经过诸多学者多年的实践与研究，在层次分析法的基础上，基于不同应用情境提出了改进层次分析法、区间层次分析法、模糊层次分析法、灰色层次分析法以及网络层次分析法等多种衍生方法。

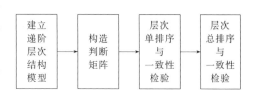

图 2-10　层次分析法的基本步骤

层次分析法是一种系统性的分析方法，其优点如下：第一，它将研究对象看作一个完整的系统，层层分解、比较，同时又保持各个因素与结果之间的内在联系，最终，根据计算得到的权重即为各因素对被评价对象的重要程度，将人的主观意识用量化的形式表达出来，使得各个因素的重要程度得以量化；第二，层次分析法可以将多目标、多准则又难以全部量化的决策问题分解简化为多层次单目标问题，将同一层的因素两两比较构造判断矩阵，再经过简单的运算，即可得出其相对于上一层因素的重要程度，其基本原理和基本步骤也易于掌握，十分地简洁实用；第三，层次分析法模拟人的大脑决策，将各因素相对重要性的判断由大脑完成，转为判断矩阵进行运算，所需的定量数据较少。

在实际的研究与应用中，人们也发现层次分析法存在一定的局限性：第一，评价指标的数量不宜过多，由于层次分析法是通过指标项之间的两两比较构造判断矩阵，过多的指标项容易引起对指标之间相互重要程度的混淆，从而影响评价结果的准确性，也可能会导致判断矩阵无法通过一致性检验；第二，层次分析法是通过专家凭借其已有的知识和经验对两两指标之间的相对重要程度作出判断，而不是依据定量的数据，个人主观色彩较重，因此评价结果的优劣在很大程度上取决于专家的"优劣"；第三，层次分析法是对现有的方案进行评价，从而帮助决策者从已有的方案中选出最优方案，而不能帮助决策者优化方案或者提供新的方案。

b. 因子分析法。因子分析法（Factor Analysis Methods）是主成分分析法的一种延伸，该方法最初被应用于统计分析智力测试实验数据以研究社会心理学，其原理是通过最少的互不相关的因子来反映原有因子包含的绝大多数信息。在实际的评价过程中，为了保证评价结果的公正、客观，在构建评价指标体系时会倾向于选择较多的评价指标来描述被评价对象的本质和内涵。一般来说，选取的指标越多，评价指标体系越能全面反映被评价对象的特征，但同时过多的评价指标也会使得实际的评价活动和数据统计分析更加困难：第一，过多的评价指标必然会导致评价过程计算程度复杂化，增加了计算的难度；第二，评价指标数量的增加，可能会导致各评价指标之间的相关性相应增加，这样会大大增加评价活动的人力、物力、财力成本，也会影响评价结果的科学性和准确性。而因子分析法正是一种有效的简化的方法，能够通过变量的相关系数矩阵或协方差矩阵的研究，找出能够影响所有变量且互不相关的最少变量，这些变量能够充分反映原有变量所包含的信息，其基本步骤如图 2-11 所示。

图 2-11　因子分析法的基本步骤

因子分析法作为一种常见而有效的评价方法，被广泛应用于政府、企业等的绩效评价、竞争力评价、创新能力评价等方面。

因子分析法基于评价指标之间存在一定相关性的特性，用较少的变量（综合因子或主因子）代表原有的变量，且尽可能地反映原有变量所包含的信息，这很好地剔除了众多变量之间重叠的部分，解决了指标信息重叠的问题，简化了评价指标体系，同时较为客观地反映了各指标之间的内在关联。通过使用较少的综合性指标进行评价，抓住了评价的关键要素，简化了问题的复杂性。在因子分析法中，简化后的变量权重是根据各自贡献率的大小来确定的，克服了人为确定权重的缺陷，使得评价结果较为客观、合理。但同时，因子分析法也存在一定的局限性，由于因子分析法是依据样本指标进行评价，所以样本是否具有代表性直接影响着评价结果的准确性；其次，因子分析法默认各指标之间呈线性相关关系，因此在实际应用中需考虑各指标之间的关系再决定是否采用因子分析法；再者，因子分析法是使用较少的变量（主因子）来代替原有的变量，不可避免地丧失一部分信息。

c. 模糊评价法。在实际的综合评价问题中，有些评价指标由于某些不确定性而难以界定归属，使得评价活动难以进行。针对此问题，美国控制论专家查德（L. A. Zadeh）拓展了集合的概念——模糊集合，引入隶属度这一概念，这就是模糊数学的基本构架。模糊评价方法正是一种以模糊数学为基础，应用模糊关系合成原理，将一些边界不清晰、难以定量化的因素定量化，从而进行综合评价的一种方法。模糊评价方法通过引入隶属度函数将一些具有不确定性的模糊性指标定量化，较好地解决了评价过程中由于分类界限不清晰、专家认知不透彻等因素导致的模糊性，同时也最大程度地减少了人为因素的干预，保证了评价结果的客观公正。模糊评价的基本步骤如图 2-12 所示。

图 2-12　模糊评价法的基本步骤

在实际的评价活动中，人们在构建评价指标体系时往往倾向于选择对评价对象有直接影响的因素作为评价指标，对间接性影响因素则较少考虑，这样的评价指标体系很难全面客观地反映被评价对象。而模糊评价法可以通过隶属度函数将一些难以界定量化的指标转化为定量数据计算，从而大大提高了评价结果的科学性和准确性，在一定程度上完善了其他评价方法难以全面客观评价被评价对象的缺陷；其次，一些传统评价方法存在误差较大、居中趋势等缺陷，在评价活动中引入模糊评价方法能削弱这些缺陷对评价结果产生的影响，使得评价结果更加全面、客观、准确地反映被评价对象的本质和内涵；再者，实际的评价活动往往具有一定的复杂性和多层次性，使得评价活动的难度大大提高，而多级模糊综合评价对各层次的因素在对应的层级范围内赋予其权重，直接、客观地反映了各层次因素对被评价对象的重要程度，并通过单因素模糊综合评价，层层推进，最终得到被评价对象的模糊综合评价结果；最后，以正态分布为隶属函数的模糊评价可以省略一般评价方法无量纲化这一处理步骤，可以根据不同的模糊现象选择与之相适应的正态分布模型，减少了单一模糊分布模型由于普适性要适应所有情况而导致的信息不全问题，提高了评价结果的准确性和可靠性。

模糊评价法也具有一定的局限性，在模糊评价活动中，评价指标及其权重的确定大都是由人的主观意识决定，客观性较弱，特别是最终模糊综合评价结果向量的权重比例赋予，严重地影响了模糊综合评价结果的客观公正；其次，模糊评价法仅可用于同一企业处于不同时期之间的内部纵向比较，对于不同企业之间的比较则不适用；最后，模糊评价法中指标及其权重大都由人主观确定，能否充分反映被评价对象的实质还有待确认，对于评价指标体系中各指标之间存在的信息交叉重叠也无法解决。因此，通常会采用如层次分析法等科学方法辅助模糊评价法确定指标权重，减少主观性导致的偏差，从而提高最终评价结果的客观性、准确性。

d. 数据包络分析法。数据包络分析法 DEA（Data Envelopment Analysis）是由著名运筹学家查恩斯等人于 1978 年首先提出的一种以相对效率为基础，对同种类型单位的多指标投入及产出进行相对有效性或效益评价的方法。DEA 法将每个被评价单位看作是一个决策单元 DMU（Decision Making Units），多个决策单元组成被评价群体，通过对各个 DMU 相同类型的投入和产出比率进行分析，从而判断某个 DMU 的相对有效性，即是否存在一个未知的 DMU 比现有 DMU 的投入产出比更优（在相同投入下产出更多或相同产出下投入更少），以此来判断某个 DMU 的相对有效性。

数据包络分析法是根据各个决策单元输入输出的实际数据求得最佳权重，无需人为主观设定各个指标的权重，避免了人为主观因素的影响，使得数据包络分析法的客观性很强。其次，DEA 法适用于多投入-多产出相对有效性评价问题，因为 DEA 法是以 DMU 的投入和产出的权重作为变量，从最利于决策单元的角度出发，避免了确定各指标在优先意义下的权重和参数方法在实际应用中对模型具体形式的依赖。同时，数据包络分析法也存在其局限性。第一，DEA 法从最有利于决策单元的角度选择权重，避免主观性缺陷的同时也可能会导致客观权重与实际情况不相符；第二，DEA 法是对现有的各决策单元的相对效率进行评价，因此只能从已有决策单元中选出最优，决策的优劣与决策单元的"质量"息息相关；第三，DEA 法隐含地要求被评价单元的数目应尽量地多，投入和产出指标尽可能地少，以避免有效单元数目过多的局面。

e. 粗糙集理论。粗糙集（Rough Sets）理论首先是由波兰数学家 Pawlak 在 20 世纪 80年代初提出的一种对不完整性与不确定性数据进行分析的工具，与层次分析法、模糊综合评价法及专家调查法等方法相比，该方法不需要依赖先验知识，依赖现有的相关数据就能实现对研究目标的分析，能够根据客观数据得到的分析结果反映实际情况，因此在许多领域得到了应用。但有时出现依据客观数据得到的结果与实际情况不一致，因此需要使粗糙集理论与主观性方法相结合，使二者能够实现优势互补，使得到的结果更加符合实际情况。

应用粗糙集理论确定指标权重的机理是：评价指标对应的是粗糙集理论中的属性，该方法可将指标权重的计算问题转化为粗糙集中属性的重要度问题。收集各评价对象各属性的原始数据，进行属性约简后将研究对象进行等价类划分，得到初始的分类情况；根据某一个属性再次进行分类，可得新的分类情况；分类的变化过程可代表属性的重要度，最后通过归一化处理得到各属性的权重。

f. 德尔菲法。德尔菲法（Delphi Method），又称专家调查法，20 世纪 40 年代由美国兰德公司研究形成，被用来研究如何控制反馈来更好地收集专家意见。德尔菲法依据系统的程序，在实施的过程中专家匿名发表意见，专家小组的成员之间不可以讨论协商，只能与问卷发放者沟通咨询，针对研究问题对专家进行多轮调查，与专家反复交换意见，并且让各专家根据上一轮的结果进行意见修订，直至得到基本一致的满意答案，结束本次调查。德尔菲法由于专家可以自由充分地发表意见，所以最后得到的结果较为客观。德尔菲法的实施过程如图 2-13 所示。

图 2-13　德尔菲法实施过程图

采用德尔菲法进行评价研究有一定优势：第一，问卷调查具有匿名性，避免公开会议讨论时因害怕权威或顾虑情面导致未充分发表出个人意见，具有广泛代表性；第二，每个专家意见权重相等，避免过分参考权威人士意见；第三，专家不必聚集，便于操作。但德尔菲法在应用过程中也存在不容忽视的问题：第一，专家依据个人经验发表意见，主观性太强；第二，没有标准答案，专家回答往往过于草率；第三，操作过程复杂，可能需要经过多轮的反复意见调整，花费时间较长；第四，对调查人员的分析汇总能力有较高要求。由于德尔菲法存在着种种缺点，在实际的评价研究中会降低有效性和权威性。

g. 熵权法。熵权法是判断指标离散程度的客观赋权方法，通过原始数据相互关系判断指标的离散程度，确定评价指标权重。在评价过程中，指标的离散程度大小决定了其对目标影响程度大小。按照信息论的基本原理，指标的离散程度越大，指标的信息熵越小，说明该指标提供的信息量越大，在综合评价中所起作用越大，理应赋予较大权重；反之亦然。这种客观的评价方法会在很大程度上避免主观随意性的发生。熵权法计算步骤如图 2-14 所示。

图 2-14　熵权法计算步骤

熵权法由于采用实际数据计算权重，相对来说更为客观科学，但不可否认的是这种方法对离散程度大的指标过于敏感，如果评价过程中出现这样的指标，那么计算结果受到较大影响，无法继续进行。另外熵权法所需样本较多，计算量较大。

h. 灰色系统评价法。华中科技大学邓聚龙教授将数学方法与一般系统论、信息论和控制论的观点和方法相结合，从而提炼出灰色系统理论。灰色系统理论是以部分信息已知、部分信息未知的"小样本""贫信息"不确定性系统为研究对象，以开发部分已知信息为目的的一套解决贫信息系统问题的理论和方法，被广泛应用于经济、管理、政治、历史、教育、农业、医疗等领域。目前应用最为广泛的是灰色关联度法和灰色聚类法两种评价方法。灰色系统评价法具有所需样本量少，计算量较小，一定程度上排除主观随意性等优点，评价结果更具说服力。但是在评价过程中也存在一定的缺陷：一是分辨率较低，很难对问题进行彻底分析；二是没有考虑到定性指标因素，因而最终评价结果存在局限性，不能反映指标的绝对优劣。

i. 人工神经网络算法。对于人工神经网络 ANN（Artificial Neural Network）的研究源于数理神经生物学，科学家们发现人脑处理各类信息的性能很高，所以在对现代神经生物学进行大量科学深入研究的基础上，模拟人脑神经网络处理各类信息的方式，由此提出了人工神经网络算法，该算法具有如下特点：学习人脑神经存储信息的方式，将各类信息分别存在不同的位置，即便局部网络受到破坏，仍然能够恢复原本信息；人工神经网络中的神经元能够同时处理各类信息，并且做独立的运算，即可以做并行运算；神经元之间的连接关系可以事先进行计算确定，也可以根据环境要求不断地进行自我调整；信息被转换为网络内部的表示，允许定性和定量信号两者的数据进行融合。神经网络的这些特征使其在系统辨别上有较大的应用，为解决具有复杂的非线性和不确定性的辨识问题开辟了一条有效途径，利用其非线性特性，建立系统动态或者静态模型。

就目前而言，在人工神经网络（ANN）中引入隐含层神经元的基本概念，形成了 BP（Back Propagation，误差反向传播）神经网络算法，该算法完整推导了神经网络中隐含层连接权问题，是一种有导师学习的神经网络算法，应用范围比较广泛。BP 神经网络从结构上看共包含三层，分别是输入层、隐含层以及输出层，各个层次之间是全部连接的，隐含层可以有多个，只有一个隐含层的三层 BP 神经网络是最基本的架构。

可以在 MATLAB 仿真工程软件中利用神经网络工具箱实现车间智能制造系统的评价模型构建，主要由三个功能模块构成：数据、网络和输出。数据模块是对训练样本数据进行标准化处理；网络模块可以划分为结构设计、样本数据训练和仿真分析，是整个 BP 神经网络模型实现的关键步骤；输出模块主要是将训练样本数据通过网络的训练和仿真后，判断实际输出与目标输出之间的误差，提高网络的精度。运用 MATLAB 仿真工程软件的步骤如图 2-15 所示。

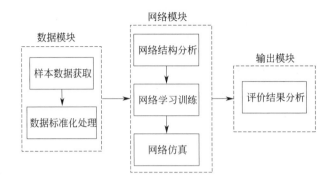

图 2-15　运用 MATLAB 进行 BP 神经网络的评价步骤

　　不同评价方法在确定评价指标权重方面的原理不同，且不同评价方法有各自的优势与不足，因此在方法的选择上需要结合不同方法的优势与不足（见表 2-14），使得权重的计算更加符合实际，可以确定更加科学合理的评价指标的权重值，对评价体系的完善也有重要作用。

▫ 表 2-14　智能制造能力评价方法特点比较

评价方法	优点	局限
层次分析法	系统性强、简洁实用、利于快速决策、计算简便 将多目标、多准则又难以全部量化的决策问题分解简化为多层次单目标问题，保留指标的内在联系 将定性分析转化为定量分析 所需定量数据较少	指标项不宜过多，否则会影响指标之间相对重要程度的判断，权重难以确定 主观色彩较为浓厚，定性分析多，定量分析较少，不易令人信服
因子分析法	有效解决了指标信息交叉重叠的问题，简化了指标体系 主因子权重由其贡献率确定，较为客观	信息评价结果的质量与样本规模有关 假设指标之间为线性关系 以主因子进行评价会丢失一部分信息
模糊评价法	能对模糊性的资料做出科学、合理的评价 较为全面客观地评价事物 可降低评价的复杂性和多层次带来的难度 能削弱误差较大、偏颇倾向、居中趋势等缺陷	计算复杂、主观性强，评价指标及其权重大都由人主观决定 仅适用于同一企业处于不同时期之间的内部纵向比较 指标之间存在的信息交叉重叠无法解决
数据包络分析法	无需人为主观设定指标权重 适用于多投入-多产出相对有效性评价问题 假定每个输入都关联到一个或多个输出，且输入、输出之间存在某种关联，但不需要确定这种关系的显示表达式	从最有利于决策单元的角度选择的客观权重未必与实际情况相符合 所有决策单元的情况都比较差时，也有相对效率是 1 的 隐含地要求被评价单元的数目应尽量地多，投入和产出指标尽可能地少 不能针对得出的结果提出具体的建议
粗糙集理论	不需要先验知识，直接对数据进行分析和推理	对客观数据依赖性强
德尔菲法	问卷调查具有匿名性，专家意见具有广泛代表性 每个专家意见权重相等，避免过分参考权威人士意见 专家不必聚集，便于操作	专家依据个人经验发表意见，主观性太强 没有标准答案，专家回答往往过于草率 操作过程复杂，可能需要经过多轮的意见调整，花费时间较长 对调查人员的分析汇总能力有较高要求
熵权法	采用实际数据计算权重，相对来说更为客观科学	对离散程度大的指标过于敏感，计算结果会受到较大影响，无法继续进行 所需样本较多，计算量较大

评价方法	优点	局限
灰色系统评价法	所需样本量少，计算量较小，一定程度上排除主观随意性，评价结果更具说服力	分辨率较低，很难对问题进行彻底分析 没有考虑到定性指标因素，因而最终评价结果存在局限性，不能反映指标的绝对优劣
人工神经网络算法	学习规则简单、便于计算机实现、鲁棒性强、自学习能力强	数据不充分时无法工作、一切问题都要变为数值计算、结果失真

(3) 评价工作现状

① 政府公共服务开展情况　国家和各地方政府高度重视企业智能制造能力诊断评价工作。国家层面上，工信部发布的《智能制造发展规划（2016—2020 年）》明确提出开展中小企业智能化改造专项行动，支持第三方机构提供分析诊断、创新评估等服务。地方层面上，重庆、天津以及江苏、广东等的部分地市通过公开招标、征集遴选等方式建立第三方专业机构库，并采用政府购买服务或事后补贴、奖励等方式，委托有资质的第三方机构开展智能工厂诊断服务和综合评定工作，助力企业智能化改造升级。

② 在线评价服务平台建设情况　在线评价服务平台可为企业开展智能制造能力在线测评服务。通过在线自诊断，企业可找准自身定位、明确发展重点、规划发展路径。目前国内已有多个智能制造自诊断平台，如智能制造评估评价公共服务平台，现已完成 9400 余家企业的能力成熟度自诊断工作，覆盖 31 个制造业大类；其他如赛迪灵犀智能制造诊断评价服务平台，已通过线上服务帮助 6300 余家企业完成了自评自测。在线自诊断工作不仅可以帮助企业了解自身智能制造能力水平，还可为行业主管全面掌握智能制造发展现状提供数据支撑。

③ 第三方评价工作进展　企业通过高认可度的第三方机构智能制造能力评价后，可获得专业的评估分析报告和证书。通过第三方评价企业不仅可以了解自身智能制造情况，为下一步开展智能制造规划提供参考，还有助于申请政府补贴，获取相关政策倾斜。例如，中国电子技术标准化研究院依据国家标准 GB/T 39116—2020《智能制造能力成熟度模型》，为企业提供智能制造等级评估服务，目前已有十余家企业获得其颁发的智能制造能力成熟度符合性证书，部分企业还获评为国家智能制造标杆企业。TUV 南德意志集团依据智能化成熟度指数评估，为企业提供智能制造能力评价服务。

2.3.2　地方性智能制造评价办法和评估规范

(1)《智能制造评价办法（浙江省 2016 年版）》主要内容

为推动浙江省智能制造的发展，受浙江省经济和信息化委员会委托，浙江大学与浙江省技术创新服务中心紧密合作，经过广泛调研，形成了《智能制造评价办法（浙江省 2016 年版）》（以下简称《办法》）。

在 2016 中国杭州智能制造大会上，《办法》正式发布，这也是浙江省首次发布的智能制造水平的定量评价标准。在本版的评价办法中，国产化率的指标占据了一定比重，直接影响了整个评分，"中国制造 2025"就是要用中国人自己的信息技术去实现智能制造。随着智能制造理念、技术、方案、案例、模式、标准的不断发展和演化，智能制造的评价办法也将继续不断完善。本评价办法采用百分制，以下插图中的数字为各评价项目所占分值，具体评价办法如下。

① 离散型智能制造评价办法　离散型智能制造评价分值分配如图 2-16 所示，详细评价项目和指标情况见表 2-15。

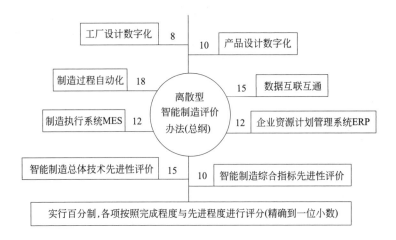

图 2-16　离散型智能制造评价分值分配

▣ 表 2-15　离散型智能制造评价项目和指标

项目	评分内容	满分
工厂设计 数字化 (满分 8 分)	① 工厂/车间总体设计已建立数字化模型	2
	② 工厂/车间工艺流程及布局已建立数字化模型	2
	③ 上述①②的数字化模型已进行模拟仿真	2
	④ 上述①②的数字化模型相关数据已进入企业核心数据库	2
产品设计 数字化 (满分 10 分)	① 采用三维计算机辅助设计 CAD、计算机辅助工艺规划 CAPP 设计和工艺路线仿真、可靠性评价等先进技术,实现产品数字化三维设计与工艺仿真	3
	② 已建立产品数据管理系统 PDM	3
	③ 产品信息能够贯穿于设计、制造、质量、物流等环节,实现产品的全生命周期管理 PLM	4
制造过程 自动化 (满分 18 分)	① 制造过程现场数据采集和分析系统,能够充分采集制造进度、现场操作、质量检验、设备状态等生产现场信息	6
	② 制造过程关键工艺参数在线测量采用机器视觉等智能感知技术	3
	③ 工业机器人等核心智能制造装备的创新应用达到国内同行业领先水平	3
	④ 自动化生产线上核心智能制造装备的国产化率 80% 以上	3
	⑤ 制造过程自动化控制系统的国产化率 80% 以上	3
数据互 联互通 (满分 15 分)	① 工厂已建立实时数据库平台	3
	② 实时数据库平台与制造过程自动化控制系统实现互通集成,建立车间级的工业通信网络,在系统、装备、零部件以及人员之间实现信息互联互通和有效集成	3
	③ 实时数据库平台与生产管理系统实现互通集成	3
	④ 工厂生产实现基于工业互联网的现场数据可视化、信息共享及优化管理	3
	⑤ 数据互联互通系统的国产化率 90% 以上	3
制造执行 系统 MES (满分 12 分)	① 已建立车间制造执行系统 MES,实现计划、排产、生产、检验的全过程闭环管理	5
	② 所建立的车间制造执行系统 MES 已与企业资源计划管理系统 ERP 集成	2
	③ 所建立的车间制造执行系统 MES 为国产化系统	5
企业资源计划 管理系统 ERP (满分 12 分)	① 已建立企业资源计划管理系统 ERP,其中供应链管理模块能实现采购、外协、物流的管理与优化	5
	② 利用云计算、大数据等新一代信息技术,实现企业经营、管理和决策的智能优化	2
	③ 拥有可靠的信息安全技术,确保智能工厂的信息安全	2
	④ 所建立的企业资源计划管理系统 ERP 为国产化系统	3

项目	评分内容	满分
智能制造总体技术先进性评价(满分 15 分)	① 信息深度自感知	5
	② 智慧优化自决策	5
	③ 精准控制自执行	5
智能制造综合指标先进性评价(满分 10 分)	① 生产效率提高 20% 以上	2.5
	② 运营成本降低 20% 以上	2.5
	③ 产品研制周期缩短 30% 以上	2.5
	④ 产品不良品率降低 20% 以上	2.5
	⑤ 能源利用率提高 10% 以上	2.5
	(达到其中 4 个指标,本项即评满分)	

② 流程型智能制造评价办法 流程型智能制造评价分值分配如图 2-17 所示,详细评价项目和指标情况见表 2-16。

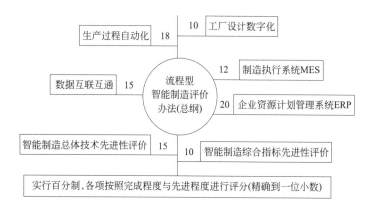

图 2-17 流程型智能制造评价分值分配

▫ 表 2-16 流程型智能制造评价项目和指标

项目	评分内容	满分
工厂设计数字化(满分 10 分)	① 工厂/车间的总体设计已建立系统模型	2
	② 工厂/车间的工程设计已建立系统模型	2
	③ 工厂/车间的工艺流程及布局已建立系统模型	2
	④ 上述①②③的系统模型已进行模拟仿真	2
	⑤ 上述①②③设计相关数据已进入企业核心数据库	2
生产过程自动化(满分 18 分)	① 生产工艺数据自动数采率 90% 以上	3
	② 工厂自控投用率 90% 以上	3
	③ 关键工艺参数/质量指标采用在线分析仪/智能传感器等	3
	④ 关键生产环节实施先进控制	3
	⑤ 关键生产环节实施在线优化	3
	⑥ 自动化控制系统的国产化率 90% 以上	3
数据互联互通(满分 15 分)	① 工厂已建立实时数据库平台	3
	② 实时数据库平台与过程控制系统实现互通集成	3
	③ 实时数据库平台与生产管理系统实现互通集成	3
	④ 工厂生产实现基于工业互联网的现场数据可视化、信息共享及优化管理	3
	⑤ 数据互联互通系统的国产化率 90% 以上	3
制造执行系统 MES(满分 12 分)	① 已建立车间制造执行系统 MES,实现计划、排产、生产、检验的全过程闭环管理	5
	② 所建立的车间制造执行系统 MES 已与企业资源计划管理系统 ERP 集成	2
	③ 所建立的车间制造执行系统 MES 为国产化系统	5

项目	评分内容	满分
企业资源计划 管理系统 ERP （满分 20 分）	① 已建立企业资源计划管理系统 ERP，其中供应链管理模块能实现采购、外协、物流的管理与优化	5
	② 利用云计算、大数据等新一代信息技术，实现企业经营、管理和决策的智能优化	5
	③ 拥有可靠的信息安全技术，确保智能工厂的信息安全	5
	④ 所建立的企业资源计划管理系统 ERP 为国产化系统	5
智能制造总体 技术先进性评 价（满分 15 分）	① 信息深度自感知	5
	② 智慧优化自决策	5
	③ 精准控制自执行	5
智能制造综合 指标先进性评 价（满分 10 分）	① 生产效率提高 20％以上	2.5
	② 运营成本降低 20％以上	2.5
	③ 产品研制周期缩短 30％以上	2.5
	④ 产品不良品率降低 20％以上	2.5
	⑤ 能源利用率提高 10％以上	2.5
	（达到其中 4 个指标，本项即评满分）	

③ 网络协同型智能制造评价办法　网络协同型智能制造评价分值分配如图 2-18 所示，详细评价项目和指标情况见表 2-17。

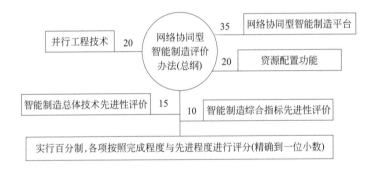

图 2-18　网络协同型智能制造评价分值分配

☐ 表 2-17　网络协同型智能制造评价项目和指标

项目	评分内容	满分
网络协同型智 能制造平台 （满分 35 分）	① 建立网络协同型智能制造平台，实现产业链不同环节企业间资源、信息共享，企业间、企业部门间的创新资源与生产能力按市场需求实现集聚与对接，设计、供应、制造和服务环节实现并行组织和协同优化	25
	② 所建立的网络协同型智能制造平台为国产化系统	10
并行工程技术 （满分 20 分）	围绕重点产品，采用并行工程，实现异地的设计、研发、测试、人力等资源的有效统筹与协同	20
资源配置功能 （满分 20 分）	针对制造需求和社会化制造资源，开展动态分析，在企业内实现制造资源的弹性配置，在企业间实现网络化协同制造	20
智能制造总体 技术先进性评 价（满分 15 分）	① 网络平台先进性：信息、资源的高效统筹与异地共享，制造需求和制造资源的高度优化	5
	② 企业间协同水平：企业之间在研发、生产、测试等环节实施过程中跨界、跨区或协同的能力	5
	③ 企业内协同水平：企业内部的生产组织管理架构实现敏捷响应和动态重组的能力	5

项目	评分内容	满分
智能制造综合指标先进性评价(满分10分)	① 生产效率提高 20% 以上	2.5
	② 运营成本降低 20% 以上	2.5
	③ 产品研制周期缩短 30% 以上	2.5
	④ 产品不良品率降低 20% 以上	2.5
	⑤ 能源利用率提高 10% 以上	2.5
	(达到其中 4 个指标,本项即评满分)	

④ 大规模个性化定制型智能制造评价办法　大规模个性化定制型智能制造评价分值分配如图 2-19 所示,详细评价项目和指标情况见表 2-18。

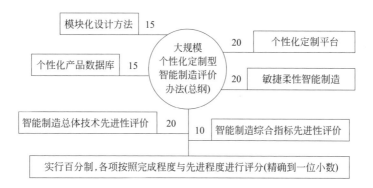

图 2-19　大规模个性化定制型智能制造评价分值分配

☐ 表 2-18　大规模个性化定制型智能制造评价项目和指标

项目	评分内容	满分
模块化设计方法(满分15分)	产品采用模块化设计,可通过差异化的定制参数,组合形成个性化产品	15
个性化定制平台(满分20分)	建立基于网络的开放式个性化定制平台,并与用户实现深度交互,定制要素具有引导性和有效性	20
个性化产品数据库(满分15分)	利用数据库技术对用户的个性化需求数据进行数据挖掘和分析,建立个性化产品数据库,快速生成产品定制方案	15
敏捷柔性智能制造(满分20分)	① 企业的设计、生产、供应链管理、服务体系与个性化定制需求相匹配	10
	② 产品设计、计划排产、柔性制造、物流配送和售后服务实现集成和协同优化	10
智能制造总体技术先进性评价(满分20分)	① 产品模块化设计的组合性	5
	② 个性化定制平台的交互性	5
	③ 个性化产品数据库的完备性	5
	④ 敏捷柔性智能制造的敏捷性	5
智能制造综合指标先进性评价(满分10分)评分内容	① 生产效率提高 20% 以上	2.5
	② 运营成本降低 20% 以上	2.5
	③ 产品研制周期缩短 30% 以上	2.5
	④ 产品不良品率降低 20% 以上	2.5
	⑤ 能源利用率提高 10% 以上	2.5
	(达到其中 4 个指标,本项即评满分)	

⑤ 远程运维服务型智能制造评价办法　远程运维服务型智能制造评价分值分配如图 2-20 所示，详细评价项目和指标情况见表 2-19。

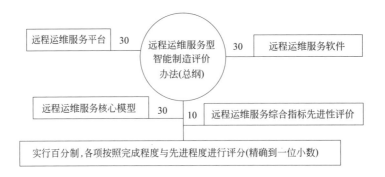

图 2-20　远程运维服务型智能制造评价分值分配

▫ 表 2-19　远程运维服务型智能制造评价项目和指标

项目	评分内容	满分
远程运维服务 平台 (满分 30 分)	① 建立远程运维服务平台(云服务平台)，具有多通道并行接入能力，对装备运行数据与用户使用习惯数据进行采集	20
	② 应用大数据分析、移动互联网等技术，自动生成装备运行与应用状态信息，并推送至用户端	10
远程运维服务 软件 (满分 30 分)	① 以云服务平台和应用软件为创新载体，为用户提供在线监测、远程升级、故障预测与诊断、健康状态评价等服务	15
	② 提供装备远程无人操控、运行性能优化、基于预知维修决策、备件库存管理优化等增值服务	15
远程运维服务 核心模型 (满分 30 分)	① 装备(产品)生命周期分析平台	5
	② 装备核心部件生命周期分析平台	5
	③ 用户使用习惯信息模型	5
	④ 基于专家系统的故障预测模型	5
	⑤ 基于预知维修决策模型	5
	⑥ 装备(产品)运行性能优化模型	5
远程运维服务 综合指标先进 性评价 (满分 10 分)	① 装备(产品)停机时间缩短 20% 以上	3.3
	② 装备(产品)维修成本节约 10% 以上	3.3
	③ 装备(产品)备件资金减少 20% 以上	3.3
	④ 远程运维服务业务收入新增 10% 以上	3.3
	(达到其中 3 个指标，本项即评满分)	

(2) 安徽省 DB34/T 3357—2019《智能工厂和数字车间评估规范》主要内容

① 基本原则和评估框架

a. 基本原则。该标准给出的是一个通用的评估要求。工业和信息化主管部门、行业组织可应用该标准，分行业或分类型开展智能工厂、数字车间评估工作，细化和强调行业评估要素、共性要求、水平等级。企业可参照该标准制定自用的评估指标体系和评估方法。

以该标准为基础建立评估指标后，评估指标各种参数的内涵和外延宜保持相对稳定，以保证评估指标体系具有可比性。在保证评估结果的客观性、全面性的条件下，指标体系应尽可能简化，评估用数据应便于采集。评估的内容、指标体系和评估方法可在总体框架相对稳定的前提下进行适时调整和修订，实现不断优化和完善。

b. 评估框架。评估内容包括工厂的水平评估和效能评估两个方面。智能工厂水平评估内容包括基础建设、数字化生产线、数字车间与智能工厂四个方面，效能评估包括竞争力、效率与效益两个方面。

智能工厂、数字车间评估体系框架如图 2-21 所示，图 2-22、图 2-23、图 2-24 分别是数字化生产线、数字车间、智能工厂的评估框架及开展维度。

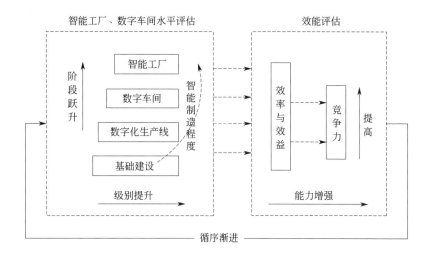

图 2-21　智能工厂、数字车间评估体系框架

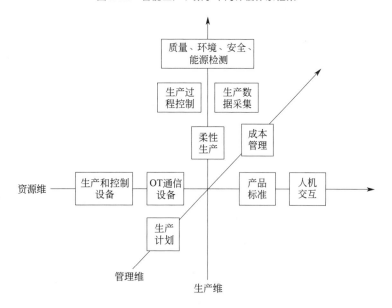

图 2-22　数字化生产线评估框架及开展维度

② 基本要求　智能工厂、数字车间应满足以下基本条件：

a. 依法正常经营，无重大违法行为。

b. 建立并实施信息化和工业化融合管理体系。

c. 信息化、自动化专职人员满足智能工厂、数字车间运营的要求。

③ 评估内容　评估内容的架构图如图 2-25 所示，主要包括规划与模型评估、水平评估和效能评估三方面内容。

a. 顶层规划。应对智能工厂、数字车间顶层规划内容的可行性进行评估，应对顶层规划的实施情况进行评估。顶层规划评估内容见表 2-20。

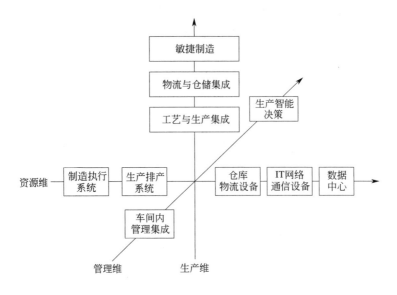

图 2-23 数字车间评估框架及开展维度

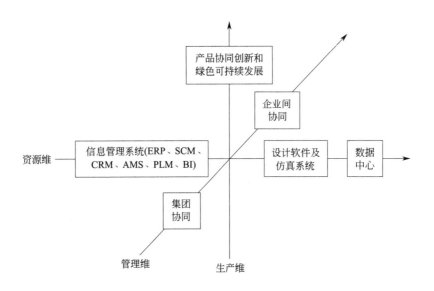

图 2-24 智能工厂评估框架及开展维度

▫ 表 2-20 顶层规划评估内容

评估子项	评估细分内容
顶层规划的内容	① 顶层规划内容是否符合公司战略及业务发展的需要
	② 是否制定了自动化、信息化的专项规划,且与顶层规划相一致
	③ 顶层规划或专项规划的调整情况
顶层规划的实施	① 顶层规划的落实情况;信息化规划的落实情况
	② 自动化规划的落实情况
	③ 年度自动化、信息化计划的执行及考核情况

b. 企业建模。企业建模评估内容见表 2-21。

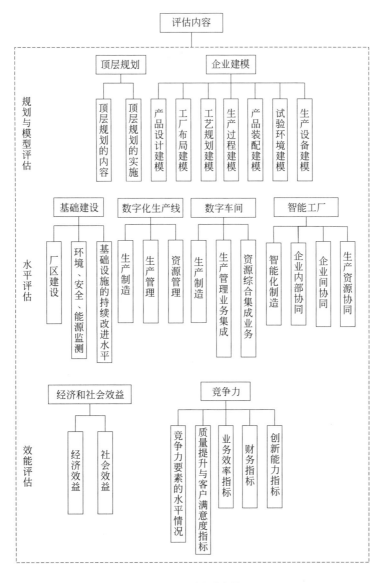

图 2-25 评估内容架构图

c. 基础建设。基础建设评估内容见表 2-22。

d. 数字化生产线。数字化生产线评估内容见表 2-23。

☐ **表 2-21 企业建模评估内容**

评估子项	评估细分内容
产品设计建模	资源设计；产品零部件设计；模型仿真检验
工厂布局建模	工厂布局；生产线布局；仓储及物流布局；设备布局；工装布局；基础数据管理
工艺规划建模	工艺设计；工艺分析；工艺报告；工艺参数管理
生产过程建模	厂房仿真；单元仿真；生产线仿真；仓储及物流仿真；仿真分析
产品装配建模（针对离散型企业）	装配序列规划；装配路径规划；装配分析
试验环境建模	试验设计；试验验证
生产设备建模	信息设备；生产设备；辅助设备

□ 表 2-22　基础建设评估内容

评估子项	评估细分内容
厂区建设	对智能工厂、数字车间的厂区布置的合理性进行评估,主要包括: ① 厂房的分区合理性 ② 工艺路线的合理性 ③ 物流传输系统布置的合理性 ④ 水、电、气、网络、通信等管线布置合理性 ⑤ 智能采光与照明系统、通风与空调系统配置合理性
环境、安全、能源监测	对智能工厂、数字车间的环境、安全、能源使用基本情况进行监测,主要包括: ① 关键安全监测点的覆盖率 ② 关键能源监测点的覆盖率 ③ 关键环境监测点的覆盖率 ④ 人员行为的监控 ⑤ 生产环境中温度、湿度、洁净度、照明度、通风的监控
基础设施的持续改进水平	对智能工厂、数字车间的基础设施的持续改进水平进行评估,主要包括: ① 用于基础设施的资金投入情况 ② 基础设施在行业中的先进性情况 ③ 用于基础设施改进、使用、维护中的人员培训情况

□ 表 2-23　数字化生产线评估内容

评估子项		评估细分内容
生产制造	柔性生产情况	① 工艺柔性 ② 产品柔性 ③ 设备柔性 ④ 运行柔性 ⑤ 扩展柔性 ⑥ 生产能力柔性
	生产数据采集情况	① 数据采集覆盖率 ② 数据采集实时性 ③ 数据存储周期
	生产过程控制情况	① 工序自动监控的情况 ② 设备在线监控的情况 ③ 生产监控及时(实时)性
	质量、环境、安全、能源自动在线监测情况	① 质量、环境、安全、能源监测数据自动采集比例 ② 质量、环境、安全、能源监测数据在线分析比例 ③ 质量、环境、安全、能源在线自动控制比例 ④ 质量、环境、安全、能源监测统计分析
生产管理	生产计划管理	① 生产作业计划覆盖产品的范围 ② 作业指令自动下达到现场的比例 ③ 生产作业计划调整和响应变化的能力
	成本管理	① 生产成本在线统计情况 ② 柔性生产滞后时间 ③ 柔性生产延迟交货时间 ④ 柔性生产变化成本消耗统计
资源管理	控制设备应用情况	① 数控设备(如 CNC、DN、FMC、FMS、机器人)等设备的应用情况(离散行业) ② 工业控制系统(如 PLC、DCS)的应用情况(流程行业) ③ 传感器、执行器的应用情况 ④ 检测设备在线比例

评估子项	评估细分内容
资源管理	通信设备应用情况	① 现场总线的传输速度 ② 现场总线的覆盖范围 ③ 工业以太网的传输速度 ④ 工业以太网的覆盖范围 ⑤ 机器间通信方式
	人机交互状况	① 人机交互的方式 ② 人机交互的范围
	工艺标准获取情况	① 自动获得工艺参数的覆盖率 ② 自动获得检验参数的覆盖率

e. 数字车间。数字车间评估内容见表 2-24。

▫ 表 2-24 数字车间评估内容

评估子项		评估细分内容
生产制造	敏捷制造能力	① 生产技术、管理技术、人力资源的现状水平 ② 组织的快速重构周期 ③ 设备快速调整的可靠性 ④ 产品更新制造的平均成本
	物流与仓库集成能力	① 系统自动生成的物料需求计划比例 ② 系统自动生成的物料配送计划比例 ③ 覆盖在制品库存和生产过程的物料信息动态跟踪能力 ④ 覆盖在制品库存和配送过程的物料信息动态跟踪能力 ⑤ 制造过程信息跟踪能力、及时(实时)性与控制水平 ⑥ 制造现场物流配送和管理的精细化程度、及时性与优化能力 ⑦ 实现生产制造全过程信息化的情况
	产品设计与生产集成能力	① 产品设计与工艺设计之间产品模型信息传递情况 ② 工艺设计与生产制造之间产品信息传递情况 ③ 实现产品设计、工艺设计制造过程数字化控制的覆盖范围(适用于离散制造业) ④ 产品设计、工艺设计与制造的并行处理和过程工程水平与能力(适用于离散制造业) ⑤ 产品设计、工艺设计与制造的过程优化水平与能力
生产管理业务集成	经营管理与车间制造系统间集成	① 生产任务指令下达的情况及执行水平 ② 产品 BOM(或产品配方)下达的情况及执行水平
	制造执行系统与制造过程控制系统的集成	① MES 系统自动向生产控制系统上传信息的数量 ② MES 系统自动向生产控制系统上传信息的内容 ③ 生产控制系统自动向 MES 系统上传信息的数量 ④ 生产控制系统自动向 MES 系统上传信息的内容
	生产制造过程控制系统与生产制造执行系统间的集成	① 排产计划下达的情况及执行水平 ② 生产指令下达的情况及执行水平 ③ 物料清单下达的情况 ④ 生产优化运行参数下达的情况及执行水平 ⑤ 工序进展信息上传情况及实时性 ⑥ 设备运行参数上传情况及实时性 ⑦ 物料使用状态上传情况及实时性

评估子项		评估细分内容
生产管理业务集成	生产管理决策	① 产品研发、库存、生产、质量、物流、设备、能源、成本、绩效信息采集与分析水平 ② 及时追踪生产信息,进行知识挖掘和知识积累的水平与能力 ③ 运用信息化手段,支持企业决策的水平与能力,包括但不限于成本、利润、研发决策 ④ 运用信息化手段,支持企业进行生产风险管控的水平与能力,包括但不限于能源、安全、质量风险
资源综合集成业务	生产制造执行系统	① 制造执行系统部署模块的完整性,包括但不限于仓储管理、设备管理、数据管理、物料管理、质量管理、计划管理、订单管理、生产执行管理模块 ② 各管理模块的使用情况 ③ 制造执行系统覆盖的产品范围
	生产排程系统	① 订单准时交货情况 ② 插单解决及时情况 ③ 机台停机、等待时间 ④ 生产缺料次数 ⑤ 库存周转率仓储物流设备
	物流仓储设备	① 车间物流智能化成套设备的类型,如:高速堆垛机、高速智能分拣机、智能化高密度存储穿梭车、高速托盘运输机、自动化立体仓库、高速大容量输送机等 ② 车间物流智能化成套设备的数量 ③ 车间物流智能化成套设备使用的覆盖范围
	数据中心	① 数据中心建设规范性 ② 信息的收集水平 ③ 信息处理的水平 ④ 企业上云的水平 ⑤ 文件管理的水平 ⑥ 信息安全情况 ⑦ 网络安全信息
	网络通信设备	① 网络通信设备的配置 ② 网络通信设备的传输 ③ 网络通信设备的安全

f. 智能工厂。智能工厂评估内容见表 2-25。

▫ 表 2-25　智能工厂评估内容

评估子项		评估细分内容
智能化制造	贯穿产品全生命周期各阶段的产品状态信息跟踪与反馈能力	① 统一数字化产品定义在产品全生命周期各阶段的应用和关联维护水平 ② 产品状态信息跟踪与反馈的手段建设情况及其及时性与准确性 ③ 产品状态信息跟踪与反馈覆盖研发设计、生产制造、售后服务乃至回收处理等全生命周期各阶段的情况
	跨企业网络化协同设计与制造的水平与能力	① 实现跨区域的网络化协同设计与制造的情况与水平 ② 实现国内企业间的网络化协同设计与制造的情况与水平 ③ 实现全球多国多企业间的网络化协同设计与制造的情况与水平

评估子项		评估细分内容
智能化制造	延长产品价值链,实现产品服务延伸和管控的情况	① 在产品用户体验、安装、培训、远程监控、备品备件、故障维修、维护保养、咨询、改进、二手交易等方面提供产品延伸服务的水平与能力 ② 基于产品全生命周期信息实现生命周期集成服务的水平与能力 注:本项主要适用于装备制造业,尤其是高端装备制造业
	产品全生命周期实现节能降耗、减排治污及循环利用等绿色发展情况	① 在产品全生命周期管控条件下绿色设计的优化情况 ② 绿色工艺的创新能力 ③ 产品集约生产的水平 ④ 产品再制造的情况
企业内部协同	生产过程管理系统与企业资源计划系统的集成	① MES 系统自动向 ERP 系统上传信息的数量 ② ERP 系统自动向 MES 系统下传信息的数量 ③ MES 系统自动向 ERP 系统上传信息的内容 ④ ERP 系统自动向 MES 系统下传信息的内容
	生产过程管理系统与生产制造执行系统的集成	① 生产制造执行系统向生产过程管理系统上传信息的数量 ② 生产过程管理系统向生产制造执行系统下传信息的数量 ③ 生产制造执行系统向生产过程管理系统上传信息的内容 ④ 生产过程管理系统向生产制造执行系统下传信息的内容
	产供销集成能力	① 按照用户订单进行自动排产的水平与能力 ② 根据用户订单制订排产计划的同时自动形成物料供应计划的水平与能力 ③ 按订单生产的产量占比等 ④ 在用户订单与产能不匹配的时候实现在有限产能约束下优化排产的水平与能力 ⑤ 在发生改判、降级、判废以及紧急情况下进行动态调度的水平与能力 ⑥ 覆盖物料采购、原料库、现场物流、产成品库、产品配送等供应链业务环节的情况和实现集成运作的水平 ⑦ 供应商在指定时间直接供货到生产现场的水平与能力 ⑧ 按照客户要求,实现精准配送的水平与能力 ⑨ 实现覆盖全国乃至全球的分销网络情况与水平 ⑩ 用户订单实时状态监控覆盖研发设计、物料采购、生产制造、产品配送等业务环节的情况及其全过程跟踪管理的精细化程度和实时性 ⑪ 产品质量追溯覆盖产品交付、生产制造、物料供应、研发设计等业务环节的情况及实现全过程可追溯管理的精细化程度
	财务与业务集成能力	① 实现与财务系统衔接的业务系统范围情况 ② 财务系统从业务系统直接获取数据的完整性和实时性 ③ 财务通过系统监控采购合同价格、到货、付款、开票全过程的管控能力 ④ 财务通过系统监控销售合同价格、发货、收款、开票全过程的管控能力 ⑤ 产品设计,产成品、半成品收发存,主原料消耗,资材备件消耗,人工成本,维修成本,能源成本,运输成本等成本核算数据能够直接获取的类别范围和比例情况 ⑥ 产品标准成本和实际成本的核算、分析和控制水平与能力 ⑦ 产品全成本核算的精度和准确程度,产品全成本管控的水平与能力

评估子项		评估细分内容
企业内部协同	财务与业务集成能力	⑧ 全面预算管理在全面落实企业战略规划的投资预算、生产采购预算、技措技改预算、费用预算、成本预算等方面业务覆盖情况 ⑨ 全面预算的执行情况与过程监管能力 ⑩ 财务管理、资本管理、人力资源管理等业务的情况
	决策支持能力	① 信息采集情况,包括但不限于采购及供应商、销售及客户市场、人力资源、成本管理等 ② 信息综合分析处理的水平与能力 ③ 合同、收入、成本、利润等对比分析与决策的水平与能力 ④ 客户价值和信用决策水平与能力 ⑤ 产品盈利和市场趋势决策水平与能力 ⑥ 企业在产品信誉、服务信誉、竞争信誉、财务信誉、商业信誉、银行信誉及其他信誉建设方面的信息采集与决策处理能力 ⑦ 企业预测预警、风险管控体系建设情况及其快速反应能力
企业间协同	企业间信息交互和共享水平	① 企业业务系统之间信息交换接口的建设情况 ② 企业统一的信息标准、规范和编码的建设水平 ③ 企业之间实现共享的关联信息完整性和交互实时性
	企业间资源共享、协同和整合水平	① 企业在资金、渠道、物资、物流等方面共享资源的情况 ② 企业资源协同机制建设情况和运作水平 ③ 企业共享资源实现优化配置和整体效率提升的水平
	企业间业务协同和一体化程度	① 与客户实现生产计划协同、订货业务协同、物流仓储协同、财务结算协同、技术及研发协同等水平 ② 与供应商实现订单协同、物料协同的水平 ③ 与合作伙伴实现设计研发协同、生产制造协同、质量和成本控制协同的水平
	企业之间协同创新、共同创造和扩大市场容量、引领市场需求发展情况	① 企业协同创新机制和平台的建设情况及运行水平 ② 企业协同创新的横向整合和纵向贯通覆盖水平 ③ 企业协同创新的市场影响和市场创造水平与能力
生产资源协同	企业统一的信息管控平台建设	包括但不限于对 ERP、SCM、CRM、PLM、AMS、WMS、BI 等进行评估,主要包括: ① 信息管理系统的模块部署的完整性 ② 信息管理系统的使用深度 ③ 信息管理系统的数据互联互通及分析使用情况
	数据处理中心	① 数据处理中心信息收集的完整性及及时性 ② 数据处理中心信息分析深度及可用性 ③ 信息安全体系的建立及执行 ④ 资源上云及应用情况 ⑤ 云安全体系的建立及执行情况
	产品设计及仿真系统	① 基于产品生命周期的软件开发系统的应用情况,如 PLM、PDM、CAE 等 ② 产品仿真系统的使用情况 ③ 产品数据定义的标准及其可实现性 ④ 产品数据定义的标准化、规范化程度 ⑤ 实现电子文档管理的水平与能力 ⑥ 实现产品结构管理的水平与能力 ⑦ 实现技术状态管理的水平与能力

评估子项	评估细分内容
生产资源协同	整合社会的制造需求和资源,开展制造服务和制造资源的动态分析和柔性配置评估	① 企业业务系统之间信息交换的接口 ② 建立或采用统一的信息交互标准和规范 ③ 创新资源、设计能力、生产能力和服务能力的共享 ④ 研发设计、生产计划、物料供应、仓储管理、生产制造、市场销售、物流配送、维护服务的协同以及企业间订单全过程可追溯 ⑤ 开展制造服务和制造资源的动态分析柔性配置情况

g. 经济和社会效益。经济和社会效益评估内容见表2-26。

□ **表2-26 经济和社会效益评估内容**

评估子项	评估细分内容
经济效益	重点评估单位产品的销售收入、成本、利润率指标: ① 单位产品的销售收入、成本、利润率的当前水平 ② 单位产品的销售收入、成本、利润率与建设前对比情况 ③ 单位产品的销售收入、成本、利润率与省内中级水平的对比情况 ④ 单位产品的销售收入、成本、利润率与省内高级水平的对比情况 ⑤ 单位产品的销售收入、成本、利润率与国内先进水平的对比情况
社会效益	社会效益重点评估企业品牌价值、安全生产持续时间、安全生产事故损失、单位产品综合能耗、单位产品污染物综合排放、社会贡献率等方面: ① 企业品牌价值、安全生产持续时间、安全生产事故损失、单位产品综合能耗、单位产品污染物综合排放、社会贡献率的当前水平 ② 企业品牌价值、安全生产持续时间、安全生产事故损失、单位产品综合能耗、单位产品污染物综合排放、社会贡献率与建设前对比情况 ③ 企业品牌价值、安全生产持续时间、安全生产事故损失、单位产品综合能耗、单位产品污染物综合排放、社会贡献率与省内中级水平的对比情况 ④ 企业品牌价值、安全生产持续时间、安全生产事故损失、单位产品综合能耗、单位产品污染物综合排放、社会贡献率与省内高级水平的对比情况 ⑤ 企业品牌价值、安全生产持续时间、安全生产事故损失、单位产品综合能耗、单位产品污染物综合排放、社会贡献率与国内先进水平的对比情况

h. 竞争力。数字车间、智能工厂的建设带来的直接或间接的竞争力,包括但不限于质量提升与客户满意度、业务效率、财务及创新能力等内容。竞争力评估内容见表2-27。

□ **表2-27 竞争力评估内容**

评估子项	评估细分内容
竞争力要素水平	① 竞争力要素的当前水平 ② 竞争力要素与建设前对比情况 ③ 竞争力要素与省内中级水平的对比情况 ④ 竞争力要素与省内高级水平的对比情况 ⑤ 竞争力要素与国内先进水平的对比情况
质量提升与客户满意度指标	① 产品生产一次合格率 ② 产品生产平均周期 ③ 客户订单平均响应速度 ④ 客户订单变更响应速度 ⑤ 产品交付平均周期 ⑥ 客户异议平均处理时间 ⑦ 产品理赔率水平

评估子项	评估细分内容
业务效率指标	① 生产率水平 ② 综合材料利用率水平 ③ 设备综合效率水平 ④ 产能利用率水平 ⑤ 全员劳动生产率水平
财务指标	① 财务预算精准率 ② 财务决算速度水平 ③ 库存周转率水平 ④ 资金周转率水平
创新能力指标	① 新产品研发周期水平 ② 新产品产值率水平 ③ 创新方案提交及时率及采用率水平 ④ 科技成果转化率水平

④ 评估指标体系构建

a. 构建原则。评估指标体系应与上节评估内容的层次结构相对应。

一级评估内容应包括：顶层规划、企业建模、基础建设、数字化生产线、数字车间、智能工厂、经济和社会效益、竞争力。

二级评估内容应包括：对应于顶层规划的顶层设计的内容等，对应于企业建模的产品设计建模等，对应于基础建设的厂区规划等，对应于数字化生产线的柔性生产等，对应于数字车间的仓储与物流系统等，对应于智能工厂的协同制造等，对应于经济和社会效益的利润率、品牌价值等，对应于竞争力的质量提升等。

评估指标应能够表征和抽象评估内容，并充分反映智能工厂、数字车间的内涵、特征和需求。各下级表征性指标能够较好地支撑和反映其上级指标的表征内涵。需去除重复性指标、难于采集数据的指标、缺乏分析价值的指标。

一般情况下，为提高可操作性，各行业最终确定并用于实际测评的评估指标体系应在满足应用需求的前提下尽量简化。

b. 构建步骤。按照行业或企业的特色，基于该标准的基本原则与框架、评估内容，细化指南，选择、修订各级评估内容，对部分评估内容进行必要调整、补充或细化。

依据修订后的各级评估内容，设置相对应的各级表征性评估指标，并对照该标准各级评估内容的层次结构构建评估指标体系。

c. 加权评分法。加权评分法的实施步骤如表 2-28 所示。

▫ 表 2-28　加权评分法的实施步骤

步骤名称	实施内容
权重设置	① 各行业一级指标的权重原则一致，二级指标的权重建议行业间相互借鉴，三级以下指标的权重可按照行业企业的特色和需求分别进行设置；需考虑指标对落实行业企业战略、支撑业务发展的相对重要程度 ② 在考核指标权重设置时应充分考虑安徽地区经济状况和产业布局规划等相关内容，需考虑指标与行业企业智能制造水平与能力、效能与效益的基本现状，未来发展重点和引导方向的关联和匹配程度 ③ 可采用德尔菲法（Delphi）、层次分析法（AHP）或网络分析法（ANP）等进行辅助决策；权重设置结果应在一定时期内保持相对稳定

步骤名称	实施内容
底层指标评分	① 采用专家直接打分法进行底层指标评分 ② 通过分析安徽地区行业的基本情况,确定行业的阈值,即最大值、最小值、平均值,将专家打分作为指标评估数据的指标评分值 ③ 定性评估数据由专家直接打分,分值可以是以区间值作为底层指标值
加权评分	① 在底层指标评分基础上,底层指标以上各级指标的得分可通过加权求和得出 ② 上级指标得分可由其各子指标得分加权求和得出 ③ 最终总分可由各一级指标得分加权求和得出

d. 综合水平判定规则。综合水平判定规则包括基础建设水平与能力、数字化生产线水平与能力、数字车间水平与能力、智能工厂水平与能力等四个方面的级别判定规则,详细判定规则见表 2-29。

▫ 表 2-29　综合水平判定规则

评估对象	初级水平	省内中级水平	省内高级水平	省内领先水平
基础建设	① 顶层规划内容空洞 ② 信息化规划没有引起重视 ③ 设备设施数字化程度不高 ④ 产品建模信息不完整 ⑤ 厂区分布规划不健全,厂区布置存在部分不合理 ⑥ 物流传输规划不完整 ⑦ 信息化、工业化人员配置不充分 ⑧ 环境、安全、能耗等监测点覆盖率较低	① 顶层规划内容完整 ② 信息化规划内容完整 ③ 设备设施数字化覆盖率及控制先进性一般 ④ 产品建模信息不完整 ⑤ 厂区分布基本合理 ⑥ 物流传输规划不完整 ⑦ 信息化、工业化人员配置基本充分,但仅限于日常维护,系统建设能力不足 ⑧ 环境、安全、能耗等监测点覆盖率一般	① 顶层规划内容完整,基本适宜公司的发展 ② 信息化规划内容完整,与顶层规划基本适宜 ③ 设备设施数字化覆盖率及控制先进性较好 ④ 产品建模信息完整 ⑤ 厂区分布进行了规划,布置基本合理 ⑥ 物流传输规划完整 ⑦ 信息化、工业化人员配置基本充分,可以进行部分的项目建设 ⑧ 环境、安全、能耗等监测点覆盖率较广,基本可以做到安全环保与能源的可控	① 顶层规划内容完整,适宜公司的发展方向与战略 ② 信息化规划内容完整,与顶层规划适宜,人员信息化意识较强,信息化实施有序 ③ 设备设施数字化,控制水平较高,可以实现生产现场无人操作 ④ 产品建模信息完整,设计资料完整 ⑤ 厂区分布进行了建模,厂区分布合理,设备布置有序,可以体现精益的思想 ⑥ 物流传输规划完整,物流传输适宜有序 ⑦ 信息化、工业化人员配置基本充分,可以进行项目建设 ⑧ 环境、安全、能耗等监测点覆盖率较广,可以做到清洁及绿色生产
数字化生产线	① 柔性制造能力极弱 ② 生产现场数据采集量有限,控制较少 ③ 人机交互方式较少 ④ 生产控制中信息化使用程度低	① 柔性制造能力较低 ② 生产现场有一定的数据采集量,但控制有限 ③ 人机交互方式主要集中在控制室 ④ 生产控制中信息化使用程度一般	① 有一定的柔性制造能力 ② 生产现场数据采集量充分,可以实现在线控制 ③ 人机交互方式基本充分 ④ 生产控制中信息化使用程度较好	① 柔性制造能力强 ② 生产现场数据采集量充分,控制充分,可以实现无人操作 ③ 人机交互方式充分,人员可以随时查看生产情况 ④ 生产控制中信息化使用程度高

评估对象	初级水平	省内中级水平	省内高级水平	省内领先水平
数字车间	① 敏捷制造能力极弱 ② 物流与仓储系统集成度较低 ③ 生产制造系统部署模块不全面 ④ 制造执行系统与现场生产控制系统集成度较低	① 敏捷制造能力较差 ② 物流与仓储系统集成度一般 ③ 生产制造系统部署模块全面,但各模块的开发度一般 ④ 制造执行系统与现场生产控制系统集成度一般	① 敏捷制造能力较好 ② 物流与仓储系统集成度较充分 ③ 生产制造系统部署模块全面,各模块的开发度较好 ④ 制造执行系统与现场生产控制系统集成度较好	① 敏捷制造能力较强 ② 物流与仓储系统集成度好,自动化程度较高 ③ 生产制造系统部署模块全面,各模块使用深度较好 ④ 制造执行系统与现场生产控制系统集成度高
智能工厂	① 智能制造能力较弱 ② 设计与仿真使用一般 ③ 建设有数据中心,但数据收集能力一般,分析能力较弱 ④ 企业内各信息系统均在使用,但层次均不深入,部分存在数据孤岛的情况 ⑤ 企业间协同机制及渠道建立,但应用较少	① 智能制造能力一般 ② 设计与仿真均在使用,但仿真能力不足 ③ 建设有数据中心,数据收集能力较好,但分析处理能力不足 ④ 企业内各信息系统均在使用,各系统适宜公司当前的需要,部分存在数据孤岛的情况 ⑤ 企业间协同机制及渠道建立,有应用,但深度不够	① 智能制造能力较好 ② 设计与仿真均在使用,有一定的深度 ③ 建设有数据中心,信息收集、处理能力较好,使用云数据处理业务层,但深度开发较弱 ④ 企业内各信息系统均在使用,各系统互通性较好,信息系统为公司的智能决策及经营管理起到较好的支持作用 ⑤ 企业间协同机制及渠道建立,业务处理满足公司运营的需要	① 智能制造能力较强,具有自适应、自感知、自动协调能力,具有较好的延展性 ② 设计与仿真使用较好,设计周期及能力在行业中具先进性 ③ 建设有数据中心,数据处理能力强,使用云数据处理业务层,还可以进行深度开发 ④ 企业内各信息系统使用充分,数据间互联互通能力强,信息系统为公司的智能决策及经营管理起到较强的支持作用 ⑤ 企业间有协同机制,渠道畅通,基本符合协同与绿色发展的要求

2.3.3 智能制造能力成熟度模型和评价方法的国家标准

GB/T 39116—2020《智能制造能力成熟度模型》、GB/T 39117—2020《智能制造能力成熟度评估方法》两项国家标准已成为国内大部分第三方机构开展智能制造诊断评价工作的依据。

(1) 智能制造能力成熟度模型主要内容

① 模型构成 本模型由成熟度等级、能力要素和成熟度要求构成,其中,能力要素由能力域构成,能力域由能力子域构成,如图 2-26 所示。

② 能力要素 由图 2-26 可见,能力要素给出了智能制造能力提升的关键方面,包括人员、技术、资源和制造。人员包括组织战略、人员技能 2 个能力域。技术包括数据、集成和信息安全 3 个能力域。资源包括装备、网络 2 个能力域。制造包括设计、生产、物流、销售和服务 5 个能力域。

设计包括产品设计和工艺设计 2 个能力子域,生产包括采购、计划与调度、生产作业、设备管理、仓储配送、安全环保、能源管理 7 个能力子域,物流包括物流 1 个能力子域,销售包括销售 1 个能力子域,服务包括客户服务和产品服务 2 个能力子域。企业可根据自身业务活动特点对能力域进行选择和取舍。

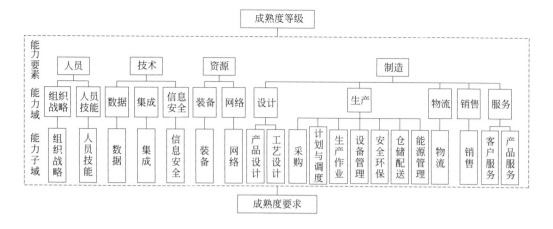

图 2-26 模型构成

③ 成熟度等级 成熟度等级规定了智能制造在不同阶段应达到的水平。成熟度等级分为五个等级,自低向高分别为一级(规划级)、二级(规范级)、三级(集成级)、四级(优化级)和五级(引领级),如图 2-27 所示。较高的成熟度等级要求涵盖了低成熟度等级的要求,成熟度等级划分的要求和基本特征见表 2-30。

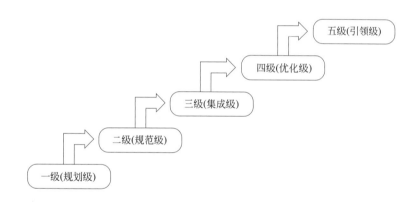

图 2-27 成熟度等级

表 2-30 成熟度等级划分的要求和基本特征

成熟度等级	要求和基本特征
一级(规划级)	企业应开始对实施智能制造的基础和条件进行规划,能够对核心业务活动(设计、生产、物流、销售、服务)进行流程化管理
二级(规范级)	企业应采用自动化技术、信息技术手段对核心装备和核心业务活动等进行改造和规范,实现单一业务活动的数据共享
三级(集成级)	企业应对装备、系统等开展集成,实现跨业务活动间的数据共享
四级(优化级)	企业应对人员、资源、制造等进行数据挖掘,形成知识、模型等,实现对核心业务活动的精准预测和优化
五级(引领级)	企业应基于模型持续驱动业务活动的优化和创新,实现产业链协同并衍生新的制造模式和商业模式

④ 成熟度要求 成熟度要求规定了能力要素在不同成熟度等级下应满足的具体条件,成熟度评估方法详见 GB/T 39117—2020《智能制造能力成熟度评估方法》相关内容。

（2）智能制造能力成熟度评估方法

① 评估内容　基于 GB/T 39116—2020《智能制造能力成熟度模型》，根据评估对象业务活动确定评估域。评估域应同时包含人员、技术、资源和制造四个能力要素的内容。人员要素、技术要素和资源要素下的能力域和能力子域为必选内容，不可裁剪。制造要素下生产能力域不可裁剪，其他能力域可裁剪。该标准给出了流程型制造企业与离散型制造企业的评估域，如表 2-31、表 2-32 所示。

▫ **表 2-31　流程型制造企业评估域**

要素	人员		技术			资源		制造										
能力域	组织战略	人员技能	数据	集成	信息安全	装备	网络	设计	生产							物流	销售	服务
评估域	组织战略	人员技能	数据	集成	信息安全	装备	网络	工艺设计	采购	计划与调度	生产作业	设备管理	仓储配送	安全环保	能源管理	物流	销售	客户服务

▫ **表 2-32　离散型制造企业评估域**

要素	人员		技术			资源		制造											
能力域	组织战略	人员技能	数据	集成	信息安全	装备	网络	设计		生产							物流	销售	服务
评估域	组织战略	人员技能	数据	集成	信息安全	装备	网络	产品设计	工艺设计	采购	计划与调度	生产作业	设备管理	仓储配送	安全环保	能源管理	物流	销售	客户服务 / 产品服务

② 评估过程

a. 评估流程。智能制造能力成熟度评估流程包括预评估、正式评估、发布现场评估结果和改进提升，如图 2-28 所示。

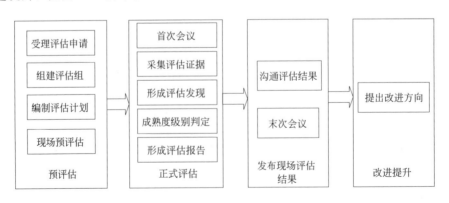

图 2-28　智能制造能力成熟度评估流程

b. 预评估。预评估各主要流程的详细内容见表 2-33。

表 2-33　预评估的主要流程名称和实施内容

流程名称	实施内容	
受理评估申请	评估方对受评估方所提交的申请材料进行评审,确认受评估方所从事的活动符合相关法律法规规定,实施了智能制造相关活动,并根据受评估方所申请的评估范围、申请评估等级及其他影响评估活动的因素,综合确定是否受理评估申请 受评估方应选择与自身业务活动相匹配的评估域	
组建评估组	组建一个有经验、经过培训、具备评估能力的评估组实施现场评估活动,应确认一名评估组长及多名评估组员,评估人员数量应为奇数	
	评估组员的职责	① 应遵守相应的评估要求 ② 应掌握评估原则、评估程序和方法 ③ 应按计划的时间进行评估 ④ 应优先关注重要问题 ⑤ 应通过有效的访谈、观察、文件与记录评审、数据采集等获取评估证据 ⑥ 应确认评估证据的充分性和适宜性,以支持评估发现和评估结论 ⑦ 应将评估发现形成文件,并编制适宜的评估报告 ⑧ 应维护信息、数据、文件和记录的保密性和安全性 ⑨ 应识别与评估有关的各类风险
	评估组长的职责	履行评估组员职责的同时,还应履行以下职责 ① 负责编制评估计划 ② 负责整个评估活动的实施 ③ 实施正式评估前对评估组员进行评估方法的培训 ④ 对评估组员进行客观评价 ⑤ 对评估结果做最后决定 ⑥ 向受评估方报告评估发现,包括强项、弱项和改进项 ⑦ 评估活动结束时发布现场评估结论
编制评估计划	智能制造能力成熟度评估分为现场预评估和正式评估两个阶段,评估前应编制预评估计划和正式评估计划,并与受评估方确认。评估计划至少包括评估目的、评估范围、评估任务、评估时间、评估人员、评估日程安排等	
现场预评估	评估组应围绕受评估方的需求: ① 了解受评估方智能制造基本情况 ② 了解受评估方可提供的直接或间接证据 ③ 确定受评估方的评估域及权重 ④ 确定正式评估实施的可行性	

c. 正式评估。正式评估各主要流程的详细内容见表 2-34。

表 2-34　正式评估的主要流程名称和实施内容

流程名称	实施内容
首次会议	首次会议的目的: ① 确认相关方对评估计划的安排达成一致 ② 介绍评估人员 ③ 确保策划的评估活动可执行 会议内容至少应说明评估目的、介绍评估方法、确定评估日程以及明确其他需要提前沟通的事项
采集评估证据	在实施评估的过程中,应通过适当的方法收集并验证与评估目标、评估范围、评估准则有关的证据,包括与智能制造相关的职能、活动和过程的信息。采集的证据应予以记录,采集方式可包括访谈、观察、现场巡视、文件与记录评审、信息系统演示、数据采集等

流程名称	实施内容
形成评估发现	应对照评估准则,将采集的证据与其满足程度进行对比形成评估发现。具体的评估发现应包括具有证据支持的符合事项和良好实践、改进方向以及弱项。评估组应对评估发现达成一致意见,必要时进行组内审
成熟度级别判定	依据每一项打分结果,结合各能力权重值,计算企业得分,并最终判定成熟度等级。注:成熟度等级判定原则详见下文"③成熟度等级判定"
形成评估报告	评估组应形成评估报告,评估报告至少应包括评估活动总结、评估结论、评估强项、评估弱项及改进方向

d. 发布现场评估结果。发布现场评估结果的流程详细内容见表 2-35。

▣ 表 2-35　发布现场评估结果的流程名称和实施内容

流程名称	实施内容
沟通评估结果	在完成现场评估活动后,评估组应将评估结果与受评估方代表进行通报,给予受评估方再次论证的机会,并由评估组确定最终结果
末次会议	末次会议的目的: ① 总结评估过程 ② 发布评估发现和评估结论 末次会议内容至少应包括评估总结、评估结果、评估强项、评估弱项、改进方向以及后续相关活动介绍等

③ 成熟度等级判定

a. 评分方法。评估组应将采集的证据与成熟度要求进行对照,按照满足程度对评估域的每一条要求进行打分。成熟度要求满足程度与得分对应表如表 2-36 所示。

▣ 表 2-36　成熟度要求满足程度与得分对应

成熟度要求满足程度	得分
全部满足	1
大部分满足	0.8
部分满足	0.5
不满足	0

b. 评估域权重。根据制造企业的业务特点,给出了流程型制造企业主要评估域及推荐权重,如表 2-37 所示,离散型制造企业的主要评估域及推荐权重如表 2-38 所示。

▣ 表 2-37　流程型制造企业主要评估域及权重

能力要素	能力要素权重	能力域	能力域权重	能力子域	能力子域权重
人员	6%	组织战略	50%	组织战略	100%
		人员技能	50%	人员技能	100%
技术	11%	数据	46%	数据	100%
		集成	27%	集成	100%
		信息安全	27%	信息安全	100%
资源	15%	装备	67%	装备	100%
		网络	33%	网络	100%

能力要素	能力要素权重	能力域	能力域权重	能力子域	能力子域权重
制造	68%	设计	4%	工艺设计	100%
		生产	63%	采购	12%
				计划与调度	14%
				生产作业	23%
				设备管理	15%
				安全环保	12%
				仓储配送	12%
				能源管理	12%
		物流	15%	物流	100%
		销售	15%	销售	100%
		服务	3%	客户服务	100%

⊡ 表2-38 离散型制造企业主要评估域及权重

能力要素	能力要素权重	能力域	能力域权重	能力子域	能力子域权重
人员	6%	组织战略	50%	组织战略	100%
		人员技能	50%	人员技能	100%
技术	11%	数据	46%	数据	100%
		集成	27%	集成	100%
		信息安全	27%	信息安全	100%
资源	15%	装备	50%	装备	100%
		网络	50%	网络	100%
制造	68%	设计	13%	工艺设计	100%
		生产	48%	采购	14%
				计划与调度	16%
				生产作业	16%
				设备管理	14%
				安全环保	13%
				仓储配送	14%
				能源管理	13%
		物流	13%	物流	100%
		销售	13%	销售	100%
		服务	13%	产品服务	50%
				客户服务	50%

c. 计算方法。能力子域得分为该子域每条要求得分的算术平均值，能力子域得分按式（2-1）计算：

$$D = \frac{1}{n} \sum_{1}^{n} X \tag{2-1}$$

式中　D——能力子域得分；

　　　X——能力子域要求得分；

　　　n——能力子域的要求个数。

能力域的得分为该域下能力子域得分的加权求和，能力域得分按式（2-2）计算：

$$C = \sum (D \times \gamma) \tag{2-2}$$

式中　C——能力域得分；

　　　D——能力子域得分；

　　　γ——能力子域权重。

能力要素的得分为该要素下能力域的加权求和，能力要素的得分按式（2-3）计算：

$$B = \sum(C \times \beta) \tag{2-3}$$

式中　B——能力要素得分；

　　　C——能力域得分；

　　　β——能力域权重。

成熟度等级的得分为该等级下能力要素的加权求和，成熟度等级的得分按式（2-4）计算：

$$A = \sum(B \times \alpha) \tag{2-4}$$

式中　A——成熟度等级得分；

　　　B——能力要素得分；

　　　α——能力要素权重。

d. 成熟度等级判定方法。被评估对象在某一等级下的成熟度得分超过评分区间的最低分视为满足该等级要求，反之，则视为不满足。在计算总体分数时，已满足的等级的成熟度得分取值为 1，不满足的等级的成熟度得分取值为该等级的实际得分。智能制造能力成熟度总分，为各等级评分结果的累计求和。评分结果与能力成熟度对应关系如表 2-39 所示。

根据表 2-39 给出的分数与等级的对应关系，结合实际得分 S，可以直接判断出企业当前所处的成熟度等级。

▫ 表 2-39　分数与等级的对应关系

成熟度等级	对应评分区间
五级（引领级）	$4.8 < S \leqslant 5$
四级（优化级）	$3.8 < S \leqslant 4.8$
三级（集成级）	$2.8 < S \leqslant 3.8$
二级（规范级）	$1.8 < S \leqslant 2.8$
一级（规划级）	$0.8 < S \leqslant 1.8$

智能制造能力评价工作对于引导制造业向数字化、网络化、智能化转型具有重要意义。国家通过制定相关政策、遴选标杆企业等手段促进工业界积极向智能化转型，各组织机构也开通了智能制造能力成熟度的评价平台，为企业自检和第三方评定提供服务。评价工作在这些过程中起到了不可或缺的作用。

在后续的评价工作中，需充分考虑行业差异性，以提升评价结果的有效性和指导作用。政府应重视第三方评价咨询工作，并通过评价应用推广，积累数据、发现问题、总结经验，以进一步完善我国制造行业的服务体系和产业生态。

参考文献

[1] 庞国锋，徐静，沈旭昆．离散型制造模式（智能制造新模式探索与案例分析）．北京：电子工业出版社，2019.

[2] 陈明，梁乃明．智能制造之路数字化工厂．北京：机械工业出版社，2016.

[3] 贺玮，徐安林．VisualOne 智能工厂仿真案例教程．北京：机械工业出版社，2020.

[4] 刘敏，严隽薇．智能制造理念、系统与建模方法．北京：清华大学出版社，2019.

[5] 李廉水，刘军，程中华．2019 中国制造业发展研究报告：中国制造 40 年与智能制造．北京：科学出版社，2019.

[6] GB/T 39117—2020．智能制造能力成熟度评估方法．

[7] GB/T 39116—2020．智能制造能力成熟度模型．

[8] GB/T 38869—2020．基于 OPC UA 的数字化车间互联网络架构．

[9] DB34/T 3052—2017．智能工厂和数字车间建设 实施指南．

[10] DB34/T 3357—2019．智能工厂和数字车间评估规范．

[11] DB 3202/T 1001—2018. 无锡市智能制造水平评价规范.

[12] GB/T 36323—2018. 信息安全技术 工业控制系统安全管理基本要求.

[13] GB/T 38129—2019. 智能工厂 安全控制要求.

[14] GB/T 39173—2020. 智能工厂 安全监测有效性评估方法.

[15] GB/T 39474—2020. 基于云制造的智能工厂架构要求.

[16] GB/T 20269—2006. 信息安全技术 信息系统安全管理要求.

[17] GB/T 23020—2013. 工业企业信息化和工业化融合评估规范.

[18] GB/T 25483—2010. 面向制造业信息化的企业集成平台测评规范.

[19] GB/T 25487—2010. 网络化制造系统应用实施规范.

[20] 王猛，韩正功，许斌杰. VSFMA 模型在自动化车间虚拟仿真中的应用. 计算机技术与发展，2013，23（10）：146-150.

[21] 柳林燕，杜宏祥，汪惠芬，等. 车间生产过程数字孪生系统构建及应用. 计算机集成制造系统，2019，25（06）：1536-1545.

[22] 李清江. 基于 AHP-FUZZY 的企业智能制造能力评价研究. 南昌：南昌大学，2020.

[23] 张友硕. 基于 BP 神经网络的离散车间智能制造系统评价体系的研究. 合肥：合肥工业大学，2019.

[24] 谢亚丹. 基于 DHGF 算法的智能制造能力成熟度评价研究. 秦皇岛：燕山大学，2019.

[25] 李广博. 基于 OPC UA 的离散制造车间监控系统的研究与应用. 沈阳：中国科学院大学（中国科学院沈阳计算技术研究所），2019.

[26] 李轲. 基于 OPC UA 架构的智能制造车间数据通信及应用研究. 武汉：湖北工业大学，2020.

[27] 裴贵. 基于工厂仿真的 DMA 铝合金轮毂混流生产线规划及优化研究. 秦皇岛：燕山大学，2019.

[28] 王猛，韩正功，陈德煜. 可重构制造仿真单元在车间规划过程虚拟仿真中的应用研究. 工业控制计算机，2013，26（07）：95-96，114.

[29] 吴文文. 离散型制造企业智能制造能力评价研究. 杭州：杭州电子科技大学，2018.

[30] 关俊涛，游冰，贺提胜. 企业智能制造评价标准与评价方法研究. 新技术新工艺，2019（04）：44-46.

[31] 陶飞，张萌，程江峰，等. 数字孪生车间：一种未来车间运行新模式. 计算机集成制造系统，2017，23（01）：1-9.

[32] 江海凡，丁国富，张剑. 数字孪生车间演化机理及运行机制. 中国机械工程，2020，31（07）：824-832，841.

[33] 王亚辉，郑联语，樊伟. 云架构下基于标准语义模型和复杂事件处理的制造车间数据采集与融合. 计算机集成制造系统，2019，25（12）：3103-3115.

[34] 中国电子技术标准化研究院. 智能制造：如何评价企业的智能制造能力成熟度. 智能制造，2019（Z1）：24-29.

[35] 燕东，许可嘉. 智能制造能力评价的理论与方法. 质量与认证，2020（11）：54-56.

[36] 智能制造评价办法（浙江省 2016 年版）发布. 杭州科技，2016（06）：29-34.

[37] 杜宝瑞，王勃，赵璐，等. 智能制造系统及其层级模型. 航空制造技术，2015（13）：46-50.

[38] 杜茵. 智能化生产车间建模与 Simio 仿真. 柳州：广西科技大学，2019.

第 **3** 章

智能制造车间的构建

3.1 车间布局规划与仿真分析

提高企业的生产效率并降低成本的最有效方法就是减少和消除一切不必要的车间作业，设备布局主要可以从物料搬运、人机交互、降低在制品量和完善工艺流程等多方面来达到这个目标。面向虚实融合的智能车间设备布局是通过对智能布局算法的深入研究，综合考虑车间布局规整度、空间利用率、产能均衡、柔性化等多重约束条件，提供车间的优化布局结果；同时建立 3D 布局，利用物流系统仿真进一步检验和优化布局结果，然后再应用到物理车间中，不仅有利于减少车间工作人员、物料的移动成本，提高车间的综合利用率和企业的核心竞争力，还可以提前发现物理车间布局中存在的问题，避免方案实施过程中的反复更改。

3.1.1 车间设备布局的基本形式和影响因素

随着智能车间概念的提出，制造业装备技术智能化水平迅速提升，大批先进设备和生产线被投入使用，生产设备的自动化、智能化、专业化程度日益提高。在多品种小批量的生产方式推动下，车间布局、整体规划越来越重要，它是制造企业快速响应市场能力和产品竞争力的重要影响因素之一，是实现智能车间的首要任务。面对激烈的企业竞争，物流水平的高低直接影响着企业的发展，而车间布局直接控制了生产节奏，对物流的效率起到了决定性的作用。为了降低生产成本，提高竞争力，设计出高效优越的车间设备布局方案是企业生产初期的重中之重。物流成本一般占到制造总成本的 20%～50%，而合理的布局能够节省 10%～30% 的物流成本。

(1) 设备布局问题的定义

设备布局问题是指企业根据自身生产内容和生产目标，在确定的空间范围内，对车间内各工作单元及相关辅助设备进行合理安排布置，使生产过程中物料运输更加流畅，人员操作更加方便，生产节奏更加稳健，从而提高企业产能，扩大企业经济收益。不同类型的生产车间，适用的设备类型和布局形式有所差异，企业要根据生产实际设计最优的设备布局方案。

通常车间设备布局是在产品的工艺设计和设备选型之后进行的，通过工艺选择和生产能力规划整个生产的工序和设备的具体规格，以及设备之间的物料传递关系，为布局设计提供原始数据。同时，两者也是相互影响的，布局决策包括各部门内的生产单位和设备布置，这种布置影响到系统工作的流畅性、生产能力和柔性。

设施布局问题（Facility Layout Problem，FLP）是指将各种设备在给定的空间内进行布置，同时要使设备之间的物流等得到优化；基于此，对设备、空间和优化目标特作出如下定义。

① 设备　设备是车间布局问题研究的对象和基本单元。广义上讲，包括生产及其人员工作的位置、物料的存放和运输设备，以及其他维持生产活动的辅助设备等；狭义上讲，主要是机器及其物料运输设备的布置。在布局问题中的设备，并不一定就是指生产设备本身，也可能是一个包括几台机器及其辅助设施的生产单元、生产线或工作中心。

② 空间　空间是盛放布局对象的"容器"。在车间布局中就是指具有一定面积和比较规则形状的作业场地。

③ 优化目标　优化目标是整个布局问题的关键。它对整个布局过程提供指导，并对最后的布局方案进行评价。在车间布局中由于不同的目标产生了不同的布局方案，最通常的就是对整个车间中物流耗费（Material Flow Cost）最小化；其他的布局目标还包括车间物流路径最短、设备利用率最大化以及设备放置的柔性等目标，在布局方法中采取的目标一般不能涵盖所有的布局目标。

（2）影响车间布局设计的主要因素

目前的国内一些大中型国有企业都面临着改组或改造等问题，大量的车间都需要重新布局。制造系统中的布局设计是工业工程研究和实践中一个重要并且长期存在的领域，是一个典型的工程问题。长期以来，制造系统的布局设计一直被当作制造工业中最关键和最困难的设计任务之一。它是将加工设备、物料运输设备、工作单元和通道走廊等制造资源合理放置在一个有限的生产空间里面的过程，可看作是制造系统的组织过程。在一个制造系统中，布局不是一个孤立的问题，它与整个系统设计的其他工作是紧密关联并且相互影响的，其相互关系可以用图 3-1 表示。

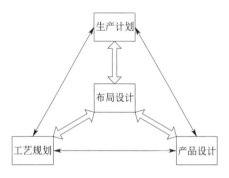

图 3-1　布局设计与三个重要设计过程之间的关系

在进行车间布局设计时，通常有很多因素影响车间布局设计的结果，这些因素包括生产物流、生产组织方式、工艺流程设计、零件设计等，也就是说在布局时必须受这些条件的约束，具体分析如下：

① 生产物流　对于制造车间内或车间与车间之间的物流我们称为生产物流。进行设备布局时，生产物流的研究和分析是最为重要的。通过分析车间内设备之间的物流量，可以使设备布局合理化。考虑到产品从原材料到成品所通过的物流路径，应做到两个最小和两个避免，即物流分析中判断正误或合理的两个原则：经过距离和物流成本最小；避免迂回和避免十字交叉。

物流运行是设备规划的重要组成部分，也是设备布局的重要理论依据。物流分析的主要对象是企业生产系统，在现有设备的基础上，合并、更新物流设备，改变物流流程，加速物流周转，以取得最大效益。物流分析侧重于输送设备与输送方式的优化，即搬运分析与库存控制。通过物流分析得到正确合理的设备布局不仅能提高生产效率和工作效率，而且能节约物流费用，从而降低产品和服务成本。

② 生产组织方式　车间的生产组织方式是指通过工艺选择和生产能力规划分析，设计出整个生产的工序、设备的具体规格以及设备之间的物料传递关系，为布局设计提供原始数据。

各个车间在产品结构、生产方式、设备条件、生产规模和专业化程度等方面都具有各自不同的特点，这些特点都直接影响企业生产过程的组织方式。生产过程组织就是要根据顾客需求的特点和生产类型的性质，对加工过程的各个要素，包括加工设备、搬运设施、工序、工作中心和在制品存放地点等进行合理的配合，使得产品在生产中的行程最短，通过时间最快和各种消耗最小，有利于提高生产过程适应环境变化的柔性。

③ 工艺流程设计　零件工艺流程设计要综合考虑各种零部件的加工工艺、制造设备、车间布置和生产组织等各类问题，以提高产品质量、降低消耗，为取得良好的经济效益奠定基础。

工艺设计应该以质量和成本作为参考因素。如果采用的工艺能够保证质量而成本很高，或者工艺十分现代化而企业效益不高，这种工艺就是不可取的。相反，如果成本低而不保证质量，也不是恰当的选择。

④ 零件设计　零件设计的主要内容包括两部分：决定要生产哪种零件；每种要生产零件的详细设计信息。在进行零件设计的过程中，需要确定公司要生产零件的加工工艺的柔性，这个对设备规划人员极其重要。用 CAD 软件进行零件设计时，产品的零件图需要完整的视图、尺寸、材料、公差等各项制造技术条件。因为其中一项变更就会迫使这个加工工艺的变更，而加工工艺的变更会影响其他所有的工艺过程的布置。在设备布局中，要求尽量增加布局的柔性。

（3）设备布局原则

在实施车间设施布局优化时必然要考虑到一些典型目标，例如：提高总区域面积的综合利用率、车间生产系统的柔性增强、物料的搬运距离最合理、生产的平衡得到提升、生产车间员工的安全健康得到充分保障等目标。基于上述的目标，企业在对车间设备进行布局时常常需要遵从以下几个原则：

① 工艺流程最优原则　当企业生产品种较多时，由于各产品的工艺流程不同，需要对生产工序进行调整，使物料在加工过程中尽量按照一个方向顺序流动，直至生产任务结束，避免过多的迂回或倒流。保证工艺流程最优，可以节省产品加工时间，提升生产效率，加快生产周期。

② 物料运输总成本最小化原则　生产车间内物料运输成本与物料搬运距离成正比，物料运输成本最小化原则既要保证加工过程中物料的移动路径最短，同时又要尽量减少物流路径的交叉和反复，避免自动化搬运小车在各设备间运输物料中发生堵塞，影响产品加工的连贯性。

③ 布局面积最小化原则　在确保车间内物流、设备、人员等可以顺利运转的前提下，要尽量缩小设备的布局面积，提高车间面积利用率。除了对设备布局面积进行优化外，也可以通过在车间内使用立体仓库等存储设备，整理物料、废料、在制品等材料的摆放等方法，充分利用车间土地面积。

④ 布局费用最小化原则　企业在对车间设备进行布局时，需要预算列支的费用内容很多，如设备采购费用、设备安装费用等。在满足实际生产需求的前提下，选择最优的生产设备和搬运设备数量是降低布局费用的一种方式。另外，当企业根据产品的市场需求要对设备布局进行调整时，要尽量减少布局调整成本，减少布局调整花费的时间，从而减少因布局调整造成的经济损失。

⑤ 布局灵活可重构原则（又称柔性原则）　当产品的市场需求调整，或者产品工艺流程改进，或者车间生产的产品种类发生变化时，需要对车间现有布局进行重构以响应这种改变。在对车间进行布局时，要根据企业发展战略和外界形势考虑到以上情况，使车间布局更加灵活，可以快速适应各种变化。

⑥ 布局结构合理和管理方便原则　为方便对车间物流的管理，在对设备进行布局时，将物流强度大或者工作性质相似的工作单元安排在一起，或者合并在一个工作单元内。部分生产车间会设定某些设备的布局位置，例如在智能制造车间内，产品检测工位必须放置在车间加工区域的出口处。在设计车间设备布局方案时要遵守这些特殊规定，使布局结构更加合理。

⑦ 安全舒适性原则　安全是对车间设备进行布局时必须遵守的原则。在保证布局安全性的基础上，考虑人员生理心理、布局美观等因素，构造一个方便、安全、舒适、美观的车间环境。例如一个车间里的运输道路的宽度、搬运物料机器的安全防护性能、车间员工休息的区域等因素。

上述设备布局原则较全面，企业在进行实际布局时，依据自身经营情况，重点保证某些原则即可。根据上述设备布局原则可知，在设计车间布局方案时不仅要考虑定量原则，如物料搬运费用最小化原则、车间布局面积最小化原则等，同时还要考虑定性原则，如布局结构合理、管理方便、安全性、舒适性、美观等原则。在研究设备布局问题时，通过数学算法一般只能满足定量要求，因此还需要在此基础上运用计算机模拟仿真技术进一步满足车间布局的定性原则。

(4) 设备布局类型

车间内设备布局类型与其生产类型和生产模式相关，常见的设备布局类型有以下几种：工艺原则布局、产品（流水线）原则布局、固定工位布局、成组技术布局和U形布局。

① 工艺原则布局　工艺原则布局是指把功能相同或相似的机器和作业人员安排在一个工作单元，然后对各个工作单元进行布置的布局形式，也可称为机群布局或者功能布局。不同的产品需要不同的工艺路线，于是为了适应多种加工对象及工艺路线，需要采用可变运输路线的物料搬运设备，例如叉车、手推车等。由于设备是按类型而不是按加工顺序摆放的，采用工艺原则布局可以提高机器利用率，缩减功能相似的机器数量，从而降低车间投入成本；机器和员工的柔性程度变高，在遇到机器故障或者人员短缺问题时，可以快速调整灵活应对工作量变化；机器和人员的活动范围固定，方便车间管理，同时车间工人的作业内容变得丰富，可以提高工作人员兴趣和价值实现的满足感。

工艺原则布局方式的缺点是：在生产过程中物料运输路径较长，搬运成本较高，移动路线容易产生交叉，延长了产品生产周期，降低了生产效率；生产计划制订难度较大；同一工作单元的人员需要操作多个设备，对员工技术要求比较高。这种布局方式适用于只生产一种产品或者生产多种产品但数量少的车间。图 3-2 为工艺原则布局示意。

② 产品（流水线）原则布局　产品原则布局是指按照产品生产的工艺顺序安排车间内机器和人员的布局方式。由于加工过程呈现出

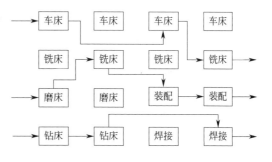

图 3-2　工艺原则布局示意

的是"流水"工作方式，也可称为流水线布局、装配线布局等。物料按照生产工艺流程顺序从第一道生产工序开始，一直流动到产品生产结束。这种布局方式适用于产品品种少但批量大的生产车间，仅涉及一种或少数几种相似的加工对象。在标准化较高的产品加工中，如电子工业、汽车工业等，普遍使用这一布局方式。各种重复性的加工方式和工作过程被分解为一系列标准化的作业，由专门的人力和机器完成。生产线上的工作单元紧密地连接在一起。

这种布局方式使得人力和机器得到充分利用,降低了设备费用,同时由于加工对象的快速移动使得在制品数量比较少。物料在加工过程中运输路线顺畅,移动路径短,降低了搬运成本,缩短了产品生产周期;整个生产流程固定,机器作业简单重复,对工作人员的技术水平要求较低,容易上手;生产计划方便制订且可控;可使用自动化设备对物料进行搬运,加大车间产能。

以汽车装配线为例,对于一条装配线而言,其车型本身不变或变化不大,整个装配顺序固定不变,通过作业分工将汽车装配分解为若干标准化的装配作业;各个工作站配备有专用的装配设备来完成固定的装配作业,不同工作站间的运输采用专用的、路径固定的运送设备。如此布局,加工对象的运输效率较高,单位运输费用较低;加工对象在工作站的停留时间短,在制品的数量较少;整个生产时间较短,单位产品的成本较低。由于服务业中,服务对象的个性千差万别,流水线布局的应用相对较少。但可以分解为一系列标准作业的服务业也可以采用这种布局方式。

产品原则布局方式的缺点是:布局柔性较差,难以应对产品工艺变化;由于生产连续性,当车间内某台机器无法工作时,产品加工线停滞,其余机器搁置,车间生产效能变低,相对成本增加;为了避免停产,设备备用件的库存可能比较大;单一机械化的工作内容容易使员工感觉单调乏味,工作积极性低下,产生疲乏感;机器维修和保养费用较高。图 3-3 为产品原则布局示意。

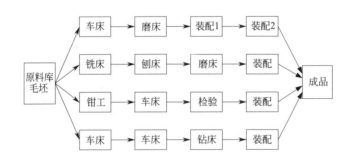

图 3-3 产品原则布局示意

③ 固定工位布局 固定工位布局是指产品位置固定,机器、人员、物料等布置在其周围的一种布局方式,适用于生产飞机、船舶、火箭等大型产品的车间。这种布局方式适合与班组生产方式搭配,提高生产连续性,提高加工质量,加快生产效率;生产计划容易制订和控制;布局柔性程度高。固定工位布局的缺点是:工作人员和生产设备的流动距离增加,搬运成本变高;生产过程对员工的技术水平要求较高。图 3-4 为固定工位布局示意。

④ 成组技术布局 成组技术布局是指将外形和工艺流程相近的零件组按照相同的工艺流程进行生产,安排与工艺流程内容相关的机器和人员在一个工作单元内,最后对这些工作单元进行布局。成组技术布局将工艺原则布局和产品原则布局合并,兼具了二者的优点和缺点。

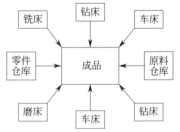

图 3-4 固定工位布局示意

成组技术布局基本要素是零件族和机器组。一系列相似工艺要求的零件组成零件族;针对一个零件族的设备要求所形成的一系列机器,称为机器组。这些机器组即制造单元。成组技术布局可以认为是产品原则布局的缩影，是将工艺/功能原则布局系统转化为产品原则布局系统/流水线原则布局系统。相比于工艺原则布局，由于经过分组，其加工时间较短、在制品数量低、物流效率较高、准备时间较短，同时又具有工艺原则布局的柔性的特点，因而运用成组技术布局单元可以提高机器使用率；物料搬运路线顺畅，搬运路径短，节省搬运成本，缩短产品生产周期；不同技能的工作人员被安排在同一区域，方便人员间操作技术的交流与学习。

　　成组技术布局的缺点是：在生产过程中需要平衡各工作单元间的加工流程，对生产控制水平要求比较高；若工作单元间出现流程不平衡问题，物料需要中间储存，成本变高；工作人员需要掌握所在单元内所有生产技能，对人员技术水平要求很高；不方便使用自动化设备。这种布局方式适用于中小批量、产品品种较多的车间，是一种很有发展潜力的布局方式。图 3-5 为成组技术布局示意。

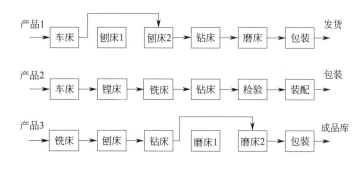

图 3-5　成组技术布局示意

　　⑤ U 形布局　U 形布局广为多品种小产量的模式所应用，如图 3-6，出入口位置不变，避免作业人员返程时空载浪费，符合现代生产模式需求，工人可以掌握全工艺过程。此外，当出入口一致时，将使各工序距离很近，一个工人有充足可能完成多道工序，灵活进行工序分配，减少操作工人配备。

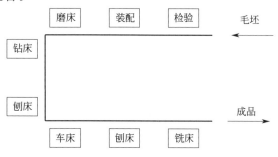

图 3-6　U 形布局示意

　　U 形布局遵守出入口一致和逆时针排布两个原则。前一个原则如上所述，可以提升生产效率。后一个原则主要是考虑到 U 形生产线中，要求一个员工将产品加工内容从头做到最后，员工不断流动地进行"巡回式"作业。由于多数人习惯用右手，逆时针排布时，当作业人员进入下一工序时，刚好工装夹具或零配件等生产材料在右手边，方便取放。但是在进行 U 形生产线设计时应避免下面两种设计方法：孤岛形布局（见图 3-7）、鸟笼形布局（见图 3-8）。

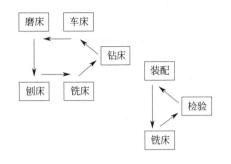

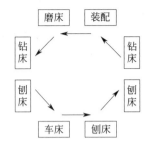

图 3-7　孤岛形布局示意　　　　　　　　　　　　　　　　图 3-8　鸟笼形布局示意

　　孤岛形布局也是按照 U 形布置,但是这种布置方法把生产线分割成多个互相独立的生产单元,由于单元的隔离,工序之间无法满足工人互助的条件。而鸟笼形布局欠缺考虑物料流转和操作工人走动,设备把生产人员围起来,直接孤立了各个生产单元,导致物流受阻,在制品数量急剧增加。

　　针对上述问题,可以采用花瓣形布局来进行优化,如图 3-9。花瓣形的设备布置可以看成是由若干个 U 形单元组合,严格服从逆时针排列布局和出入口位置相同原则,拒绝孤岛形和鸟笼形布局的出现。这种花瓣形布局中,如果一个单元的工作人员工作延误,其他人可以帮助进行一些辅助性工作,极大提高单元间互助能力。

　　⑥ 布局特点比较　上述各种布局方式的特点比较如表 3-1 所示。每一种布局形式均有其最佳的应用条件,这个条件可以从图 3-10 的布局与产品"种类-产量"图上反映出。

▢ 表 3-1　布局方式及其特点

布局方式	在制品数量	单位产品成本	设备维护	投入规模	设备利用率	工人利用率	产品柔性	工人技术要求	生产周期
工艺原则布局	大	高	易	小	低	高	高	高	长
产品原则布局	小	低	难	大	高	高	低	低	短
固定工位布局	中	高	易	大	中	中	高	中	中
成组技术布局	小	低	中	中	中	高	高	高	短
U 形布局	小	低	难	中	高	高	高	高	短

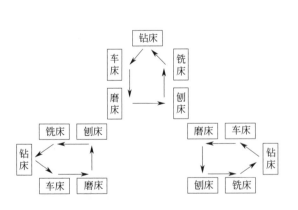

图 3-9　花瓣形布局示意

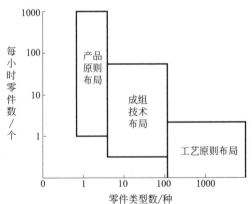

图 3-10　布局与产品"种类-产量"关系图

(5) 设施布局形式

按照生产过程中物料流动路径，可将设备布局分为单行布局、双行布局和多行布局三种形式。以下对这三种布局形式进行介绍。

① 单行布局形式　单行布局是指在一维空间内，将设备放置在一条直线上，AGV 在设备间搬运物料。单行布局是几种设备布局中最基本的布局形式，如图 3-11 所示。在研究单行布局问题时，不需要考虑设备的形状以及宽度与深度，只要保证布局不超过规定的作业区域即可。单行设备布局非常适用于生产工位单元较少，产品简单不需复杂加工的生产车间。目前顾客需求越来越多样化，产品生产工序越来越繁杂，单行设备布局越来越不能满足市场要求，但是对其研究还是有必要的，因为其模型简单，可以在其基础上展开更深入的探讨。

② 双行布局形式　双行布局问题是指将一些设备合理安排到一个过道的两边（即上行和下行），从而使得总的物料运输成本达到最小，如图 3-12 所示。车间内设备的物料出入点面向中间通道布置，AGV 在通道内将物料与在制品在设备间来回输送。从布局应用的角度来看，双行布局通常比单行布局在进行产品加工时更加有效，具有更流行的物料流结构。在现实车间的设施中，通常将设备放置在车间通道的两侧，并且也以相似的方式布置工具箱，以更好地处理物料并提高空间效率。在研究双行布局问题时需要考虑以下约束：最终布局不可以超过车间作业区域的最大宽度和深度要求；布局时各设备不可以发生重叠，且要满足设备间最小间隙要求。与单行和多行布局问题不同，双行布局问题不仅要对设备在上下两行中顺序进行排列，还要确定各设备的具体位置，是一个组合优化问题和连续布局优化问题的组合，求解相对复杂。

③ 多行布局形式　多行布局是指在给定的区域范围内，对车间生产设备进行合理布置，以达到物料搬运成本最小等目标。多行布局有占地空间小、设备利用率高、投资少、生产效率高、物流运输路径短等优点，在实际车间中应用比较广泛。在进行多行布局时首先要保证设备布局没有超出车间作业区域的长与宽两个维度，其次要确保任意两个设备之间留有足够距离，不重叠。实际车间中采用多行布局时常常要考虑很多因素，如设备的物料运输出入口、物流通道宽度、设备间最小间距等。在对其进行研究时如果考虑所有因素，建立的数学模型会比较复杂，很难求解，因此通常只考虑其中一个或者几个因素来对多行布局问题进行研究。

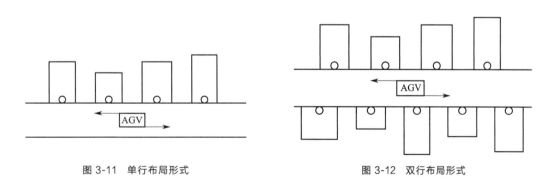

图 3-11　单行布局形式　　　　　　　　图 3-12　双行布局形式

3.1.2　车间布局的基本理论和求解算法

(1) 系统布局设计

① 系统化布局方法 SLP 概述　被誉为"系统规划之父"的美国人理查德·缪瑟（Richard Muther）于 1937 年提出了系统化布局方法 SLP（Systematic Layout Planning），该方法

的提出使设施布局由原来的定性阶段发展到定量阶段。采用 SLP 法进行布局的首要工作是对各作业间的相互关系做出分析（物流和非物流的相互关系），然后根据各作业间的相互关系密切程度，确定各作业之间距离的远近，安排各作业单位的位置。结合实际的约束条件对布局方案进行逐步的调整，通过对调整后的布局方案进行定量的分析，在各个方案都已证明是合理、可行的情况下，从经济角度对方案进行比较择优。

缪瑟的 SLP 法在设施规划中是典型的系统设计思路，提供了一种以作业单位物流与非物流的相互关系分析为主线的规划设计方法，采用一套表达力极强的图例符号和简明工作表格，通过一套条理清晰的设计程序进行车间布局设计。这种方法被布局规划人员和生产管理人员广泛采用。在车间设计过程中，为了突出平面布局设计，把平面布局所需要素（包括产品 P、产量 Q、工艺流程 R、辅助服务部门 S 及生产时间安排 T）通过布局设计方法得出布局方案的过程，形成了单纯的制造车间设计流程，如图 3-13 所示。

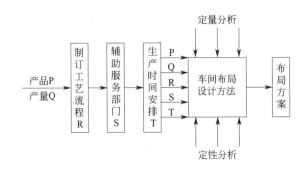

图 3-13　制造车间设计流程

在设施设计方法学上称作 FacPlan 的 Quarterman Lee 方法，是对 Muther 的 SLP 的进一步改进。FacPlan 不仅扩展和加强了 SLP，还对设施规划提供了一个整体广泛和全面的方法。它不仅涉及宏观空间规划和微观空间规划（解决各作业单元的布局和作业单元内部设施的详细布局），还涉及亚微观布局（从人因工程的角度对工作地进行更具体的布局）。

② 布局的基本原始资料　在 Muther 提出的系统化布局方法（SLP）中，把产品、产量、工艺流程、辅助服务部门及生产时间安排作为给定的基本要素（原始资料），作为布局设计工作的基本出发点。

设施布局需要的原始资料是产品及其生产纲领、生产工艺过程以及支持生产所需要的辅助服务部门和生产时间的安排。

a. 产品（P，Product）和产量（Q，Quantity）。产品 P 是指待布局工厂生产的产品、原材料或者加工的零件和成品等。这些资料由生产纲领和产品设计提供，包括项目、品种类型、材料、产品特征等。产品这一要素影响着生产系统的组成及其各作业单位间相互关系、生产设备的类型、物料搬运方式等方面。

产量 Q 指所生产的产品数量，也由生产纲领和产品设计方案决定，可以用件数、重量、体积等来表示。产量 Q 这一要素影响着生产系统的规模、设备的数量、运输量、建筑物面积大小等方面。

产品及其产量将直接影响到设施的组成及其相互关系、选用设备的类型、布局类型等，如图 3-14 所示。在此 $P\text{-}Q$ 曲线中：

Q/P 比值大（A 区域），适用于大量生产方式，加工机床按产品原则布局。

Q/P 比值大（B 区域），适用于中小批量生产方式，加工机床按成组技术布局。

Q/P 比值小（C 区域），适用于单件小批量生产方式，加工机床按工艺原则布局。

b. 工艺流程（R，Route）。为了完成产品的加工，必须制订加工工艺流程，形成生产路线，可以用工艺过程表（卡）、工艺过程图、设备表等表示。它影响着各作业单位之间的联系、物料搬运路线、仓库及堆放地的位置等方面。

c. 辅助服务部门（S，Service）。在实施系统布局工作以后，必须就生产系统的组成情况有一个总体的规划，可以大体上分为生产车间、职能管理部门、辅助生产部门、生活服务部门及仓储部门等。我们可以把除生产车间以外的所有作业单位统称为辅助服务部门，包括工具、维修、动力、收货、发运、铁路专用路线、办公室、食堂等，由这些作业单位构成的生产系统的生产支持系统部分，在某种意义上加强了生产能力。有时，辅助服务部门的占地总面积接近甚至大于生产车间所占面积，所以布局设计时应给予足够的重视。

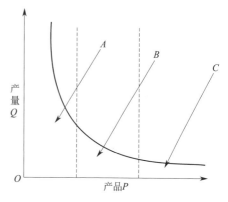

图 3-14　P-Q 曲线图

在 SLP 中，S 也常用来表示工厂作业单位部门划分情况。

d. 生产时间安排（T，Time）。时间要素是指在什么时候、用多少时间生产出产品，包括各工序的操作时间、更换批量的次数。在工艺过程设计中，根据时间因素，确定生产所需各类设备的数量、相应的占地面积的大小和操作人员数量，来平衡各工序的生产时间。

③ 系统化布局设计的模式　任何一个系统的设计过程都是反复迭代、逐步细化的过程，设计的步骤正确与否往往是设计能否成功的关键。系统布局设计 SLP 模式就是一种逻辑性强、条理清楚的布局设计方法，它可以分为预规划、确定位置、总体规划、详细布局、方案实施及规划后六个阶段。

a. 阶段 0 预规划。预规划阶段主要是确定规划的目标，制定设施要求，预测生产能力及其需求量。

b. 阶段Ⅰ确定位置。在新建、扩建或改建工厂及车间时，首先应确定出新厂房坐落的地区位置及外部条件。在这个阶段中，要确定拟建工厂的产品及其计划生产能力，参考同类工厂确定拟建工厂的规模，从待选的新地区或旧有厂房中确定出可供利用的厂址。

c. 阶段Ⅱ总体规划。总体规划就是在已确定的厂址上规划出一个总体布局。在阶段Ⅱ，应首先明确各生产车间、职能管理部门、辅助服务部门及仓储部门等作业单位的工作任务与功能，确定其总体占地面积及外形尺寸，在确定了各作业单位之间的相互关系后，把基本物流模式和总体规划结合起来进行布局。

d. 阶段Ⅲ详细布局。详细布局一般是指一个作业单位内部机器及设备的布置。在详细布局阶段，要根据每台设备、生产单元及公用、服务单元的相互关系确定出各自的位置。

e. 阶段Ⅳ方案实施。在完成详细布局设计以后，经上级批准，可以进行施工设计，需绘制大量的详细施工安装图和编制搬迁、施工安装计划，必须按计划进行土建施工，机器、设备及辅助装置的搬迁、安装施工工作。

f. 阶段Ⅴ规划后。规划后所要做的工作就是竣工后的试运行以及项目的管理工作、投产运营。

在系统布局设计过程中，上述六个阶段按图 3-15 所示顺序交叉进行，在确定位置阶段就必须大体确定主要部门的外形尺寸，以便确定工厂总体形状和占地面积；在总体规划阶段就有必要对某些影响重大的作业单位进行较详细的布局。整个设计过程中，随着阶段的进展，数据资料逐步齐全，从而能发现前期设计中存在的问题，通过调整修正，逐步细化完善设计。

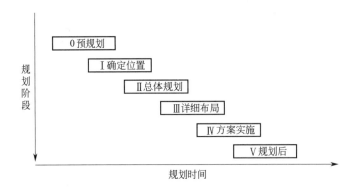

图 3-15　系统化布局设计的六个阶段

在系统化布局设计六个阶段中，阶段 0、阶段 Ⅰ、阶段 Ⅳ 与阶段 Ⅴ 应由其他专业技术人员负责，系统布局设计人员应积极参与。阶段 Ⅱ 和阶段 Ⅲ 由系统布局设计人员来完成，因此，我们常说工厂布局主要包括的就是阶段 Ⅱ 和阶段 Ⅲ 对应的工厂总平面布局（总体规划）和车间布局（详细布局）两项内容。

依照系统化布局设计思想，阶段 Ⅱ 和阶段 Ⅲ 采用相同的设计步骤，此过程整体上可分为分析、寻优和选择三个部分，如图 3-16 所示。

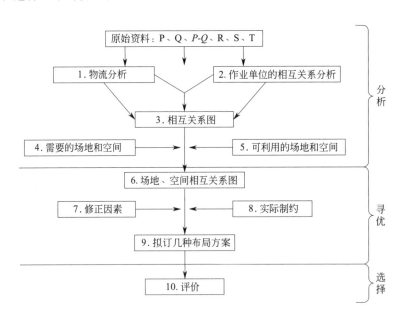

图 3-16　系统化布局设计程序图

具体的步骤如下：

a. 准备原始资料。在系统化布局设计开始时，首先必须明确给出基本要素——产品、产量、工艺流程、辅助服务部门及生产时间安排等这些原始资料，同时也需要对作业单位的划分情况进行分析，通过分解与合并，得到最佳的作业单位划分状况。所有这些均为系统化布局设计的原始资料。

b. 物流分析与作业单位相互关系分析。针对某些以生产流程为主的工厂，物料移动量是工艺过程的主要部分时，如一般的机械制造厂，物流分析是布局设计中最重要的方面；对某些辅助服务部门或某些物流量小的工厂来说，各作业单位之间的相互关系（非物流关系）对布局设计就显得更重要了；介于上述两者之间的情况，则需要综合考虑作业单位之间物流与非物流相互关系。

物流分析的结果可以用物流强度等级及物流相关表来表示。非物流的作业单位间的相互关系可以用量化的关系密度及相互关系表来表示。在需要综合考虑作业单位间物流与非物流的相互关系时，可以采用简单加权的方法将物流相关表及作业单位间相互关系表综合成综合相互关系表。

c. 绘制作业单位位置相关图。根据物流相关表与作业单位相互关系表，考虑每对作业单位间相互关系等级的高或低，决定两作业单位相对位置的远或近，得出各作业单位之间的相互位置关系，有些资料上也称为拓扑关系。这时并未考虑各个作业单位具体的占地面积，从而得到的仅是作业单位相对位置，称为位置相关图。

d. 作业单位占地面积计算。各作业单位所需占地面积与设备、人员、通道及辅助装置等有关，计算出的面积应与可用面积相适应。

e. 绘制作业单位面积相关图。把各作业单位占地面积附加到作业单位位置相关图上，就形成了作业单位面积相关图。

f. 修正。作业单位面积相关图只是一个原始布局图，还需要根据其他因素进行调整与修正。此时，需要考虑的修正因素包括物料搬运方式、操作方式、储存周期等，同时还需要考虑实际限制条件如成本、安全和职工倾向等是否允许。

考虑了各种修正因素与实际限制条件后，对面积图进行调整，得出数个有价值的可行的工厂布局方案。

g. 方案评价与择优。针对得出的数个方案，需要进行技术、费用及其他因素评价，通过对各方案比较评价，选出或修正设计方案，得到布局方案图。

（2）计算机辅助设施规划

如上所述，设备布局考虑的因素日趋复杂，生产系统规模也越来越大，而多重技术与经济问题的交织，使得依托于设计者经验的广泛整合与积淀进行布局设计更加不可行。随着计算机系统性能的改进和分析方法的发展，近年来在 SLP 基础上，应用计算机及其相关技术辅助进行设备布局设计逐渐普及。计算机辅助设计不但能加快布局设计的过程及其进程，而且凭借人机交互和计算机绘图等功能，可迅速生成各种布局方案并进行直观演示。

计算机辅助设施布局程序基本上都可以分为选择、放置和评估三个步骤。选择，即选择各个部门进入布局图的顺序；放置，指如何将各个部门放置在布局图中；评估，是对各种布局结果进行评估，何种布局方案最好。

计算机辅助设施布局程序主要有以下两种：

① 面向新建型系统布局程序　主要有 ALDEP 程序和 CORELAP 程序，由物流、非物流信息出发，从无到有，生成一个布局图，该类布局程序采用优先评价法进行设计。

a. ALDEP（Automated Layout Design Program，自动布局设计程序）是早一代生成布局设计的程序。这是一个由凑合法生成的布局设计构造程序。其布局基础是关系图，首先随机地挑选第一个作业单位到空白的布局设计中，然后根据最密切关系再选取下一个作业单位，选择密切程度稍差的作业单位进行摆放，直到所有的作业单位放置完毕为止。

b. CORELAP（Computerized Relationship Layout Planning，计算机辅助关联法布局规划）和 ALDEP 一样，用的是以密切程度为手段的构造算法，用来选择和摆放作业单位，但具体的方法不同。CORELAP用长方形的作业单位构造布局。根据对作业单位密切程度的权重赋值，即$A=6$，$E=5$，$I=4$，$O=3$，$U=2$，$X=1$，用所赋的值计算作业单位总密切程度等级。

② 面向改进型系统布局程序　主要有CRAFT和MULTIPLE程序。对已有的布局进行改进，寻找一种更好的布局图。CRAFT是在原有布局方案上求得改进布局，得到一个降低系统物料搬运成本的布局方案。MULTIPLE是对CRAFT的改进，考虑了搬运设备及成本评价。

a. CRAFT（Computerized Relative Allocation of Layout Planning，计算机辅助相对分配法布局规划）和基于密切程度等级的ALDEP、CORELAP相反，CRAFT使用物流信息或在"从至表"上累加而得出的作业单位物流强度。因此，CRAFT是一种定量布局程序。在与其他设计方案进行比较决定哪一个是较好的方案时，CRAFT用物料搬移或运输成本作为评价标准，该成本用移动距离的线性函数来表达。所以，最优设计是搬运成本最低的设计。

b. MULTIPLE（Multi-floor Plant Layout Evaluation，多层楼房设施布局设计法）是CRAFT的改进型。其输入数据为基于距离的"从至表"，目标函数是基于距离的目标函数，距离的计算采用中心点直线距离。

上述设备布局方法与计算机仿真技术相结合时，就可以在缩短生产周期、减少在制品和增加生产能力等方面大显身手，这就是计算机辅助设备布局设计的价值所在。

(3) 设备布局优化算法

除了建立合适的布局优化模型，研究性能优越的求解算法也是布局研究的一个关键。在求解上，带性能约束的设备布局问题具有非线性、NP-Hard的特性，即便在模型构建过程中已经做了简化，但随着问题规模的增大，求解复杂度将呈指数级增长。求解布局问题的方法有很多，主要分为最优算法和次优算法，如图3-17所示。

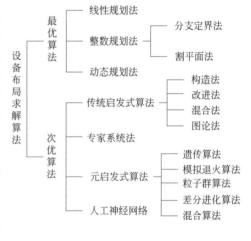

图 3-17　设备布局的求解算法

在设备布局优化的求解上，各种优化算法的研究都十分活跃，也表现出了不同的求解能力和优缺点。设备布局设计的求解由早期的最优算法逐步向现在的次优算法发展。最优算法求得的布局方案一般为理想的布局方案，但是这种算法计算量大，耗费时间长，仅适用于小规模问题，对大规模问题的求解无能为力，且当变量约束较多时，也不能得到最优解。而次优算法对运行时间和计算机内存要求不高，被认为是求解大规模优化问题的有效途径。

次优算法包括传统启发式算法、专家系统法、元启发式算法和人工神经网络四类，但研究最多的是传统启发式算法和元启发式算法。传统启发式算法本质上属于运用规则和经验等启发信息进行局部搜索的算法，通常需要针对不同的问题设计不同的启发式规则，鲁棒性不强，且当问题的规模较大时容易陷入局部最优。元启发式算法是基于通用启发策略的随机搜索算法，具有精度高、收敛快和易推广等优点。20世纪80年代以后，元启发式算法成为计算智能领域的一个新的研究热点和趋势。目前，大量的智能优化算法在设备布局优化的求解上取得了广泛的应用，如遗传算法、模拟退火算法、粒子群算法、差分进化算法、禁忌搜索算法、蚁群算法、混合算法等等。

① 遗传算法（Genetic Algorithm，GA） 遗传算法于 1975 年由美国 Michigan 大学的 Holland 教授受生物进化论的启发而提出，它模拟了生物进化中的繁殖、交叉和变异现象，是一种基于自然选择和群体遗传机理的搜索算法。

② 模拟退火算法（Simulated Annealing，SA） 1953 年，Metropolis 等人在研究二维相变时发现了模拟退火的核心思想——Metropolis 准则，1983 年 Kirkpatrick 等将其应用到组合优化领域，此后模拟退火算法便被广泛应用于求解组合优化问题。

③ 粒子群算法（Particle Swarm Optimization，PSO） 粒子群算法于 1995 年由 Eberhart 和 Kennedy 共同提出，其灵感来源于他们早期对许多鸟类的群体行为进行建模与仿真的研究结果。PSO 算法原理简单，计算量小，具有收敛速度快、解质量高、鲁棒性强等优点，但该算法后期易陷入局部最优，目前众多学者针对这一缺陷提出了不同的改进方法，如带惯性权重的 PSO 算法、带收缩因子的 PSO 算法、自适应 PSO 算法。

④ 差分进化算法（Differential Evolution，DE） 差分进化算法是美国学者 Store 和 Price 于 1955 年在求解切比雪夫多项式时提出的一种优化算法，同大多数智能优化算法一样，差分进化算法也是一种基于种群的全局搜索算法。差分进化算法具有结构简单、控制参数少、群体搜索与协同搜索相结合的特点，自提出以来吸引了众多学者的关注，逐步发展成为一个相对较热的研究方向。

⑤ 混合算法 鉴于单种优化算法存在一些固有的缺点和局限，混合算法将两种以上的算法进行有机的结合，使得算法在搜索性能上能够相互补充、扬长避短，表现出比单种优化算法更好的优化性能。混合算法一般是在一种算法中引入其他算法的优化思想，或者在不同的寻优阶段采用不同算法的操作算子，以提高算法的全局和局部寻优能力。

设备布局设计问题是实际存在的工程应用问题，仅基于数学模型求解的布局方案与工程实际存在一定的差距。为此，为了满足和贴近制造系统柔性化、复杂性和动态性等方面的特点，将优化算法和计算机仿真相结合成为研究设备布局优化的新方法和新趋势。

（4）设施规划布局的主要研究内容

对于生产制造系统而言，设施规划布局是指在特定的空间范围内，在满足给定约束的条件下，合理布置企业的建筑物、机床设备、物品物料和辅助设备等有形资产，力争实现人员、设备和物料所需要的空间最适当的分配和最有效的组合，以获得最大的经济效益。通过如图 3-18 所示的设施规划布局设计研究内容树形图，可以全面了解该领域内学者研究时所考虑的相关因素。

设施规划布局包括：工厂总体规划、车间布局和设备布局设计。车间中的设备布局设计，即合理确定生产车间中设备机床的具体位置，使其中的人、物料的移动能有效密切地配合，既能保证生产制造高效进行，又在一定程度上节省物料搬运费用，并实现布局美观、环境舒适等其他设计目标。

通过对设备布局研究成果的综述和借鉴，发现尽管相关领域的研究十分活跃，但仍有很多工作要做，主要有以下两点：

① 目前绝大多数文献都以物料搬运费用最小化作为布局规划的优化目标，但实际的布局问题是一个多目标优化问题，物料搬运费用的减少可能造成其他优化目标的优度下降。因此，研究布局问题的多目标优化，做到各个目标之间的权衡，具有十分重要的意义。

② 布局优化问题的计算复杂性和工程复杂性，使得在实践中很难采用单一方法来达到预期的布局效果。但目前布局问题的研究主要集中在模型的构建和算法的求解上，关于布局问题实用化的研究较少。因此，针对不同布局问题的规模和特点，构建合适的数学模型、研究高性能的求解算法和仿真技术，以及探讨如何将三者相融合，是未来的一个研究方向。

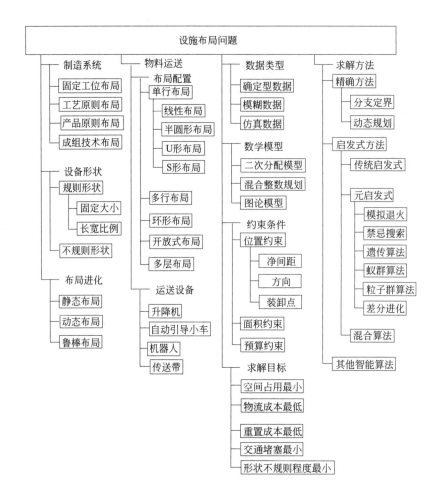

图 3-18　设施规划布局设计研究内容树形图

3.1.3　虚拟制造技术和虚拟车间技术

尽管关于布局设计的数学建模和求解已经得到了广泛和深入的研究，但由于设施布局问题自身的复杂性，用数学模型简化的布局问题往往与工程实际问题存在一定的偏差，甚至是相差甚远。因此，为了提高布局求解方案的实用性，有必要借助其他辅助手段进行布局规划设计。早期的布局设计辅助手段主要有样片法和立体模型法。20 世纪 70 年代后，随着计算机技术在生产和管理领域的应用，一些布局仿真软件开始出现辅助车间设施规划，如前面2.2.3 一节所述，这些商用虚拟仿真软件的开发和应用为设施规划布局提供了有力的支持和帮助，促进了布局科学方法向实际应用的发展。

本节重点介绍在智能制造车间规划设计阶段，虚拟制造技术和虚拟车间技术所发挥的重要作用。

（1）虚拟制造技术在智能制造中的应用

① 虚拟制造定义及关键技术　虚拟制造技术涉及面很广，如环境构成技术、过程特征抽取、元模型、集成基础结构的体系结构、制造特征数据集成、多学科交叉功能、决策支持工具、接口技术、建模技术、仿真技术与虚拟现实技术等。其中后 3 项是虚拟制造的核心

技术。

a. 建模技术。虚拟制造系统 VMS（Virtual Manufacturing System）是现实制造系统 RMS（Real Manufacturing System）在虚拟环境下的映射，是 RMS 的模型化、形式化和计算机化的抽象描述和表示。VMS 的建模包括生产模型、产品模型和工艺模型。

生产模型：可归纳为静态描述和动态描述两个方面。静态描述是指系统生产能力和生产特性的描述。动态描述是指在已知系统状态和需求特性的基础上预测产品生产的全过程。

产品模型：产品模型是制造过程中，各类实体对象模型的集合。目前产品模型描述的信息有产品结构、产品形状特征等静态信息。虚拟制造下的产品模型不再是单一的静态特征模型，它能通过映射、抽象等方法提取产品实施中各活动所需的模型，包括三维动态模型、干涉检查、应力分析等。

工艺模型：将工艺参数与影响制造功能的产品设计属性联系起来，以反映生产模型与产品模型之间的交互作用。工艺模型必须具备以下功能：计算机工艺仿真、制造数据表、制造规划、统计模型以及物理和数学模型。

b. 仿真技术。仿真就是应用计算机对复杂的现实系统经过抽象和简化形成系统模型，然后在分析的基础上运行此模型，从而得到该系统模型的一系列统计性能。由于仿真是以系统模型为对象的研究方法，不会干扰实际生产系统，同时利用计算机的快速运算能力，仿真可以用很短时间模拟实际生产中需要很长时间的生产周期，因而可以缩短决策时间，避免资金、人力和时间的浪费，并可重复仿真，优化实施方案。

仿真的基本步骤为：研究系统—收集数据、建立系统模型—确定仿真算法、建立仿真模型、运行仿真模型—输出结果并分析。

产品制造过程仿真，可归纳为制造系统仿真和加工过程仿真。虚拟制造系统中的产品开发涉及产品建模仿真、设计过程规划仿真、设计思维过程和设计交互行为仿真等，以便对设计结果进行评价，实现设计过程早期反馈，减少或避免产品设计错误。

加工过程仿真，包括切削过程仿真、装配过程仿真、检验过程仿真，以及焊接、压力加工、铸造仿真等。

c. 虚拟现实技术。见前面第 1 章 1.3.2 一节相关内容。

② 虚拟制造的分类　根据虚拟制造应用环境和对象的侧重点不同，虚拟制造分为三类：以设计为中心的虚拟制造，以生产为中心的虚拟制造和以控制为中心的虚拟制造。

a. 以设计为中心的虚拟制造。为设计者提供产品设计阶段所需的制造信息，从而使设计最优。设计部门和制造部门之间在计算机网络的支持下协同工作，以统一的制造信息模型为基础，对数字化产品模型进行仿真与分析、优化，从而在设计阶段就可以对所设计的零件甚至整机进行加工工艺分析、运动学和动力学分析、可装配性分析等可制造性分析，以获得对产品的设计评估与性能预测结果。

b. 以生产为中心的虚拟制造。为工艺师提供虚拟的制造车间现场环境和设备，用于分析改进生产计划和生产工艺，从而实现产品制造过程的最优。在现有的企业资源（如设备、人力、原材料等）的条件下，对产品的可生产性进行分析与评价，对制造资源和环境进行优化组合，通过提供精确的生产成本信息对生产计划与调度进行合理化决策。

c. 以控制为中心的虚拟制造。提供从设计到制造一体化的虚拟环境，对全系统的控制模型及现实加工过程进行仿真，允许评价产品的设计、生产计划和控制策略。以全局优化和控制为目标，对不同地域的产品设计、产品开发、市场营销、加工制造等通过网络加以连接和控制。

③ 虚拟设计与虚拟装配　虚拟设计就是指在设计阶段采用了虚拟现实技术，使设计人员可以随时看到并修改三维的作品，让设计人员更专注于产品功能的实现。虚拟装配实际上

是在计算机上模拟设备的连续装配过程，有效地模拟实际装配过程是虚拟装配的目的。在广义上，虚拟设计、虚拟装配分别对应于以设计为中心和以控制为中心的虚拟制造。

（2）虚拟车间技术在规划布局中的应用

① 虚拟车间技术中的生产系统仿真软件　虚拟车间技术是指在企业已有资源（这里指广义资源，例如设备、人力、原材料等）的约束下，基于虚拟样机的工艺规划及生产过程仿真，进行生产环境的布局及设备集成、企业生产计划及调度优化。

随着国内外学者深入研究，数字化双胞胎、数字孪生车间、三维可视化设备管理等理念相继而出，以数字化方式创建物理实体的模型，借助数据模拟物理实体在现实环境中的行为，通过虚实交互反馈、数据融合分析等手段，实时采集与监测设备状态信息，极大地提高了企业设备可视化管理水平。

通过对虚拟车间进行三维建模，可以直观、真实、精确地展示各种设备的形状、分布情况以及生产工艺的组织关系。同时将三维模型软件与设备信息相关的多个管理系统协同，有效地综合各系统中的数据情况，实现设备在三维场景中的快速定位和实时信息可视化，避免在不同系统之间切换，获取关键数据信息。由此相关工作人员可及时获取设备工况、生产计划、质量状态等信息，可以提高车间的运营效率和维修效率，提高车间整体管理水平，并在车间的全生命周期内节省大量的费用和资源。

虚拟仿真可以将生产车间内产品的制造过程直观形象地展现出来。当系统在运行时，可以清楚地看到物料运输路径的流畅程度、AGV 小车的拥堵情况等，通过调整系统设置，对不同参数下的设备利用率、空闲率、物料等待时间等目标进行分析，找出最优布局方式、最优暂存区设置和最好的 AGV 数量与速度。通过虚拟仿真技术很好地补充了数学优化模型无法处理的领域。

在研究车间布局优化问题时，可以采用计算机辅助设计软件，例如 Catia、SolidWorks、UG NX、Pro/E 等，构建车间的三维立体模型。然后根据 SLP 方法，对构建的车间仿真模型进行定性定量分析，比较确定最终的布局优化方案。通过虚拟仿真技术的可视化功能，将相关的安全操作规范应用到构建的三维车间模型中来检查优化布局方案，最终得到更贴近生产实际的车间布局模型。虚拟仿真技术的产生为研究车间设备布局优化、物流优化以及生产调度等问题都提供了新思路。

20 世纪 60 年代末虚拟技术出现，随着科技进步，虚拟技术得以普及，逐渐被引入加工设备布局领域中来。波音公司从 20 世纪 70 年代开始应用虚拟现实技术进行飞机的生产流程的改造，被视为虚拟现实技术在工业生产领域开辟的先河。近年来，随着仿真软件的更新和发展，用于生产系统和物流系统效果显著，应用仿真工具，可以对生产系统进行仿真优化，验证方案的有效性。

主流仿真软件大多由美国、日本、法国等国家的软件公司开发，通过对比软件的物流部件、拓展性、分析功能、动画功能、操作难易程度可以清楚了解各个软件的特点。计算机仿真软件在应用范围上有一定区别：Flexsim 仿真软件能够适用于较大多数产业；Plant Simulation 主要面向大型制造业领域；Witness 应用于平面离散系统生产线仿真，适合设计多品种小批量生产的车间设备布局，使用层次分析法确定目标权重，利用模糊综合评价法对结果进行分析和评估，得到最优布局结果。ProModel 仿真软件模拟生产线布局现状，并确定和评估生产线上出现的问题，针对发现的问题对现有的生产线布局进行优化，生产线效率有了明显提高，改进布局方案的可行性，应用于小型化工厂、大型工厂生产及先进的弹性制造系统。Arena 应用于制造业、物流及供应链、服务、医疗、军事、日常生产作业等；Extend在政府流程、工厂设计和布局、供应链管理、物流等领域应用较多；Stream 在物流生产线的仿真、单个机械设备的仿真方面具有较大优势。选择仿真软件时，必须从分析功能、动画功能、操作容易性等方面来评价软件，依据仿真目标选择适用的仿真软件。

② 虚拟车间技术的应用特点　虚拟车间技术能够保证布局规划和产品设计等内容能够在生产制造阶段顺利实施，通过计划—仿真—优化生产系统等流程，进行设计、测试、分析和优化布局和生产线，以期快速、低成本、高质量地完成所设计产品的制造生产。

虚拟车间技术允许工程师在工程项目的全过程（它是一个 top-down 结构，从全局的虚拟生产车间逐步细化到虚拟生产线，到虚拟加工单元，再到具体操作）生成、分析、可视、仿真车间布局和物流，在多个生产周期内重用生产设施，如生产线、设备、加工方法，设计、编程和修改制造工具和过程，减少开发时间和成本。

为了适应产品的柔性变化，虚拟车间技术可以对车间方便地进行虚拟重组和布置。按照新的生产能力需求，进行新规划布局调整时，其遵循的优化约束原则主要考虑以下几个方面：

a. 通过虚拟环境对车间的各个生产单元的布置有利于建立合理的物流，使总的运输路线最短，运输费用最少，这是车间布局问题评价的主要标准。

b. 减少运输时间。解决的办法是：优化车间的平面布置；采用高效的运输装置；生产联系与协作关系密切的车间或工序应该相互靠近。

c. 制造资源的利用。在配置满足生产能力的前提下，考虑人员调配与交流的方便性以及增加新设备的灵活性。

d. 总体布置的占地面积小。

综上所述，针对设施布局的研究一般从具体问题出发，利用设施布局的相关理论和方法对车间布局进行分析和计算，采用 SLP 方法、遗传算法、蚁群算法、粒子群算法、模拟退火算法等方法对问题进行求解，利用生产系统仿真软件对优化方案进行评价，找到最佳的设施布局方案，完成对设施布局的设计与优化；也可以根据所研究的车间设施布局问题特点，采用多种算法混合或组合的方法对车间设施布局进行优化。

3.1.4　车间布局设计方法及其流程

(1) 车间布局设计一般框架与流程

生产系统属于复杂的离散事件动态系统，具有动态性和复杂性的特点，传统的规划方法大多基于数学抽象，通过对实体布局简化、抽象建立的布局优化数学模型如图 3-19 所示，选取有效的求解算法进行求解优化，运用其优化结果指导实际的布局设计。这种布局设计方法在模型建立和算法求解两方面都存在大量难点。布局建模包括布局空间、布局物体以及布局过程的建模，制造系统的布局会涉及复杂和无规则的几何形状，涉及非线性数值约束和不可描述的约束；用数学优化模型描述的布局问题尽管已做了简化，但与实际相差甚远，属于 NP（Nondeterministic Polynomially）问题，即非确定性有限类问题，是指一个复杂问题不能确定是否在有限时间内找到答案。在算法求解时有限时间内得不到精确解，且建立的数学模型往往对所求解的问题具有严格的定义，不易根据复杂的实际变化进行及时修改，抽象的数学描述不易理解，不利于不同设计人员之间的沟通。

现在采用的车间布局设计流程一般是依据车间任务、设计原则、基础数据资料及对机械化设备、非标准设备的计算数据等进行平面布局，局限于平面布局方案的获得或者是优化。车间布局设计及优化的一般框架如图 3-20 所示。车间布局优化设计的一般流程如图 3-21 所示。

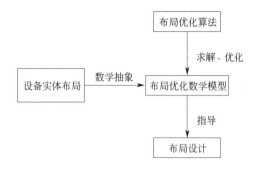

图 3-19　数学建模求解布局设计 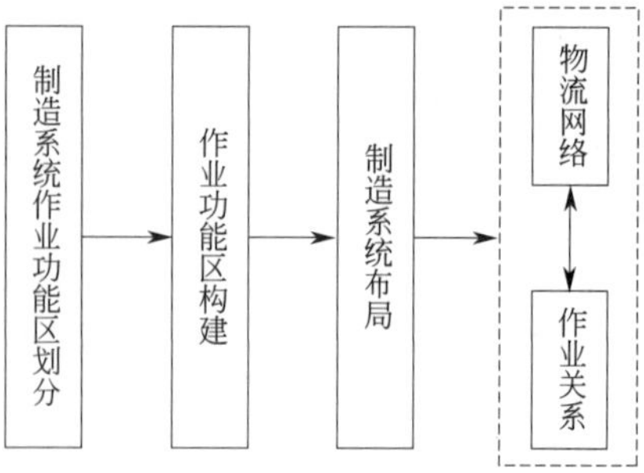　　　　　　图 3-20　车间布局设计及优化的一般框架

目前还没有找到解决布局问题的通用方法。非线性技术应用到物体的布局问题时，需根据物体的几何形状、方位和问题复杂程度的不同而施加不同的限制，而在运筹学中只能使用几何形状相对简单的物体来研究它们的布局问题。对于复杂制造系统布局问题的设计及优化，诸如各种复杂设备的三维空间布局中操作工人、设备及工件等的相对位置等信息，依据各种算法来解决就显得无能为力。

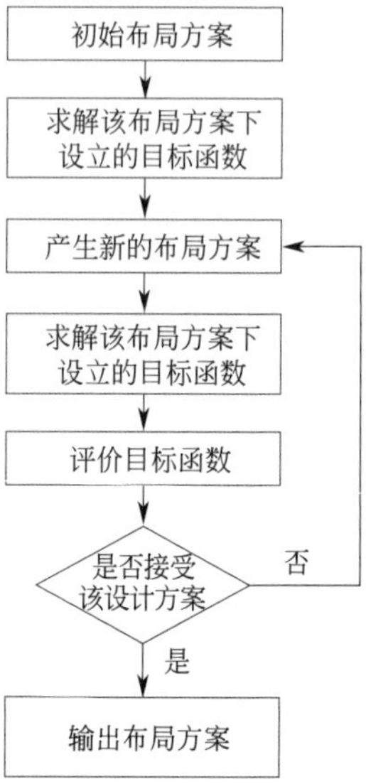

传统的布局流程虽然可以解决物流网络及作业功能布局的设计问题，但传统的布局设计大多研究平面布局问题，具有局限性，不可能全面反映车间各个方面。尤其是一些需要进行技术经济分析的数据，以及立体空间数据等，是无法在平面图中给出的。所以要在工艺说明书中对车间平面图予以描述，包括车间在总图中的位置，与相邻车间的关系，平面布置的特点，运输方式的特点，各工作区及车间工段的划分和组成情况。在设计及评价布局方案时人为假设各种条件和约束过多，布局设计缺乏从平面设计到三维设计的集成分析。

从上述的分析中可以看出，现行的车间布局设计方法还不能全面实现企业布局设计及优化的需要。

图 3-21　车间布局优化
设计的一般流程

(2) 智能车间布局及优化框架

从前面的分析中可以看出，现行的一般性平面布局设计流程及框架很少涉及三维布局的优化设计研究，缺乏布局设计从二维到三维空间的有效集成，不能全面实现企业布局设计及优化的需要。

通过虚拟仿真技术可以将车间内生产的实际情况逼真再现，在系统运行的过程中，我们能直观地看到物流的阻塞情况；通过对模型工作实践、设备利用率、空闲率、物流阻塞等的分析，找出物流的瓶颈；通过改变相关的制约因素来达到系统的整体优化。这不但解决了传统数学模型优化不能全面反映系统运作的情况的缺陷，又回避了诸多不必要的计算。

① 智能车间总体布局设计方案　在布局设计及优化分析中，可以借助建模及仿真工具，构建制造系统的数字化布局模型，以系统化布局方法为依据，通过对建立的车间虚拟模型进行定量化分析比较确定优化方案，大大改善了布局设计中的优化过程。利用可视化仿真技术的"所见即所得"功能，在建立的模型中应用相关的方法来实现布局优化，获得能反映实际生产情况的布局模型及生产班制的安排等目标，为布局设计及优化工作开辟了一条切实可行的新方法，拓宽了布局设计的思路。智能车间总体布局设计方案如图 3-22 所示。

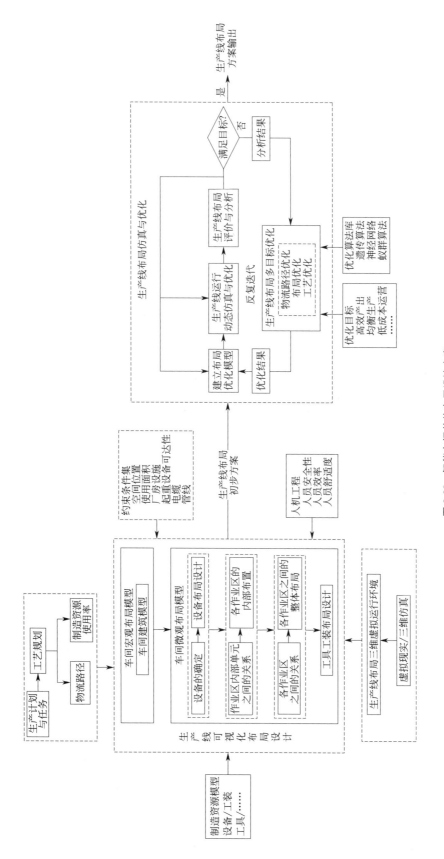

图 3-22　智能车间总体布局设计方案

如图 3-22 所示，数字化生产车间总体布局设计基础就是制造资源的模型（如设备、工装工具等）及生产信息和工艺信息。制造资源模型提供了车间布局所有支持生产的可利用的辅助资源，是生产能够顺利进行的基础和外部物理条件；生产信息和工艺信息提供了生产进行的必要的规划信息，是生产得以顺利进行的信息资源。数字化生产车间模型的建立是虚拟仿真的基础模型，它的建立依次包括生产线布局设计、车间宏观布局及微观布局设计几部分，其中生产线的布局设计将确定生产车间的类型、布局原则等，为生产车间打下了基础布局基调，在此基础上结合车间的地形、面积等客观约束，对生产车间进行整体宏观布局设计。

在这个宏观的模型下，来完成内部细节的微观设计，包括：确定什么样的设备，设备如何布局，生产作业区相互关系，生产作业区内部的布局及工具工装布局设计；进而完成车间的虚拟构建，形成初步的虚拟车间模型，然后利用虚拟现实/三维仿真模拟运行环境；进行相应的定性和定量的调整，利用人机工程来对生产车间进行人性化分析和调整，来给工人创造一个舒适的作业环境。在此基础上，将对生产线进行仿真优化，来调整车间布局的不合理，使得生产车间能够达到最佳的运行状态。最后将得到最佳的生产方案输出。

对上述方案进行简化后的智能车间布局及优化流程可以描述如下：

生产、工艺、资源制造系统规划作为前提条件，约束了数字化生产车间建模的条件。在此条件的基础上，来初步设计生产车间平面布局设计草图，利用动态虚拟仿真对生产车间进行以物流为主要目标的优化；在仿真优化后将形成物流优化后的平面布局设计图。然后以此为基础，来建立生产车间的可视化参数模型，最后对该模型进行人性化设计，来满足现在制造业人性化的潮流。

② 智能车间布局及优化过程 在虚拟环境下，利用仿真平台建立车间布局模型包含 3 个层次的内容，即车间辅助设施模型的建立、生产作业区的整体布局和生产作业区的内部布局，此布局模型反映了车间的物理信息和逻辑信息。物理信息包括建筑模型、车间空间布局、在制品、设备、工人的几何模型、工位安排及输送系统等。逻辑信息包括工艺信息及生产信息等。车间布局模型的建立为仿真研究的进一步进行提供了依据。具体的建模及优化过程如图 3-23 所示。

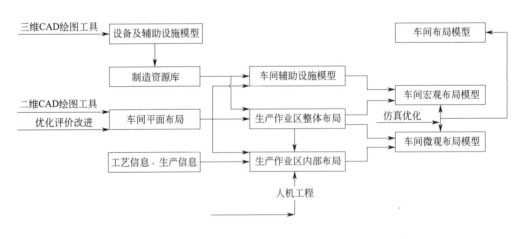

图 3-23 智能车间布局及优化过程

a. 建立制造资源库。利用三维 CAD 绘图工具来建立机器、产品、建筑等设备及辅助设施的模型，将这些模型按照不同的类别区分，并以此来完成制造资源库的构建。

b. 建立车间平面布局。利用二维 CAD 绘图工具来建立车间平面布局图，并以物流优化为目标，对平面布局进行评价和优化，形成一个趋于一般合理的车间平面布局。

c. 建立生产作业区整体布局。根据车间的平面布局设定车间各生产作业区的位置、面积以及它们的相对位置约束，然后再根据各生产作业区自身特点进行建模，建立生产作业区的整体布局模型。生产作业区的整体布局建模是基于各作业区相对和绝对位置、车间作业衔接及流水作业的实际情况，对其主要的物流、信息流及能量流进行仿真，注重车间内物流堵塞处理，确保车间全局生产过程协调一致。

d. 生产作业区内部布局。结合车间的建筑模型建立起生产作业区整体模型后，就确定了各作业区的总体位置，而各工位内部的布置主要是按照工艺规程、工序内容等，针对各个工序的作业内容，从人机工程的角度出发，主要是考虑操作的合理性和可行性，避免干涉，对人员、物料和生产设备等进行微观层次的调整，确定工位内部各设备间的距离、摆放位置等，从而确定了作业区的微观布局。

e. 优化仿真，完成模型。

③ 智能车间布局的操作实现步骤 智能车间设计框架从平面布局到三维布局并形成初步的生产车间可视化参数模型具有很强的应用操作性，其具体的操作实现步骤如图 3-24 所示。

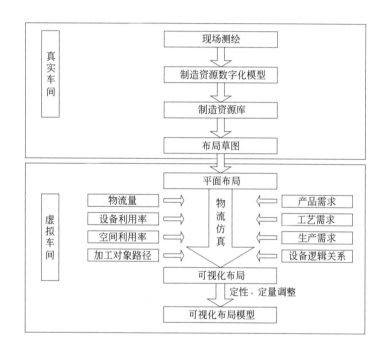

图 3-24 智能车间布局的操作实现步骤

（3）虚拟车间布局建模与仿真的意义

虚拟车间布局建模与仿真作为制造系统建模与仿真的一个重要的组成部分，如前面章节所述，其优点主要表现在以下几个方面：

a. 虚拟车间建模与仿真能够节约成本，提高企业的生产效率。虚拟车间仿真是在计算机上对现实车间进行模拟，通过在不同参数下布局的运行，找出原有布局中的不足之处，实现对车间的优化，节约运行成本。

b. 应用计算机仿真来对车间的布置规划做出检验，对布局可能出现的问题做出早期的判断，提出相应的防范措施，节省了投资成本和运行周期。

c. 虚拟车间建模与仿真是以车间模型为对象的研究方法，不用干扰实际车间正常的运作活动；同时由于计算机的快速运算能力，可以用很短时间模拟出实际生产中需要很长时间完成的生产运作活动，因此可以缩短决策时间，避免资金、人力和时间的浪费。

虚拟车间建模与仿真也存在一些不足之处，主要表现在以下几个方面：

a. 实际数据的收集很麻烦。

b. 即使得到了数值解，也不能得到关于解的一般性质。

c. 仿真的准备、模型的制作、程序设计等步骤烦琐。

3.1.5 车间布局方案的应用与评价

布局方案的评价方法有很多种，布局方案的评价常常从非经济因素和经济因素两个方面进行，非经济因素评价可以采用加权因素法和优缺点比较法等，而经济因素评价可以采用费用对比法等。下面我们就对这几种方法加以介绍。

(1) 非经济因素评价

① 加权因素法　制造系统的布局过程是一个多目标优化设计过程，某个可行的布局方案可能在某一目标因素方面是非常优越的，而在另一目标因素方面可能并不突出，其他布局方案可能正好相反。也就是说，各种布局方案各有优缺点，需要进行综合评价，从中选出最优的布局方案。

加权因素就是把布局设计的目标分解成若干个因素，并对每个因素的相对重要性评定一个优先级（加权值），然后，分别就每个因素评价各个方案的相对优劣等级，最后加权求和，求出各方案的得分，得分最高的方案就是最佳方案。

采用加权因素法进行方案评价的一般步骤如下：

a. 列出所有对布局方案有重要影响的因素。一般考虑的因素有：物流效率和方便性、空间利用率、辅助部门的综合效率、工作环境安全与舒适性、管理的方便性、方案布局的可行扩展性、产品质量及其他相关因素。用 f_i 表示第 i 个因素，其中，$i=1, 2, \cdots$。

b. 评出每个因素之间的相对重要性——加权值 a_i，其中，$i=1, 2, \cdots$。

c. 布局方案优劣等级的划分。由于布局方案优劣得分难以准确给出，且没有必要给出准确的分；因此，通过多优劣等级评定给出某个方案在某项因素方面的相对分数。等级可以分为非常优秀、很优秀、优秀、一般和基本可行 5 个等级，并规定其符号分别取 A（4）、E（3）、I（2）、O（1）、U（0），括号中的数字为各等级相对分数。

d. 评价每个方案在各项因素方面的分数，用 d_{ij} 表示第 j 个方案第 i 项因素的得分，其中 $i=1, 2, \cdots; j=1, 2, \cdots$。

e. 求出各方案的总分。设 T_j 为第 j 个方案的总分，则式(3-1) 中，n 为因素项目。

$$T_j = \sum_{i=1}^{n} a_i d_{ij} \tag{3-1}$$

f. 取 $T_{\max} = \text{MAX} \{T_j \mid j=1, 2, \cdots\}$，即 $T_{\max}$ 为最高的总分，获得最高总分的方案就是最佳方案。

上述评分过程中，应由各方面的专家独立进行评分，以保证评价结果的可靠性。

② 优缺点比较法　优缺点比较法是最简单的评价方法。其具体做法是列出每个方案的优点和缺点，加以比较。

有的规划人员可能认为某个设施布局方案的优缺点是"显而易见"的或是很容易明白的，从而忽略了有说服力的分析。其实，对一个有经验的规划人员，列出一个优缺点评价表并不困难，而对说服有关人员却是十分必要而且是有效的。问题是要选择好优缺点所涉及的因素，特别是有关人员所考虑和关心的主导因素。为了防止遗漏，可以编一个内容齐全而且最常用的车间布局方案评价因素点检表，供规划人员结合实施的具体情况逐项点检并筛选需要比较的因素，如表 3-2 所示。

▣ 表 3-2　方案评价因素点检表

序号	因素	点检记号	重要性
1	是否满足需求能力		
2	工艺过程的合理性		
3	物料搬运的合理性		
4	维修的方便程度		
5	空间的利用率		
6	辅助服务的适应性		
7	职工的劳动条件		
8	潜在事故的危险性		
9	与外部的公共设施的结合		
10	是否适合将来发展		
11	物料搬运的效率		
12	外观		
13	环境保护		
…	……		

当然，优缺点比较法难以获得准确而可靠的评价，但毕竟是最容易实行的方法。

(2) 经济因素评价

经济因素评价最常用的方法是费用对比法。费用对比法一般是在各个方案都已证明是合理、可行的情况下，从经济角度对方案进行比较择优。分析评价时，可以着重对布局方案的物流费用进行评价，费用最低的方案就是最佳方案。

设施优化分析与设计的原理是系统内设施间物流费用最小化，因此，车间布局问题就可抽象为如下的形式：

假设给定的系统有 n 个设施，则整个系统的物料搬运量如式(3-2) 所示：

$$F = \sum \sum c_{ij} d_{ij} \qquad (i,j = 1,2,\cdots,n) \tag{3-2}$$

$$c_{ij} = \begin{bmatrix} c_{11} & c_{12} & \cdots & c_{1n} \\ c_{21} & c_{22} & \cdots & c_{2n} \\ \vdots & \vdots & & \vdots \\ c_{n1} & c_{n2} & \cdots & c_{nn} \end{bmatrix} \tag{3-3}$$

$$d_{ij} = \begin{bmatrix} d_{11} & d_{12} & \cdots & d_{1n} \\ d_{21} & d_{22} & \cdots & d_{2n} \\ \vdots & \vdots & & \vdots \\ d_{n1} & d_{n2} & \cdots & d_{nn} \end{bmatrix} \tag{3-4}$$

式中　c_{ij}——放置在第 i 个位置的设施与放在第 j 个位置的设施间的物流量；

　　　d_{ij}——第 i 个位置与第 j 个位置间的距离；

　　　F——量距积。

若 K 为设施 i 与设施 j 间的单位搬运费用，则整个系统的搬运费用为 KF：

$$KF = \sum \sum K_{ij} c_{ij} d_{ij} \qquad (i,j = 1,2,\cdots,n) \tag{3-5}$$

通常情况下，运输成本主要有以下两个优化目标：

① 以总的运输成本最小化为优化目标，其目标模型如下：

$$\min \sum \sum K_{ij} c_{ij} d_{ij} \qquad (i,j=1,2,\cdots,n) \tag{3-6}$$

物料运输成本目标函数模型只考虑了车间内部的运输工作量，而没有考虑物料从车间入口至出口的固定运输工作，因而其实际优化效果受到一定的影响。

② 以相邻单元运输成本最大化为优化目标，其目标函数如下：

$$\max \sum \sum K_{ij} c_{ij} d_{ij} \qquad (i,j=1,2,\cdots,n) \tag{3-7}$$

$$c_{ij} = \begin{cases} 1, 部门\ i\ 与部门\ j\ 相邻 \\ 0, 部门\ i\ 与部门\ j\ 不相邻 \end{cases} \tag{3-8}$$

相邻单元物料运输费用最大化，实质上是总运输费用最小化目标函数的简化形式。这类目标函数忽略了非相邻布局单元之间的物流对运输成本的影响，因而优化效果有一定的局限性。

经过以上的两种优化目标的比较可以看出，两者均有一定的缺陷，因为在分析的时候，考虑的是物料从缓存区到各个工位直至产品加工完的搬运费用，所以一般选择第一种优化模型。

对于不同的布局方案，其搬运费用也有所不同：

$$KF' = \sum \sum K_{ij} c_{ij} d_{ij} \qquad (i,j=1,2,\cdots,n) \tag{3-9}$$

若 $KF' < KF$，则方案 KF' 优于 KF。对于不同的可行布局方案，其最优方案 KF 为：

$$KF = \min\{KF_1, KF_2, \cdots, KF_n\} \tag{3-10}$$

3.2 车间日常管理和任务处理

3.2.1 智能生产单元与车间管理新特性

(1) 智能生产单元

智能制造车间包含着若干个智能生产单元，每个智能生产单元都能自我感知到自身和制造过程。在生产过程中，智能生产单元可以根据产品设计要求，采集设备生产数据、加工状态、工件材料和环境的实时动态信息进行自我分析比对，进行自我决策。根据决策指令自动执行，通过"自我感知—分析—决策—执行与反馈"的生产过程，从而完成一系列高效率、高品质生产活动。

传统生产单元只有原材料输入、工序执行和产品输出三部分，而自适应的智能生产单元还可以通过传感器、读写器获取周围环境、自身状态等信息，具有感知、交互、推理、决策和执行模块。在推理、决策过程中，智能生产单元能够融合生产时间、运输成本以及生产成本等多个生产目标，达到多个目标综合满意度最高的制造资源匹配效果，产品生产反应迅速，切换时间短。在实际生产过程中，出现各种动态、复杂、异常状况也是很普遍的。智能生产单元具有自主学习和自主适应能力，能够应对多种多样的环境对产品生产过程的影响。

① 智能生产单元体系结构　智能生产单元是一个灵活的制造单元，结合了智能加工设备、智能机器人和智能物流系统。针对数据进行挖掘和分析的有效方法有聚类分析法，是通过一系列智能算法，得出产品的制造工艺的相似度，将相似度高的产品自主地划分到同一产品类别，进入到同一个智能生产单元去生产。集中生产所有或大部分相同类型的产品，简化了生产调度，有利于提高生产效率，获得更大效益。

② 典型的智能物料配送方案

a. 自动导引车 AGV（Automatic Guide Vehicle） AGV 是一种由电池供电的，配备各种辅助机构（如运输和装配机构），装备安全保护和自动无人驾驶系统的自动化车辆，其带有磁道、磁条或激光器等自动导引设备，能够沿着计划的路径行进。在生产配送过程中，AGV 系统通常由多个自动导引车辆和控制计算机、导航装置、充电装置等组成。在计算机和任务调度的控制下，系统根据自动导引车自身的功率确定自动导引车是否自动到充电区域充电，自动导引车辆可以准确地遵循到任务的指定位置的计划路径并完成多个复杂任务。自动导引车辆不容易受到生产现场场地和道路的影响。与其他物料运输设备相比，它依靠磁条、磁道或激光器，并且不需要铺设支撑框架和轨道即可在可移动区域行进，更能充分体现其灵活柔性的特点。

b. 智能加工设备自动上下料装置。自动装卸装置是用于将待加工工件输送到机床的加工位置和用于从加工位置移除加工工件的自动机械装置。它主要由智能机器人、传感器装置、工件识别系统、自动变速器装置和自动启动装置组成。例如数控车床的车削加工需要对各种工件进行抓取和操作，针对不同加工产品选用不同的手爪，如普通零件用机械爪，精密零件用真空吸盘等。要求各手爪都具有定位准确、操作稳定可靠、维护方便、性能优良等性质。

c. 基于 RFID 技术的数据关联系统。在智能制造车间中，要对参与到车间生产中的任何物品的流动过程做到实时跟踪，可以利用 RFID 读写器快速地找到跟踪目标。在智能化生产车间中，每一个物品都会有相应的 RFID 电子标签，有类似人们身份证号码的唯一 ID 号。在 RFID 技术的基础上，通过数据传感、物品数据和电子标签信息传输到数据库中。对制造现场内的物流小车或物流搬运设备进行实时精确的定位，并实时采集 AGV 物流车的当前位置信息和车间制造资源的布置数据，旨在优化交货时间或交货路线，形成车间配送优化模型。

③ 智能生产单元优势 智能生产单元生产模式具有高度的柔性，能够快速适应市场订单和数量的波动，满足瞬息万变的市场需求，尽可能以最低成本完成生产任务。同时具有比传统生产模式效率更高的特点，适合短时间交货的市场需求。

（2）智能制造车间管理新特性

在智能制造迅猛发展的当下，诞生于传统制造模式的生产车间管理方法和管理体系已逐渐显露出各种各样的不适应性。制造系统与工业物联网实时数据感知采集技术、边缘计算的分布式就近数据处理技术以及数据驱动的设计＋制造＋运维三位一体协同技术等新兴信息技术的紧密结合，实现了产品全生命周期和全价值流程智能化。适用于智能制造环境的生产车间管理方法体系已经形成并将持续发展完善。智能制造环境下生产车间管理的新特征主要体现在如下五个方面：

① 设备的智能化与互联 要实现制造的智能化要求，将智能终端设备引入到车间生产现场中，并采用物联网技术，必须要从设备终端开始实行。通过将各个终端设备互联互通，实现各种设备间的智能感知与互联，为最终实现智能制造奠定物理基础。

② 更强的数据实时性 高度的自动化和智能化是智能车间最直观的特点。生产过程中产品的各种生产信息需要更加实时地获取，分布于车间的智能设备保证了智能车间生产的自动化。如果生产线中某一工位的信息不能实时地获取，则现场的数据不能及时地展现给管理层，企业管理层就不能及时地作出决策或调度，后续的生产就不能被准确地安排，使生产的效率降低。

③ 生产管理的集成化 生产管理的集成不仅包括前端设备实时数据与后台管理系统关系数据的集成，还包括生产中各业务流程的集成等，使各管理模块更易于维护，并能实现不同的管理系统的异构平台的可移植性。

④ 网络化的协同制造　智能制造依托于最新的工业互联网技术，这就决定了智能制造环境下车间的生产管理必须具备网络化的特点。通过工业互联网，实现分布式制造资源的互联互通，形成制造资源网络，分布在不同地方的生产车间可以实现实时信息的互联及互通，协同完成全部的生产活动，使生产过程的管理更加敏捷化。

⑤ 数据分析与反馈　标识和感知体系以及智能检测体系的建立保证了车间生产现场实况数据的及时准确采集，实现了实况数据的从无到有，有了数据之后还需要利用分布式的边缘计算等技术就近对其进行分析和初步处理。对处理后的数据进一步做功能化和服务化的转译，并传递给上层制造资源和制造服务管理系统，实现数据的闭环利用和生产制造全流程的闭环控制，为智能生产管理进行智能决策提供数据支持。

3.2.2　智能制造车间功能结构

从系统功能结构的角度来看，其总体模型有以下几个部分，如图 3-25 所示。

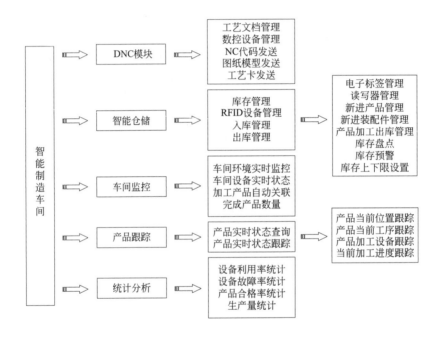

图 3-25　智能制造车间系统功能结构图

(1) DNC 模块

DNC 也被称为分布式数控装置（Distributed Numerical Control），其本质是依靠计算机与物理资源整合，达到消除车间计算机数字控制机床 CNC 设备之间的信息孤岛的目的，并在车间中分配数控系统，分配生产任务给车间中的机器设备。实现集中管理控制数控设备、触摸屏等智能装置，车间实现资源与信息透明化，降低管理成本和难度，消除过去对设备无法掌控的局面，有效地集成生产现场的机器设备，并提高设备利用率。

(2) 智能仓储

结合物联网传感技术，通过应用智能仓储管理，企业可以随时随地准确地了解库存的实际数据。目前，中国仓储行业广泛使用的是 RFID 技术，通过该技术实现存储管理以及出库入库管理。采用科学的编码，设置 RFID 终端的参数，可方便地管理库存货物的生产日期批次等数据信息。在车间中，电子标签等同于人的身份证信息，记录每个制造资源从入库到出库直至报废的全生命周期，以保证库存信息是真实有效的。

（3）车间监控

车间监控主要是远程监控车间生产流程，实时掌握该车间内部工作状况，实时采集产品生产过程基本信息，实时调整设备运行参数，实时分析数据，并在实时数据平台中集成分析生产过程数据信息，形成优化控制和优化决策等指令。

（4）产品跟踪

对产品进行跟踪可以为企业部门提供目标产品状态、基本信息、当前工序以及当前所处车间位置等，包括产品实时移动路径以及实时状态查询，还可以追溯所有生产环节，有利于工作人员管理。如果生产过程中存在潜在问题，车间系统可以快速识别并规避异常事件，以防止风险。

（5）统计分析

使用物联网传感器跟踪和监控车间制造过程并收集目标产品状态和数据信息，并通过在线质量检测系统 SPC（Statistical Process Control）生成报告和分析图表，为企业设备的日常维护以及生产决策提供数据技术水平支持。生产过程控制图可以分析判断制造过程是否稳定；预测分析可以用来预测未来一定时间范围内的发展趋势，用于识别制造过程中的异常情况并防止不良事件。

3.2.3 智能制造车间业务流程

智能制造车间可以基于诸如 RFID 的物联网技术，对零部件进行电子标签编码，记录每个制造资源从入库到出库直至到整个生命周期结束的流动过程，从而达到全程跟踪查询每个制造资源的动态和静态信息的目标。利用无线传感器网络技术 WSN（Wireless Sensor Networks）、制造资源组合多 Agent 算法（一种基于网络的分布式计算技术），再获得制造过程中的每个制造资源生产状态，确定制造链接，并考虑空闲设备的生产时间、加工能耗等综合指标，自动分析选取其综合指标最优的空闲设备加工该生产环节。通过 RFID 识别标签上的电子编码读取和写入相关数据，利用串口通信技术传输生产数据，车间内部实现了信息透明化，使生产管理难度降低。具体步骤如下：

① 在创建与零部件对应的产品代码后，将零部件名称、数量和制造商的产品信息录入电子标签中，将带有芯片的电子标签贴在零部件包装上。这样系统就可以自动采集和读取零部件进出仓库以及与零部件运输相关的信息，自主生成相关的动态数据，并将产品流动过程记录在电子标签上。

② 在交付产品时，产品将从存储仓库进入车间，并按照生产任务文件技术要求，通过 Agent 自主选择相应的加工路径。在系统接收到车间录入的新数据后，产品动态和静态信息被更新，并自动存储在数据库中以备将来使用。DNC 数控系统，把生产工作分配给车间中的每台机器和设备，在制品完成本环节子生产任务后，会继续交付给下一个子生产任务。

③ 生产车间能借助车间监控系统自动匹配与生产过程对应的空闲设备，监控车间设备的实际情况并在同一时间把零部件发送到相应的设备，通过 DNC 系统把产品对应的 NC 数据卡片发送到该设备并按照卡片进行加工处理。在没有空闲设备的情况下，在临时的材料区域等待，等到前一处理环节完成之后，传感器自动计算下一步骤跳转，整个过程充满着柔性。根据在产品设计时选择的生产过程环节，选择加工设备、存储判断，直到产品完成整个生产过程循环。

④ RFID 读写器被安装在车间的相应区域，并在加工零部件的过程中利用客户端自动读取与产品绑定的电子标签，然后在电子标签中更新零部件此时的加工设备、当前状态和位置数据等动态数据，连绵不绝地获取和准确无误地发送实时生产数据。当产品动态数据通过网络串口被传到数据库平台时，多线程系统界面实时转换最新的客户端呈现的数据，并同时获得转换后的数据，能够实时跟踪监视整个生产过程的动态数据。

⑤ 统计分析系统用来分析上述监视车间产品生产过程中获得的数据，并使用分析报告和图表找到设备故障的原因，分析产品品质、加工设备使用情况等。通过分析，能够有效降低风险，为业务分析部门做出高效合理生产计划决策提供足量必要的基础数据。系统的总体业务流程图如图 3-26 所示。

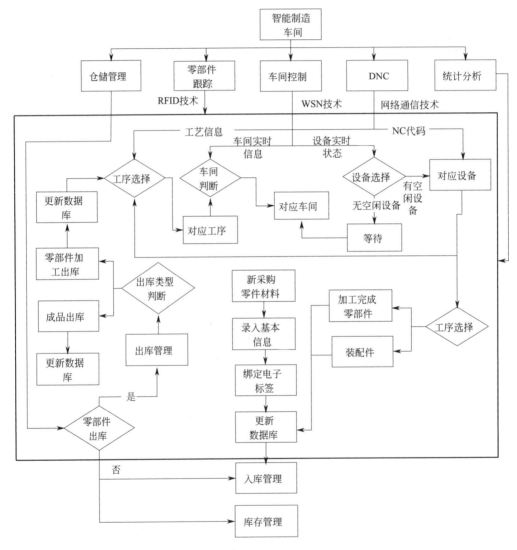

图 3-26　智能制造车间总体业务流程图

3.2.4　车间生产运行管理及其数字化要求

数字化智能制造车间的生产运行管理各功能模块应满足以下四方面基本要求：能与数据

中心进行信息的双向交换；具有信息集成模型，通过对所有相关信息进行集成，实现自决策；模块间能进行数据直接调用；模块能与企业其他管理系统（如 ERP、PDM 等）实现信息双向交互。

（1）车间计划与调度管理

① 信息集成模型　车间计划与调度的功能模型及主要数据流见图 3-27。其中，虚框中为生产计划与调度的功能，包括详细排产、生产调度、生产跟踪，其主要业务流程如下：

a. 智能制造车间从企业生产部门获取车间生产计划（或通过接口自动接收 ERP 系统的生产订单），根据生产工艺形成工序作业计划，根据生产计划要求和车间可用资源进行详细排产、派工；

b. 将作业计划下发到现场，通过工艺执行管理模块指导生产人员/控制设备按计划和工艺进行加工；

c. 生产执行过程中，实时获取生产相关数据、跟踪生产进度，并根据现场执行情况的反馈实时进行调度；

d. 根据生产进度偏差对未执行的计划重新优化排产，并将生产进度和绩效相关信息反馈到企业生产部门或 ERP 系统，完成车间计划与调度的闭环管理。

车间计划与调度应支持可视化信息管理，即通过车间生产流程监测、控制系统反馈的信息，以可视化看板的形式展现生产计划执行的节拍、工艺调整、指挥调度、物流（车间级）、产成品等信息，以辅助人员在线实时地监控、参与、调整生产计划。

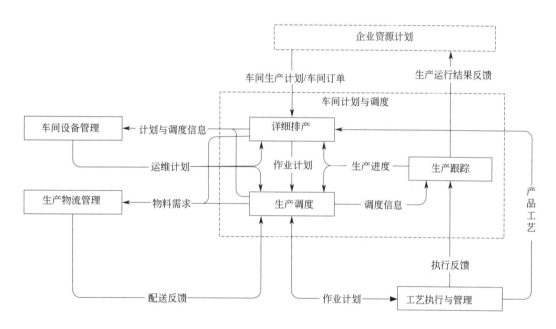

图 3-27　车间计划与调度信息集成模型

② 功能要求

a. 详细排产。为满足车间生产计划要求，通过详细排产，根据产品工艺路线和可用资源，制订工序作业计划。排产的过程需综合考虑当前计划完成情况、车间设备等资源可用性、实际产能及节省能源等因素，生成基于精益化生产理念的、以柔性制造为目标的生产排产计划。详细排产的具体实现方法参见 4.4 节。

详细排产应根据产品生产工艺制订工序计划，考虑车间设备管理和生产物流管理中设备、人员、物料等资源的可用性进行计划排产，形成作业计划发送给生产调度。另外，排产生成的作业计划也会反馈影响生产设备、人员、物料等生产要素的管理，比如，与设备维护保养计划相互影响。

对于多品种小批量生产模式，由于从一批产品转到另一批产品生产要花费时间调整设备、更换模具等，传统车间以减少换产次数的方式安排生产。随着多功能加工中心、柔性生产线等智能装备的提升，以及准时配送、成套配送等新物流方式的支持，智能制造车间中多品种小批量生产的详细排产应实现均衡化生产，包括：生产总量的均衡，将连续两个时间段之间的总生产量的波动控制到最小程度，减少生产量波动造成的设备、人员、库存及其他生产要素的高配置浪费；产品品种数量的均衡，在生产期之间，合理安排不同产品的投产顺序和数量，消除不同品种产品流动的波动，减小对前序工序和库存的影响。对于柔性生产线，应能实现均衡化混线生产。

多品种小批量的均衡化车间计划，需与其他车间生产要素的管理相配合，最终应能达到如下效果：能够快速地适应每天的市场需求的变化，为准时化的实施提供强有力的支撑；成品库存数量保持较低水平，并且可以及时满足客户的需求；可以使工序间的在制品数量减少到最低，并可以进一步消除，实现"零库存"。

对于单件生产模式，产品品种多而每一品种生产数量很少，产品生产重复性差，生产技术准备时间长，设备利用率较低。智能制造车间中单件生产的详细排产应基于瓶颈理论，确定某时间段内的瓶颈资源，并根据瓶颈资源排产，提高资源利用率及有效产出。

b. 生产调度。为了实现作业计划的要求，通过生产调度分派设备或人员进行生产，并对生产过程中出现的异常情况进行管理。详细内容参见 4.2 节、4.3 节、4.4 节。

智能制造车间的生产调度应能实时获取生产进度、各生产要素运行状态，以及生产现场各种异常信息，具备快速反应能力，可及时处理详细排产中无法预知的各种情况，敏捷地协调人员、设备、物料等生产资源，保证生产作业有序、按计划完成。获取生产现场状况的方式包括设备实时数据，通过数字化工位、可视化管理系统获取的各种生产过程信息。

生产调度处理的异常情况主要包括：市场需求波动引起的紧急订单，下达到车间成为紧急插单，影响已安排的其他正常生产计划，需采取相应措施满足计划要求；生产计划已安排或投产后，发生客户临时变更订单要求，需采取相应措施满足要求；生产过程中进行质量检验发现不合格情况，导致返工返修需进行生产调度；设备、人员等发生异常情况，采取相应措施保证生产继续进行。

若异常事件导致无法通过调度满足计划要求，则需通过详细排产重新进行优化排产。

c. 生产跟踪。生产跟踪包括为企业资源计划作生产相应准备的一系列活动，如总结和汇报关于产品生产中人员和设备的实际使用、物料消耗、物料生产以及其他如成本和效益分析需要的有关生产数据信息。生产跟踪还向详细生产排产，以及更高层的企业生产计划提供反馈信息，以使各层计划能根据当前情况进行更新。

车间的生产跟踪应能自动获取生产相关数据，统计产品生产中各种资源消耗，并反馈给相关功能/系统/部门。生产相关数据的获取来源，包括从数字化接口（数字化设备或工位）直接采集到的，或者其他功能模块加工过的信息。

(2) 工艺执行与管理

①信息集成模型 工艺执行与管理信息集成模型如图 3-28 所示，主要包括工艺执行与工艺管理两部分。工艺执行由车间子计划/物料清单生成、派工单生成、作业文件下发等构成，工艺管理由工艺权限管理、工艺变更管理、可视化工艺流程管理等构成。工艺执行贯穿于计划、质量、物流、设备等全生产过程中；工艺管理功能可以在 PDM、ERP、MES 等相关系统中实现，工艺文件以计算机系统可识别的数据结构呈现。

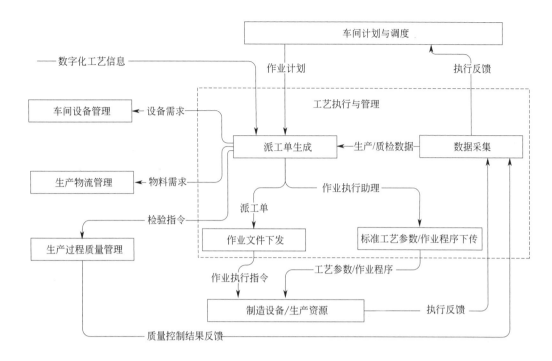

图 3-28　工艺执行与管理信息集成模型

② 功能要求

a. 工艺执行。通过工艺的数字化与车间系统的网络化，实现作业文件、作业程序的自动下发和标准工艺精准执行；通过生产和质检数据、现场求助信息采集，反馈工艺执行实时状态和现场求助信息，实现产品生产工艺的可追溯与现场求助的快速响应。具体功能包括：

物料清单生成。根据产品 BOM（Bill Of Material）与作业计划，自动分解生成物料清单，实现生产计划细分、物料提前备料、工序流转自动采集、工位物料智能化配送等。

派工单生成。根据生产工艺过程，将车间子计划分解为各工序的派工单。各工序根据产品 BOM、生产工艺过程、日派工单实现生产前物料备料，车间根据产品物料清单 BOM、生产工艺过程、标准工时等实现各派工单智能化调度。

作业文件下发。将各种工艺卡、工艺图纸、作业指导书等作业文件自动下载到各作业工位终端，现场作业人员可通过工艺编码或生产计划号、工单号实时查询标准工艺参数、标准质检工艺、作业指导等工艺信息。

标准工艺参数、作业程序下传。通过以太网或总线方式将标准工艺参数自动下发到对应机台，防止由于人为因素导致现场机台工艺参数设置错误。作业程序可以自动下传到现场数字化装备，实现自动加工或装配等作业。

数据采集。进行工艺信息在线交互式浏览、物料校验及开工条件检查；实时记录和上传生产现场出现的工艺技术问题和处理方法；实时采集生产过程中的工艺参数，向质量控制系统提供生产、质检数据，实现生产过程质量预警，并通过与生产现场可视化管理系统等进行集成，实现预警信息及时发布；求助终端实时采集生产求助信息，向生产现场可视化管理系统提供现场求助信息，以便现场作业工位获得快速响应；及时将作业指令状态信息与作业工位状态信息向系统反馈。

b. 工艺管理。数字化车间应实现以工艺信息数字化为基础，借助一体化网络与车间作业工位终端实现无纸化的工艺信息化管理；并以可视化工作流技术，实现制造流程再造、工序流转和调度的数字化管控以及工艺纪律管理。具体功能包括：

工艺权限管理。根据岗位职责要求进行相应权限分配，对应授权人员可进行相关工艺的上传、下载、查询、修改等。

作业文件管理。作业文件包括生产流程工艺、工艺卡、工艺图纸、质检工艺标准卡、标准工艺参数卡等，并以版本号区别。

作业程序管理。作业程序通过工艺编码或生产计划号、工单号与数字化装备关联，并以版本号区别。

工艺优化管理。对采集的机台工艺参数的实际值或质检数据，进行统计、分析、预警，实现工艺优化。

生产求助管理。工位上作业人员针对工位发生的各种问题发出求助呼叫信息，上传生产现场可视化管理系统，可触发声光报警、显示终端、广播等，提示相关人员注意，以便及时处理问题。

工艺变更管理、可视化工艺流程管理。

（3）生产过程质量管理

① 信息集成模型　生产过程质量管理各功能之间及与外部功能子系统之间的信息集成关系描述如图 3-29 所示。

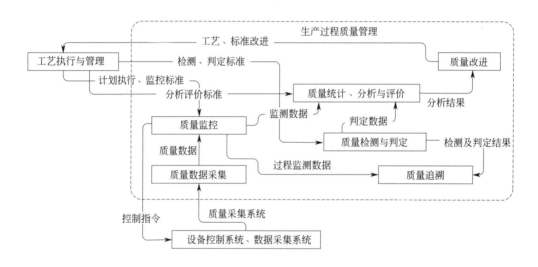

图 3-29　生产过程质量管理信息集成模型

②功能要求

a. 质量数据采集。质量数据主要包括生产设备工艺控制参数、质量检测设备检测结果、人工质量检测结果等生产过程数据，覆盖原材料、零部件、半成品和成品。数字化车间应提供质量数据的全面采集，对质量控制所需的关键数据应能够自动在线采集，以保证产品质量档案的详细与完整；同时尽可能提高数据采集的实时性，为质量数据的实时分析创造条件。

b. 质量监控。主要包含指标监控和质量监控预警两项内容。

指标监控的内容如下：应对过程质量数据趋势进行监控，并对综合指标进行统计监控。

过程质量数据趋势监控：主要用于独立质量指标的原始数据监控，具有采集频率高、实时性强的特点，通过设定指标参数的报警界限，对超出界限的数据及时报警。通常由生产组态软件开发实现，以趋势图为主要展现形式。

综合指标统计监控：主要用于基于原始数据的综合质量指标的统计监控，可以融合多种监控标准和统计算法对指标进行综合运算，并定时刷新，使监控更宏观，更有针对性。通常由 MES 或独立质量系统开发实现，以 SPC 控制图、预控图、仪表盘等为主要展现形式。

质量监控预报警的内容如下：应基于实时采集海量质量数据所呈现出的总体趋势，利用以预防为主的质量预测和控制方法对潜在质量问题发出警告，以避免质量问题的发生。例如，采用 SPC 工具进行监控，则具有八种标准的判异准则，可以基于判异准则对质量数据进行监视，对发现的异常情况应及时预报警与处理。

c. 质量追溯。以产品标识（生产批号或唯一编码）作为追溯条件，以条码及电子标签为载体，基于产品质量档案，以文字、图片和视频等多媒体方式，追溯产品生产过程中的所有关键信息，如用料批次、供应商、作业人员、作业地点（车间、产线、工位等）、加工工艺、加工设备信息、作业时间、质量检测及判定、不良处理过程、最终产品等。

d. 质量改进。针对生产过程中发现的质量缺陷，应基于 PDCA 循环原则构建质量持续改进机制，固化质量改进流程，提供质量异常原因分析工具，并不断积累形成完备的质量改进经验库。

（4）生产物流管理

① 信息集成模型　数字化车间中的所有物料、刀具、量具、车辆、容器/托盘等都应进行唯一编码，应能自动感知和识别物流关键数据，并通过通信网络传输、保存和利用。生产物流管理信息集成模型见图 3-30。

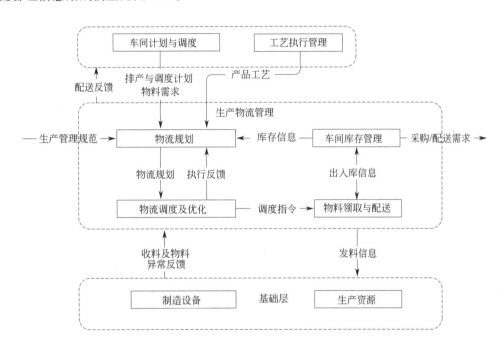

图 3-30　生产物流管理信息集成模型

② 功能要求

a. 物流规划。物流规划的依据是车间计划与调度指令要求，并应遵守下列约束条件：

时间：基于物流规划中规定的时间条件，以及制造执行计划中的批次、路线及起始—到达的区位要求，设置合理、可行的物流起始时间、运行路线和到达时间。

装载：基于车间环境与实施条件和工艺执行计划要求，确定每次物流运转所应装载的物料或在制品。

凡进入物流计划的物料均应编码，并在物料本体上附加数字化标识，标识的编码结构应符合企业产品生命周期管理信息结构要求。

物流规划应输出相应的信息文件，内容包括：物流运行的物件数量、批次组合、物流路线、物料需求时间和送达时间等基本信息。物流方案应使物流批量与工艺指令相匹配，合理安排转序时间间隔，用准确的物料流量来满足工艺执行岗位操作需要。

b. 物流调度及优化。物流调度主要包括如下内容：事前调度，针对供应链采购进厂物流进度及其产品信息和质量状况，按照事先设计的处理流程，应对物流计划内容的插入变更；事中调度，针对较大批次生产任务对物流计划的影响，基于生产进度执行原则和精益库存管理原则，合理调配物流时间和运输批次，保持物流与各工艺执行工位的进度同步；事后调度，在发生外来扰动（如插单、换单等）时，快速启动物流响应，以减轻外来扰动对生产进度的影响，满足客户需求。

调度优化主要包括如下内容：充分利用物联感知技术，获取物流调度作业执行过程中的现场实时数据，以验证当前调度执行的流程是否合理、节约和高效；基于规定的车间时钟时间，预先制订可多时间段分散并行的物流作业方案，以应对外来扰动所引发的制造执行指令变更，并避免时间和物理资源的浪费；积累生产过程运行管理知识，逐步形成基于制造执行系统指令的最佳物流方案；数字化基础条件好的企业，应引入虚拟化技术以提高生产物流的可视化程度，为工艺过程的仿真试验、验证分析和节拍预测/调整提供决策支持。

c. 物料领取与配送。在车间运输与库存系统的基础上，为了配合车间物流调度而进行的实物形态的运输、存储等活动，包括在仓库内外的运输活动（包括调库、移库等），进行物料领取与配送，如图 3-31 所示。

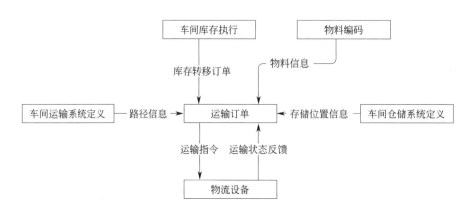

图 3-31　物料领取与配送接口示意

在具体物流调度的需求下，车间物料请求（包括具体的物料、数量以及配送地点等）通过设备、现场执行层或者制造执行系统提交给车间物流管理系统。借助于自动化物流设备和车间物流布局，车间物流管理系统产生相应的物流配送作业并将指令发送给对应的车间物流设备，并指导该设备完成物流作业任务并反馈给车间物流管理系统。

必要时，应有一定的防错措施，用文字、语言、标识和必要的物理装置来警示、限制或隔离人的行动及其功能作用，防止人对材料、物体和设备实施错误或不当的触摸、尝试、操纵、移动或变更。

d. 车间库存管理。数字化车间的库存管理应是基于不同库存活动对车间物料形态、数量、状态等属性变化进行记录、追溯与分析等活动。可借助于信息化手段与自动化技术，使其变得更加精确和透明。主要包括库存数据采集与追溯、库存分析。

库存数据采集是指对于库存运营和物料操作信息的汇集和报告的一系列活动。

库存追溯是建立在库存历史数据基础上以满足第三方系统和企业内的查询、验证等活动。车间库存与企业资源计划应交互库存移动、状态等信息。在企业资源计划中建立库存管理体系。在企业层对库存管理进行企业级别库位定义、库存移动规则定义等（包括库位间不同库存类型和状态，以及库位与库位之间）。库存移动信息一般包括：从仓库到产线的原材料准备；生产订单状态更新，包括生产订单的执行、更改和取消等；车间发生的非符合性成本，比如由于人为、设备和技术原因导致的原材料报废和不良品报废等；其他库存转移，包括退仓——由于生产计划的变更，多余原材料退回仓库；退还给供应商——将车间有问题的物料转移到收货环节进行供应商退货处理。

库存分析是指为了库存操作的持续改善而对库存效率以及资源利用率进行分析的一系列活动，如在收货环节通过提供的收货数量差异与交付时间来进行原材料供应商评估。

3.2.5　车间设备管理体系及架构

(1) 车间设备管理发展现状

车间是生产、组装、测试零件及产品的地方。车间按照生产状况又可以分为冷加工车间、热加工车间、实验车间、特种车间等，涉及的设备种类有普通机床、数控机床、CNC（Computer Numerical Control，计算机数字控制）系统、机器人、机械手、自动化设备、检测设备、PLC 设备、AGV 小车等，而车间设备管理是设备与管理学、网络技术、信息技术融合的一门综合管理学科。

在车间设备管理方面，国外比国内要成熟一些，也比国内起步早二十年左右，以国外几大知名厂家为例：

Predator 公司 1994 年成立于美国，其智能制造车间主要产品覆盖 DNC/MDC 等多个方面。智能制造车间产品名称为 Predator MDC Software，开发语言采用 Java，开发的车间管理系统可以显示当前每台设备的运行状态，以及对设备运行数据进行统计分析。

CIMCO 公司 1991 年创建于丹麦的哥本哈根，在车间数字化方面处于世界领先水平。车间数字化产品名称为 MDC-MAX/DNC，其 DNC 软件的水平一直是行业标杆，产品也分布在全球各处。公司开发的车间管理软件 MDC-MAX，功能和 Predator MDC Software 类似，具有车间生产设备运行状态监测以及数据统计功能。

国内做得比较早的是北京兰光创新科技有限公司，该公司成立于 2002 年，是 CIMCO 公司中国代理；在销售国外软件的同时，也进行着相似产品的研发工作，并在 2014 年左右开发出了比较成熟的车间设备管理系统，作为拥有自主产权的国产软件在该领域占有一定市场份额。

现今，随着全球人工智能、大数据、云计算等技术的起步，这些革命性技术正在推动着全球智能制造的发展，而车间设备管理系统也朝着更先进、更全面、更智能的方向前进，未来的车间设备管理系统必将成为智能制造信息网络中一个至关重要的信息节点。

(2) 车间设备管理的概念

车间设备是企业生产活动必需的硬件条件，也是保障企业生存的必要一环，设备管理是以设备为管理对象，通过先进的管理理论、技术和方法，对设备的全生命周期（设计、生产、安装、验收、使用、维护、改造、报废）进行科学管理。现代车间设备管理包含两个方面：一个是设备技术类管理，即设备安置、使用、维护等；另一个是经济类管理，即设备运行成本、折旧成本、维护成本等。两个方面必须同时考虑，才能符合现代车间设备管理的要求。车间设备管理按管理期分为三个阶段，即初期、中期和后期，具体内容如表3-3所示。

▢ 表3-3　车间设备管理三阶段

管理阶段	管理内容
初期管理	初期的设备管理一般会有设备的售卖厂家派技术员协助管理，主要是设备安置之后，对设备的初期调整、使用和维护，对使用者和维修者的培训和教育，建立完善的设备管理手册和档案机制
中期管理	设备在经历过初期管理之后，进入了过保修期，其间设备管理一般由使用者单独进行管理。中期使用中主要是对设备进行使用、维护和状态监测、故障诊断等，这些措施很大程度上可以为车间管理提供决策参考，有利于提高车间设备的利用率和生产效率，同时也有利于提高工作人员工作效率
后期管理	设备的后期管理基本上是对设备的改造和对不能满足工作需求的设备的更新换代以及报废工作

(3) 设备管理工作内容

车间设备管理工作主要包括：车间设备凭证管理、车间设备数据管理、车间设备定额管理、车间设备档案资料管理和车间设备规章制度管理等五项内容。

① 车间设备凭证管理　设备凭证管理主要是用于记录设备管理和设备相关活动的文本或者电子文件，一般随着设备的流转而流转，包括设备的采购凭证、安装调试凭证、关键设备检查凭证、保养凭证、维修维护凭证、设备改造相关凭证等。

② 车间设备数据管理　设备数据管理是指在车间内，对生产设备情况、生产进程、人员信息进行数字化，并对这些数据进行收集、加工和统计，使得这些车间数据成为车间设备管理人员有效的决策支持信息。

设备数据管理内容丰富，针对设备本身数据，对设备的健康状况进行数据管理，及时跟踪设备健康状态，及时维护和维修，保障车间生产能力；针对车间设备消耗费用，建立清晰明了的车间设备损耗价值和具体金额，及时进行费用统计，避免费用流向不明的情况发生；针对车间生产情况，可以监测设备生产，计算出各种数据，并为管理部门的工作计划下达和调整提供数据支持，有利于提高设备工作效率。

③ 车间设备定额管理　设备定额管理主要形式是产量定额和工时定额，基本定额内容有单位零件加工时间定额、日常设备维修时间定额、设备配件消耗定额等。设备定额一般和设备数据管理配合使用，起到数据反馈的作用。

④ 车间设备档案资料管理　设备在采购、安装、维护、使用、改造等过程中，都有相关的图标、图纸、图片、说明书等资料，这些资料对于车间设备的后期维护、改造具有重大的指导意义。现在的设备档案资料管理一般以传统的纸质档案管理为主。

⑤ 车间设备规章制度管理　针对设备的规章制度主要是设备操作人员的培训制度、设备的使用维护方法制度、文件管理办法制度、事故处理制度、车间设备工作人员奖惩制度等，对制度的管理主要是制度的执行和修改。

(4) 车间设备管理信息模型和功能要求

① 信息集成模型　车间设备管理主要功能包括设备状态监控、设备维修维护和指标运行分析。各功能之间及与外部功能子系统之间的信息集成关系描述如图3-32所示。

② 功能要求

a. 设备状态监控。设备运行数据采集：通常由设备控制与数据采集系统实现，应能自动在线采集反映设备状态所需的关键数据。对于不同类型的设备，数据采集方式也不同，如对于具有以太网等标准通信接口的设备，可以直接按相应接口协议采集；对于没有通信接口的设备，可以通过增加专用采集终端进行采集。

数据采集信息一般应包括：设备状态信息；设备状态起始时间信息；设备运行及空闲时

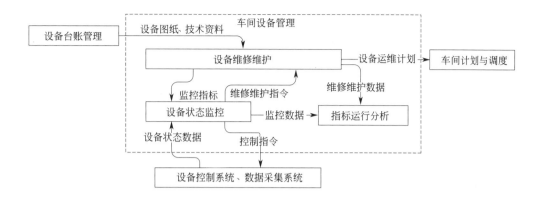

图 3-32　车间设备管理信息集成模型

间；设备故障信息；设备报警信息；设备加工及运行参数信息。

设备状态可视化：设备状态信息应采用图形化展示方式。对于具有建模需要的关键设备，应按照设备图纸构建数字化模型，结合采集数据准确模拟设备的实时运行状态，并能够按照设备结构实现部件级的分解查询，从而增强设备监控的可视化效果。

基于事件的设备状态异常预警：依据设备运行标准和要求，应对指标参数的监控结果进行分析和判定，对有异常变化趋势的情况进行预警，对发生异常或故障的情况进行报警。预警和报警信息应按照异常等级与类型及时通知到相应的监控人员，并采用多种形式相结合的通知方式，如现场监控屏幕显示、报警灯声光报警、系统级消息通知、短信通知等。

b. 设备运行分析。基于设备实时状态采集和维护维修过程中搜集的过程数据，自动统计分析与设备相关的指标，主要包括：设备完好率、设备利用率、设备故障率、停机（或停产）时间、停机（或停产）次数、设备平均故障间隔时间 MTBF（Mean Time Between Failure，MTBF）等。

③ 车间设备维护理论及架构　设备维护包括设备维修和保护，其主要目的是持续保持设备周围作业环境整洁，保持设备完好的工作能力、精度，减少设备长时间停用、维修的可能性，进而保证车间的生产能力和企业的经济效益。

设备维护方式按作业种类不同分为日常定期维护、故障维修、设备改进三种。

日常定期维护是企业常见的一种预防型维护，通过每天或者定期对设备的表面观察、部件检查、功能检查，进而可以发现设备潜在故障或危险，然后通过对应措施对设备进行保养维护，达到预防设备故障的目的。本节根据企业实际需求总结出如表 3-4 所示的设备日常维护条例。

▣ 表 3-4　设备日常维护条例

序号	检查内容
1	设备外观清洁干净,床面无杂物,标识完好,填写规范,登记准确
2	传动系统运转正常,变速设施齐全
3	操作系统灵敏度可靠
4	滑动部位及主要零部件无拉、研、碰伤,无锈
5	滑动系统管路完整,油路通畅,油量适中,油品质符合要求,无漏油现象
6	电气系统管线完好,性能良好,动作灵敏,运行可靠
7	零部件完好,安全防护装置齐全可靠
8	其他异常

故障维修是指设备运行时或者定期大检查时发现设备已经出现故障时对设备的临时维

修，目的在于恢复设备运行加工能力。及时的故障报修维修可以减少设备停机时间，进而减少企业因设备停工而带来的经济损失。

设备改进是指因为特殊加工需要或者设备先天设计缺陷，对设备进行的部件改进，目的在于提高设备运行可靠性或满足特殊加工的需求。

④ 车间设备管理信息化技术

a. 车间设备管理信息化技术种类。车间设备管理信息化技术是将现代信息技术和先进的车间设备管理理论相结合，通过改变企业传统的车间管理模式，提高车间工作效率，进而提高企业效益。车间设备管理信息化技术所涉及的系统如图 3-33 所示。

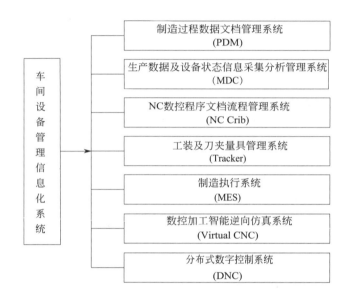

图 3-33 车间设备管理信息化系统

DNC 系统主要负责数控程序的编写、储存和传输；PDM 系统是产品数据管理，用来管理与零件及产品有关的设计生产文档；MDC 系统是车间生产数据和设备状态信息采集分析系统，用于加强对设备的数据化管理；NC 数控程序文档流程管理系统可以对零件数控程序进行版本控制和管理，具有程序上传、审核等功能；工装及刀夹量具管理系统主要用来管理车间刀具；MES 系统负责排产、生产调度、质量管理等；数控加工智能逆向仿真系统用于加工的演示，进而可以进行程序的修改。

b. 车间设备管理系统。车间管理信息化最基础的是分布式数字控制系统，也就是 DNC（Distributed Numerical Control），DNC 主要是指将车间的数控设备连入计算机，在计算机上进行数控程序的编写调试，并远程传输。

MDC（Manufacturing Data Collection & Status Management）是集设备联网、监控、数据统计于一体的软硬件解决方案。

有关 DNC、MDC 和 MES 等的相关内容详见后续 3.3 节、3.4 节。

3.2.6 车间生产过程管理系统的总体设计案例分析

(1) 系统需求分析

生产过程管理系统是针对智能制造车间进行设计，并基于智能制造执行系统进行实时的生产管理。实际车间制造过程产生的生产数据繁多复杂，如何有效地采集和管理这些生产数据，是解决上层管理层与车间现场信息断层的基础，是制造执行系统 MES 的重要环节。智能制造车间引入了智能技术，使车间有较高的自动化程度，并结合智能制造执行系统对车间进行管理，故对生产数据的实时性和准确性提出了更高的要求，以便为上层管理层提供实时数据支持，方便管理者了解生产现场状况，上层相关人员可以作出实时的生产决策来指导生产，以提高生产效率和企业的效益。基于智能制造的自动化、智能化、网络化的特点，系统应具有以下需求：

① 系统需要先根据订单制订生产计划，并下发生产任务，同时，能获取实时的现场数据，并以此为依据进行主动实时的调度等操作。

② 系统能够从上层管理层获取生产任务，比如任务的订单号、物料号、计划编号、计划开工时间、计划完工时间等。

③ 系统能够主动实时地记录产品的生产信息，比如加工工序、加工时间、加工设备、加工人员等。

④ 系统能够实时了解生产进度，库存中物料的使用情况，比如零件某工序完成数量、某零件加工完成数量、物料剩余量等。

⑤ 系统能实现质量跟踪管理并可以进行历史数据的回溯，查询特定工序的实时数据，便于发现质量问题的根源。

⑥ 系统可以对采集的数据进行集中处理分析，并能进行可视化展示生产进度、任务完成度等，为上层管理者做出实时调度等决策提供数据支撑。

（2）系统功能模块设计

基于上述系统需求分析，设计开发智能制造车间动态实时生产过程跟踪与管理系统，对生产过程进行自动数据采集、分析处理、存储与可视化展示等集成开发，建立系统管理、资源管理、计划管理、调度管理及生产过程管理等主要功能模块，如图 3-34 所示。

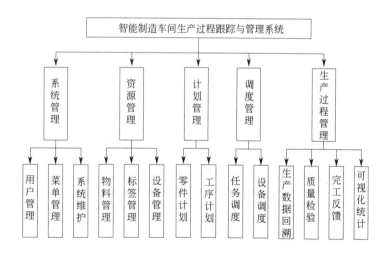

图 3-34　生产过程跟踪与管理系统功能模块

各功能模块详细介绍如下：

① 系统管理　系统管理主要负责对不同的车间人员配置相应的角色和权限，系统根据不同的角色和权限加载不同的菜单和 Web 页面。不同的角色只能在其相应的权限范围内进行相应的操作，权限低的用户不能访问到高权限用户的功能页面，增加了系统的安全性和保

密性。

② 资源管理　资源管理包括物料、标签、人员、读写器以及工装基本信息等的定义和维护，是保证整个系统正常运作的基础。系统利用资源管理中的各个相关的数据，将各功能模块有效地联系在一起，保证了系统中各模块间的信息共享。

物料管理主要负责管理和维护物料名称、型号、规格等相关物料属性，并采用固定的格式将物料信息分类存储到数据库中。每个工件都有唯一的物料编号，便于对其进行标识。

标签管理负责对标签按一定的格式进行初始化设置，设置读写器的读写权限和密钥等，对标签中存储的信息进行处理。

读写器的管理主要是对读写器 IP 地址的维护，将读写器与加工设备进行绑定，以便通过读写器自动从服务器获取加工设备相关信息。

工装管理包括了加工设备、工艺信息、工装夹具等各种加工所需资源的维护，如设备的编号、设备名称、设备管理者、刀具信息、量具信息、夹具信息等。

人员管理主要对员工的一些基本属性进行维护，如员工编号、员工姓名、员工住址等。

③ 计划管理　计划管理主要包括零件计划和工序计划的编制。根据生产订单，计划员首先进行生产能力的分析，并以此为依据初步编制详细的零件计划以及工序计划，编制完成后将生产任务下发到车间。另外，在保证工艺约束的情况下，可以手工拖动甘特图调整各个加工设备的加工任务的顺序。

④ 调度管理　调度管理有设备调度、任务调度等，本系统设计的固定 RFID 阅读器的模式自动采集生产过程的相关数据，实时地采集零件实际开、完工时间等信息，并主动地上传到数据库服务器。上层调度员可以直接查看或者利用甘特图查看实时的生产数据，并以此为依据采用改进的双层编码的调度遗传算法进行实时的生产调度。根据调度结果，可以在甘特图上进行拖拽调度任务，实时有效地安排生产任务和加工设备，保证生产的顺利进行，提高生产效率和设备的利用率。

⑤ 生产过程管理　生产开始前，各车间加工单元会先进行接收上层下发的任务，并做开工检查；当满足开工条件时，各个加工单元根据生产任务从服务器自动获取生产工艺卡片相关信息。零件开始加工阶段，由于工作单元出入口缓冲区的固定阅读器事先已与加工设备及加工人员进行了绑定，当零件进入阅读器读取范围，实际生产加工数据将会被阅读器自动获取，并主动上传到数据库中；通过实际完工数量和计划数量的对比可以得到零件完成率，加工设备和加工人员等信息也都将存到数据库中，为生产历史数据的回溯提供基础；当生产完成后会主动向计划层完工反馈，实时更新数据库相关的生产数据，实现整个生产过程的闭环控制。

对零件进行质量跟踪是生产的一个重要环节，为了预防不合格品被运送到下一工序，需要对零件进行质量检验。而质量检验部门需要先采集零件电子标签的信息，并对采集到的信息进行处理，到数据库查询该零件的工艺卡片，最后需要实时地记录质检信息，如检验人员、检验房间、检验结果等。将这些实时的数据上传到数据库中，若零件出现质量问题，系统可以根据这些数据准确地追溯到产生质量问题的源头，从而可以分析问题产生的原因。对于质检不合格的零件，质检员需要给出处理意见，如返工、返修、报废等，并将零件转给相应的部门。通过可视化的 Web 页面，可以展示实时的零件生产进度、工序生产进度、零件合格率等信息，可以更直观反映出当前实时的加工现场状况，管理者可以根据这些信息，合理地安排生产。

（3）生产车间制造过程分析

生产过程是指从原材料（或半成品）开始，经过中间一系列的加工，直到制造成为产品的全部劳动过程的总和。要进行智能车间实时生产过程的管理，首先要对制造企业的生产过程进行分析，然后才能根据实际的制造过程进行生产跟踪和模块化处理。而制造企业大部分都是离散型制造，对于智能制造车间而言，需要在传统制造的基础上加入自动化、感知等技术，实时跟踪生产过程，以便进行生产管理。一般车间的制造过程如图 3-35 所示。

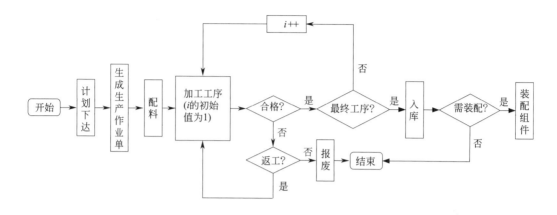

图 3-35　车间制造过程

当企业收到生产订单，上层会根据订单制订相应的生产计划并将其下发到车间，车间就可以获取到生产任务单。根据生产任务单，车间会进行配料、准备刀量夹具等开工前的准备工作，当物料到达工位后，即开始零件工序 i 的加工，工序 i 加工完成之后送检验部门进行检验，根据检验信息决定零件的去向，如返修、返工、报废等。所有的工序加工完之后，将零件的成品入库保存，当库存的零件达到装配条件时，则可以进行组件的装配。

（4）系统总体方案设计

以生产制造流程为依据，以系统需求为目的，进行整个系统的总体方案设计，利用射频识别技术作为数据采集手段，以无线 Wi-Fi 和互联网作为网络连接手段，设计 RFID 的应用架构方案、整个生产过程的物理框架和软件架构方案。整个系统的体系架构如图 3-36 所示。

① 生产单元 RFID 的应用架构设计　以生产现场中每个工位为信息采集单元，在智能制造车间引入 RFID 技术，实现生产过程数据的实时采集与生产跟踪，对实际车间生产单元的 RFID 的应用模式进行设计。详细的 RFID 的应用架构如图 3-37 所示。

在应用架构中，RFID 通过无线 Wi-Fi 连到车间局域网内，并利用 Socket 通信将采集的信息发送到应用服务器端，应用服务器端将收到的数据存储到数据库服务器。因此，生产现场的数据就可以在整个企业内部得到共享，为生产过程的控制和管理奠定了基础。

读写器分别安置在加工设备的物料进出口缓冲区，可以识别其射频范围内携带电子标签的物料，并记录物料的实际加工信息、设备信息、工序信息等，实时准确地将数据通过 Wi-Fi 发给应用服务器，应用服务器对数据进行过滤和处理之后存到数据库中。另外，加工设备处还配备电子显示屏，用来实时显示加工任务等相关的信息。

② 总体物理框架设计　系统的总体物理框架如图 3-38 所示。

车间每个工位的 RFID 设备连接到车间局域网，车间局域网通过交换机连到企业网络，至此，车间底层就可以和上层的数据库服务器、数据采集与管理服务器、CAPP/PDM 服务器建立通信连接链路。其中，CAPP/PDM 服务器可以提供工艺文件、零件图纸、BOM 表等信息；对象名解析服务器 ONS（Object Name Service）类似于域名服务器 DNS（Domain Name Server），它主要负责解析产品电子代码 EPC（Electronic Product Code），将 EPC 码

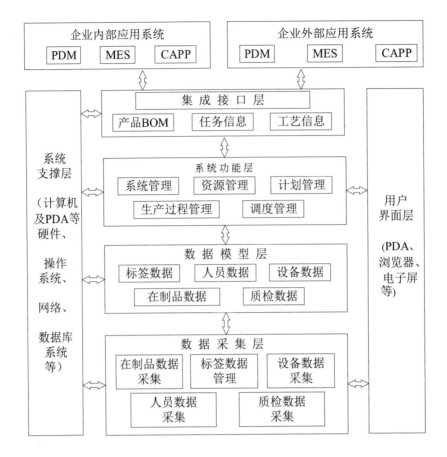

图 3-36　生产过程管理系统的体系架构

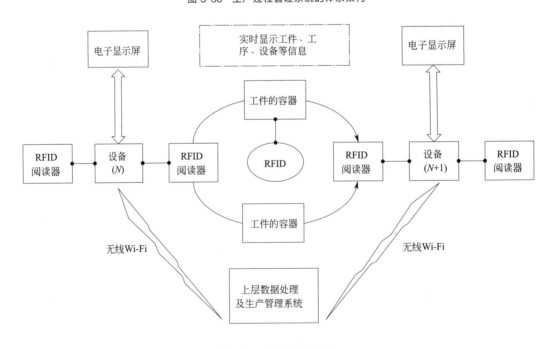

图 3-37　RFID 的应用架构

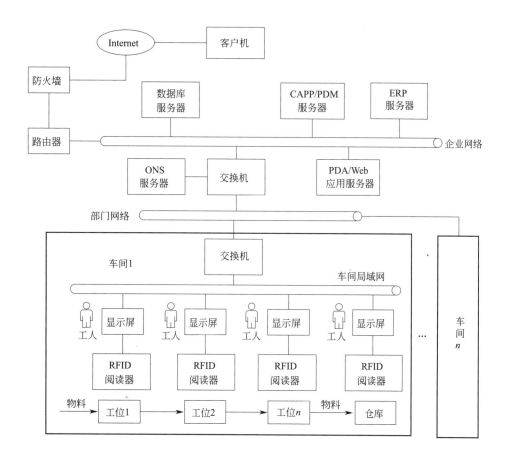

图 3-38　生产过程管理系统的物理框架

与相应产品信息的存储位置进行匹配。通过 ONS 服务器可以获取到产品的信息，并应用到生产管理中。ONS 服务器的工作过程如图 3-39 所示。

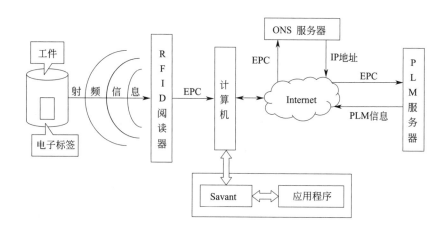

图 3-39　ONS 服务器的工作过程

当阅读器读取到 EPC 标签时，EPC 码就被交给分布式网络软件系统 Savant 进行处理。Savant 系统处于阅读器和 Internet 之间，对 EPC 码进行处理后将处理结果传到 Internet。最后，在 Internet 上利用 ONS 找到存储产品信息的位置，从该位置将产品信息提取出来应用于生产管理。

③ 系统软件架构设计　本系统软件架构采用分层结构，主要由感知层、支撑层及应用层组成，其主要业务处理流程如图 3-40 所示。

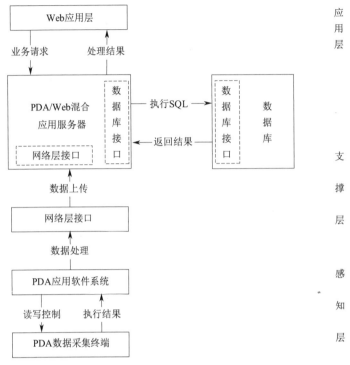

图 3-40　生产过程管理系统的软件业务流程架构

底层是感知层，由一系列 RFID 数据采集终端组成，PDA（Personal Digital Assistant，掌上电脑）终端中安装了各种用 Java 开发的应用程序 APP（Application 的缩写，一般指手机软件），负责电子标签的初始化及读写操作。在实际应用中，PDA 负责读写工件携带的电子标签，实现对生产现场数据的实时采集，临时存储并通过 Socket 通信接口上传至数据库服务器。其中，Socket 接口用于 PDA 和应用服务器通信。Socket 是基于 TCP/IP 协议的，TCP 是面向连接的通信协议，客户端与服务器开始通信之前需要通过三次握手建立连接，这种面向连接的传输方式比较可靠。生产中要实时、准确地采集到生产现场的数据，并将数据可靠地传送到服务器，因此 Socket 是最好的选择。Socket 的工作过程如图 3-41 所示。

首先，在应用程序中用 socket（）函数创建 Socket；然后建立通信套接字之间的连接；之后，应用程序就可以通过 Socket 发送和接收数据了；最后通信结束后要用 close（）方法关闭 Socket。

中间层为支撑层，主要由计算机硬件、操作系统、数据库系统、工业以太网、无线Wi-Fi 通信网络、互联网等组成，其主要提供系统运行的支撑环境，并为感知层数据上传到上层服务器以及上层服务器处理过的数据传输到客户端提供网络传输环境，是系统必不可少的一部分。

上层是应用层，由系统、资源、计划、调度及生产过程等管理功能模块组成。该部分服务于用户，负责与用户的交互，是由 JSP（Java Server Pages，Java 服务器页面）、JavaScript、Servlet 等实现的 Web 页面，对底层采集的实时生产数据进行处理、分析、存储、统计、展示等，根据不同的需求，为各功能模块提供不同的信息，用户可以按自己的意愿查看

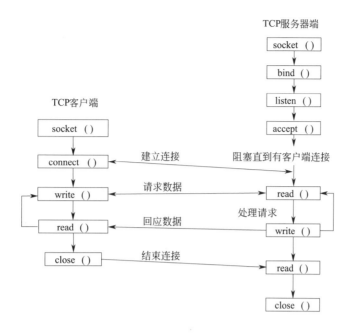

图 3-41　Socket 的工作过程

相应的加工数据。其中，Web 页面的开发主要采用 MVC（Model View Controller，MVC 框架）模式设计，如图 3-42 所示。M 即 Model（业务模型），本节中主要指的是 JavaBean，主要负责从数据库中存取数据封装成对象。V 即 View（用户界面），本节主要是指 JSP 界面，负责模型数据的显示。C 即 Controller（控制器），本节中是指 Servlet，负责处理用户交互操作，从视图获取数据，进行相应的业务处理，并将数据发送给模型。

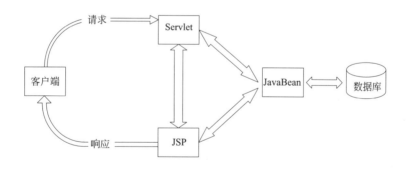

图 3-42　MVC 模式设计

3.3　车间制造信息感知与协同

　　将物联网、ERP、MES、CPS（信息物理系统）、SCADA、DNC、MDC 等技术引入制造业中，以此实现对车间实际生产情况反馈的实时调整优化；并通过云计算、大数据思维等赋予制造系统一定的自感知、自适应、动态反应等能力，形成自我协作和自我管理的智能化管理方式。

在此方面，基于车间物联技术有交互式、命令式及预警式三种车间自协作管理方式；另外，分布式自主协同制造模式，则提供了一种智能车间实时动态反应的运行管控和运行模式。这种自协作管理运行方式可以实现制造过程的动态优化调整过程，上层计划管理层和下层制造执行层双向实时自主通信、交互和协同决策，制造过程即使出现部分突变或异常的状况，仍能保持正常有序运行，有效提高整个制造管理系统的鲁棒性、敏捷性和智能性。

3.3.1　智能制造车间运行的数据流模型设计

(1)　车间的功能框架

智能制造车间的功能框架（如图 3-43）包括 12 个系统，全面支持设计管理、生产计划、库存管理、车间作业、设备管理、质量管理、能源管理、设备控制与数采、试验验证、绩效与决策管理这 10 项核心业务的运行及数据流转。

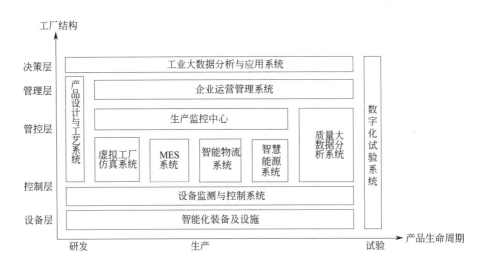

图 3-43　"产品生命周期-工厂结构"二维模式下的智能制造车间功能框架

例如，智能物流系统可以帮助库存管理业务运行实现基于自动化立体库的物料自动存取和分拣、物料配送优化调度、物料库存数量的优化管理，产品设计与工艺系统可以帮助设计管理业务运行实现基于 MBD（Model Based Definition，基于模型的定义）的三维工艺管理、三维装配工艺的闭环与仿真、设计与制造协同，企业运营管理系统可以实现一体化一级生产计划，MES 系统实现多品种、小批量装备产品的高级生产计划的智能排产等。

功能框架从产品生命周期和工厂结构两个维度来描述，横向包括研发（产品设计、工艺设计）、生产（物料配套、生产制造）、试验（产品试验）3 个阶段，纵向覆盖设备、控制、管控、管理、决策 5 个层级。

(2)　智能制造车间运行数据流模型

车间运行数据流模型应围绕产品生命周期和工厂结构两个维度建立数据流关系。

① 产品生命周期维度的数据流模型　在产品生命周期维度层面，智能车间运行涵盖产品的整个生命维度，包含产品设计、工艺设计、生产计划、加工装配、产品试验、产品运维等环节。在产品的不同阶段，需要不同的 BOM 进行支撑，如图 3-44 所示，包括设计 BOM

（Engineering BOM，简称 EBOM）、工艺 BOM（Process BOM，简称 PBOM）、制造 BOM（Manufacture BOM，简称 MBOM）、质量 BOM（Quality BOM，简称 QBOM）、服务 BOM（Service BOM，简称 SBOM）。

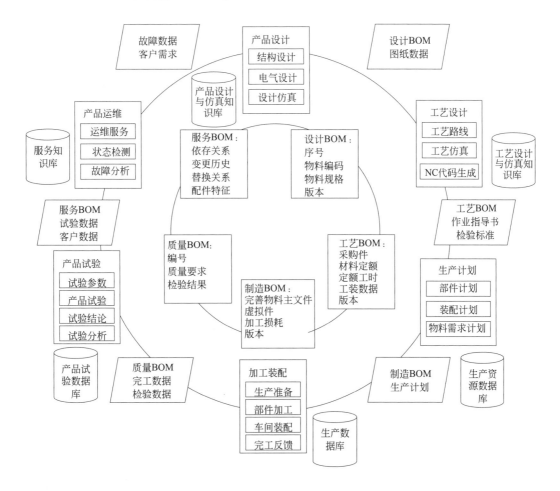

图 3-44　产品生命周期核心数据流分析

在产品生命周期维度中，最为重要的就是实现产品 BOM 数据的传递与集成，其数据流程如下：

a. 在产品设计环节，完成产品的结构设计与电气设计后，将 EBOM 与图纸数据传递到工艺设计环节。

b. EBOM 传递至工艺设计环节，由工艺部门完成产品工艺路线设计，并进行工艺仿真与 NC（Numerical Control，数字控制）代码生成；工艺设计完成后，将 PBOM、作业指导书、检验标准等数据传递至生产计划制订环节。

c. PBOM 传递至生产计划制订环节，计划部门在此基础上，生成产品的生产计划（含部件计划和装配计划），以及物料需求计划。此阶段需要在 PBOM 的基础上完善，形成 MBOM，并将 MBOM 与生产计划下发到生产部门。

d. 试验部门在接到相关指令后，开始对产品进行各项试验，然后将试验数据汇入产品试验数据库，同时将试验数据传递至设计部门，从而更好地指导产品设计，构建起整个闭环系统。

e. 设计部门需要在 QBOM 的基础上，完善配件依存信息，包括组合关系、唯一关系等，完善配件的替换历史和关系，完善配件特征等内容，形成 SBOM 以利于后续产品运维服务和质量追溯。

② 工厂结构维度的数据流模型　在工厂结构维度层面（纵向），智能车间运行包含智能设备层、现场控制层、车间管控层、企业管理层、决策支持层 5 个自底向上的层级，各层之间的数据流向如图 3-45 所示。

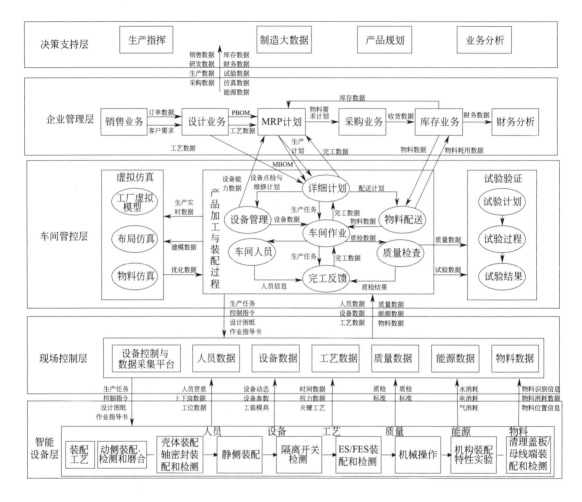

图 3-45　工厂结构维度 5 层数据流

以上 5 层数据相互关联、相互集成，共同构成了智能车间运行的数据基础。

a. 智能设备层。智能设备层是智能制造车间数据产生的源头，在此层需要采集人员、设备、工艺、质量、能源、物料、环境等不同类型的数据，同时接收现场控制层传递的数据。具体包括：

输入：生产任务、控制指令、作业指导书、设计图纸、质检标准。

输出：人员资质、工位数据、设备动态、设备参数、关键工艺、时间数据、扭力数据、质检标准、能源消耗数据、物料识别信息、物料消耗数据等。

b. 现场控制层。现场控制层从智能设备层采集数据，并传递生产任务、设计图纸等到智能设备层；同时现场控制层将这些数据统一规范化汇总后，传递至车间管控层进行数据利用。具体包括：

输出：人员数据、设备数据、工艺数据、质量数据、能源数据、物料数据。

输入：生产任务、控制指令、作业指导书、设计图纸。

c. 车间管控层。车间管控层主要包含 MES 系统、虚拟仿真系统、试验系统等应用，需要从现场控制层获取各项数据，并利用这些数据进行生产过程的运行管控，同时管控层需要与管理层交互较多的数据。具体包括：

输出：设计图纸、作业指导书、物料消耗数据、出入库数据、任务完工汇报数据。

输入：MBOM、生产计划、人员数据、设备数据、工艺数据、质量数据、能源数据、物料数据。

d. 企业管理层。企业管理层主要运行的数据为销售业务、设计业务、MRP 计划、采购业务、库存业务、财务分析等业务数据，需要与车间管控层进行实时的数据交互，并传递各种业务数据到决策支持层。具体包括：

输出：研发数据、销售数据、财务数据、采购数据、生产数据、仿真数据、试验数据等。

输入：设备能力数据、物料消耗数据、出入库数据、任务完工汇报数据。

e. 决策支持层。决策支持层主要负责从以上 4 层采集相关数据并进行转换、装载，对这些数据进行汇总分析与数据挖掘，如对生产数据进行大数据分析等，从而形成对工厂运行的全方位数据监控。具体包括：

输出：设计优化、工艺优化、计划排程辅助决策、质量问题辨识与诊断、设备故障诊断和维护。

输入：工艺反馈、计划验证结果、试验反馈、工艺仿真、生产执行反馈、质量数据分析。

(3) 智能制造车间运行数据规范设计

数据是企业智能制造车间运行数据流的基础。基础数据管理水平的高低，直接决定着智能制造车间运行的效率及效益水平的高低。同时，数据也是智能制造车间信息化系统循环运行的基石，如果支持系统运行的数据是错误或不完整的，将直接影响系统的可靠性。因此，企业需明确智能制造车间运行中核心数据的管理要求，以保证数据的准确性与完整性，这也是智能制造车间运行管理的关键和重点。

智能车间运行数据包括设计 BOM、工艺 BOM、制造 BOM、质量 BOM、生产任务、控制指令、作业指导书、设计图纸、质检标准、生产计划、人员、设备、工艺、质量、能源、试验、物料、出入库、任务完工汇报、设备故障诊断和维护等数据，这些数据用来指导和约束智能制造车间内的所有运行活动。以上数据可以归纳为物料类、设备类、工艺类、人员类、产品类、工装类、质检类等进行管理。

设备是车间产线上最小的任务接收单元，需要管理的对象包括设备类型、设备编码、设备名称、设备组代码、设备分组、是否核心资源、设备型号、供应商、地址编码与名称、隶属车间、所需证书或技能、设备故障、设备能力、备品备件等数据；其中需要对设备编码、设备组代码、设备编码、设备故障、设备能力进行重点规范化与标准化管理。

人员是生产及责任的主体，需要管理的对象包括人员、人员属性、资质等数据，同时为了支撑智能化计划排产，还需要对人员与班组能力数据进行管理。

物料是生产加工和业务处理的直接对象，需要管理的对象包括物料定义、物料属性、物料批次、物料清单（BOM）、质检要求等数据。其中需要重点对物料的各类属性（采购、自制、批次管理）、各类参数（安全库存、采购批量、最小库存、采购提前期、计量单位、辅助计量单位、保质期管理）以及 BOM 进行规范化和精细化管理。

产品是智能制造车间运行的核心，需要管理的对象包括产品类型、产品编码、产品型号、产品 BOM、各类参数（安全库存、计价方式、计量单位）、质检要求等数据。

工艺类数据是指导企业进行产品加工的基本准则与依据。工艺数据是连接设备、物料、人员等数据的关键，必须要实现工序、物料、设备、作业指导等数据的一一匹配。需要管理的核心对象包括工序编码、工序名称、定额工时、加工设备、替代设备、工装模具、质检要求等数据。

质检需要管理的对象主要包括：质量数据、检验规则、检验项目、常规检验结果和质量检查资源等数据。要在智能制造车间运行中实现以质量为线索的闭环质量控制，必须要按照内部或外部要求对质检类基础数据进行规范化管理。

企业要优化数字化运行管理模式，就必须不断对数据进行精细化与完善，数据的精细化程度越高，智能制造车间运行的水平和能力也就越高。

3.3.2 车间制造信息实时感知

对制造车间信息的实时精确感知是自协作管理模式的基础，将传感设备嵌入到设备、原料、在制品、人员等生产资源中，对车间多源制造信息进行采集跟踪，包括生产设施和生产过程的监控，产品的识别、跟踪，为上层计划管理部门提供有力的决策依据。在车间数据采集和产品信息跟踪上的关键技术有很多，例如 RFID 无线射频识别网络在智能工厂生产信息动态跟踪上的应用，基于无线传感网络 Zigbee 的车间多源信息采集技术等。采集的数据通过车间无线通信协议传输至上层管理系统，实现制造资源互联互通以及生产现场和上层管理实时准确的信息交流，经上层管理系统处理分析，以此为依据合理安排和动态调整制造车间的生产管理，协调优化生产活动安排。

（1）现代企业车间工业互联网体系及架构

车间制造信息实时感知技术是工业互联网技术、计算机技术、通信技术、自动化技术等多种技术的融合，涉及企业采购、生产、销售、发展等多个方面的信息集成。

① 企业工业互联信息模型 工业互联强调连接一切，在现代制造企业内部系统中，有车间底层数据感知各种制造过程信息化平台，支持着企业对几乎所有制造资源信息的感知和处理。全面的数字化、网络化、智能化的企业工业互联网网络架构，可以最大程度实现"连接"关于工业的一切。整个架构分为三大部分，分别为信息化应用与设备互联、产业互联、基于企业云平台的企业互联网应用与企业工业信息化系统互联。

在应用与设备互联部分一般针对的是数字化工厂，可以分为现场、控制、操作、管理等四个分层。现场层主要包含机加车间、装配车间、传感器、AGV、机械手等；控制层一般直接与现场层相连接，主要包含有 PLC、数控系统、传感器等；操作层通过控制层从现场层获取各种有用的制造信息，并将这些信息输送到管理层；管理层主要通过企业资源管理系统（ERP）、产品全生命周期管理（PLM）来进行企业级的制造资源管控。

企业通过建立自己的云平台，可以将企业制造层面和业务层面的数据全部同步到云端，通过开放指定的数据接口实现制造底层与业务、行业、供应链之间的信息互通和资源共享。

高度的信息集成和开放可以给整个企业产业链添加更大的活力，销售、品牌、客户、维修、科研等一系列的产业都可以通过企业云及时获取企业制造信息数据，进而可以实现产业级高效作用体系，最终可以形成以产品为中心的贯穿产品整个生命周期的企业级工业互联网网络，实现企业工业生态的持续发展。

在实现工业互联网细节方面，主要考虑的问题有以下几点：

a. 在对企业多种设备数据感知时，例如机床、机器人、AGV、测试工具、实验仪器等等，设备所采用的 PLC 硬件和通信协议不一致；

b. 企业购买的多个公司的信息化软件使用多种标准或协议，软件之间的信息集成难度大；

c. 在内部信息集成后，如何与第三方云平台信息集成。

根据企业工业互联网具体涉及的硬件、协议、云平台，可以得出如图 3-46 所示的工业互联网综合技术信息图。信息图涉及企业工业互联网一系列硬件软件，对具体的车间设备管理平台技术架构搭建具有一定的指导意义。

图 3-46　工业互联网综合技术信息图

② 车间工业互联平台模型　在传统制造业信息化过程中，车间信息化架构一般可分为感知层、传输层、应用层。感知层包含车间多种数据的感知，其间涉及工业通信技术；传输层主要包含车间的网络拓扑和网络通信协议；应用层包含诸如 DNC/MDC 等系统的车间具体应用。

随着科学技术的发展，大数据、人工智能、云计算已经走进了工业中，常见的工业应用有设备故障诊断、产品质量在线检测等。传统智能制造车间与机器学习、大数据、人工智能相结合，建立现代车间工业互联平台模型，如图 3-47 所示。

现代车间级工业互联平台主要包含数据感知、数据处理、数据应用，贯穿整个平台的是数据安全保护。本模型的边缘层是数据来源底层，包含车间设备、传感器、人员、车间订单、产品质量、其他系统等信息。本模型加入了基于机器学习等技术的故障诊断、产品质量质检模块，所以在数据底层需要采集故障信息或者零件图片；车间网络层主要用于数据传输、数据存储；车间网络层上面是平台层，平台是多方面的，管理平台主要包括设备管理、订单管理、产品管理等；平台层的数据处理包括数据清洗、数据关联、数据分析、数据封装、数据训练等；数据的应用有两方面的含义：一方面是实际业务应用，例如车间管理应用、MES 系统应用等；另一方面是创新型应用，结合机器学习等先进技术手段，进行设备状态预测、零件产品质量在线检测等。

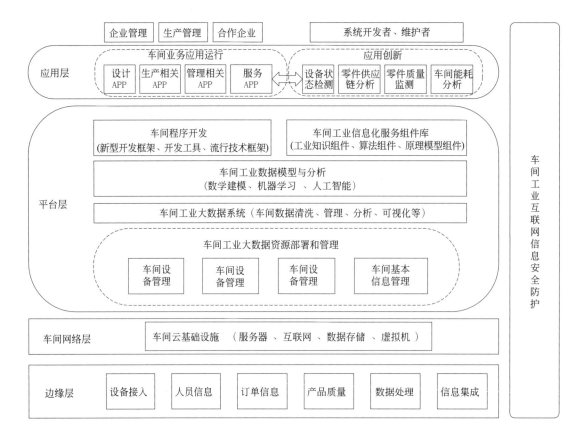

图 3-47　现代车间工业互联平台模型

（2）车间管控系统与信息感知

车间管控系统是制造企业信息化体系的一部分，不同的企业由于生产组织方式的不同，车间管控系统包含的软件系统不尽相同，标准的车间管控系统由单元控制、产线控制、产线监控、车间管理四部分的软件系统组成，其中制造执行系统是整个车间管控系统的核心。每个层级的软件系统接收上个层级软件系统下达的生产指令，并向上个层级系统反馈生产指令的执行时效。

① 制造执行系统　制造执行系统接收 ERP 下达的生产计划，动态地进行计划排程、生产调度以及生产绩效分析，并向 ERP 反馈生产计划的执行结果；制造执行系统将排程后的详细生产计划分解成生产作业，下达给下层的集中监控系统和过程控制系统进行生产，并接收集中监控层反馈的生产作业执行情况、质量检测数据、设备运行状态数据，依据接收到的实时数据动态地调整生产策略，达到工厂生产的效益最大化。软件主要功能模块包括：生产计划排程、生产过程监控、实时数据采集、制造工艺管理、产品质量管理、设备管理、统计分析报表、OEE（Overall Equipment Effectiveness，设备综合效率）指标分析、基础数据管理。

② 集中监控系统　集中监控系统主要实现对生产设备的数据采集、远程控制、参数调节、实时报警等功能，与制造执行系统的生产过程监控相比较，制造执行系统偏重对生产计划和质量的监控，集中监控系统偏重对生产线的运行状态、设备的监控状态、生产工艺参数的监控。一般集中监控系统都会将采集到的各类实时数据存储在历史实时数据库中，为后续的质量追溯和工艺改进提供分析的数据。集中监控系统通常由硬件、通信、软件三部分组

成。硬件主要包括服务器、工程师站、人机交互界面（HMI）、通信设备；通信主要包括与I/O设备直接通信、通过OPC通信两种方式；软件通常基于组态软件进行定制化开发，常用的组态软件包括iFix、InTouch、WinCC等。

③过程控制系统　过程控制系统以PLC和单片机为核心，它通过编程实现单台设备或多台设备的联控，辅以物流设备，实现生产线或生产工段的控制功能。过程控制系统接收集中监控系统下达的生产作业和工艺参数，并向集中监控系统反馈生产和设备的实时数据。过程控制系统通常由控制、执行、反馈、负载几部分组成。

④单元控制系统　单元控制系统指的是内嵌在设备内的控制系统，例如数控机床、智能加工中心、机器人、AGV等。

如图3-48所示，车间管控系统的典型架构由制造执行系统、集中监控系统、过程控制系统、单元控制系统组成。主要是实现生产的自动化和管理的信息化。智能工厂是要求能够在制造过程中进行智能活动，尽可能地取代技术专家在制造过程中的脑力劳动，把生产自动化变得更加柔性化、智能化和高度集成化。

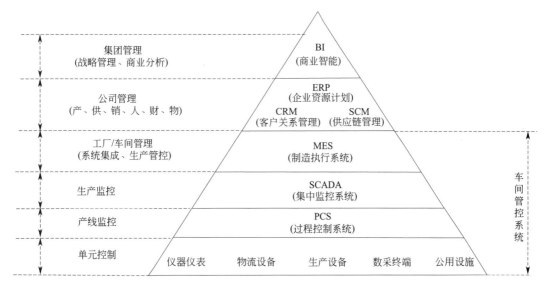

图3-48　智能车间管控系统的典型体系架构

(3) 通用车间级数据采集模式

我国国家标准（GB/T 19114.44—2012《工业自动化系统与集成 工业制造管理数据 第44部分：车间级数据采集的信息建模》）将与制造操作有关的功能分为如下5层，如图3-49所示。

①第0层：实际的物理过程。

②第1层：检测和执行物理过程的功能。

③第2层：监测和控制物流过程中的功能。

④第3层：管理生产预期最终产品的工作流的功能。

⑤第4层：管理制造组织业务相关活动的功能。

该层次模型可适用于任何与制造操作有关的管

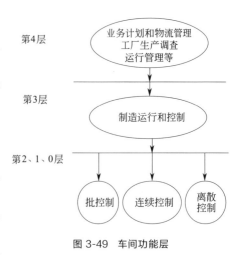

图3-49　车间功能层

理数据的建模，而车间级的数据采集主要是通过第 3 层向第 0、1、2 层采集数据的过程。根据我国已发布的国家标准，车间级数据采集的模式如图 3-50 所示。

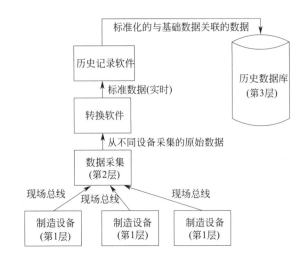

图 3-50　车间级数据采集的模式和第 3 层记录过程

车间级数据采集通常由两部分组成：负责与制造单元通信的系统和能够基于周期或事件采集车间数据的检测系统。数据采集可以由过程自动执行或通过人机专用接口手动执行。

（4）生产过程数据采集

生产过程的数据采集是车间运行管理和人机交互的重要环节，也是装备运行状态分析、ERP 系统控制、MES 系统控制、质量检测等的基础。基于图 3-50 中所示的车间级数据采集模式，可将智能制造车间生产过程的数据采集分为四组，包括可追溯性数据、生产与维护数据、质量控制数据和制造管理数据，某离散型生产企业数据采集的过程与组织模型如图 3-51 所示。

在设备层开展数据采集的过程中，可以采用功能块的概念，以统一的方法来管理设备层数据，并保证向其他层传输数据时的一致性。

（5）智能车间的多源数据信息采集

① 车间监控的多源数据类型与采集技术　智能制造车间监控涉及车间生产和产品制造的各个环节，其数据来源和数据格式也比较多样，数据量也比较大，所以在对车间监控系统进行规划之前，需要对车间的数据类型有一定了解和分析。只有这样，才能保证监控系统中的数据来源全面，才能具有针对性地对车间监控系统进行规划和分析，并对相应的数据来源，采取合适的方法进行数据采集和传输，才能有效地对其进行监控。

企业的制造过程是一个相当复杂的过程，涉及从生产原材料到零件加工，再到装配等一条连贯的生产路线。这些生产数据按照数据性质来分类，包括产品基本信息、产品工艺信息、加工过程产生的信息、生产现场数据信息、过程维护信息等；其中的加工过程产生的信息是指流转单状态信息、生产进度信息、加工质量统计信息等，以及历史的和实时的车间现场数据经过加工处理后产生的信息。

在制造过程所涉及的如此众多信息中，制造车间现场数据是其重要的组成部分，该部分重点在于对车间制造现场的数据的采集、传输和管理，这也是车间监控中的主要的数据来源。在车间监控系统中，除了需要生产现场数据外，还需要能够从生产制造信息系统，如常见的 CAD、CAM（Computer Aided Manufacturing，计算机辅助制造）、CAPP 等，获取一

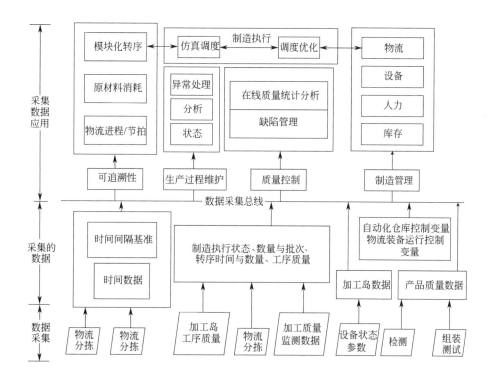

图 3-51　某离散型生产企业数据采集的过程与组织模型

些生产制造数据，以结合生产现场数据共同完成对车间的生产监控。

这些车间监控的现场数据大体上划分为两个类别：现场工况数据和机床设备运行参数。主要的制造车间现场数据的类型参照图 3-52。

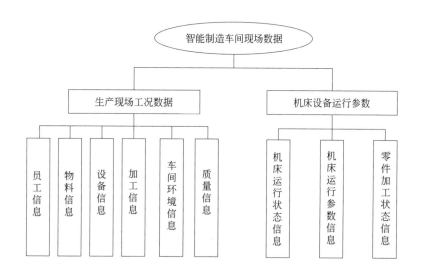

图 3-52　智能制造车间现场数据类型

车间现场的生产数据主要包含员工信息、物料信息、设备信息、加工信息、车间环境信息、质量信息等。

机床设备运行参数主要是与数控设备的运行过程相关的一些信息，一般主要包括机床在车间现场的运行状态、机床在车间现场的运行参数、当前机床上的在加工零件的加工状态的信息。

当前车间监控数据的数据采集常用的技术手段一般可以分为下面两类：

a. 利用自动化设备进行采集。其中常用的自动识别方式一般有条码、磁卡（IC卡）、光学字符识别 OCR（Optical Character Recognition）、智能卡、RFID、生物信息识别技术等，如图 3-53 所示。这些技术一般使用嵌入式采集终端，通过光、电磁、温度、生物识别等技术，对信息载体自动进行识别，再通过内部的软硬件的处理，把获取的信息显示给用户。如条码技术，一般将生产保存在条码中，并将其贴在相应工位上。使用自动条码扫描器将其读取后，作为车间监控信息进行记录，当前二维码以其较大的信息存储量、较好的加密方式，应用逐渐广泛起来。一般 RFID 标签的存储容量大，存储的数字信息内容不固定，RFID 读写器广泛地用来读写动态数据和静态数据。RFID 凭借其读写速度快、可批量读写等特性，已经在多种行业得到广泛的应用。

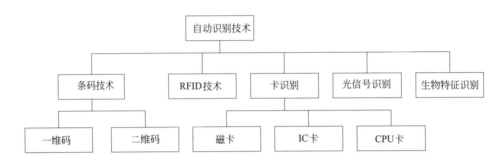

图 3-53　自动识别技术

对于车间监控中的员工信息、物料信息、设备信息等现场数据，如果只是需要获取这些实体信息的一般应用场合，可以采用自动识别技术。通过这些自动识别技术，获取当前车间实体的 ID，结合企业信息系统可以随时获取这些设备、人员、物料等的详细信息。

b. 利用生产设备提供的接口获取设备当前的信息。例如车间工作人员可以利用设备终端提供的接口来直接获取需要的数据，尤其是在数控伺服系统中。如数控机床、加工机器人、PLC、触摸屏工控机等都属于此类设备。其中常见的 OPC（OLE for Process Control）便是其中的一个工业标准，一般用于这类过程控制和工业自动化系统中。其使用客户/服务器的模式，可以以 OPC 服务器的形式提供给设备用户，供客户进行二次开发，方便系统集成，提高了系统的开放性和互操作性。所以，在实际中采用 OPC 接口以及相关的软件配置，可以直接通过上位机对机床等设备的数据进行采集。还有触摸屏工控机，这种机器主要服务于无通信设施的设备和生产任务单一的工位。一般需要人工在界面输入数据，并上传提交，可以通过车间局域网实现数据传输。

针对车间现场监控数据中的加工设备运行参数，可以充分利用车间设备提供的接口对其进行采集。当前机床数据采集中，一般采用数控机床的内部的 OPC 服务器，对当前机床的状态、运行参数以及机床上零件的加工状态，都可以采用数控机床自带的 OPC 服务器获取并上传这些数据。

另外，可以利用 PLC 提供的 I/O 接口对其内部的变量进行采集，借助组态软件和数据库等技术，以达到对车间的 PLC 数据的实时监控的目的。

当前信息技术和物联网技术的发展，使新技术不断涌现，一些原有技术成本不断降低，将这些技术应用在车间监控的条件已经比较成熟；从另外一方面来讲，当前车间现有的在上文中提到的两类数据采集技术，虽然能够在一定程度上满足车间信息化的采集需求，但其在提高车间智能性方面，例如针对车间智能环境进行的数据采集由于空间分布大、数据采集点多、监测项目多，所以存在很大的局限性。因此，基于物联网技术的数据采集和视频监控技术得到了越来越普遍的应用。

② 基于物联网技术的数据采集　当前业界普遍认可的物联网具有三层体系架构，即感知层、传输层和应用层。

感知层位于物联网平台架构的最底层，是沟通物理世界与信息世界的桥梁。感知层主要有一维及二维条码、RFID、传感器、嵌入式系统、图像处理系统等，相当于人的皮肤和五官。感知层主要作用为捕捉和采集周围环境及物体动作并将以上数据上传至传输层，是物联网技术得以感知环境及物体的最重要环节。

传输层位于物联网平台架构中间层，相当于人类的神经中枢，主要为感知层提供数据传入接口，接收感知层数据并保证应用层数据的使用。传输层主要是依靠目前已有的互联网、通信网、广电网等网络，将感知层数据传输至应用层，其中主要涉及的技术有 Wi-Fi、蓝牙、ZigBee 以及 NB-IoT 等技术。

应用层位于物联网平台架构的最顶层，相当于人类的大脑，主要用于处理、计算感知层所感知的海量数据；与此同时，应用层还可将数据处理结果用于为个人、公司等用户提供服务。应用层的设计紧贴行业需求，不同行业在设计应用中会有较大差异，与行业应用关联度较高，实现物联网在不同行业的智能应用及服务。

在实际应用中，每种技术都有独特的特点，有些技术注重功能性，有些技术注重低功耗，有些技术注重长距离传输，有些技术注重大数据量传输，不同技术针对不同应用场景都取得了较好的应用。这里分别对 Wi-Fi、蓝牙、ZigBee 以及 NB-IoT 四项目前常用的无线传输技术进行对比，如表 3-5 所示。

▣ 表 3-5　四项常用无线传输技术对比

名称	Wi-Fi	蓝牙	ZigBee	NB-IoT
传输速度	11～54Mbps	1Mbps	100kbps	50kbps
通信距离	20～200m	10～100m	2～20m	15km
频段	2.4GHz	2.4GHz	2.4GHz	180kHz
组网特点	Ad-hoc 网络	Ad-hoc 网络，节点少	节点多，组网形式灵活	移动蜂窝网络
安全性	低	高	高	低
功耗	10～50mA	20mA	5mA	20mA
成本	25 美元	2～5 美元	2 美元	10 美元
应用范围	无线网络、PC、手机等	通信、IT、多媒体、汽车	无线传感器、工业场景	水表电表、环境监控

通过以上四种无线传输技术的相关指标对比，可清晰地看出，Wi-Fi 技术传输速度虽然比较迅速，但前期成本以及后期运营成本都较高，并不适合工业场景大范围小数据量频繁传输。Wi-Fi 的技术标准已经实现几十 Mbps 速率的无线通信，具有良好的便携性；但在较大的数据通信速率中，会消耗大量的电能，所以一般便携式的 Wi-Fi 设备需要设计有常规的充电接口。

蓝牙技术虽然成本不高，但其组网形式单一，不适合大规模节点自组网场景应用。蓝牙技术是一种短距离无线通信技术，传输距离较短，其标准有效传输距离为 10m，放大器可将传输距离增加到 100m，抗干扰能力弱；各个微网中可以配置的节点数不能超过 7 个；受限于芯片，价格较高，主要应用在消费电子、家用电器等领域。

NB-IoT 适合于超长距离小数据量传输，不适合于室内应用。

ZigBee 协议是无线传感网络技术中的一种。无线传感网络（Wireless Sensor Network，WSN）是一类新型分布式系统，是实现物联网技术的一项关键技术。它能感知所处的物理世界的传感信息并分析物理世界所处的状态。无线传感网络一般由在空间内分布的大量独立传感器组成，以检测车间的环境状况，如温度、振动、压力、声音、移动和气体等，另外它能采用无线通信的方式形成网络，将这些数据提供给使用者。将尽可能多的不同种类的传感器部署在环境中，那么人们就能够通过这些传感器以及其所组成的网络，获得所处环境的信息，进而能够极大地扩充人感知物理世界的途径。ZigBee 主要特点是组网方式灵活、多节点、近距离、低功耗、低成本，但其明显的缺点是速率较低。

③ ZigBee 在车间数据采集中的应用优势　目前车间数据采集，尤其是设备监控主要是通过有线的方式，通过有线电缆，如工业以太网线、控制器局域网络 CAN（Controller Area Network）总线、串口线等，将车间内的设备的运行状态信息、车间运行信息、生产过程信息、车间环境信息等上传至信息中心，提供给 MES 进行处理，进而为 ERP 提供相应的基础信息。与传统的有线传感器部署方式相比，ZigBee 无线传输方式具有多方面的优势：

a. ZigBee 可用于车间环境数据的采集。车间环境监控数据分布范围较大、数据采集点众多、监测项目众多，应用 ZigBee 技术采集环境数据时，能够做到快速增加数据采集点，免去了有线方式下需要连线的麻烦。其网络节点的容量能够达到 6000 多个，可以轻松应对车间的终端的环境数据采集点。

b. ZigBee 节点和其他设备连接，可以更加智能地对设备进行监控。如果 ZigBee 芯片与车间设备的电源模块进行集成，当电动设备上电后，在 ZigBee 网络中就可以实时发现该设备已经上线。如果将设备的其他功能模块和该 ZigBee 芯片集成，在设备上线后，便可以通过 ZigBee 网络对该设备进行相应监控。

c. ZigBee 网络以其网络自组织性和灵活性，也适用于对车间移动设备的监控。

ZigBee 网络能够自动发现网络中新增节点，这对监控过程中随时增加新的监控节点和删除原有节点具有很好的适应性。将该特性应用在监控中，可以对车间中流动的人员、运输设备等进行有效的监控。例如车间中的 AGV 运输车配备 ZigBee 节点后，AGV 在各个车间运输的过程中，都能够随时被车间内的 ZigBee 网络发现，进而对其有效地进行监控。

④ 基于 PLC 的装配或物流生产线实时数据采集　装配或物流生产线一般包括上料、转运、加工、质检、仓储等生产单元模块，这些模块可以独自工作，也可以协同工作。为监控生产线的运行情况，需要将实时运行数据上传到数据库服务器。通过对车间上位机配置数据源，来连接数据库服务器。

通过工业组态软件，将车间生产数据实时地上传至数据库。在组态软件工程中正确地配置数据源后，通过建立相应的工程实现对 PLC 的实时数据的采集。在工程应用中，需要首先对 PLC 的各个 I/O 和日期等建立相应的变量；这些变量和 PLC 中需要监控的 I/O 端口具有对应关系。建立好 I/O 变量后，再使其与远程连接的数据库中相应数据表的字段对应起来。当组态软件工程中该程序运行时，这些 I/O 口的数据变化将会被实时地读取，并自动上传至数据库。

配置完成后，通过组态软件工程中自带的程序语言，为该工程编写数据上传命令，并内嵌在组态软件工程中，将各个 I/O 的变化情况上传至数据库。

⑤ 车间视频监控的基本组成　视频监控系统一般由三部分组成，即监控设备、视频传输以及监控中心。近年来，视频监控技术取得一定的发展，不管是监控的软件层面，还是硬件层面，但这三个组成部分一直没有改变。

a. 监控设备。监控设备相当于监控系统中的前沿部分。将其布置在被监控的区域，对需要监控的空间进行拍摄。除了监控的摄像机之外，监控设备还包括其他一些辅助设备，如云台、保护监控设备的防护罩、解码器等。但其主要功能是将声音和图像信息采集后，进行压缩解码以及数模转换。摄像部分的质量，尤其是其对图像信号处理的质量，往往影响监控系统的整体质量。

b. 视频传输。传输网络是视频传输的核心部分。当前的传输方式一般有双绞线传输、宽频共缆传输、微波传输、光纤传输、网络传输、视频基带传输等方式。

c. 监控中心。监控中心负责控制监控设备和处理分析监控视频，是监控系统的控制中心。将监控设备传输过来的信号进行解码，最终以视频的形式显示在终端设备上；另外还包括对历史视频的存储。由于视频文件在存储容量上比较大，一般通过磁盘阵列的形式进行存储。

对监控系统中的历史视频进行存储时，就需要用到录像机。当前应用比较广泛的是数字视频记录仪（Digital Video Recorder，DVR）和网络视频记录仪（Network Video Recorder，NVR）。DVR集成了很多的功能，包括基本的录像机和视频传输功能，摄像头拍摄参数和运动由云台控制，还可以配备画面分割功能和监控过程中的报警功能；NVR相当于一个中间件，模拟视频、音频以及其他辅助信号经过视频服务器数字化处理后，以IP码流的形式上传到NVR，再由NVR完成存储和转发。NVR和DVR的应用特点比较如表3-6所示。

▫ 表3-6　NVR和DVR的应用特点比较

比较项目	NVR	DVR
部署的位置	不受地域限制	存在局限性
独立性	不可以独立工作、不自成系统	可以自成系统独立工作
高清	可实现真正的高清存储和视频转发	无法实现真正的高清,最多支持D1的分辨率
录像存储	有中心存储、前端存储、客户端存储	受制于其模拟前端
开放集成	用开放的IP架构,具有良好集成能力	不利于集成
布线	一条网线	需布设多种线
即插即用	可以	不能
安全性	用AES码流加密,安全性好	安全性差
接口	因作为中间件,不需要多余的接口	有丰富的接口
管理	能全程检测和集中管理	不能
使用系统	大、中规模系统	小规模系统

经过比较可以看出，NVR适应未来的发展趋势，其优势远远大于DVR。其布线方便、不受地域限制、即插即用等的特性，也使其特别适合车间现场的视频监控的部署。

⑥ 车间视频数据采集的应用　车间视频监控技术的应用场景主要体现在以下几个方面：

a. 实时监控重点加工区域或重要设备。视频监控能够反映信息的全面性和实时性。通过对现场实时画面监控，和对历史视频保存和回调，可以完成对重点设备的历史情况的详细分析，从而为设备的维护和维修提供重要的信息，并且能够对现场工作人员的操作进行分析，为提高和优化生产效率提供分析条件。

b. 可实现对加工设备的集中管理。通过对视频信息分离采集、集中展示，能够减少工作人员，尤其是管理人员必须亲临现场进行加工指导的必要性。是充分发挥高级专家、高级管理人员对生产过程指导作用的有效途径。

c. 为车间调度提供决策依据。由于车间生产情况比较复杂，一般车间的计划调度和实际生产节拍较难达到一致。视频监控的画面结合车间监控的其他有效信息能够更有效、更加全面地反映车间生产进度，可以优化车间调度，做到实时调度。

d. 是实现远程监控的重要手段。某些所谓的远程监控一般只能够提供车间现场的生产数据信息，无法全面地反映生产现场情况。而视频监控的应用不仅能够解决这一问题，还可以作为实现异地制造、设备重组和制造系统优化的手段。

(6) 数字化工位数据采集案例

尽管智能制造车间通过智能设备采集了大量的生产数据，但生产环节中依然存在人员的参与，尤其是在综合考虑成本和技术难度的情况下。智能制造车间也并不是一味地追求无人车间，只要为人员的作业环节配备相应的数据采集设备，就可以经济有效地实现人员作业的数字化，从而保证智能制造车间内数据流的完整性。数字化工位就是智能制造车间中人员作业数字化的解决手段之一，尤其是以机械加工为主的智能制造车间。

① 数字化工位 数字化工位依赖于智能终端、定制化软件、多元化车间网络。其中，智能终端主要包括：触摸式作业终端、条码采集器、指令状态传感器、RF-SIM 发卡器、设备监控模块、程序传输模块、定制化软件模块、数据采集与传感模块等。高级智能终端还可以包含 AGV 和助力臂。

通过数字化工位，车间制造执行延伸至产品工艺路线的每个关键点，因此，数字化工位是整个生产过程与用户需求衔接的最终端点。在制造执行系统的管控下，每个数字化工位的作业执行能力就构成了企业制造系统的制造执行能力。所以，对制造工位的数字化就是提高其制造执行能力的有效手段，也是企业生产过程信息化的最终落脚点和发力点，更是保持企业获得可持续竞争优势的根本。数字化工位由操作者、数控设备、智能终端和车间网络四个方面构成。数字化工位在生产过程中所起的作用，体现了以人为中心的生产过程信息化理念。某离散型生产企业数字化工位的主要功能如图 3-54 所示。

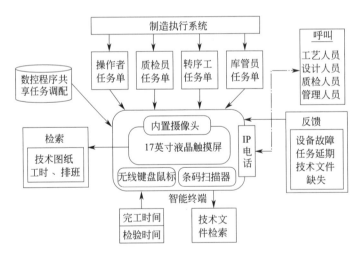

图 3-54　某离散型生产企业数字化工位的主要功能
注：1 英寸为 2.54 厘米。

② 数字化工作站 随着车间联网力度的加大，生产部门需要处理越来越多的信息，未来我们将能够更多地了解生产车间的实时运行情况，从而为所有参与生产的相关方创造一个更具时效的决策平台，改善企业的效率和反应时间。在数字化工位的基础上，可建立移动式

数字化工作站，其主要技术特点为：集移动推车、UPS（Uninterruptible Power Supply，不间断电源）、工业触摸一体机、高速文件扫描仪、不干胶标签打印、条码识读器、视频图像采集、无线网络于一体，适用于装备制造企业的外协采购、生产物流、毛坯铸造、机械加工、产品装配、质量检测等生产过程网络化管理和信息技术应用。

其主要功能是：为离散制造生产过程物流管理和质量检测提供可移动、基于无线网络的数字化现场工作设备，可灵活地在生产过程现场为各个关键岗位的工程师提供网络化信息获取和数据处理能力，改进生产过程管理模式，提高生产过程管理、控制、服务和文件生成的质量和效率。

某离散型生产企业数字化工作站的结构组成如图3-55所示。

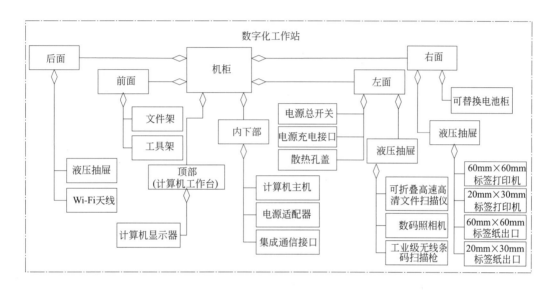

图3-55　某离散型生产企业数字化工作站结构组成

其应用模式包括：顺序工作模式、并行工作模式、响应型工作模式。

典型应用包括：采购物资进厂检验、物流配送过程管理、产品质量过程控制、机械加工或装配工位的制造信息服务、产品交付过程管理等。

③ 基于数据采集的制造信息服务　将数字化工位与数字化工作站并行使用，通过车间计算机网络、工业互联网、无线网络等实现互联互通，能够直接完善企业的制造信息服务。数字化工位与工作站支撑车间制造服务主要表现为：对 MES 的支持、柔性化、基于 PLM 的工艺过程服务等。

3.3.3　智能车间信息物理系统（CPS）的设计与实现

（1）CPS 发展与概念

信息物理系统 CPS（Cyber Physical System）被认为是信息网络世界（Cyber）与物理世界（Physical）融合的新一代系统，强调信息网络世界和物理实体世界的深度融合。

CPS 是融合了信息通信技术和制造业的智能化系统，CPS 强调 Cyber 空间和物理世界（Physical）的交互，通过 Cyber 空间对物理世界实体设备或成组设备系统，在运行或进程中实现对设备的感知、数字化信息的采集和集成、智能化的分析及判断等，对信息环境的海量数据进行分类或融合，对资源或设备功能进行协调和自适应控制；最终实现 Cyber 空间与物理世界之间的自适应、自组织和自协调，实现智能制造过程中的任务和资源最优匹配。

CPS 最早是由美国国家航空航天局（National Aeronautics and Space Administration，NASA）在 1992 年第一次提出，2006 年美国国家科学基金会（National Science Foundation，NSF）对这一概念进行了详细阐述，并在《美国竞争力计划》中将 CPS 列为关键的研究方向。2016 年 5 月，美国国家标准与技术研究院提出 CPS 的架构模型，并发表《信息物理系统框架》。

德国作为欧洲制造业的领跑者，在 CPS 研究方面也一直在努力。2009 年，德国电气电子行业协会在《国家嵌入式系统技术路线图》中提出 CPS 是德国未来制造业的基础技术。2016 年，德国人工智能研究中心开展 CPS 实验工作，并建成信息物理生产系统实验室。

中国 CPS 的研究起步虽晚，但发展非常迅速。2010 年，科技部启动"973"计划和"863"计划，组织 CPS 发展战略研究专家，深入研究 CPS 热点问题及关键技术。在《中国制造 2025》发展规划中指出，基于 CPS 的智能设备、智能车间、智能工厂等智能制造正在引领新一轮生产方式革命，对未来影响深远。2020 年 8 月，由工信部指导、中国电子技术标准化研究院和中国信息物理系统发展论坛负责编写的《信息物理系统建设指南（2020）》着力于将理论共识落地于工程实践。

《信息物理系统白皮书（2017）》对于 CPS 的定义进行了权威阐述：CPS 是指通过集成先进的感知、计算、通信、控制等信息技术和自动控制技术，构建了物理空间与信息空间中人、机、物、环境、信息等要素相互映射、实时交互、高效协同的复杂系统，实现系统内资源配置和运行的按需响应、快速迭代、动态优化。

CPS 不是一项简单的技术，而是以智能感知技术为核心，以工业互联网和大数据处理为基础，融合计算、通信和控制等多维度智能技术，实现对物理世界的实时感测和动态控制，便于机器设备、资源、信息和人员一体化，将生产工厂转变成一个智能环境。

CPS 是一个集计算、通信、控制于一体的复杂工程系统，以计算、通信、控制三者为核心内容，从而实现信息世界和物理世界的相互交融和协同工作，并为用户提供信息服务，从而提高工程运行的可靠性和稳定性。在 CPS 的全程中，Cyber 可以看作一个信息世界，Physical 可理解为物理条件下根据某种规律运行的整个过程或是某个事件。Cyber、Physical 之间的对比，见表 3-7。

▢ 表 3-7 Cyber 和 Physical 的比较

比较对象	计算基础	计算模型	逻辑基础	执行准则	理论基础	数据格式
Cyber	离散二进制	同步进程	进程队列	计算抽象	计算技术	结构化
Physical	连续微分方程	异步事件	时间	客观规律	领域工程	非结构化

从表 3-7 可以看出，信息世界和物理世界在各个方面都有很大区别，但是，CPS 可以将二者之间的差异缩到最小。CPS 在智能电网、智慧城市、智能工厂、智能建筑和智能家居等领域中描述了工业 4.0 应用模式。一般来说，CPS 由三个主要部分组成，即作为计算核心的网络部件，作为受控对象的物理部分，作为网络和物理之间的通信媒介部分。

CPS 体系结构经常被表示为信息和物理两部分，虚实融合的智能车间是一种典型的CPS 系统。智能车间通过物理层控制现场，并采集现场的数据，将现场数据实时反馈到虚拟世界中，利用采集的数据反馈到虚拟世界中进行仿真优化，优化结果再次映射到现实的物理系统，物理系统做出相应的优化调整，从而提高生产的效率及安全性并降低能耗。虚实融合的智能车间能够做到以下几点：

a. 虚实融合的智能车间通过传感器来采集物理世界中的设备、人、环境等数据。

b. 虚实融合的智能车间通过数字车床、机器人、AGV 小车等执行器来影响物理过程。

c. 虚实融合的智能车间通过有线网或无线网，实现现实世界与虚拟世界的连接。

d. 虚实融合的智能车间通过分析数据，实现现实世界与虚拟世界的融合。

（2）信息物理系统中系统集成的分类

随着制造业的信息化程度不断提高，一个复杂的信息系统通常由多个 CPS 构成。各个 CPS 之间通过接口传输数据，同时 CPS 通过采集的数据来控制其他 CPS。CPS 数据通过本地、分布式、云端三种方式来实现数据存储。

《信息物理系统白皮书（2017）》中提出了将 CPS 划分为单元级 CPS、系统级 CPS、SoS 级（System of Systems，系统之系统级）CPS 三个层次。单元级 CPS 可以通过 CPS 总线结合和集成，形成更高水平的 CPS，即系统级 CPS；系统级 CPS 可以通过云平台或者大数据相互结合，多个系统级 CPS 可以组成 SoS 级的 CPS，从而达到企业层次的数字化经营和管理。

① 单元级 CPS 单元级的集成是 CPS 集成中最基础级的集成。CPS 由物理部分和信息部分组成。物理部分包括物理处理和物理对象，通过传感器对物理实体及环境进行状态感知，并进行物理层抽象建模。信息部分可以分为两层：平台层和计算层。通过计算层抽象实现相应的控制系统。最后，将控制系统部署在抽象计算平台上，但是不同的抽象层使用典型的非兼容语义，这是系统语义异构的成因（见图 3-56）。

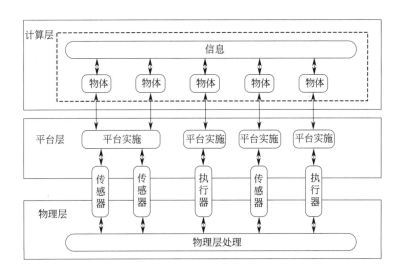

图 3-56 CPS 的单元级集成

单元级 CPS 可由部件如一个智能轴承，或者由一台设备如关节机器人构成。单元级 CPS 可以看作一个整体，具有不可分割和拆解性，其内部不能再细分出更小的 CPS 单元。单元级 CPS 由物理硬件（如一个轴承、一个机械手臂、一个电源设备）、嵌入式系统及网络通信等几个部分构成，组成了"可靠感知—数据分析—快速决策—精准执行"的闭环功能体系，以达到系统在有限的资源范围内能够高效完成任务的目的，例如生产过程中优化机械臂的执行效率，物料运输中优化 AGV 小车的行驶路径等。因此，在 CPS 单元中它的最大功能就是利用主动感知、网络通信、制定决策来使设备能够智能化运行。

② 系统级 CPS 比单元级 CPS 更高一层级的是系统级 CPS，它是由多个单元级 CPS 和

非 CPS 单元设备组成。系统级 CPS 是以单元级 CPS 为基础，将通信网络引入系统中，就能达到系统级 CPS 之间相互合作、智能调配的目标。它就像制造企业的智能生产装配线一样，多个单元级 CPS 聚合到统一的网络（如 CPS 总线）后，系统级 CPS 可以对系统内部的多个单元级 CPS 进行统一指挥，实体管理（如根据机械设备的运行状态，随时优化调度整个智能生产装配线的生产计划），以达到提高各设备间协作效率，实现产线范围内的资源最优化配置的目的。因而，在这一层级中，网络连接（CPS 总线）显得尤为重要，它的功能是确保多个单元级 CPS 能够相互协调，分工协作。

③ SoS 级 CPS　比系统级 CPS 更高层级的是 CPS 智能服务平台。CPS 智能服务平台由多个系统级 CPS 共同构成，简称为 SoS 级 CPS。CPS 智能服务平台可以实现系统级 CPS 之间的深度协作。SoS 可以看作是 CPS 与其他 CPS 之间的集成，例如工厂车间中数字车间加工组、AGV 小车的运输组、机器人装配组之间，就是不同种类的 CPS 进行集成，共同构成智能工厂的多个工序的智能制造。这一层级上，SoS 级 CPS 就像多条生产流水线或多个工厂之间的相互通信，相互联系，达到对产品生命周期全流程及企业全系统进行整合的目的。在实现相互通信的同时，还能对各个工厂的生产线进行统一监控，集中管理，从而利用异构数据融合、分布式网络计算、大数据平台分析技术对多个系统级 CPS 的生产计划、运行状态、寿命估计统一监管，实现企业级远程监控诊断、供应链相互协调、预防性维护决策，从而实现企业中更大范围内的资源优化配置，避免资源浪费。

传统的系统集成是指用户通过应用程序的接口来编写软件来自动联系系统中的组件。这一传统方法在系统复杂性比较小的情况下可以解决平台异构性的问题，但是随着多个系统之间集成的规模越来越大，数量越来越多，各个 CPS 产生的数据量变得非常庞大的时候，传统的系统集成不能满足要求，需要研究 SoS 级系统集成。

单元级的系统集成从数据层面上说，是系统内部组件间数据的集成，构成了局部 CPS 的数据模型。SoS 级系统集成从数据层面上说是系统间数据的集成，构成了全局 CPS 的数据模型。智能车间是一种 SoS 级系统，它由数字车间加工组、AGV 小车的运输组、机器人装配组等多种单元级系统集成实现。从数据层面上叙述为在工厂生产阶段，由于信息交互产生的数据构建的模型分别是局部 CPS 的数据模型 A、局部 CPS 的数据模型 B、局部 CPS 的数据模型 C 等，这些局部 CPS 数据模型共同映射到工厂的全局 CPS 的数据模型。高级别的 CPS 集成可以从数据层面的集成来表示。高级别的系统集成需要 CPS 接口的统一以及相应数据模型的统一，基于此系统可以与其他系统进行信息交互，如图 3-57 所示。

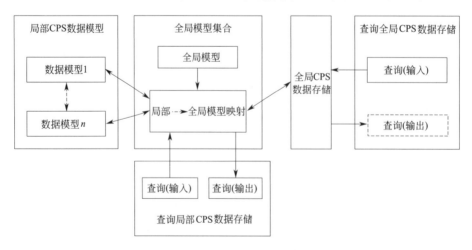

图 3-57　SoS 级 CPS 集成

（3）CPS 的特性

CPS 系统通过主动感知、数据传输，使得计算、物理过程之间彼此联合，共同协作。上述即 CPS 系统最为显著的特点。基于 CPS 的定义及其性能，将其特性概括为如下几点：

① CPS 系统中物理进程与信息进程相互融合，协同工作，因此，当系统发生改变时，不能快速辨别出导致这种结果的原因。

② 可靠性：由于物理世界变幻莫测，当意外发生时，CPS 必须拥有及时应对这种突发事件的能力。因此，CPS 系统的运行可靠性是衡量系统是否稳定的一项重要依据。

③ 实时性：实时性要求物理世界的信息能够及时准确地反映到信息世界中，保证信息能够快速准确地反映系统运行状况，从而对系统进行准确判断。

④ 适时性：是按照规定给系统设置了任务完成的最终期限，如果系统没能在最终期限之内完成，那么该任务就不需要再执行了，任务就过期了，执行过期的任务浪费资源且没有意义。

⑤ 并发性：物理世界中各种事件发生具有并发性。

⑥ 异质性：CPS 系统由多种不同异质资源组成，需要通信网络技术将它们相互连接以实现系统通信，这些异质资源由于功能各异、生产地各异、平台各异、编码规则各异而导致系统不能有效地运行；因此，要实现 CPS 各异质资源之间的相互连通和相互协作，就必须有一种统一的规范来屏蔽这种异质性，从而能够对设备进行统一管理。

⑦ 自治性：自治性指的是系统自我治愈的能力，也是 CPS 系统最突出的特点，系统通过底层的传感器来感知外部环境，并通过数据的分析来做出相应的执行动作来保证系统稳定地运行，并且自治性还体现在无人或有人情况下，系统都能平稳运行。

⑧ 分布性：由于 CPS 系统中节点的功能有限，因此无论是感知环节还是计算环节都存在大量的分布式系统，感知环节包含了大量的分布式无线传感网络，计算环节包含了大量的分布式计算网络，还有执行环节中执行器的大量分布式部署，它们都体现了 CPS 的分布性。

⑨ 安全和隐私：CPS 具有信息处理能力，以及对物理环境影响的能力，因此对系统的安全性和保密性提出了更高的要求。

⑩ 动态重组性：和自治性相同的是，动态重组性指的是系统对突发状况的处理能力，当事故发生时，能够快速进行资源的重组和重配置。

（4）CPS 架构与建模方法

在制造业不断升级的社会需求下，CPS 架构涉及了生产、管理、制造等全过程制造环节，并促进智能化在实践应用中不断发展。对 CPS 的技术架构进行应用研究的过程中，现阶段制造业在国家战略的指引下，正在实现从产品制造转变为提供个性、精准以及全生命周期的服务，明确的 CPS 技术框架将对未来制造业核心的理解和发展提供基础模板。

① 信息物理系统架构

a.CPS 的三层体系结构。CPS 是运行在不同位置或环境下的闭环系统，CPS 技术框架中各层多不在同一位置，基于技术框架中提及的强大计算能力和网络基础，实现了对于远程物理世界实体的监测和影响，这就形成了完整的 CPS 体系结构，它是由感知设备、嵌入式计算设备和网络共同组成的复杂系统。

典型的 CPS 体系结构一般由决策层、Cyber 层和 Physical 层所组成，如图 3-58 所示。CPS 体系结构下的决策层实现了在用户参与下的感知和控制系统之间的逻辑决策问题，针对用户需求将现有状态进行决策，实现对下一级设备的控制；而 CPS 体系结构下的 Cyber 层则是通过网络传输来连接 CPS 在不同空间下的各子系统，将不同物理世界实体系统信息或决策层决策信息通过 Cyber 层上下传递；CPS 体系结构下的 Physical 层指的是 CPS 与物理世界的接口，能够实现对物理世界实体设备的感知或控制。

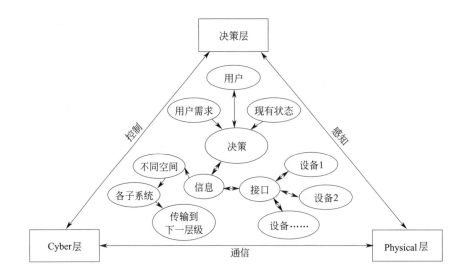

图 3-58　CPS 的三层体系结构

b. CPS 的 5C 体系结构。国外文献〔LEE J，BAGHERI B，KAO H A. A cyber-physical systems architecture for industry 4.0-based manufacturing systems. Manufacturing Letters，2015，3（12）：18-23.〕中提出统一的 5 层架构作为实施 CPS 的指南。从技术体系上来说，CPS 可以概括为 5C 技术体系，5C 分别指的是智能感知层（Connection）、数据-信息转换层（Conversion）、网络层（Cyber）、认知层（Cognition）和配置层（Configuration），且每层都实现具体的功能，如图 3-59 所示。通过这五层的协同工作，实现物理世界和信息世界的深度融合。

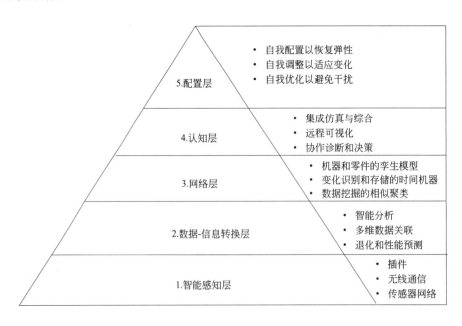

图 3-59　实现 CPS 的 5C 体系结构

c. 系统级 CPS 架构。基于 CPS 的功能特点和层次特性，国内有研究文献提出了四层系统级 CPS 的架构设计，如图 3-60 所示。

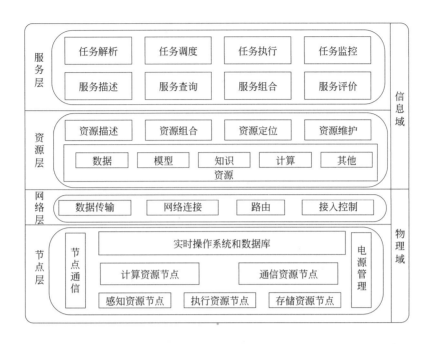

图 3-60　系统级 CPS 架构

从图中可以看出，该系统级 CPS 架构能够有效实现物理域和信息域的融合。系统级 CPS 架构的各层功能如下：

a. 节点层：CPS 的节点层是系统中最关键的层，也是 CPS 概念的基本层。这一层由大量的感知资源节点、计算资源节点、通信资源节点、执行资源节点、存储资源节点等组成，这些资源节点之间通过网络连接，从而实现系统对物理世界的感知与控制。

b. 网络层：能够实现物理设备之间的互联，从而达到资源信息共享的目的。由于 CPS 的分布性特征，系统里有大量的网络节点，它们通过无线或者有线通信技术、路由技术、自组织网络技术等一系列网络传输技术实现 CPS 由单元级向 SoS 级的升级转换。

c. 资源层：资源是指 CPS 系统中的一些实体资源或者虚拟信息资源，对于这两类资源除了对其进行定期维护以外，最重要的是实现资源的统一封装和描述，因此，对资源层的资源信息的统一描述进行研究，能够为 CPS 各种任务的完成提供保障。

d. 服务层：这一层主要面向用户和企业，当系统接收到服务请求时，将这些任务进行分析处理，合理安排和合理规划，服务层的目标是在保证系统能够稳定运行的前提下，实现系统效率最大化和企业利润最大化，因此，对于服务层来说，如何实现任务的分配是关键问题。

CPS 的节点层是通过对物理过程的感知、通信、计算、控制和执行等封闭式命令的反馈来执行正确的决策。当节点层不能独立完成某一任务时，它需要向更高一层请求提供资源的服务，然后，服务层将这些任务分配到各个资源，并调用这些资源，然后根据调用指令来执行任务，并将任务执行结果反映给节点。这一影响过程实际上就体现了信息域与物理域的高度融合，通过主动感知外部环境，然后将数据传输给计算节点进行分析处理，处理完的结果又通过服务调用资源来实现对物理环境的反馈控制，并发出执行指令给相应的执行器，以此来对物理过程产生影响，实现 CPS 系统中的闭环反馈。

② CPS 系统建模方法 CPS 系统由连续的物理空间和离散信息空间组成，CPS 系统建模方法主要有离散系统建模、连续系统建模以及混合系统建模，如表 3-8 所示。

表 3-8 CPS 系统建模方法

系统类型	建模方法	具体实现方法	特点
离散系统	形式化建模	形式化推理方法：用能够被证明的公理和推理等形式化规则来描述系统特性	描述系统的部分功能，但推理过程复杂且逻辑性很强
		Petri 网：不但有严格的数学表述，还有直观图形表达，能有效描述异步、并发的系统	Petri 网的本质是把连续对象离散化，难以处理 CPS 中的连续事件
		时间自动机建模方法：是一种有效的系统检验方法	时间自动机中时间序列事件是不可避免的
	高级语言建模	Ptolemy	Ptolemy 是 Edward A. Lee 团队开发的系统建模语言
		AADL（Architecture Analysis & Design Language）	AADL 是一种验证系统非功能性属性的方法
		SystemC 语言	SystemC 语言是对 C++ 库类的扩展，用于 CPS 的建模
连续系统	高级语言建模	牛顿力学建模	运用牛顿定律分析验证物理过程，建立系统模型
		参量模型方法	从计算机的角度描述系统
混合系统		基于离散系统的建模	将连续系统的模型嵌入离散系统
		基于连续系统的建模	将离散系统的模型嵌入连续系统

(5) 信息物理系统集成异构性问题处理

CPS 系统中诸如 PLM 软件、MES 软件、工业机器人、AGV 小车及各类通信协议之间存在异构性，因此系统异构性是 CPS 的一个重要特征。如在 SoS 级系统中，往往会存在大量不同类型的硬件、软件、数据、网络。CPS 能够将这些异构硬件［例如 CISC（Complex Instruction Set Computer，复杂指令集计算机）］架构的 CPU、RISC（Reduced Instruction Set Computer，精简指令集计算机）架构的 CPU、现场可编程逻辑门阵列 FPGA（Field Programmable Gate Array）、异构软件［如 PLM 软件、MES 软件、PDM 软件、TDM（Test Data Management，试验数据管理）软件等］、异构数据（如模拟量、数字量、开关量、音频、视频、特定格式文件等）及异构网络（如现场总线、工业以太网等）集成起来，实现数据在信息空间与物理空间不同环节的自动流动，实现信息技术与工业技术的深度融合，因此，CPS 必定是一个对多方异构环节集成的综合体。异构集成能够为各个环节的深度融合打通交互的通道，为实现融合提供重要保障。

系统的异构性与系统的效率密切相关，复杂的系统往往异构性较强，同时系统的互操作性就会降低，因此需要在效率和互操作性之间建立一个平衡。全局系统中的各个局部系统经常是由不同的厂商生产的，局部系统之间的各种数据模型、接口、协议是不兼容的，因此确保 CPS 之间的互操作性，就需要降低系统之间的异构性。系统异构性通常可以分为 4 种类型，分别是：

① 语法异构性：当两个不同的数据源没有用相同的表示方式时，就会出现语法异构性。
② 术语异构性：因同一实体名称发生变化而产生的异构。
③ 符号异构性：不同的人对实体解读的不同产生的异构。
④ 语义异构性：对内容、意义和数据解释的差异产生的异构。

对于同一系统来说，常常具有多种异构性，其中语义异构性是实现 CPS 集成或数据集成的关键，例如：同一个概念可以通过不同的公式或定理来定义。对语义异构性可以理解为：表示对相同的概念进行建模并对其解释存在差异。重要的是，当给定的系统与周围系统相比具有异构数据模型时，语义异构性的减少可以通过下面步骤处理：识别异构元素；调整全局数据模型；转换异构数据。

而目前降低语义异构性比较有效的方案就是语义网技术——通过构建能够理解词语、概念及其逻辑关系的共享语义网络来实现本体的描述，从而降低 CPS 语义的异构性。

异构性是各个系统之间集成的主要特征及困难。在制造业中，智能车间的异构性最为突出。智能车间的复杂系统在信息融合方面经常会发生异构性问题。异构性给系统集成带来阻碍，是信息交互的壁垒，所以异构性集成是 CPS 融合的前提和重要保证。处理 CPS 异构性的最简单方法是建立信息系统的综合模型。如果在系统设计或运行阶段需要集成一个新的系统（部件，如传感器），新集成的系统（部件）并不能完全融入这个系统中去，须开发新的适配器和转换器融入原有系统中。

(6) 信息物理系统的数据集成关键问题

数据是信息的载体，是 CPS 集成的基础。数据集成可以避免系统内部的各个组件或系统之间信息的分散而形成的"信息孤岛"。利用数据集成将不同的数据源、数据格式、数据特点在逻辑或物理上进行集中。在制造业企业中，目前有很多成熟的框架可以进行数据集成，常用框架有：联邦式、基于中间件模型、数据仓库。

系统中各个数据含义的理解是解决 CPS 异构性的必要前提，因此可以利用数据的语义来描述数据。2017 年 10 月，万维网联盟 W3C（World Wide Web Consortium）的 Web 空间数据工作组（Spatial Data on the Web Working Group）发布语义传感器网络本体（Semantic Sensor Network Ontology）正式推荐标准。语义传感器网络本体遵循一种水平与垂直模块化体系架构，包括一个用于基本类和属性的轻量级但独立的核心本体 SOSA（"Sensor，Observation，Sample，Actuator" 即 "传感器，观察，采样，执行机构"），能够支持广泛的应用，如卫星图像、大规模科学探索中的信号检测、工业和家庭基础设施监控、社会传感、民生服务、观察驱动的本体工程、万维物联网等。

该规范定义了一个本体（Ontology），用于描述传感器及其观察的变量、涉及的程序、研究的特征、所用样品、观察到的性质以及执行机构。"本体"具有良好的表达性和通用性，可以为异构集成的过程提供帮助。由于数据集成涉及大量数据映射和不同数据格式之间的转换，因此使用本体可以使集成变得更加容易。目前对于 CPS 的数据集成方法的研究将为未来的制造业创造更多新的价值以及机会。例如，对多个相互作用的系统集成来说，需要实时分析大量跨设备数据。

通常在工业自动化中使用过程记录软件收集数据，然后对测量数据和记录数据进行分析。过程记录软件善于快速对数据进行压缩和存储优化，并不善于对异构数据进行分析与集成，因此运用共享本体（SHS 本体）方法描述工业数据是 CPS 语义数据集成的主要方法。本体的基础是语义传感网络 SSN（Semantic Sensor Network），与传统的数据库管理系统相比，语义数据描述具有以下优点：易于数据查询；易于维护数据；易于理解数据的含义。语义数据记录系统（SBDH）的体系结构（如图 3-61）可以分成四个部分：数据采集层、数据转换层、数据存储层、分析层。

① 数据采集层　数据来自传感器、生产支撑系统（MES/ERP 系统等），或者是其他相关数据源（例如天气预报、交通信息等）。各个平台之间异构性（与各种系统相关）必须由这个层来解决。

② 数据转换层　根据共享本体（SHS）将数据转换为统一的语义形式。同时这一层还可以纠正损坏的数据，然后三元组（资源-属性-值）立即被发送到存储 RDF（资源描述框

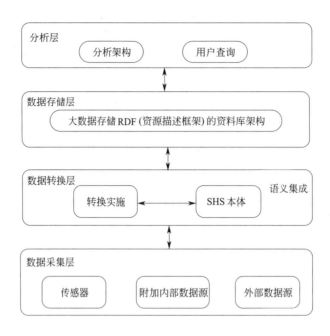

图 3-61 语义数据记录系统（SBDH）的体系结构

架）的数据存储层。语义的异构性由这一层来解决。

③ 数据存储层 在语义数据记录系统（SBDH）的开发过程中，对存储 RDF 的资料库架构进行评估，发现最合适的是过程记录软件，包括：Hadoop、Cumulus RDF、HBase。

④ 分析层 这个层直接连接了数据存储层，主要用于数据查询、数据分析以及数据理解。分析层中分析框架可以是数据建模全流程软件（例如 Knime）和机器学习系统（例如 Mahout 开源算法）。

目前，语义数据记录系统（SBDH）处于工作原型的状态。然而即使在这种状态下，这个系统也证明了 CPS 可以通过共享本体的数据表示方法来集成语义数据。

降低系统集成的异构性最复杂的是在效率和互操作性之间建立平衡。这也就是不能采用唯一通用解决方案的重要原因。图 3-61 所建立的 SBDH 原型框架给出了基于共享本体的 CPS 集成数据语义描述的解决方案。这种方案具有许多优点：系统管理简单，数据集成方便，可以从数据中直接理解给定的数据模型。

(7) 智能工厂框架中的 CPS 体系

① 智能工厂系统框架 智能工厂是一个复杂异构的系统，因此很难用一个简单的模型来描述整个智能工厂的各个方面；可以从系统层面、软件层面和硬件层面三个层面分别对智能工厂的结构框架进行描述。

系统层面上，智能工厂不仅包含与智能制造相关的常用系统，如制造执行系统（Manufacturing Execution System，MES）、供应链管理系统（Supply Chain Management，SCM）、企业资源计划系统（Enterprise Resource Planning，ERP）等，还应包括车间管控系统、智能物流系统、大数据计算系统、知识库系统和云服务系统等，其框架如图 3-62 所示。

a. 企业资源计划系统（ERP）：建立在信息技术基础上，以系统化的管理思想，为企业决策者提供决策运行手段的 ERP 系统支持多种类型的制造企业，同时，其还可以为银行业、服务业、政府机关等提供技术支持。

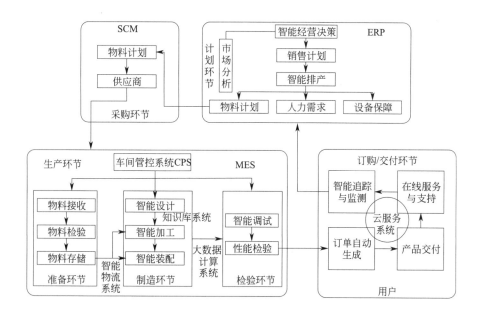

图 3-62　智能工厂系统框架

b. 制造执行系统（MES）：面向制造企业车间执行层的生产信息化管理系统 MES，为企业提供了包括制造数据管理、计划排程、生产调度、库存、质量、工作中心/设备、工具工装、项目看板、生产过程控制等在内的管理模块，为企业打造一个可靠、全面、高效的制造协同管理平台。

c. 供应链管理系统（SCM）：结合协同管理理念的供应链管理系统用于紧密配合生产计划和生产现场，做到物料供应的顺畅流通，最终实现单据流、资料流、商务流、物料流和资金流相互联系的供应链模式。

d. 车间管控系统：是智能制造的核心环节，利用 CPS 技术对现场生产情况进行实时监控和分析，完成制造过程的智能调度、智能生成制造指令和根据生产状况安排物料调配等任务。其向上与企业 ERP 系统和 SCM 系统对接，接收上级管理层的生产指标，确定生产物料情况，并将生产情况实时反馈给上级系统；其内部包括 MES 系统、智能物流系统、知识库系统、大数据计算系统等。

e. 智能物流系统：由智能物流小车和智能物流管理平台构成，主要负责物料和产品的输送，实现车间物料智能调配。每台智能物流小车搭载智能控制系统，实现小车的导航、路径选择和避障，同时将自身信息上传给智能物流管理平台。智能物流管理平台与车间管控系统对接，接收调度命令，主要负责任务分配、车辆管理、交通管理和通信管理等。

f. 大数据计算系统：通过将生产车间每天调试和检测得到的产品数据统一收集并整理成每日报表，利用计算机终端对这些数量庞大的数据进行分析计算，智能识别产品缺陷和隐形故障，优化产线的每个生产环节，保证每个出厂产品的质量。

g. 知识库系统：专家知识库是智能工厂的必备工具，智能工厂的智能化是一个通过自我学习逐步实现的过程，因此必须要有专家知识库的不断积累。知识库系统通过收集每天的生产信息，结合人工的示教，学习如何分析、判断、解决生产过程中出现的问题，不断重复，最终达到智能预判和智能决策。

h. 云服务系统：产品交付后，产品周期仍然没有结束，通过云服务系统可以实时跟进产品的使用情况，出现问题后可在线提供技术支持。与传统售后相比，云服务系统将极大地缩短服务时间，提高服务效率，同时收集产品的故障原因，进一步优化生产工艺。

② 智能工厂软件框架　软件层面上，与智能工厂系统框架一一对应，分别是 ERP 管理软件、MES 管理软件、SCM 管理软件、CPS 车间管控平台、智能物流管理软件、大数据管理软件、专家知识库平台和云服务管理软件等，如图 3-63 所示。

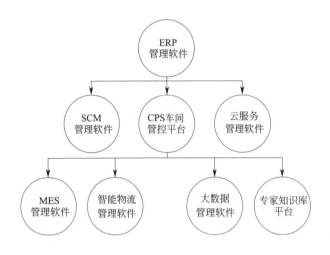

图 3-63　智能工厂软件框架

这些软件保障了各个系统的正常运作，一旦软件崩溃或死机，将直接影响整个智能工厂的稳定性和连续性。因此具有以下要求：

a. 稳定性：软件的稳定性包括软件本身运行时的稳定性和受外部攻击时的稳定性两部分。自身稳定性是指在处理数据和收发数据时要求正确计算、合理分配内存、保证软件操作的容错性和数据通信的可靠性。受外部病毒攻击时，要求能自主处理或及时报警，同时自主隔离生产数据文件免受病毒破坏。

b. 操作性：软件的使用者文化水平不一，因此软件设计时要求尽可能简单易上手，操作者只需阅读使用说明书或者使用引导即可掌握软件的使用方法，无需专业培训或具有非常专业的知识水平。同时对于可能出现的软件故障需提供详细的操作方法，无需专业人员进行维修。

c. 统一性：软件的统一性是指软件与软件之间的接口统一，便于相互之间的通信和对接。较为理想的情况是，所有软件都由同一厂家设计发布，在确保软件通信稳定性的同时，保证软件的使用习惯一致和互操作性良好，而且有利于软件的升级更新。

③ 智能工厂硬件框架　硬件层面上，从最底层的数控设备、机械手、AGV 小车、检测设备、试验设备、智能生产线等到检测和传递数据的传感器网络、智能网关、智能示教器等；再到监测和控制的工控机、PC、液晶显示屏等；最后到管理整个工厂的服务器终端。智能工厂要求系统中的所有硬件都足够智能，人可以较少甚至无需参与底层的制造过程，只需通过工控机、PC 和液晶显示屏查看现场生产状况，根据订单和实际条件作出生产决策。智能工厂的硬件框架如图 3-64 所示。

综上所述，智能工厂的整体框架应当是多维度、多层次的，它包含硬件实体对象和软件虚拟对象，以及建立相互联系所组成的系统对象，将三个层次综合起来，即得到智能工厂的整体框架，如图 3-65 所示。

(8) 数字孪生和 CPS 的关联与区别

数字孪生是与 CPS 高度相关的概念。数字孪生在信息世界中创建物理世界的高度仿真

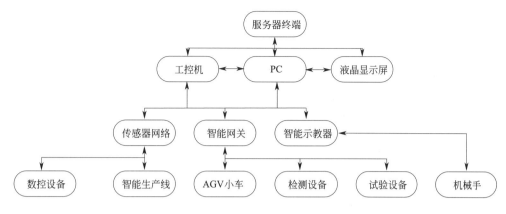

图 3-64 智能工厂硬件框架

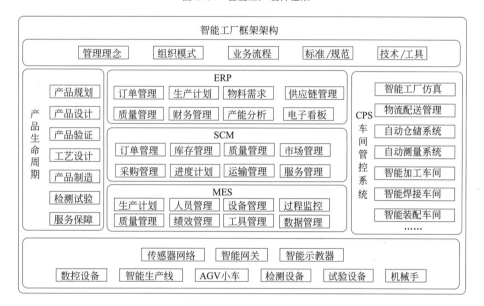

图 3-65 智能工厂整体框架

的虚拟模型，以模拟物理世界中发生的行为，并向物理世界反馈模拟结果或控制信号。数字孪生这种双向动态映射过程与 CPS 的核心概念非常相似。

从功能上看，数字孪生和 CPS 在制造业的应用目的一致，都是使企业能够更快、更准确地预测和检测现实工厂的问题，优化制造过程，并生产更好的产品。CPS 被定义为计算过程和物理过程的集成，而数字孪生则要更多地考虑使用物理系统的数字模型进行模拟分析，执行实时优化。在制造业的情景中，CPS 和数字孪生都包括两个部分：物理世界部分和信息世界部分。真实的生产制造活动是由物理世界来执行的，而智能化的数据管理、分析和计算，则是由虚拟信息世界中各种应用程序和服务来完成的。物理世界感知和收集数据，并执行来自信息世界的决策指令；而信息世界分析和处理数据，并作出预测和决定。物理世界和信息世界之间通过无处不在的密集工业物联网（Industrial Internet of Things，IIoT）连接，实现了二者之间的相互影响和迭代演进；而丰富的服务和应用程序功能，则让制造业的人员参与二者的交互影响与控制过程，从而提升了企业的控制能力与经济效益。

从时间上看，数字孪生概念的起源比 CPS 晚。CPS 概念起源于 2006 年，并在之后作为美国与德国的智能制造国家战略核心概念而备受关注。根据有据可查的文献，数字孪生最早是 2011 年由美国国家航空航天局 NASA 和美国空军提出，2014 年因为产品全生命周期管理的研究逐步在制造业得到关注，并经过 2 年的发展后迅速成为热点。国内外大量的数字孪生理论研究成果开始发表是在 2017 年。

从架构上看，数字孪生和 CPS 各自的侧重点不同。CPS 强调计算、通信和控制的 3C 功能，传感器和控制器是 CPS 的核心组成部分，CPS 面向的是工业物联网 IIoT 基础下信息与物理世界融合的多对多连接关系。而数字孪生更多地关注虚拟模型，虚拟模型在数字孪生中扮演着重要的角色，数字孪生根据模型的输入和输出，解释和预测物理世界的行为，强调虚拟模型和现实对象一对一的映射关系。相比之下，CPS 更像是一个基础理论框架，而数字孪生则更像是对 CPS 的工程实践。

(9) CPS 建设路径

① CPS 通用功能架构　CPS 的实现方式是多种多样的，《信息物理系统建设指南（2020）》中给出了建设的通用功能架构。CPS 应围绕感知、分析、决策与执行闭环，面向企业设备运维与健康管理、生产过程控制与优化、基于产品或生产过程的服务化延伸需求建设，并基于企业自身的投入选择数据采集与处理、工业网络互联、软硬件集成等技术方案。

总的来说，功能架构由业务域、融合域、支撑域和安全域构成，业务域是 CPS 建设的出发点，融合域是解决物理空间和信息空间交互的核心，支撑域提供技术方案，安全域为建设 CPS 的保障，如图 3-66 所示。

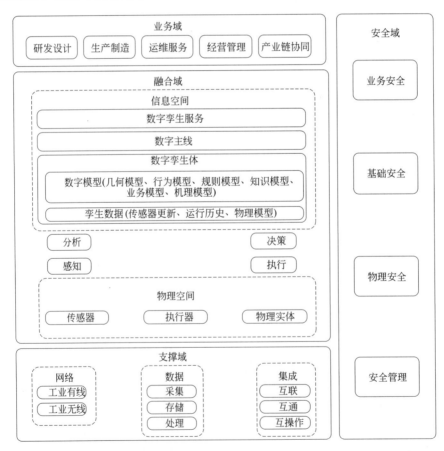

图 3-66　CPS 功能架构

a. 业务域。业务域是驱动企业建设 CPS 的关键所在。业务域覆盖企业研发设计、生产制造、运维服务、经营管理、产业链协同等全过程，企业可根据面临的挑战，按业务或按场景梳理分析创值点，CPS 为企业提供的面向产品全生命周期的典型创值点主要包括：对研发、质量、能耗、生产调度方面的优化，实现研发周期缩短、产品质量提升、能耗降低、生产稳定性提高等。

b. 融合域。融合域是企业建设 CPS 的核心，由物理空间、信息空间和两个空间之间的交互对接构成。

物理空间应包括传感器、执行器以及制造全流程中人、设备、物料、工艺过程/方法、环境等物理实体，是完成制造任务的关键组成要素。信息空间负责将物理实体的身份、几何、功能、机理、运行状态等信息进行数字化描述与建模，形成数字孪生体，基于数字主线对物理实体提供映射、监测、诊断、预测、仿真、优化等功能服务。

两个空间之间的交互对接是由感知、分析、决策、执行闭环构成。感知应实现对外界状态的数据获取，将蕴含在物理空间的隐性数据转化为显性数据。分析应对显性数据进一步处理，将采集到的数据转化为信息。决策应对信息进行综合处理，是在一定条件下，为达成最终目的所做的最优决定。执行是对决策的精准实现，是将决策指令转换成可执行命令的过程，一般由控制系统承载。

c. 支撑域。数据包括数据的采集、存储和处理，企业在建设前应面向价值需求，规划采集数据的范围、类型、格式、频率、采集方式等，避免不同解决方案供应商的"模板式"业务系统采集无用数据，导致存储资源浪费、同一数据多次采集等窘境。

网络为数据在 CPS 中的传输提供通信基础设施，企业应基于需求，选择主流的现场总线、工业无线等协议。

企业 CPS 的建设离不开硬件与硬件、硬件与软件、软件与软件之间的集成，集成方式并无优劣之别，企业可根据规模、复杂度、业务实时性需求等方面选择适宜的集成技术。

d. 安全域。企业建设 CPS 时应考虑数据的保密与安全，可从业务安全、基础安全、物理安全和安全管理等方面出发，分析面临的威胁和挑战，实施安全措施。

② CPS 建设的四个模式　基于认知决策的控制机制是 CPS 的核心，即信息空间是 CPS 建设的核心，认知决策是为了更精准地控制，因此 CPS 的四个建设模式基于信息空间中分析与决策能力划分。CPS 建设按照其核心"认知决策"能力从低到高分别为人智、辅智、混智和机智四种模式，循序渐进、层层递进，感知、分析、决策、执行是建设的方法论，其中分析和决策是建设的核心。相关内容详见《信息物理系统建设指南（2020）》一文中的章节"4.2 CPS 建设的 4 个模式"。

人、机器、数字孪生体是 CPS 建设的三要素，四种模式从低到高代表机器和数字孪生体在整个 CPS 体系中占比越来越高，人的占比越来越小，也就是人在 CPS 中慢慢地由操作者向高级决策者转变，机器和数字孪生体代替人处理重复性、复杂性的问题，最终实现人机协同。

③ CPS 的建设模式选择　CPS 本质上是为了解决生产制造、应用服务过程中的复杂性和不确定性问题，对于复杂问题的处理程度的需求决定了 CPS 的模式。其核心就是人、机器和数字孪生体在其中的参与程度。企业 CPS 的建设是一项涉及设备、技术、网络、IT、生产、研发等各部门的系统工程，理应在特定的业务场景下，综合考虑企业拟解决问题的复杂度以及问题的处理程度，确定当前最适宜的建设模式，如图 3-67 所示。

在特定的业务场景和价值需求下，企业选择建设模式应以问题和预期效果作为标准，切不可本末倒置，落入为了智能、为了追赶新概念的圈套。《信息物理系统建设指南（2020）》从企业建设 CPS 关注的问题处理程度和问题复杂程度两个维度分析，给出企业建设 CPS 方案设计阶段的模式选择参考。

企业以生产现场可视、设备状态可视等为主要目标，可选择人智模式建设CPS，实现核心业务的数据采集和信息展示，如离散制造业的安灯系统、产线看板系统、SPC系统，流程行业的DCS等系统。

企业以"解决或避免已知问题"为主要目标，即降低工人的重复性劳动、减少人参与降低错误发生等问题，可选择辅智模式建设CPS，实现人智积累的知识库、解决方案库、专家库等的协同

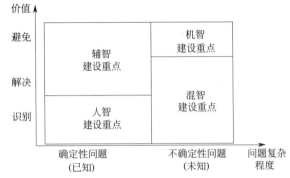

图 3-67　CPS建设模式选择

应用。如离散制造车间基于APS的实时调度、产线的自动叫料、机床刀具的自动补偿、焊接的自动优化，流程行业基于APC（Advanced Process Control，先进过程控制系统）的卡边操作等。

以"识别或解决不确定性问题"为主要目标，即降低人的定性认知与决策对整体的影响，增加设备或系统在复杂环境中的认知能力，可选择混智模式建设CPS，通过多模型之间的协作，系统为工人提供决策建议，帮助识别并解决复杂性和不确定性问题。如复杂系统的生产调度问题、关键设备的健康管理和能效管理问题、产线的工艺仿真问题等。

以"避免不确定性问题的发生"为主要目标，即实现设备的无忧使用、产线的自适应，可选择机智模型建设CPS，实现信息空间与物理空间的虚拟生产与执行、自感知与自决策。

（10）CPS资源调度流程设计

① 资源调度的意义和目标

资源调度的定义：在满足目标约束的条件下，建立系统中资源与任务的映射关系，来达到提升系统性能的目的，这个过程被称为资源调度。

资源调度的本质是建立系统中资源与任务的映射关系，由于资源和任务都很错综复杂，所以使得任务调度愈发困难，而且调度目标也具有多样性。系统的使用对象不同，其关注的目标也不同，从企业来说，一般注重资源调度的完成效率和成本，对服务提供商来说更注重系统性能的稳定。因此，资源调度的目标如图3-68所示。

a. 完成时间：指从企业向系统提交任务需求开始到任务执行结束的这段时间。完成时间越短，代表系统调度效率越高。

b. 负载均衡：在接收分配的任务后，由于任务数量庞大，如果资源不能进行合理的分配，则会引起系统的负载不均匀，导致有的资源分配任务过多，而有的资源却因没有分配到任务而闲置浪费。

c. 资源利用率：指系统能够合理地分配资源，避免资源浪费，不仅能够节省成本而且还能提高系统运行效率，减少不必要的资源浪费。

d. 可靠性：CPS系统中非常注重任务分配的可靠性，可靠性就是系统在遇到突发故障时，能够迅速做出反应来调度相应的资源对外部环境进行操作，以此来提高系统运行可靠

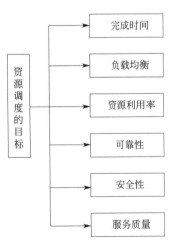

图 3-68　资源调度的目标

性。可靠性是提高系统容错能力和系统运行灵活性的关键因素。

e. 安全性：由于CPS系统特别复杂，所以系统中毫无疑问会出现很多漏洞，这就对系统的安全性和隐私性提出了更高的要求。

f. 服务质量：在市场竞争力越来越大的今天，企业关注最多的就是服务质量这一指标，它能够描述系统完成任务的效率和执行任务的成本；并且，针对不同企业的不同任务，所关注的服务质量的需求是不一样的，这需要根据实际情况而定。

② 复杂系统中资源调度流程分析　在复杂系统中的资源调度流程如图3-69所示。

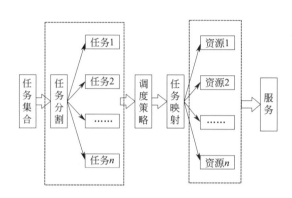

图 3-69　复杂系统的资源调度流程

总结图3-69，复杂系统的资源调度分为以下几个步骤：

a. 任务提交。在本阶段，用户可以在系统中对作业进行提交。系统通常会根据现有的任务，得到下列几类信息：(a) 任务属性。系统按照上述属性，可以对任务模块进行区分，同时弄清哪些能够串行，对任务进行分解，使其变成多个相关的子任务。(b) 资源需求。结合实际的需求，系统可以做好协调。(c) 约束条件。结合约束条件，系统可以对任务调度进行优化。

b. 资源信息的获取。系统在对任务进行分析之后，应考虑眼前的资源环境。系统可以对实时监控进行调取，了解不同资源的相关信息，包括资源的一些基本属性信息和一些特性信息。

c. 执行调度策略。获取相应的资源信息后，此时系统还需对子任务、资源之间的匹配度进行分析。任务、资源双方可以构建某种独立的映射关系，并将任务映射到资源中。

d. 返回结果。通过对不同节点上的子任务进行协调，系统可以汇总并将任务结果反馈至用户。

③ CPS资源调度流程设计　由于CPS系统构成复杂，导致了系统中任务和资源多样性，因此资源调度流程也相对复杂，CPS资源调度流程如图3-70所示。

由图3-70可知，CPS资源调度的关键是资源和任务的匹配和调度策略的执行，而资源匹配的关键在于对资源信息的描述，便于不同的任务能够快速匹配到可以执行相应任务的资源，从而执行调度策略。

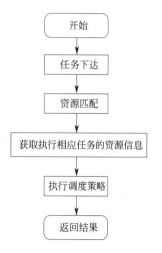

图 3-70　CPS 资源调度流程

3.3.4 智能车间 SCADA 系统的设计与实现

(1) SCADA 概念和发展历程

数据采集与监视控制系统，简称 SCADA 系统（Supervisory Control And Data Acquisition），是一种控制系统结构。它使用计算机、网络数据通信、图形和用户界面进行高级过程监督管理，同时使用其他外围设备，如可编程逻辑控制器和离散 PID 控制器来连接加工厂或机器。SCADA 概念是作为远程访问各种本地控制模块的通用手段而开发的，可以由不同的制造商通过标准自动化协议访问。SCADA 系统的发展经过了四代，其发展与计算机网络的发展联系紧密。SCADA 系统的发展历程如表 3-9 所示。

▫ 表 3-9 SCADA 系统的发展历程

系统发展	计算与通信性能	特点
第一代 单体系统	系统配有专门的计算机和操作系统,计算能力差,通信有限	扩展性差、功能单一、价格昂贵
第二代 分布式系统	通信协议与标准开始确立,局域网通信开始大规模应用,分布式的计算与数据共享性能提升	局域网通信性能优良,但广域互联困难,价格较高
第三代 网络化系统	优秀的计算存储能力,开放式架构,广域联网	技术比较成熟,适用性好,性能优良
第四代 多系统融合	与互联网先进技术结合,计算更智能,性能更优良	多样化发展,更好的人机交互、用户体验

以 MES 系统为核心的智能车间构建框架，分为车间 SCADA 层、MES 核心功能层、系统外部集成框架和接口层以及企业其他信息系统层等，如图 3-71 所示。

车间 SCADA 层凭借传感器、智能仪表、数控机床、条码/RFID 识别、工业以太网、智能控制网络等先进技术手段，实现生产过程监控以及制造资源的互联互通，并为 MES 系统设备管理、进度管理、质量管理等功能模块提供数据支撑。MES 核心功能层通过系统外部集成框架和接口与 ERP、PDM、CAPP 等信息系统进行交互，统筹整个车间的生产执行过程。

(2) SCADA 体系结构和功能模块

① 体系结构　依托智能制造车间框架所设计的 SCADA 系统，位于智能制造车间框架的车间 SCADA 层，是一个针对产品生命周期进行多方位监控的系统，涵盖生产进度、设备运行状态、加工环境、产品质量等多项生产过程信息的实时监测，并能够实现车间设备控制、环境参数调节、质量控制等功能，其体系结构如图 3-72 所示。由于车间内数控机床、智能仪表种类繁多，为了实现异构设备的信息集成以及控制指令的下达，设计在每个工位安装一台工位机，由工位机对一个工位的加工单元进行综合控制。

设备层中需要采集的信息包括机床生产任务信息、设备运行状态信息、报警信息、环境参数信息、质量信息、物料状态信息等。其中物料状态信息由射频识别器或条码识别器进行采集并直接上传给服务器，其他信息由安装在各个工位的工位机进行采集。工位机一方面进行机床生产任务信息、设备运行状态信息、报警信息、环境参数信息、质量信息的采集上传；另一方面将 SCADA 系统的控制指令下达给相应设备。在车间的监控中心安装车间 SCADA 系统客户端，车间管理人员可以通过客户端实现对车间生产活动的监视，并根据需求对车间生产设备进行远程控制。

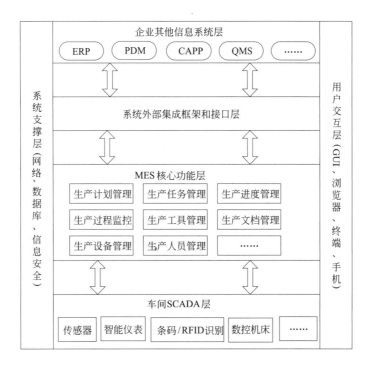

图 3-71 智能车间框架中的 SCADA 层

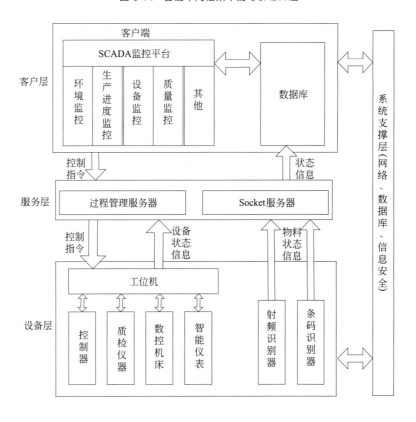

图 3-72 车间 SCADA 系统的体系结构

② SCADA 系统的功能模块　为了满足车间生产过程监控需求，将 SCADA 系统的功能模块划分为实时监控、数据查询和统计分析 3 个部分，如图 3-73 所示。

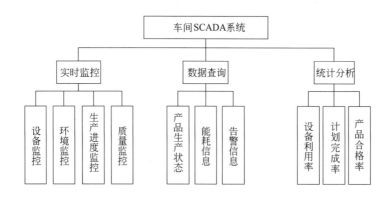

图 3-73　车间 SCADA 系统的功能模块

a. 实时监控模块。设备监控模块可以对车间数控机床运行状态进行实时监测，还可以对机床进行远程遥控。环境监控模块可以实时显示车间当前加工环境参数信息，以及一段时间内车间环境参数的变化情况，并能够依据制造工艺需求对环境参数进行设定。生产进度监控模块能够实时监控主计划进度、作业计划进度、工序进度。质量监控模块能够依据样本的质量信息判断当前工序的产品质量是否处于受控状态，如果产品质量进入非受控状态则进行预警。

b. 数据查询模块。提供产品生产状态查询、能耗信息查询、报警信息查询功能。

c. 统计分析模块。主要是对车间生产过程信息进行综合处理，包括车间设备利用率分析、计划完成率统计、产品合格率统计等。

（3）SCADA 系统开发与实现路径

近几年来，随着对生产过程监控的管理目标愈发严苛，越来越多的制造型企业开始寻找更好的方法来快速构建 SCADA 应用，在提高工厂透明度的同时，保证安全性，又要响应不断变化的用户需求。SCADA 产品也从传统的大型分布式系统软件，必须进行嵌入式开发，逐渐转型至可以由用户自由设计的组态软件。SCADA 的发展必须能够适应未来的态势，可以远程部署在任何的移动终端甚至是可穿戴设备上，因此可以利用 OPC UA 等先进的协议标准来加速信息技术与运营技术（IT/OT）融合，布局远程移动端的 SCADA。表 3-10 对传统的大型嵌入式 SCADA 和目前常规的 SCADA 组态软件进行了对比。

▣ 表 3-10　两类 SCADA 产品对比

	大型嵌入式 SCADA 软件	常规 SCADA 组态软件
名称	九思易的易控 INSPEC 和利时的 Hollias-SCADA Thales 的 SCADA Invensys Foxboro 的 Rail SCADA Invensys Westinghouse 的 Systemat ICS 亚控的 KingSCADA	西门子的 SIMATIC WinCC OA 施耐德的 Wonderware InTouch Rockwell 的 FactoryTalk View GE 的 iFIX ProficySCADA TeslaMultiSCADA ECAVA IGX SCADA
起源	多用于分布式、跨区域的复杂领域，比如轨道交通等	为了解决控制设备的 HMI 应用而发展起来的，如 PLC 控制等
行业	轨道交通等大型跨区域的行业和领域	多用于中小型工业自动化行业，如钢铁、制造、石油化工、污水处理、楼宇、消防等

	大型嵌入式 SCADA 软件	常规 SCADA 组态软件
操作系统	异构环境,FEP 以 Linux 等嵌入式操作系统为主,服务器以 UNIX 为主,工作站 Windows 和 Linux 皆有	大部分以 Windows 为平台,并越来越多地支持 Web 端和移动端
开放接口	IEC60870、ModbusTCP 等	一般支持 OPC 接口,越来越多地支持 OPC UA
底层设备	支持 ModbusTCP 等 PLC 标准,也提供私有协议开发	内置各种 PLC 设备驱动
人机界面	界面特点不突出,以固定的 2D 图形显示为主	界面灵活,配置方便,支持图形化二次开发
规模	数据处理规模一般为 50 万点之内,并支持服务器群扩展	数据处理规模一般在 10 万点以内

常规 SCADA 组态产品特点如表 3-11 所示。

◨ **表 3-11　SCADA 组态产品特点**

产品名称	平台	产品特点
SIMATIC WinCC OA	PC 端/Web 端/移动端	①适用于西门子自有协议的设备 ②移动端与标准客户端具有相同的功能 ③项目数据从 WinCC OA 服务器自动加载到客户端 ④多工程整合,在线组态,无需其他编程
Wonderware InTouch	Web 端	①适用于施耐德电气自有协议的设备监控 ②智能图形和场景面板的选择可以实现快速分析 ③统一的"元素样式"可以保证全局一致的标准化 HMI 界面 ④符号库向导最大限度地实现灵活性和标准化的同时,还极大减少了应用组件,并减轻了维护工作的负担
FactoryTalk View	PC 端/Web 端	①适用于 Rockwell 自有协议的设备监控 ②一次性定义可复用的标签和图形显示 ③功能齐全的图形编辑器 ④图形库具有数百个可拖放到 HMI 中的图形对象 ⑤可重复使用的面板和全局对象简化了应用的开发
iFIX	Web 端	①适用于 GE 自有协议的设备监控 ②快速的应用开发极大地加快了 HMI/SCADA 的配置和部署 ③用户可以从本 HTML5 格式访问 HMI,从而支持任何位置和跨设备的操作
ProficySCADA	移动端	①适用于 GE 自有协议的设备监控 ②基于 iFIX 在线组态 ③移动端功能简化 ④可以为 MES、ERP 等系统提供接口 ⑤提供作图工具,支持图形拖拽,可在单一集成环境中开发 MotionPLC 和 PLCControl,以及可视化应用
TeslaMultiSCADA	移动端	①支持 ModbusTCP 协议、西门子 ISO/TCP 和 EtherNet/IP,可快速建立设备连接 ②在运行和监视过程中可编辑 HMI 项目 ③支持导入/导出图像、pdf 或音频文件到 PC 端 ④可将项目存储在云中,并易于部署到终端设备 ⑤可实现多种人机互动功能,如语音输入、地理定位,以及支持多用户接口
ECAVA IGX SCADA	Web 端	①通过 MQTT 协议连接物联网设备 ②纯 WebSCADA ③采用可缩放矢量图形(SVG)进行 HMI 演示 ④图形化编程

基于 WinCC OA 的典型 SCADA 案例设计分析。本案例是以西门子的 SIMATIC WinCC OA 为例，开发设计出移动端工业 SCADA 应用场景，以及面向运营操作员和本地用户的 WinCC OA 的用户界面。通过分析其产品模式和用户反馈，总结其在交互设计上存在的普遍问题，来分析移动端工业 SCADA 应用的设计改进点。

① 产品业务模式　基于移动设备的 WinCC OA 本地客户端支持 iOS 和 Android，Windows 平台下的平板设备，可使用浏览器打开，具有与标准 PC 客户端相同的基本功能，如表 3-12 所示。在配置完成后，项目数据可以从 WinCC OA 服务器自动加载到客户端。

◨ 表 3-12　WinCC 移动端与 PC 端基本功能清单

功能	移动端 SCADA	PC 端 SCADA
图形化组态	√	√
报警检查	√	√
设备管理	√	√
日历	√	√
参数调节	√	√
量程转换	√	√
定时器及事件计划	√	√
诊断报表	√	√
数据滤波	√	√
事件记录和归档	√	√
执行用户脚本	√	√

WinCC OA 具有多个版本，但每个版本都包含基本的标准功能模块，如加工过程监控、事件报警与触发、设备参数调整、历史数据归档，以及设备与用户管理等。可以实现对移动端 WinC COA 的工厂总览和生产线状态监测界面进行展示。

配置 WinCC OA 的报警事件列表和设备管理界面中的设备注册和激活状态（包括可用许可证数量、注册设备数量、激活设备数量、连接设备数量）。此外，其还集成了报警和用户数据归档存储的功能，用户可以自行设定归档周期，并可按时间或其他配置要求，通过归档数据生产自定义的报表。

② 用户反馈及痛点分析　WinCC OA SCADA 的相关方主要有：设备操作人员、运维工程师、开发者、生产管理人员、企业和高校智能制造研究人员、设备的外部服务提供商等。在利用互联网资源对 WinCC OA 进行了一番调查研究之后，并根据必要的产品官网信息和民间论坛中收集到的来自开发者以及专家用户的反馈，从 4000 余项待解决和已解决的问题中，筛选出了目前困扰用户的几个高频问题，如：底层协议异构设备的数据采集问题；组态出错或遇到 bug；消息报警的阈值问题；远程操作的实时性与安全性问题；PC 端与移动端功能界面一致性的问题；操作事件记忆的问题；对复杂设备组态和控制缺乏操作经验；等。这些主要的问题普遍存在于数采与监控领域，西门子的 WinCC OA 已经在原先的 WinCC 的基础上有了较大的改进，并增加了对 OPC UA 最新行业规范的支持，但仍存在一系列待解决的问题。

通过初步总结用户痛点，可以把初步收集到的问题按照安全、质量、交付、成本、人员、柔性化这几大关键的生产绩效分类，并根据问题频度和其偏业务或是偏系统的属性可以得出用户反馈分布图。由此可见，用户对 SCADA 的系统性功能和业务性功能都存在不满意的地方。其中交付和人员绩效占了绝大部分，这意味着 SCADA 在反馈机制和人机交互体验上有着较大的改善空间。即使是诸如西门子、GE（General Electric Company，通用电气公司）、施耐德这样的大公司，其旗下的 SCADA 平台依据无法满足当下用户的需求，依然存在业务和系统上的各种问题。

面向离散型 MES 的车间 SCADA 系统可以应用统一建模语言 UML（Unified Modeling Language）建模技术建立 SCADA 系统的环境监控、设备监控、生产进度监控、质量监控等功能模型，对车间 SCADA 系统的数据采集、数据分析处理、数据通信进行分析和设计。包括利用条码自动扫描技术实现产品生产进度的跟踪，利用镶嵌宏指令、OPC 技术等实现设备状态数据采集，运用 Modbus 协议实现基于智能仪表的环境参数采集，给出设备信息、生产进度信息、质量信息的分析处理方法，设计基于 TCP/IP 的车间 SCADA 的通信协议，包括通信规约、电文种类、电文格式、电文传输流程、电文校验等方面。

结合应用企业车间的生产制造工艺特点，在微软".NET"平台下可以利用"Visual Studio 2015"等开发工具，对面向 MES 的车间 SCADA 系统进行开发，实现车间环境监控、车间设备监控、生产进度监控、质量监控、数据查询和统计分析功能，推进应用企业智能制造车间建设进程。

3.3.5 离散型制造车间 DNC 系统的设计与实现

(1) DNC/MDC 系统的概念和发展历程

在离散型制造车间，DNC/MDC 系统的管控范围目前已从数控机床联网管理拓展为数字化设备联网管理，是 CPS 系统在制造车间的一种典型应用范例，故又被称作设备联网与数据采集系统。

① DNC 系统　20 世纪 60 年代，制造业发展迅猛，数控加工设备得到广泛应用。为解决早期数控加工设备的数控程序管理混乱的问题，研究人员开发了直接数字控制（Direct Numerical Control，DNC）技术，一台中央计算机负责管理和传输若干设备的数控加工程序。该技术极大提高了车间生产效率，但中央计算机一旦出现故障会使所有数控加工设备瘫痪。

1994 年以后，数控加工设备的计算速度和存储空间取得较大提升，CNC 设备逐渐取代 NC 设备，DNC 技术内涵发生了变化，逐渐演变成分布式数字控制（Distributed Numerical Control）。该技术克服了直接数字控制技术的重大缺陷，中央计算机突然宕机不再影响数控设备正常加工。DNC 系统的结构主要包括 DNC 服务器、客户端、分布式计算机、通信接口、硬件等。随着计算机技术和自动化技术的不断发展，DNC 系统陆续拓展了数控程序仿真、网络传输等功能。

DNC 系统可以将数控设备信息孤岛变为一个信息节点，通过网络化传输，提高数控机床程序传输效率和准确性，DNC 系统的实施是制造企业全面数字化的基础，对于推进车间设备管理信息化具有重要作用。

2006 年以后，企业对车间数据采集技术愈发重视，MDC 系统（Manufacturing Data Collection & Status Management，车间的详细制造数据和过程系统）逐渐变为 DNC 系统新的子模块，DNC 系统进入广义 DNC 阶段，系统的生产管理能力加强。2010 年以后，企业车间开始实施智能制造车间系统（其中的 MES 系统是应用较广的一种），DNC 系统负责底层设备的网络通信和数据采集，成为智能制造车间系统和生产设备信息交互的桥梁，DNC 系统进入集成化 DNC 阶段，DNC 系统成为整个车间信息化网络的重要基础。

② MDC 系统　随着制造业的发展，制造型企业，特别是大型离散制造型企业多会呈现产品种类多、产量大的情况，企业生产车间的规模也越来越大，生产车间设备也越来越多，生产设备种类也繁杂不一，这种生产加工情况下，怎么去管理这些设备成了一个研究热点。

传统的车间设备管理采用人工，这种管理方式不仅耗费大量的人力物力，也难以保证数据的准确性，统计的数据也难以支持企业决策。于是 MDC 系统应运而生，MDC 系统直接翻译过来就是制造数据采集系统，由于目前车间的数据采集对象大多是数控机床，故 MDC 系统也被称为机床监控系统。

MDC 系统通过软硬件采集技术获取设备实时数据，自动为 MES 系统反馈数据，实现生产管理的透明化。MDC 一般单独成立系统，但其也可作为广义 DNC 系统的子模块。目前很多企业车间已经实施了 DNC 系统，车间网络已经初步构建完毕，MDC 系统很适合作为智能制造车间下一步建设目标。

在 MDC 系统中，车间设备统一联网，车间人员、设备统一管理，各个生产设备不仅仅作为生产工具而存在，而且也是车间信息网络的组成节点，系统可对车间设备运行状态进行监测和运行数据的采集、统计、分析；统计结果对车间整体和设备管理具有巨大意义，而且采集的数据也可以作为其他系统的源数据。

智能制造的最终实现形式必然是各个系统的相互集成，系统的相互集成就是系统间的数据交互，MDC 系统是与机床数控系统、PLC 系统、电气系统、其他信息化系统相集成，采集到的车间设备生产数据是企业实现智能制造的基础要素之一。例如美国盖勒普公司推出的 PredatorMDC 系统，可采集设备生产数据并存储到数据库以便进行数据分析。此外，该系统可与 ERP、MES 等系统集成，跟踪管理加工任务等信息。

③ DNC/MDC 系统　随着企业对车间透明化管理的需求加深，MDC 逐步变成 DNC 新的拓展功能，DNC/MDC 系统可以称为广义 DNC 系统。例如在机床的 DNC 系统基础上直接扩充 MDC 功能，通过 MDC 采集的数据计算得知机床利用率偏低，调研得出机床空闲的原因后规范了车间管理制度，生产效率得到显著提高，避免了盲目添置机床带来的巨大浪费。可以基于 B/S 和 C/S 混合体系结构开发应用于数控机床的 DNC/MDC 系统，能够实时采集机床数据并存储至数据库服务器，利用集成于 MES 中的数据统计模块分析机床的效率。

目前，DNC/MDC 系统已经在汽车、军工等离散制造型企业得到广泛应用，其一般具有数控程序管理与传输功能、数据采集与分析功能以及少量车间生产管理功能，提高了离散制造车间的数字化水平，但其相较于 MES 系统仍然欠缺很多生产管理功能。

(2) DNC 功能模块和网络结构

① 功能模块　在智能工厂中，DNC 系统处于 MES 系统和设备层之间，负责采集设备层加工信息，并将生产计划执行情况反馈到 MES 中，DNC 与 ERP、MES、设备关系如图 3-74 所示。

如图 3-75 所示的某个智能车间多系统管控集成模型，根据智能车间的生产模式，智能加工综合管控平台综合 MES、DNC、MDC 的相关功能。MES 功能主要包括订单管理、系统管理、计划排产、指令下达、完工情况等；MDC 功能主要包括设备数据采集和设备监控；DNC 功能主要包括设备通信、数据采集、代码管理、刀具管理等管理功能。

智能车间中各系统集成实现管理层、设备层、数据层的信息传递，划分工业软件的功能界限，明确各系统的信息流动关系。MES 负责订单、工艺、物料、质量、生产计划的集中管理，DNC 负责生产任务和 NC 程序的下发，MDC 负责实时生产数据的采集和监控。MES 向 DNC 下发 NC 代码和工艺信息，

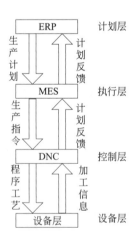

图 3-74　DNC 与 ERP、MES、设备关系

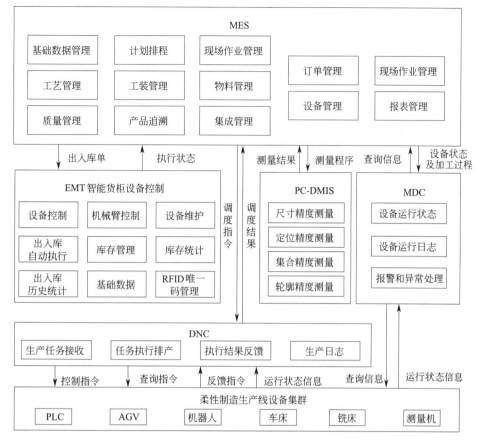

图 3-75　智能车间多系统管控集成模型

MDC 向 MES 传输生产数据信息，包括数据采集、设备监控和故障警报。集成模型实现了 MES 与 MDC、DNC 等系统间的集成关联，实现数据的传递和共享，并建立完整的数据库，打破各系统的信息孤岛状态，消除生产数据的矛盾和冲突，提高生产效率和管理效率。

常用的基于 DNC 网络的数控加工设备管理系统，一般具备以下功能：传输生产数据，包含上传和下载 NC 程序、机器人程序、工作站操作说明、工具命令等；托盘信息、机器状态和工具信息的上传；制造加工设备状态数据采集；单元控制；生产计划和接口功能，如 CAM/CAD/CAPP/MES。总之，DNC 系统的主要功能可归纳为五个模块：通信、数据采集、程序比较和编辑、系统集成和基本管理。如图 3-76 所示。

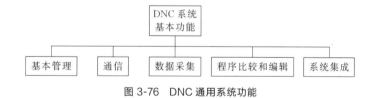

图 3-76　DNC 通用系统功能

基本管理功能包括软件常用的系统、用户、权限、日志等管理，也包括 DNC 对设备的管理，即对设备进行相关生命周期的不同管理，设备管理主要是对设备基本信息、型号、类型和运行状态等管理。不同工作人员及各级别操作员对数控程序具有不同权限的管理是权限管理。

可以根据传输的不同方式对通信功能进行分类：远程通信传输、本地数据传输和库文件传输。本地数据传输是索引控制的机器，其可以将数据从机器传输到 DNC 主机的指定位置。它还可以下载存储在 DNC 主机上的数据和程序。库文件传输是一台 CNC 机器，可以从数据库上传或下载文件。

对机床加工零件信息、加工状态、机床报警等进行采集和监控是数据采集模块主要内容，利用数控系统已设定的宏程序模块对正在执行的数控基本信息、当前刀具号、进给速度等进行数据收集。

程序比较和编辑功能显示程序比较结果，也可以实现添加、查看和删除数控等基本程序。

系统集成功能即支持企业其他各类系统如 MES、CAPP 等均能与 DNC 集成。

② DNC 基本网络结构　DNC 主机与数控系统直接通信的方式概括起来有以下几种：

点到点通信即 DNC 主机通过串口直接与数控系统通信；总线数控通信即 DNC 主机通过总线接口卡与现场总线接口连接通信；局域网网络通信即 DNC 主机通过区域局域网与数控系统（具有网口的）通信；无线通信即 DNC 主机通过 WLAN 与数控系统通信。

以上不同通信方式也将对应不同的传输协议和网络拓扑结构。具体如下：

a. 点到点通信。点到点通信也有几种不同通信方式：

其中的一种是基本方式：NC 设备与 DNC 主机通过 RS-232 接口直接通信，DNC 主机串口数量可以利用多串口卡实现，这种通信方式布置较为实用，容易实现，安装简单，但是通信距离短，对多串口卡扩展的要求难以满足复杂结构的设备布置。

此外，DNC 主机通过 LAN 接口连接到串口服务器。串口服务器将 TCP/IP 协议转换为串行通信协议后，通过串口线连接数控设备的串口，这种间接连接在技术、价格上等具有较大优势，获得了广泛的运用，得以迅速发展，在制造业信息化的进程中地位重要，但也有可靠性差、通信速率低等缺点。

b. 总线数控通信。20 世纪 90 年代 FieldBus 技术逐步发展起来，满足制造自动化和过程控制自动化需要，控制计算机与加工制造设备之间的数据交换也能较好实现。总线数字控制通信通常由专用转换器用于连接现场总线和 CNC 机器串行接口，CANBus 和 BitBus 等广泛用于 DNC 系统中，用于总线数字通信。与采用第一种通信方式的 DNC 系统相比，总线数控通信的 DNC 网络实时性更好、传输速度更高。但是制造加工车间执行的通信协议 IEEE 802 与总线通信无法直接连接，需要通过协议转换模块才能使生产管理系统与数控设备通信；另外，总线数控通信成本高，基本被国外企业垄断，对国内制造业进行规模化改造较为困难。

c. 工业以太网通信。工业以太网通信基于通信协议 IEEE 802.3，是工业制造中实时数据通信的标准。直接在接收端和发送端之间交换信息，传输速率可达 1000MB/s，网络带宽充足，通信竞争大大减少，用于此类通信的交换机、连接器和集线器均具有行业标准是工业以太网特征。

具有网络接口的机床可以直接与 DNC 主机进行网口连接，不具备网络接口的机床（RS-232 串行接口）则需要交换机通过串口服务器转换协议后才能接入。使用工业以太网通信速率较高，数据传输和可靠性得到保障；可以与公司其他如 MES、CAPP、ERP 等信息系统迅速集成，后续还能直接接入 Internet，远程信息传输将得以实现。其网络拓扑图如

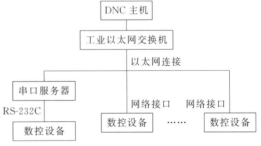

图 3-77　DNC 工业以太网拓扑图

图 3-77 所示。

d. 无线局域网通信。目前，国内外很多制造加工车间基本都利用有线网络连接 DNC 系统，即上述三种方法，但有线组网方式也存在明显的缺点：布线复杂，线路繁多，维护复杂，布点固定，故障频发。无线网通信的发展能够有效解决以上问题，在临时增加数控设备、建筑结构或者设备位置难以布线情况中效果显著，但是在工业中方案还尚未得到大规模使用。其网络拓扑图如图 3-78 所示。

基于无线局域网通信的 DNC 网络优点如下：不受线路铺设约束，无需传输线路通信；基于无线局域网通信的 DNC 网络布局更加灵活；设备配置方式简单，扩展和删减更为方便；基于无线局域网通信的 DNC 网络可与制造车间网络很好兼容，接入集成方式简便；网络构建时间短、成本低，无需大量基本建设。

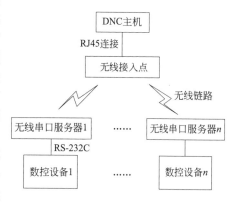

图 3-78 DNC 无线局域网拓扑图

基于无线局域网通信的 DNC 网络劣势如下：网络带宽相对有线网络有限，数据传输速率也有上限值，与 1000Mbps 传输速率差距较大；此外无线电波在空间中传输，容易受外界环境影响，通信安全也无法保证。

③ DNC 系统操作结构　DNC 系统操作结构一般包含四个层级，如图 3-79 所示。

设备层主要包括如数控机床的各类数控设施。

代理层主要是实现数控机床通信，获取上层制造指令和信息，并负责输送到下层，完成各种类型的信息交换。

服务层主要提供数控信息，方便上层（用户层）获取数控机床的各种相关指令和数据，及时获取下层（代理层）机床数据，并响应下层的各种请求。

用户层一般指数控程序员、产品生产制造过程中的管理人员或调度人员。用户层可以使用浏览器和软件进入服务层提供的 CNC 加工设备。

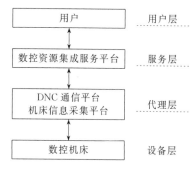

图 3-79 DNC 系统操作结构

(3) DNC 系统开发与实现路径

① DNC 硬件接口形式

a. 基于 CNC 系统侧的插卡。该类插卡可作为 CNC 系统即插即用的插件，直接插入 CNC 系统的插槽内。具有该类插卡的 CNC 系统，可在高速传输的情况下，直接与 DNC 控制主机通信。例如，日本 FANUC 公司开发的 DNC1 和 DNC2 接口，美国公司推出的 SHOPCINK DNC 等接口。

b. 基于 DNC 主机侧的插卡。该类插卡可作为 DNC 主机与配有 RS-232 接口的 CNC 系统连接的桥梁，直接插入 DNC 主机的总线插槽内。开发人员可以利用软件完成 DNC 的通信功能。例如，Spectrum CNC Technologies 公司的产品 TurboExpress port RS-232 卡等，可直接插入 PC 机插槽内同时与多台 CNC 系统进行高速通信。

c. DNC 连接器。DNC 连接器的主要作用是将 CNC 系统中的 RS-232 接口与 DNC 主机中的网卡相互关联，其连接方式与局域网中的集线器一样。由于 RS-232 传输距离限制，为了尽量缩短连接器与 RS-232 接口的传输距离，连接器一般安装于 CNC 系统群的中央位置，以此来保证整个系统之间数据传输的快速性。同时为了避免采用局域网集线器与多路复用器，整个系统一般是采用星形网络拓扑的结构形式。国产 RS-232 扩展卡已经能够实现 16 台

CNC 系统之间相互连接。

d. USB 接口。USB 是通用串行总线标准，具有良好集成和扩展性，传输速度快、价格低、纠错能力较强等。在开放式数控系统出现后，由于优势明显，USB 接口应用已经非常普及了。

e. 网络接口。网络接口仅用于少数高端数控系统，通信速度非常快。它通常通过网络通信接口卡和软件实现。这些网络通信接口卡和软件将直接插入 CNC 系统和 DNC 主机，使 LAN 和数控系统可以直接连接，主要功能可以在连接后直接实现。该接口简化了通信过程并减少了主机上的负载。

② DNC 应用软件　随着数控设备种类型号的增加，单纯由硬件决定 DNC 系统功能的时代已经一去不复返，现代的 DNC 系统对硬件接口要求基本相同。如今，DNC 系统的研究主要集中在软件方面，通过对软件技术的研究，使其功能更加强大，使用更加方便。例如中国台湾涌佳科技有限公司的 X-DNC，德国 Hitachi Seiki Systems 公司的 Networked DNC 软件，美国 Spectrum CNC Technologies 公司的 Multi-DNC 系统、DNC-Work 公司的 extremeDNC 软件，日本 FANUC 公司的 DNC2 系统，等。这些 DNC 软件都可以通过 TCP/IP 协议，将底层设备与管理 PC 机相连，实现 CNC 程序等数据的双向传递、机床状态采集与显示、人员分级权限管理、车间单元控制与集中管理、NC 程序在线编辑、整个车间生产调度与监控、事件日志、远程控制等功能。

国内 DNC 应用软件例如重庆大学研发的基于软插件技术的 DNC 通信系统。该系统将数控设备所用到的通信协议转换成可操作的软件模块，利用与机床相连接的 CAN 通信卡，将这些软件模块从 DNC 主机下载到数控设备，实现数控设备与 DNC 主机的连接与通信。

③ 异构数控机床 DNC 系统功能模块和业务流程　该 DNC 系统基于网络通信技术架构进行设计。常用的网络体系架构模式有两类，分别是 B/S（Browser/Server，浏览器/服务器）架构模式和 C/S（Client/Server，服务器/客户机）架构模式。下面以 C/S 架构为例进行简要说明。

a. 体系架构和功能结构模型。根据 DNC 系统在智能工厂中的角色定位，DNC 系统体系架构拓扑结构可以分为三层，即硬件设备层、数据采集层和车间管理层。首先需要利用交换机和网线将所有数控机床设备汇集成一个设备局域网，DNC 应用服务器、数据库服务器和 DNC 客户端连入设备局域网，通过以太网采集数控机床的数据信息，服务器与客户端之间的数据交互也是通过以太网进行通信的。

然后需要将服务器连入到车间局域网，车间局域网内连接有 PDM（Product Data Management）服务器、MES 服务器、CAPP（Computer Aided Process Planning）服务器、ERP 服务器等工厂管理系统，DNC 系统采集的设备信息可通过车间局域网与其他管理系统进行数据共享。

结合车间实际生产状况，设计 DNC 系统的功能结构模型，实现以下主要功能：上位机与车间内主流数控机床设备的互联互通互操作；数控机床设备的运行状态数据实时采集，刀具状态实时监控；数控机床发生故障报警后，报警信息的分析诊断，识别故障位置和提供解决办法；生产过程数据的信息化管理；数控机床设备效能可视化；产品质量数据的在线管理。

DNC 系统的功能结构模型如图 3-80 所示。系统包含服务端和客户端，可具体分为系统登录验证、机床设备管理、状态实时监控、数据集中管理、机床故障诊断、设备效能分析、生产进度管理、产品质量管控八个功能模块，各个功能模块下还可细分多个功能子模块。

b. 系统的业务流程。本案例中的异构数控机床 DNC 系统由服务端和客户端两部分组成，服务端安装在 DNC 监控服务器上，负责与机床的通信和数据采集，读取的实时状态数据通过 Socket 通信推送给客户端，记录数据存储到服务器的数据库中。客户端安装在与监控主机在同一个局域网的电脑上，将接收服务端推送的实时状态数据在客户端界面实时刷新显示。客户端进行机床的系统数据管理时，向服务端发起请求，服务端从机床中读取数据，再推送给客户端。客户端进行机床效能查询、生产进度查询、产品质量查询等操作时，直接从服务器数据库中提取记录数据，进行数据处理分析后将结果在界面上显示。

综合系统的工作流程和数据流程，DNC 系统的业务流程模型如图 3-81 所示。

c. 系统开发环境与平台。在系统通信方案中，针对 FANUC 数控系统，选用 FOCAS 类库作为系统的通信接口；针对三菱数控系统，选用 EZSocket 作为系统的通信接口；针对西门子数控系统，选用 OPC UA 类库作为系统的通信接口。FOCAS 类库支持 C♯.NET 语言开发，EZSocket 支持 VC＋＋等语言开发，OPC UA 类库支持 C♯.NET 语言开发。本案例可以选择.NET 平台和 SQLServer 数据库作为开发环境与平台，使用 C♯高级编程语言作为开发语言，Visual Studio 作为开发工具，开发异构数控机床 DNC 系统。

(4) DNC 技术未来发展趋势

现代制造业中，DNC 技术已经得到广泛的应用，DNC 技术成为加工制造企业普遍采用的一种基本模式。随着人工智能、控制技术、网络通信技术、计算机技术等技术的高速发展与相互融合，易集成、高效率、高柔性、智能化也成为了 DNC 技术的主要发展方向，具体主要体现在如下几个方面。

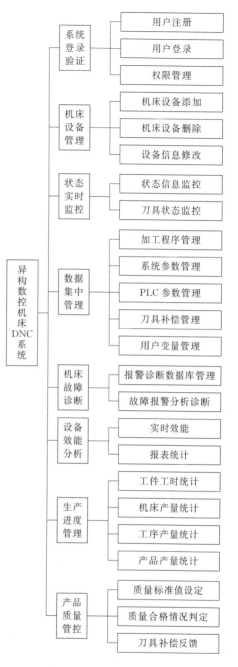

图 3-80 DNC 系统功能结构模型

① DNC 系统与上层管理系统高度集成 DNC 系统的功能应重点面向 CIMS（Computer Integrated Manufacturing Systems，计算机集成制造系统）的需要，能够采集到实时、准确的机床信息，便于车间生产管理者及时准确地了解机床运行现状，并对设备进行无障碍远程操控，实现 DNC 系统与 MES 等系统的高度集成，以达到对设备的全方位实时监控。

② DNC 系统与不同设备的完美兼容 随着数控技术的迅猛发展，市面上出现了越来越多的不同型号、档次的数控设备，各类设备的通信接口和协议也存在很大的差异。现有的 DNC 系统往往是针对某一类设备设计，最后成为该类或该品牌设备的专用系统。针对这一现象，目前 DNC 技术研究的另一个重点任务是形成一个开放的、通用的、高度集成的标准，使

得 DNC 系统可以完美兼容不同的操作系统、网络、数控机床设备，实现信息无障碍交流。

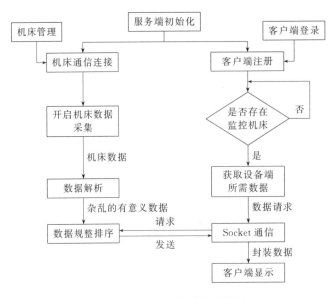

图 3-81　DNC 系统业务流程模型

③ DNC 系统与生产管理技术高度结合　随着 DNC 系统硬件接口技术和软件应用技术的迅猛发展，如何将 DNC 系统与生产管理系统结合，从宏观角度解决生产调度问题成为了人们对 DNC 系统的研究重点。其关键技术将主要围绕如何提高 CNC 机床利用率、从宏观角度完成生产调度、提高生产线效率与可靠性、降低工人劳动强度等方面进行研究。

3.3.6　流程型智能车间 DCS 系统的设计与实现

(1) DCS 系统的概念

分布式控制系统简称 DCS（Distributed Control System），也可直译为"分散控制系统"或"集散控制系统"，这是一种结合了仪表控制系统和 DDC（Direct Digital Control，直接数字控制）两者优势而出现的全新控制系统，它采用控制分散、操作和管理集中的基本设计思想，采用多层分级、合作自治的结构形式，其主要特征是集中管理和分散控制。

DCS 系统相对于早期的控制系统而言具有更突出的优点，其主要系统可靠性高，图形界面绘制形象化、美观，组态软件使用方便，编程语言简单通俗易懂，不需要专业的编程语言；具有强大的控制算法，并且应用灵活，能够实现多种复杂的控制应用。因而 DCS 成为了当今工业自动控制系统主流，在供水与废水处理系统、化工与石油领域、燃煤发电厂、制药厂、造纸厂、冶金和矿业、食品厂、水泥厂等大型生产厂以及楼宇监控系统中都有着普遍的应用。

DCS 是基于数字技术的，除现场的变送和执行单元外，其余的处理均采用数字方式，而且 DCS 的计算单元并不是针对每一个控制回路设置一个计算单元，而是将若干个控制回路集中到一起，由一个现场控制站来完成相关控制回路的计算功能，并将控制、监测、管理一体化问题良好解决。DCS 一般具有以下特点：

① 高可靠性　DCS 具有高可靠性是由整个系统的结构决定的，整个系统控制功能是分散在不同的计算机上进行控制和实现的，各个计算机控制系统之间没有必然的联系，采用了

相互容错设计。假如其中的一台控制计算机出现系统故障（例如电源或者网络的不稳定）而导致该计算机功能的丧失时，由于控制器之间具有容错性，不会影响其他控制系统正常运行。每个计算机在整个系统中所完成的功能具有单一性和独立性，专用功能都是由专用的计算机和软件组合完成的，这些特点使系统具备了更高的可靠性。

② 灵活性　为给数据输入、输出提供多层次的开放接口，为了满足未来扩充需求，DCS 采用可支持多种现场总线协议的开放式结构系统。进行组态软件界面设计时，可根据不同的功能要求进行相应对象的组态设计，实现硬件与软件之间的连接，也就是建立测量信号量与控制信号之间的联系；再经过编写适合的控制算法进行控制，利用组态软件的图形库对其流程工艺进行绘制，使其具有监控信号量，读取历史数据、功能报表以及报警画面的功能，并且能够灵活和方便地组成整个控制系统。

③ 协调工作性　在整个系统中各个工作站是相互独立的，但是各个工作站的信息是完全共享的，相互之间能够协调工作；数据信息都是通过网络进行传输的，并且可以对整个控制系统的总体功能进行优化处理。

④ 控制功能齐全　基于 DCS 系统强大的处理功能，用户可自主开发专用的高级控制算法，也可以实现控制系统的复杂组态。整个系统中集成的算法库十分庞大，集成了对数据进行连续控制、进行批次处理控制以及按一定的顺序进行控制。这些处理的算法能够实现串级控制、前馈控制、解耦控制、鲁棒控制、自适应控制和预测控制等，也可以在整个系统中加入其他的算法和一些特殊要求的算法实现特殊控制。

⑤ 易于维护　DCS 系统中的计算机都是专用的，该类计算机功能单一，对其进行系统维护或者硬件升级维修时简单、便捷。在整个系统中发现因为某种原因导致的计算机损坏或者局部故障，能够在整个系统不断线的情况下对其进行维修并排除故障。

(2) DCS 体系结构和特点

DCS 是 4C 技术 ［控制技术 Control、通信技术 Communication、计算机技术 Computer、阴极射线管 CRT（Cathode Ray Tube）图形显示技术］的产物，其分散控制具体体现在生产设备分散、操作人员分散、监控分散、控制分散；集中体现在计划、管理与信息分享的集中，实现统一调度，提高生产过程中的资源利用率，促进生产信息化的进一步发展。

DCS 系统不断更新的结构还有不断增强的开放性需求，更是凸显了分级分层的系统结构体系，体现了"集""散"的设计思想，集是集中管理，散是分散控制。DCS 采用的纵向分层、横向分散的体系结构更能使系统基于多层次的网络连接所有的设备，处理各种信息，协调各个控制单元完成控制、管理任务。DCS 的体系结构如图 3-82 所示。

DCS 各部分的功能自上而下，各个设备处于不同层次，分别为：经营管理级、过程管理级、过程控制级和现场控制级。各层级结构分别对应不同的管理网络（Management Network，Mnet）、监控网络（Supervision Network，Snet）、控制网络（Control Network，Cnet）和局部网络，即现场网络（Field Network，Fnet）。

① 现场控制级　现场控制级中生产过程与设备直接相连，各种工艺变量在生产过程中产生，采集后变换为电信号，输入至计算机，也可以将得到的计算机控制数据转换为现场仪器仪表使用的控制信号，控制现场设备。

现场控制级设备完成过程采集处理数据，输出操作命令，与上级设备通过现场网络共享数据以及控制现场控制级智能设备等任务。

② 过程控制级　过程控制级包括三部分：过程控制站、数据采集站、现场总线接口。

过程控制站可以同时按照顺序控制、逻辑控制等规律将现场控制设备传送的信号接收后运算，将结果回馈到执行器。

数据采集站不直接参与控制功能，只是将上传的信号处理之后与系统中的其他工作站共

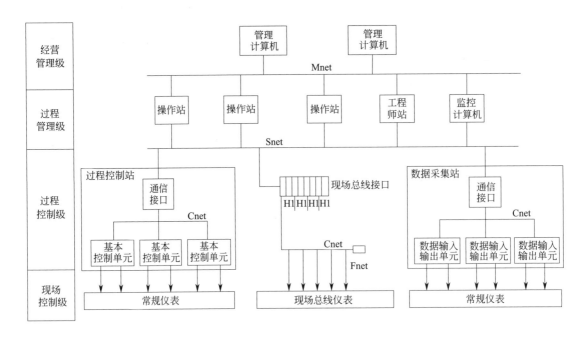

图 3-82 DCS 系统的体系结构

享，并向运行人员提供相关的信息数据。

现场总线服务器 FS（Fieldbus Server）就是一台安装了接口卡的计算机。该计算机直接挂接在监控网络，将系统网络与现场总线整合，使之构成完整的控制网络及监控网络。现场设备借助该网络可以直接构成独立回路，实现控制。现场总线服务器为现场设备提供了通信渠道，并与 DCS 之间资源共享，甚至可以直接使用 DCS 的过程管理级设备完成系统的监测、管理。

③ 过程管理级　过程管理级主要设备包括三部分，即操作站、工程师站和监控计算机。

操作站是 DCS 与操作员之间交互信息的桥梁，通过操作站操作员可以完成生产管理、设备运行操作以及生产过程监控，系统运行的状态通过操作站显示，为操作员提供参考依据。操作员根据显示的系统信息判断各个回路是否正常运行，根据实际需要改变控制方式，切换系统的运行状态，等等。除此之外，各种报表的打印也在操作站上进行。

操作站作为人机交互的接口，其自身功能必须强大，足以完成图形处理，并安装相应的外部设备。DCS 一般可以选择个人计算机作为操作站。

工程师站为工程师提供了专门的工作平台，工程师完成 DCS 组态调试及维护都是在工程师站这个工作平台上进行。在这个平台上工程师还可完成设计文档的归类及管理，形成设计、组态文件等工作，一般由配置相应外部设备的 PC 机构成。

生产过程的监督由监控计算机来完成。根据系统检测到的各个工程变量，监控计算机完成优化控制策略、计算生产性能、机组运行优化等，另外监控计算机还完成企业优化管理、数据存档等工作。为完成此项任务，对于监控计算机要求较高，必须具有复杂数据处理功能，还需有强大的运算功能。

④ 经营管理级　全厂自动化系统的最高级即经营管理级，一般只有在大规模的 DCS 中才会具备，面向行政管理或者运行管理人员。

厂级管理系统一般为企业决策者提供各种检测数据，提供各种变化趋势，为企业决策提供参考信息。厂级管理系统重视企业最终利益，其最终为完成企业生产目标服务，从原材料至产品生产各个过程，从用户分析至产品质量检测都是厂级管理系统要完成的，因此厂级管理系统必须与专用的质量管理系统、办公系统衔接配合，协同处理。

上述的所有功能需由管理计算机完成，必须可以应对生产及市场的各种变化并给予快速反应，可以同时处理大量的数据并将数据长期存储；并且其人机接口必须具有性能高、可靠、方便等特点，具有可冗余及连续运行的特点。为了实现整个工厂网络化及计算机的继承，还需要有丰富的数据库管理软件、过程数据采集软件、人机对话软件和生产管理软件等。

（3）DCS 关键技术与实施路径

① DCS 关键技术　DCS 要实现集中管理、分散控制，高效的传输效率是各数据节点所必备的，传输数据类型的定义、传输方式的选择、储存结构的构建是极其重要的一方面。为实现生产控制、监测信息的实时高效传递，必须建立实时传输网络系统。现阶段实现生产信息的高速传输，必须依赖于现场总线技术以及工业以太网。

现场总线与工业以太网技术的创新式发展，引起了传统控制通信结构的重大变革，促成了新一代 DCS——现场总线控制系统 FCS（Fieldbus Control System）的形成与发展，解决了底层传统通信存在的问题，提高了控制系统的准确性、时效性与安全性，促进了 DCS 在各行各业更广泛的应用，促进了相关控制理论的发展与繁荣。

目前应用较多的工业以太网和现场总线技术多达 40 余种，例如 Profibus、InterBus、CAN 总线、Ethernet/IP、Modbus、EPA（Ethernet for Plan Automation）等。

② DCS 与 PLC 控制系统相结合　可编程控制器（Programmable Logic Controller，PLC）是以微处理器为基础的通用工业控制装置。经过几十年的快速发展，形成了以德国西门子、法国施耐德、日本三菱等为代表的世界知名自动化控制及电子设备制造厂商，相关产品在现代生产控制领域中发挥着重要且不可替代的作用。

PLC 的应用范围广、功能强大、使用方便，鉴于此已被广泛应用于各种自动化机械设备和生产过程的自动控制系统中，且其仍处在快速发展时期，产品更新周期越来越短，功能越来越强大，连接也更为开放。它不但是单机自动化应用最广泛的控制设备，在大型以及超大型工业网络控制系统中同样占有无法替代的地位，PLC 普及程度之高、应用范围之广，是其他计算机控制系统所无法比拟的。

PLC 是通过代替继电器实现逻辑控制发展而来，随着计算机技术的高速发展，PLC 向着智能化、小型化方向不断发展，PLC 与其他工业控制计算机组网构成大型的控制系统是可编程控制器技术发展的方向。

将 PLC 技术融于 DCS 中，可以更好地发挥 PLC 技术可靠、实用的优势，同时可大幅度降低 DCS 的开发、运营成本。现如今，市场上 DCS 与 PLC 技术相结合较为成熟的产品有：西门子 SIMATIC PCS7、APACS（Advanced Process Automation and Control System，先进过程自动化控制系统）。

西门子 SIMATIC PCS7 过程控制系统是西门子自动化集团推出的适用于制造业、过程工业以及"混合"工业所有领域的统一定制自动化平台。该产品适用于所有过程离散控制场合，PCS7 产品在 S7-PLC 系列基础上引入、改进 PC 功能，能够实现可视化实时监控与过程故障的快速响应；此产品实际上为西门子集团推出的自主离散控制系统，以原有功能强大的可编程控制器为基础进行布局，与过程工业控制无缝连接，该产品提供开放的客户端与服务接口，第三方控制系统可以极其方便地与原有分散控制系统进行组态。PCS7 产品通过全集成自动化系统，可确保开发的持续性与兼容性，方便客户公司进行追加投资、改造和扩建。

APACS 是美国 MOORE 公司 1992 年推出的新一代分散控制系统，是实现了将 DCS 与 PLC 的功能相结合的系统。其组态软件 42Mation 是世界上第一个把 DCS 与 PLC 结合在一起的组态软件，同时 APACS 具有良好的开放性、优越的可扩展性以及优良的硬件可靠性。

目前，新型的 DCS 与新型的 PLC 能够取长补短，进行融合和交叉。例如，DCS 的顺序功能与 PLC 的闭环处理功能进行融合，发挥各自特长，共同完成大型网络的组件与生产过程的控制、故障监测功能。

③ DCS 与现场总线技术的结合　随着时代的不断前进，信息技术得到快速发展，进一步引发了自动化技术的深刻变革。推动 DCS 逐步形成了网络化的、全开放的自动控制体系结构。现场总线的出现，标志着自动化技术步入了一个新的时代。

FCS 是未来控制系统的主要发展趋势，也是 DCS 与现场总线技术相结合的产物。随着信息技术的不断高速发展，新的通信协议也将会被建立，新型控制系统将会随之出现，不断满足生产控制自动化的需要。

现阶段，有代表性的现场总线主要有 Profibus、CAN、基金会现场总线、LonWorks 等。

a. Profibus。Profibus——过程控制现场总线（Process Field Bus），依据 DIN 79245（德国国家标准）和 EN 50180（欧洲标准）编制而成，其产品市场占有率位居欧洲之首（约 40%），中国市场占有率约为 30%～40%。目前，多数自动化解决方案提供商，例如西门子公司、浙大中控、和利时公司、新华公司等都为他们提供的设备配备 Profibus 接口。

Profibus 是现如今唯一的集成过程控制与工程自动化的总线解决方案，是一种全开放的、无需依赖设备厂商的标准总线。Profibus-DP 适用于分散式高速信息交流加工领域；Profibus-FMS 适用于生产控制现场信息监测；Profibus-PA 适用于过程自动化方向。

OSI 模型为 Profibus 的构建基础，是目前相关领域应用最广泛的总线技术。

b. CAN 总线。CAN 是控制器局域网（Controller Area Network，CAN）的简称。由 BOSCH 公司（德国）为实现汽车自动化领域通信而研制，已被确定为 ISO 11898（国际化标准）。该总线上的节点称为电子控制装置 ECU（Electronic Control Unit），分为标准 ECU（如仪表盘、发动机、虚拟终端等控制单元）、网络互联 ECU（如路由器、中继器、网桥等）、诊断和开发 ECU 等类型。

由于 CAN 总线采用了许多新型技术，与其他类型的总线相比较，它在许多方面具有独特之处，主要表现在以下几个方面：

采用多主控制方式，当多个设备同时开始发送信息，总线仲裁协议将被启动，优先级高的设备获得优先发送资格，优先级低的设备暂停发送数据，总线空闲后，优先级低的设备再进行数据发送；CAN 的每帧信息都有错误检测、错误标定及错误自检等措施，保证了极高的数据准确度；最远传输距离可达 10km，在一个给定的系统里，传输速率是固定的，并且是唯一的。

c. 基金会现场总线。基金会现场总线（FF）前身是以美国 Fisher-Rosemount 公司为首，联合 Foxboro、横河、ABB、西门子等 80 家公司制定的 ISP 协议，以及以 Honeywell 公司为首，联合欧洲等地的 150 家公司制定的 WorldFIP 协议。这两大集团于 1994 年 9 月合并，成立了现场总线基金会，致力于开发出国际上统一的现场总线协议。

基金会现场总线在 DCS/PLC 主机系统与现场仪表之间供电并进行数字通信。在同一总线电缆上最多可挂接 31 台现场设备，在这些设备之间传输状态信息和命令。现场总线比单纯的控制系统具有更多的特性。远程组态、设备管理，以及前瞻性维护等均可通过现场总线实现，很好地保护现场设备通信数据并将其传递到 DCS 系统中。设计简便、元件可靠均使得现场总线应用方便且耐用性高。多种防爆技术的应用便于现场总线的安装、调试以及可靠运行。

FF 总线是为适应自动化系统，特别是过程控制系统在功能、环境和技术等方面的需要而专门设计的底层网络，因此，FF 总线能够适应工业生产过程的恶劣环境，例如，能够适应工业生产过程的连续控制、离散控制和混合控制等不同控制的要求，提供各种用于过程控制所需的功能块，使用户能够方便地组成所需控制系统。

d. LonWorks 总线。LonWorks（Local Operating Networks）总线是美国埃施朗（Echelon）公司于 20 世纪 90 年代初推出的一种基于嵌入式神经元芯片的现场总线技术。LonWorks 具有现场总线的一切特点，在国际高端装备控制系统中应用广泛，"通用控制网络"称号是业界对其的极高赞誉。

LonWorks 技术主要由以下几部分组成：智能神经元芯片；LonTalk 通信协议；LonMark 互操作性标准；LonWorks 收发器；LonWorks 网络服务架构 LNS；Neuron C 语言；网络开发工具 LonBuilder 和节点开发工具 Node Builder。

LonWorks 总线的特点：LonWorks 利用网络变量将通信网络设置为简单的参数输入，实现分布式的网络控制，系统建立十分方便，在电力系统中得到广泛应用。

④ DCS 与工业以太网相结合　现有的现场总线标准过多，不同的现场总线不能兼容，不能实现透明的信息互访和信息的无缝集成。现场总线（不包括基于以太网的现场总线）是专用的网络，不像以太网那样得到了极广泛的应用。因此硬件费用较高，传输速率较低，支持的应用有限，不能与互联网集成。

由于以太网应用非常普及，产品价格低廉，硬件软件资源丰富，传输速率高（工业控制以太网已经在使用 1000Mbit/s 速率），网络结构灵活，可以用软件和硬件措施来解决响应时间不确定的问题。

以太网采用载波侦听多路访问/冲突检测（Carrier Sense Multiple Access with Collision Detection，CSMA/CD）的机制，两个工作站发生冲突时，必须延迟一定的时间后重发报文。发生堵塞时，有的报文可能长时间发送不出去，造成了通信时间的不确定性。所以传统的以太网不能用于工业自动化控制，但是可以用于实时性要求不高的场合。商用以太网一般用于办公室环境，不能用于恶劣的工业现场环境。近年来，为了满足实时性应用的需要，各大公司和标准化组织纷纷提出了各种提升工业以太网实时性的解决方案，从而产生了实时以太网 RTE（Real Time Ethernet）。

以太网的市场占有率高达 80%，它具有以下两方面优点：一方面，工业以太网采用 TCP/IP，可以通过以太网将自动化系统连接到企业内部互联网（Internet）、外部互联网（Extranet）和因特网（Internet）。不需要额外的硬件设备，就可以实现管理网络与控制网络的数据共享，即实现"管控一体化"。不需要专用的软件，可以用 IE 浏览器访问控制终端的数据。通过交换技术可以提供实际上没有限制的通信性能。另一方面，以太网的灵活性好，现有的设备可以不受影响地扩展。可以采用冗余的网络拓扑结构，可靠性高。通过有线电话网和无线电话网，可以用以太网实现远程数据交换。

一直以来，工业控制系统采用现场总线来实现信息通信，但由于种种原因，现场总线的种类越来越多，各种现场总线之间由于没有统一标准，导致互操作性很差，且这些总线的通信速率一般小于 24Mbps，因此引入低成本、高速率、应用广泛的以太网技术显得十分有必要。然而，以太网的实时性和可靠性较差，难以满足工业控制要求，因此，相关组织对以太网进行了一些扩展，称为工业以太网。

工业以太网对实时性的解决有些是通过应用层来做的，如 Ethernet/IP、Modbus 等，这些网络的实时性较差；也有一些技术在 TCP/IP 和以太网都做了实时性的扩展，如 ProfiNet、Ethernet、Powerlink。

现如今市场上比较成熟的工业以太网有以下几种：

a. EtherCAT，实时以太网。EtherCAT（以太网控制自动化技术）是一个以以太网为基础的开放架构的现场总线系统，EtherCAT 名称中的 CAT 为 Control Automation Technology（控制自动化技术）首字母的缩写，最初由德国倍福自动化有限公司（Beckhoff Automation GmbH）研发。EtherCAT 为系统的实时性能和拓扑的灵活性树立了新的标准，同时，它还符合甚至降低了现场总线的使用成本。EtherCAT 的特点还包括高精度设备同步，可选线缆冗余，和功能性安全协议（SIL3）。

　　b. EPA 实时以太网。EPA 是 Ethernet for Plant Automation 的缩写，它是 Ethernet、TCP/IP 等商用计算机通信领域的主流技术直接应用于工业控制现场设备间的通信，并在此基础上建立的应用于工业现场设备间通信的开放网络通信平台。

　　这是一种全新的适用于工业现场设备的开放性实时以太网标准，将大量成熟的 IT 技术应用于工业控制系统，利用高效、稳定、标准的以太网和 UDP/IP（User Datagram Protocol/ Internet Protocol，用户数据包协议/互联网协议）的确定性通信调度策略，为适用于现场设备的实时工作建立的一种全新的标准。

　　c. SERCOS 实时以太网。串行实时通信协议 SERCOS（Serial Realtime Communication Specification）是一种用于数字伺服和传动系统的现场总线接口和数据交换协议，能够实现工业控制计算机与数字伺服系统、传感器和可编程控制器 I/O 口之间的实时数据通信。1995 年，SERCOS 接口协议被批准为 IEC 1491 SYSTEM-Interface 国际标准。它也是目前用于数字伺服和传动系统数据通信的唯一国际标准，在各种数控机械设备中获得了广泛的应用。

　　⑤ DCS 与单片机技术相结合　DCS 对大型生产、监测系统的整体作用明显，但由于系统庞大，其扫描、作用周期显得稍长。相对而言，单片机扫描周期短、设置灵活，对于基层信息采集、响应有自己独特的优势。但单片机在工业控制中也存在着抗干扰能力差的突出问题。

　　目前，随着电子科学技术的快速发展，单片机的集成与模块化功能不断完善与丰富，体积更小，成本更低，在电子仪表、家用智能电器、节能智能装置、机器人、无人机、数字化控制等领域的使用有着得天独厚的优势。在系统设计过程中，提高单片机的抗干扰能力，对底层监控进行快速响应，与 DCS 系统结合实现上位机显示，可以充分发挥 DCS 与单片机各自优势。

　　⑥ DCS 与先进控制技术相结合　随着分布式控制系统以及计算机技术的快速发展，系统功能分化越来越细致，系统结构也愈加复杂，针对传统的控制系统算法、分布式控制系统状态监控以及故障诊断算法提出了更高的要求。先进控制理论不断发展及其在控制领域的广泛应用，尤其是人工智能的快速发展，其控制算法不断渗透到工业控制领域，使得包括 DCS 在内的控制系统向着智能化、数字化、信息化、现代化方向不断快速发展。

　　目前，先进控制算法在分布式控制系统研究和使用中主要有以下几种：

　　a. 模糊控制。非线性控制是模糊控制（Fuzzy Control）的实质，在控制领域中，控制系统动态模式的精确与否直接关系到控制质量的优劣，复杂或者难以描述的控制系统，无法利用精确模式实现系统管理，此时，模糊控制优势体现明显。在 DCS 系统中，将模糊控制与人工神经网络技术相结合形成的模糊神经网络控制系统，其控制效果优于一般控制器性能。

　　b. 专家系统。专家系统（Expert System）是一个或一组应用大量的专家知识和推理方法求解特定领域内复杂问题的一种人工智能计算机程序。利用大量已被验证的经验和已被证明的知识，按照一定的推断机制，模拟人类专家现实解决问题过程，对相关领域的复杂问题进行分析并给出答案。

将专家系统应用于 DCS 系统的状态监测预警和故障诊断中，不仅可以利用专家系统的控制机理和数据库智能监测系统运行状态的良好与否，而且可以在系统发生故障时，智能进行故障类别判断与划分，不停丰富知识库。随着专家系统的不断快速发展，系统监测的精细化程度、准确度将不断提升。

c. 遗传算法。遗传算法（Genetic Algorithm）是基于达尔文进化论理论，提出的由进化规律演化而来的随机化搜索方法。利用遗传算法的最终目的是寻找最优解，遗传算法最重要的一部分是适应函数的确定，以及杂交、变异的确定。现如今，遗传算法应用广泛，并在多个领域得到认可，同时有力促进了人工智能技术的发展，也在工业控制领域发挥着自己独特的作用。

d. 自适应控制。自适应控制算法依据环境的改变，自主改变控制变量，实现生产的最优化，此算法在工业生产控制过程中应用广泛，是任何控制系统所要具有的基本控制算法之一，能够自主对扰动变量的变化进行应答，与 DCS 大型控制系统结合，实现生产目标，效果稳定高效。

⑦ DCS 的编程语言　DCS 编程语言不像其他高级语言语句那么复杂，强调的是"顺序"执行。DCS 的编程方式主要有五种：LD（Ladder Diagram，梯形图）、FBD（Functional Block Diagram，功能模块图）、IL（Instruction List，指令表）、SFC（Sequential Function Chart，顺序功能图）以及 ST（Structured Text，结构化文本）。

⑧ DCS 的硬件结构　一个最基本的 DCS 硬件应该包括现场控制站、操作站、系统网络等，还可以包括完成某些专门功能的站、扩充生产管理和信息处理功能的信息网络，以及实现现场仪表、执行机构数字化的现场总线网络。

a. 现场控制站。现场控制站是 DCS 的核心，完成系统主要的控制功能，系统的性能、可靠性等指标也都要依赖现场控制站。现场控制站衔接了 DCS 与现场生产过程。其与现场设备直接相连，在完成数据采集与处理的同时控制被控对象。根据需求的不同，现场控制站可以配置不同的现场控制单元。现场控制站既可以是以顺序控制、联锁控制功能为主的，也可以是以过程控制为主、面向连续生产的。

专为过程检测、控制设计的检测控制系统在现场控制站运行，可以单独运行，一般是通用设备。

b. 操作站。操作站用于系统监视，实现用户控制策略等，可由操作员站代替，装有专用软件，可以直接完成系统组态等工作，是工程师及操作员的工作平台。基于通用 PC 平台的通用操作站，维护方便、使用范围广。运行员操作站主要完成 HMI 功能，一般采用桌面型通用计算机系统。工程师站是 DCS 中的一个特殊功能站，主要功用是对 DCS 实现应用组态。

c. 系统网络。系统网络是连接系统各个站的桥梁。由于 DCS 是由各种不同功能的站组成的，这些站之间必须实现有效的数据传输，以实现系统总体的功能，因此系统网络的实时性、可靠性和数据通信能力关系到整个系统的性能，特别是网络的通信规约，关系到网络通信的效率和系统功能的实现，因此都是由各个 DCS 厂家专门精心设计的。以太网逐步成为事实上的工业标准，越来越多的 DCS 厂家直接采用以太网作为系统网络。

d. 冗余技术。为了提高 DCS 的可靠性，系统搭建大范围使用了冗余技术，一般在一些重点公用环节使用冗余备份。为使 DCS 不受故障影响，除了自诊断技术外，还要使用冗余技术。系统中分散的控制功能使得各个部分可以独立运行，即使出现故障，也不会影响其他回路，但是关键环节或者会影响系统的公共节点必须采用备用形式，即采用冗余技术。下面分别就通常采用的冗余方式和冗余措施进行说明。

冗余方式：多重化自动备用及简易手动备用都是 DCS 采用的冗余技术。多重化自动备用就是在系统的公用设备或者关键节点设计备份，可以是双备份甚至更多，当系统中某一设备故障，其备份的设备自动运行，同步运转及待机运转是多重化自动备用一般采用的两种方式。同步运转在线即备用设备同步运行，处理同一工作，结果核对后输出。同步运转的两台设备必须结果一致，否则不会输出。只有一台设备运行，而另一台处于待机状态，随时可以介入系统，一旦发生故障就会立即运行，这是所谓的待机运转方式。N 台同样设备可以共用 1 台备用设备，即 $N:1$ 的形式，DCS 一般即采用这种备用方式。最简单的备用方式是手动操作方式，自动运行出现故障时，手动操作可使生产继续。

冗余措施：DCS 中一般设有两套通信系统，当其中一套通信出现故障可以直接使用另外的通信，通信过程中的数据传送也会采用信息冗余；工作冗余（即热备用）方式是操作站常采用的方式；现场控制站一般设有多个，互为备用。DCS 供电除了使用电网直接供电外，还要采用多级掉电保护措施，重要场合甚至采用三重化、四重化供电冗余。

(4) DCS 控制系统发展趋势

① 向综合化方向发展　为了进一步地对 DCS 系统进行功能完善及综合化，并对其进行应用以及推广，就得依靠综合化的数据通信技术来构建以标准化数据、多回路以及单回路调节器等多方面的工业控制设备进行设计的大系统，用来适应工厂自动化系统的开放式要求。

② 向智能化方向发展　DCS 系统的智能化水平随着科学技术以及通信技术的不断发展也会越来越高，将会逐渐地实现多种人工智能功能，不断地提高工业自动化的控制水平，例如 DCS 自适应控制功能、远程控制诊断功能等。如今，已有许多人工智能产品在 DCS 系统中得到了广泛应用。

③ 向工业 PC 化方向发展　现如今，在工业系统中设计的 DCS 系统的管理站和各个节点的操作站绝大部分都是应用的 PC 机（Personal Computer，个人计算机），这也就决定了将来应用工业 PC 机实现 DCS 系统的应用已经成为了一种必然的趋势和选择，并且随着相关科学技术的不断壮大和发展，也将会出现与此相关的产品。

④ 向专业化方向发展　DCS 系统向着专业化的方向发展已经成为了一种必然的趋势，能够针对不同领域的专业性，提高其深度和广度，能够满足特定专业的工业和应用要求。因此，开发设计针对专业领域的 DCS 系统，可使其具有更加专业的功能。如设计针对化工行业的 DCS 系统，将会降低化工行业容易引起的危险性，并且能够针对相关的工艺流程进行完善，提高企业的运行效率。

3.3.7　车间大数据驱动协同决策

智能制造融合了现代传感技术、网络技术、自动化技术等先进技术，大量传感器、数据采集装置等智能设备在车间投入使用，通过智能感知、人机交互等手段，采集了大量车间生产过程中的数据。这些数据涉及产品需求设计、原材料采购、生产制造、仓储物流、销售售后等环节，包括传感器、数控机床、MES、ERP 等相关信息化应用，数据情况十分复杂，数据的任何变化可能影响车间运行性能。车间大数据贯穿车间生产的各个环节，它的应用带来的不仅仅是技术的进步，更是车间管理理念的一次重大变革，必将把智能制造的发展推向一个新高度。

当前对车间大数据尚没有统一的定义，但是普遍认为其具有典型的"3V"特征，即规模性（Volume）、多样性（Variety）、高速性（Velocity）。规模性是指数据量庞大，其计量单位至少以 PB 起步（1PB＝1024TB，1TB＝1024GB）；多样性是指数据种类多，既包括来自 MES 等管理系统的结构化数据，也包括物料清单、检测图像等半结构化和非结构化的数据；高速性则体现在数据产生的速度快以及对数据处理速度要求高两方面。

以刀具磨损声发射传感器为例，其采样频率高达 $100kHz$，每秒采集的数据量大小约为 $110MB$，长期积累下来无疑是巨大的。此外，国际数据公司认为大数据具有第 4 个 V——价值性（Value），而且价值密度稀疏，存在典型的"二八法则"，即 20% 的数据拥有 80% 的价值。除此以外，考虑到智能车间生产环境复杂、多变、扰动频发等特点，车间大数据还具有强相关、高噪声等特征。

大数据思维是实现上层管理系统及制造过程其他部分的自主交互与协同决策的重要手段。通过对智能制造车间多源异构制造数据的集成交互、海量制造信息的智能计算、知识发现和大数据挖掘等方法，可以实现多种生产元素的协同决策，形成大数据驱动自主学习、自我适应的"关联＋预测＋调控"的决策新模式。将该模式融入传统绿色制造模式，可以形成以大数据驱动的绿色制造新模式；把产品生命周期各阶段数据和知识集成，可以构建大数据驱动的智能制造服务新模式，提升全制造流程和全生命周期管理的决策智能性。这种大数据驱动的协同决策强调依赖海量制造数据的变化规律、数据间的相互影响作用，而非依赖精准的数学模型和复杂的算法来预测车间运行过程的变化趋势和结果，并通过数据反馈对决策进行实时调控。

(1) 车间大数据关键技术

① 车间大数据集成技术　大数据集成技术就是把不同来源、格式、特点、性质的数据在逻辑上或者物理上有机地集中，为系统存储一系列面向主题的、相对稳定的、反映历史变化的数据集合，从而为系统提供全面的数据共享。车间数据集成技术能够将车间内部各系统中数据集中起来，解决车间内部的"信息孤岛"问题，是数据挖掘的前提。

在集成过程中为了获得具有潜在价值的数据，需要对其进行数据清洗、数据抽取、转换、加载等方面的工作。车间大数据涵盖车间生产的各个环节，这意味着数据来源广泛、类型十分复杂，既存在来自 MES、ERP 等管理系统的结构化数据，也存在数控程序、三维模型等非结构化数据，而且结合车间生产数据具有高噪声、多尺度等特性，直接对这些数据进行分析挖掘效率很低。为了避免这种情况，必须对车间数据进行抽取、集成，将这些复杂的数据转化为单一的或者便于处理的结构。

大数据集成一般需要将处理过程分布到源数据上进行并行处理，并仅仅对结果进行集成，以数据或文件形式存储到数据仓库或分布式文件系统中，为后续分析处理做好准备。此外，车间采集的制造数据可能存在多读、漏读、误读等多种情况，这些情况降低了数据的可用性和可靠性，因此在数据集成和抽取阶段应当对数据进行清洗，根据数据精确性、完整性、一致性、时效性等质量维度进行错误发现和修复，提高数据可信度。

车间大数据存储管理也是数据集成管理中的重要一环。采集到的数据必须选择合适的存储方式以方便后续数据挖掘的进行。传统的关系型数据库已经无法满足大数据处理的性能要求，车间长期生产积累下来的海量历史数据或者非结构数据，倘若选择专用存储设备，成本巨大，而且不利于后期数据分析。而将这些数据进行分布式存储，则充分利用了普通计算机硬件，而且直接将要被计算的数据分块存储到各客户机，消除了后续对数据进行分布式处理时数据传输带来的拥堵。

② 车间大数据处理技术　车间大数据应用涵盖描述、诊断、预测、决策等方面，为了满足这些应用的不同需求，需要有针对性地采取不同的数据处理技术，包括批处理（分布式计算）、流处理和内存处理。

a. 批处理（分布式计算）技术。批处理是一种新的计算方式，它研究如何把一个需要巨大的计算能力才能解决的问题分成许多小的部分，然后分配给许多计算机进行处理，最后把这些计算结果汇总起来得到最终的结果。目前最典型的一个分布式处理框架是 MapReduce 框架。

这种框架不仅可以运行在普通计算机搭建的硬件集群上，而且能够轻松计算普通计算机无法处理的数据。在 MapReduce 中，将待处理的数据分成固定大小的输入块，交给不同的 Map 模块计算，并将"键值对"暂时写入磁盘，Reduce 模块按照键值进行汇总并将结果写入分布式文件系统。批处理计算突破了单台计算机运算能力的限制，适合对车间长期积累下来的历史数据进行分析处理。

b. 流处理技术。批处理技术适合于处理大批量静态数据，但是对于设备状态检测等实时性要求较高的应用，其所处理的数据由传感器源源不断地产生，而且数据价值往往会随着时间的推移而降低，在这种情况下批处理的效率往往无法满足需求。而流处理技术对这种数据的处理是非常有效的。传感器以高采样频率采集车间设备的数据，并将数据传送到客户机，流处理无需准备时间，就能立即响应处理并得到结果，从而实现对设备状态实时监控。

c. 内存处理技术。内存处理技术是指 CPU 直接从内存中读取数据并分析处理的技术，克服了对磁盘读写操作时的大量时间消耗。对于来自 ERP 等信息管理系统的结构化数据，可以将一段时间内所有数据一次性全部读入内存，在此基础上进行实时分析，实现诸如市场分析、订单追踪等功能。目前多核 CPU 已经成为市场主流，而这种处理方式能够充分发挥处理器的性能，具有极低的延迟，是车间大数据处理的重要方式。

③ 车间大数据分析技术　大数据技术的根本驱动力是将信号转化为数据，将数据分析为信息，将信息提炼为知识，以知识促成决策和行动。挖掘车间大数据的价值就是提取隐含在车间大数据中的但又是有价值的信息与知识，从而为车间生产决策提供理论依据。常见的大数据分析技术主要有机器学习、神经网络、数据挖掘等。

过去车间运行决策都是依据准确的车间数据模型和算法来确定的。通过分析参数和目标之间的关系，建立合适的数据模型，在此基础上设计合适的算法求得最优解，以此来辅助车间决策。然而面对车间生产中越来越复杂的问题，建立精确的数据模型越来越困难。而大数据分析技术可以在完全不了解数据之间因果关系的前提下，快速、清晰地分析事物间的内在联系，获得最接近事实的结论。在实际生产中，依靠传统数据分析方式从海量数据中发现潜在有价值的信息来指导车间运行已经不实用了。而利用大数据分析技术发掘出新的描述、诊断、预测、决策模式，系统性地优化整个车间生产流程，将有效提高车间运行决策水平。

(2) 车间大数据的应用方向

大数据能够突破车间生产中隐性因素无法被量化的瓶颈，对车间生产全过程、全时段的状态进行充分诊断，发现问题并提出对策，从而提高车间生产管理水平。车间大数据的应用场合涵盖车间生产的各个环节，从描述、诊断、预测、决策等方面着手，在车间调度优化、工艺分析、成本控制等方面具有很高的应用价值（见图 3-83）。随着智能制造的深入发展，大数据技术在智能车间中将发挥越来越大的作用。

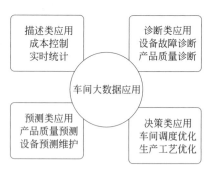

图 3-83　车间大数据应用

① 车间调度优化　车间生产调度是目前生产管理中最为薄弱的一环。考虑到实际工程问题的复杂性、大规模性、不确定性等特点，要寻找最优调度解是非常困难的，因此通常的做法是在有限、合理的时间内找出一个相对最优解。而大数据技术给车间调度优化提供了新的手段。从车间的海量生产数据中，利用神经网络、遗传算法等数据挖掘算法分析获取影响计划调度优化的因素，进而利用这些影响因素及其他相关数据完成相对最优计划编制方案的制定。

② 设备监控与故障诊断预测　在车间现场管理中，机床设备作为"5M1E"（人、机、

料、法、环、测）中的重要一环，一旦出现问题，会对生产进度产生极大影响，造成重大经济损失。随着无所不在的传感器、物联网技术、信息技术的引入，故障实时诊断变为现实，而数据挖掘、建模则使得预测动态性成为可能。大数据技术可为客户提供更可靠的服务，如设备的状态监控、设备故障的及时精准定位排除等。与此同时，对比分析根据设备使用过程中的历史数据信息建立的数据模型，可对设备的使用寿命进行预测，对可能出现的故障及时预警。

③ 产品质量分析与工艺优化　为了保证产品质量，质检是必不可少的步骤，其通常在产品每道工序完成或者产品加工完成时进行，无法在加工过程中得到产品质量信息。而大数据技术通过对产品海量历史质量数据进行分析，结合"5M1E"原则，利用数据挖掘算法从中选择影响产品质量的因素，从而建立影响产品质量的因素记录集，作为质量预测模型的输入，再结合加工过程中实时数据，即可实现对产品质量的预测及生产工艺的优化。

④ 成本控制　车间成本控制和管理对企业发展是非常重要的。现代制造业的产品生产大体上可分为产品设计、材料采购、产品制造等阶段，为了控制生产成本，需要考虑整个产品生产过程。在产品设计中根据工艺条件，合理选择设计参数和材料，以及采用合理的结构；对供应商的行为进行管理，从供应效率、材料质量、价格等方面综合评价供应商供货行为，择优进行合作；对产品制造过程的工艺进行实时调整。而基于大数据环境，考虑整个产品生产价值链，最大限度上减少人为因素的干扰，从而建立新的成本控制模式。

3.4　生产制造执行系统

3.4.1　制造执行系统的产生背景

制造执行系统（Manufacturing Execution System，MES）作为企业信息化的重要组成部分，它的产生和发展与企业信息化的发展历程紧密相关。在制造业信息化的早期阶段，受到当时的环境限制，企业业务管理的信息化与生产设备的自动化通常是两个独立的领域分别运行，这种由不同部门基于不同看法建成的一系列单一功能的信息系统长期存在信息孤岛和信息断层问题。

(1) 信息孤岛

在 20 世纪 70 年代末期，市场全球化导致竞争日趋激烈，企业为了加强产品竞争力，纷纷寻求适合自己的先进生产管理方式和信息化技术，出现了生产调度、工艺管理、质量管理、设备维护、过程控制等相互独立的系统。由于这些系统之间相互独立、缺乏数据共享，导致功能重叠、数据矛盾等一系列问题，产生了信息孤岛的现象，造成了企业中制造信息的横向阻断，严重地制约着车间内各种系统间的协调，大大降低了制造领域信息化的整体作用。

(2) 信息断层

进入 20 世纪 80 年代，全球市场竞争更加激烈，上层计划管理系统受市场影响越来越大，计划的适应性问题愈来愈突出。企业的决策者面对客户对交货期的苛刻要求、产品的改型和订单的不断调整，逐渐认识到计划的制订和执行受市场和实际作业执行状态的影响越来越严重。然而，企业级的业务管理系统无法得到及时准确的生产实绩信息，导致无法把握生产现场的真实情况，使得上层计划的制订越来越困难。同时，由于生产现场人员与设备得不到切实可行的生产规划，车间调度系统失去了它应有的作用，造成在制品库存量过多、车间管理混乱、资金占用过多、延误交货期等问题，这种从上层管理系统到底层生产控制出现的信息断层造成了企业中制造信息的纵向阻断，严重阻碍了企业信息化的发展。

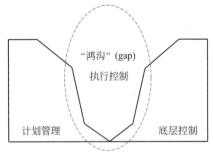

图 3-84　企业管理与生产控制之间的鸿沟

伴随着消费者对产品需求的愈加多样化以及计算机网络和大型数据库等 IT 技术的发展，制造业的生产方式开始由大批量的刚性生产转向多品种小批量的柔性生产，企业的信息系统也开始从局部的事后处理方式转向全局的实时处理方式。然而，在企业信息集成的实践过程中，信息孤岛和信息断层所带来的各种问题仍然难以解决，主要原因在于生产管理业务系统与生产过程控制系统的相互分离，计划系统和过程控制系统之间的界限模糊且缺乏紧密的联系，如图 3-84 所示。

在这种情况下，作为面向企业生产执行层的信息系统 MES 应运而生。1990 年，美国先进制造研究协会（Advanced Manufacturing Research，AMR）的报告中首次提出制造执行系统 MES 概念，将其定义为"位于上层的计划管理系统与底层的工业控制之间的面向车间层的管理信息系统"，其作为连接顶层业务管理和底层实际生产的纽带，主要用来解决制造业信息化进程中出现的横向信息孤岛、纵向信息断层等问题，是企业信息系统的关键组成部分。

作为 MES 领域的专业组织，制造执行系统协会（Manufacturing Execution Systems Association，MESA）在 1997 年提出了 MES 新的定义：MES 提供从订单下达到完成产品的生产活动优化所需的信息，运用及时准确的数据，对车间生产过程进行指导、启动、响应和记录，能够对生产条件的变化做出迅速的响应，从而减少非增值活动，提高效率。2004年，MESA 提出了协同 MES 体系结构（c-MES），对 MES 的定义进行了进一步的拓展，提出将 MES 与协同制造价值链中其他系统、其他企业中的制造资源相结合，改善协同制造过程中各部分的敏捷性和智能化。

我国将 MES 定义为针对企业整个生产制造过程进行管理和优化的集成运行系统，它在从接受订单开始到制成最终产品的全部时间范围内，采集各种数据信息和状态信息，与上层业务计划层和底层过程控制层进行信息交互，通过整个企业的信息流来支撑企业的信息集成，实现对工厂的全部生产过程进行优化管理。MES 提供实时收集生产过程数据的功能，当车间发生实时事件时，MES 能够对此及时做出反应，并使用当前的准确数据对其进行指导和处理。这种对事件的迅速响应，使得 MES 系统能够减少企业内部无附加值的活动，从而有效指导车间的生产运行过程，使其既能提高工厂及时交货能力、改善物料的流通性能，又能提高生产回报率。

目前 MES 的应用涉及航空、电子、化工、半导体、汽车、机械制造、医疗、石化和冶金等行业和领域，对企业生产管理产生了深远的影响。MESA 的调研结果表明企业在实施 MES 后能为企业带来的直接效益包括降低产品的生产周期、减少在制品、缩短提前期以及提高产品质量等，同时还为企业创造许多难以量化的间接经济效益，如缩短市场客户需求的响应时间、优化物料管理和产能、增强对随机事件的响应能力、提高工作效率、提高企业的敏捷性、增强企业核心竞争力和缩短企业投资回报周期等。同时，MESA 给出了企业实施 MES 系统后的以下数据：

① 缩短生产周期，达到平均 45%；

② 减少数据录入时间，通常达到 75% 或更高；

③ 减少待处理的工作，达到平均 24%；

④ 减少文档间的传递，达到平均 61%；

⑤ 缩短订交货时间，达到平均 27%；

⑥ 减少纸面文档，达到平均 56%；

⑦ 减少产品缺陷，达到平均 18%。

3.4.2　MES 在企业信息系统中的定位

MES 的本质是一个信息系统，定位于计划层（ERP）和控制层（PCS）之间的执行层，主要处理车间级生产管理和调度工作。美国先进制造研究协会提出的如图 3-85 所示的企业集成模型中，清楚地描述了 MES 在企业系统中的位置：一方面 MES 将来自 ERP 等业务管理系统的计划信息细化、分解，形成操作指令下达给底层控制；另一方面 MES 实时跟踪监控底层实际过程的设备运行状态，采集相关的数据，经过分析、计算和处理，及时反馈给顶层业务管理系统，以支撑计划指令的合理有效下达。

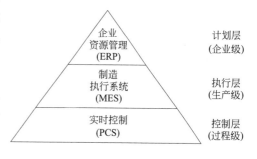

图 3-85　企业集成模型

以上三层在企业经营与生产过程中既相互独立，又紧密联系，并在部分功能上存在着信息重叠的现象，如图 3-86 所示。

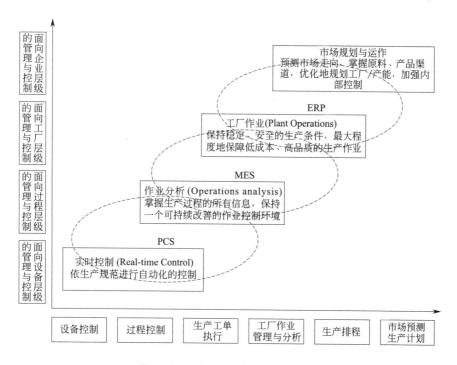

图 3-86　MES 在企业信息系统中的定位

由于 MES 是面向制造过程的，它必然与其他的制造管理系统共享和交互信息，这些系统包括供应链管理（Supply Chain Management，SCM）、企业资源计划管理（ERP）、销售和客户服务管理（Sales and Service Management, SSM）、产品及产品工艺管理（Product&Process Engineering，P/PE）以及底层生产控制管理等系统。如图 3-87 所示，制造执行系统起到连接以上各信息系统的信息集线器作用，并与以上各信息系统之间存在着功能信息的重叠，同时以上各系统之间也存在着功能信息重叠的关系，如制造执行系统与供应链管理系统在调度管理功能上存在着信息的重叠，与销售和客户服务管理系统、企业资源计划管理系统在人力资源管理功能上存在着信息的重叠，与产品及产品工艺管理系统在图纸文档管理功能上存在着信息重叠，与底层生产控制管理系统在生产过程管理功能上存在着信息重叠等。

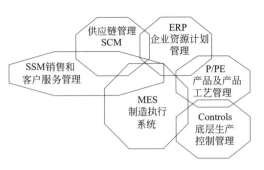

图 3-87　MES 与企业其他信息系统关系图

　　MES 国际联合会在 MES 白皮书中给出了在企业生产管理中 ERP/MES/PCS 三层之间的操作、交互活动和信息流，如图 3-88 所示。ERP 系统根据订单制订产品需求和生产计划，MES 系统通过任务单和来自车间层的资源状态信息制订生产指令和控制参数，并传递给底层控制系统 PCS，PCS 将生产现场的设备信息、工装信息、人员信息、任务状态、设备状态和加工参数传递给 MES 系统，使 MES 系统完成资源检查、在制品跟踪和控制加工过程，并根据底层提供的信息对车间生产计划的制订、调度、现场控制指令等做出实时调整，同时，ERP 系统可以查询订单状态、在制品状态和其他性能数据以便作出符合实际的预测和决策。从时间因素分析，在 MES 之上的计划系统考虑的问题域是中长期的生产计划（时间因子＝100 倍），执行层系统 MES 处理的问题域是近期生产任务的协调安排问题（时间因子＝10 倍），控制层系统则必须实时地接收生产指令，使设备正常加工运转（时间因子＝1倍），三者之间相互关联、互为补充，实现企业的连续信息流。

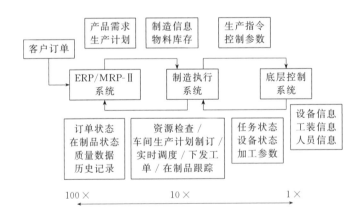

图 3-88　ERP/MES/PCS 层之间的信息流

　　综上所述，MES 是面向企业生产执行层的计算机辅助管理系统，是连接计划层和控制层的桥梁，它通过接收企业计划层的生产计划，编制车间作业计划，下达作业指令和下料指令，通过生产数据的实时采集，实现生产过程的实时监控和动态管理，并将分析和处理后的数据及时反馈到企业计划层，从而实现企业计划层和控制层的数据集成，最终提高企业生产效率和质量。

3.4.3 MES 的功能体系结构

最早的 MES 功能模型由 AMR 于 1993 年提出，如图 3-89 所示，包括四部分功能：车间管理（包括生产资源管理、计划管理和维护管理等功能）、工艺管理（主要指车间层的生产工艺管理，包括各种文档管理和过程优化等功能）、质量管理（以车间层的生产过程质量管理为核心，包括统计质量控制、实验室信息管理系统等）、过程管理（包括设备的监测与控制、数据采集等功能）。

MESA 于 1997 年提出协同 MES 的功能模型和外部环境模型，如图 3-90 所示，主要功能包括：资源配置与状态（管理人员、设备、物料等各项资源，指示、跟踪并记录各项工作）、作业计划（确定各项生产活动的顺序和时间，实现资源约束条件下的工厂绩效优化）、生产调度（调整作业计划、进行动态调度、控制在制品库存）、文档管理（控制与生产单元相关的记录，编辑和下达生产指令）、数据采集（监测、采集和组织生产数据）、人员管理（指导人员的使用，跟踪和提供人员的有关状态）、质量管理（记录、跟踪和分析质量数据）、过程管理（根据生产计划和实际生产活动指导生产进程）、维护管理（计划和执行设备维护活动，维护历史数据）、

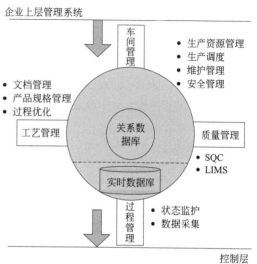

图 3-89　AMR 提出的 MES 功能模型

产品跟踪（跟踪并显示产品的时空位置，生成历史记录，便于对产品生产过程溯源）、绩效分析（通过对信息的汇总分析，以离线或在线的形式提供对当前生产绩效的评价结果）。

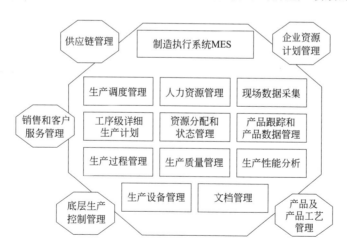

图 3-90　MESA 提出的 MES 功能模型和外部环境模型

国际仪表学会（ISA）编制了 ISA-SP95 企业控制系统集成标准和 ISA-SP98 批量控制标准，接连发布了数个 MES 标准：SP95.01 模型与术语标准（2000 年）、SP95.02 对象模型属性标准（2001 年）、SP95.03 制造信息活动模型标准（2002 年）、SP95.04 制造操作对象

模型标准（2003 年）。ISA-SP95 标准所制定的 MES 功能模型如图 3-91 所示，包含四大类 9 个功能模型：生产资源管理、产品定义管理、生产计划排产、生产计划分配、生产执行、生产跟踪、生产数据采集、生产绩效分析，以及生产现场人员、设备、材料。该标准已经成为国际标准，被西门子、通用电气等公司旗下的 MES 系统采用，经过各类应用的检验，被认为是成熟可行的 MES 功能模型。

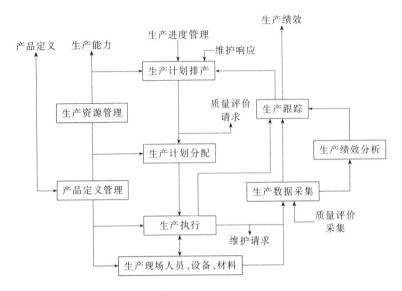

图 3-91　ISA-SP95 标准制定的 MES 功能模型

　　2004 年，MESA 提出了协同 MES 模型，强调实施并优化车间生产管理，利用网络技术实现更广物理范围的协同制造；2008 年，MESA 又提出了一种战略计划模型，融合了企业管理和信息技术，将制造企业划分为专注于长期战略决策的战略计划层、专注于日常管理业务的业务运营层、专注于生产执行和反馈的制造执行层以及复杂的生产现场。2010 年，我国根据制造企业的业务特点，将 MES 的功能体系定义为以生产运行管理功能模块为中心，以维护管理、质量管理和库存管理等影响生产的功能模块为辅助的架构，如图 3-92 所示。

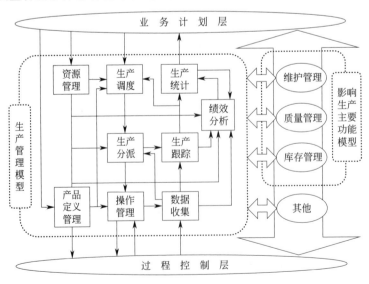

图 3-92　制造执行系统体系结构

该模型定义了 MES 的基本功能体系结构，以"生产管理"为中心，对制造执行层进行了功能结构的划分，给出了制造执行层内部的主要功能以及功能之间传递的信息流，具体划分为生产管理模型、影响生产的主要功能模型以及影响生产的其他功能模型三部分。

(1) 生产管理模型

生产管理模型是制造执行系统的核心部分，可定义为一组满足成本、质量、数量、安全性和实时性要求的活动，这组活动对利用原材料、能源、设备、人员和信息来制造产品的诸多功能进行协调、指导、管理和跟踪，主要包括：

① 收集和保存关于产品、库存、人力、原材料、剩余部分和能源使用的数据。

② 实现必需的人员管理功能，例如工作时期统计表（包括时间、任务等）、休假时间表、劳动强度统计表、工会路线的进展，以及内部培训和人员资格认证。

③ 为所辖区域内的维护、运输及其他与生产有关的请求建立及时的详细生产调度。

④ 在完成业务计划层制定的生产调度的同时，对个别产品区域进行本地成本优化。

⑤ 在职责范围内，修改生产调度，补偿可能发生的生产中断行为。

⑥ 提交含可变制造成本的生产报告。

⑦ 按工程功能的要求进行数据收集和离线分析，包括基于统计学的质量分析以及相关控制功能。

生产管理模型可进一步细分为 9 个相对独立的子功能，分别是：产品定义管理、资源管理、生产调度、生产分派、操作管理、数据收集、生产跟踪、绩效分析、生产统计。图 3-93 详细描述了各功能之间，以及特定功能模块与上层业务计划层和下层过程控制层之间传递的信息流，图 3-93 中左侧虚线框内所表示的部分，是制造执行系统的核心。

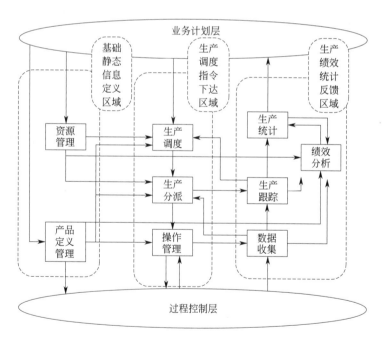

图 3-93　生产管理模型

产品定义管理是制造执行层中管理所有关于制造所必需的产品信息的功能模块，其主要传递的信息流如图 3-94 所示，包括：产品定义信息、设备和过程的生产规则、产品生产规则和生产路线、生产关键绩效指标 KPI（Key Performance Indicator）定义。

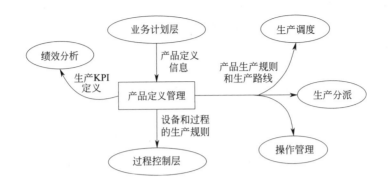

图 3-94　产品定义管理模块的信息流

　　资源管理定义为一系列有关生产运行所必需的信息的资源管理的活动，这些资源包括机器、工具、劳动力（经过专门技术培训）、原料和能源。资源信息的管理可以由计算机系统完成，但也可能部分或完全由手工替代，图 3-95 描述了资源管理模块主要传递的信息流，包括：生产能力信息、资源能力信息、资源可用性信息。

　　生产调度定义为一组满足生产要求的生产路线安排和最佳利用本地资源的活动，它基于业务计划层中生产计划的要求、产品定义信息和资源能力信息来解决生产的约束性和可用性；同时利用生产跟踪模块的信息来解决过程中的实际工作。包括对最少设备设置或清洗的要求进行排序，对设备最佳利用要求的协调，以及由于批量

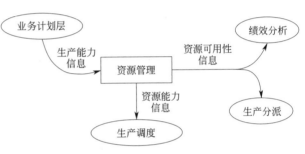

图 3-95　资源管理模块的信息流

和有限产率所引起的拆分请求。生产调度会考虑本地资源的情况和可用性。图 3-96 描述了生产调度模块主要传递的信息流，包括：生产计划调度信息、产品生产规则和生产路线、资源能力信息、在制品信息和工作完成信息以及详细生产调度。

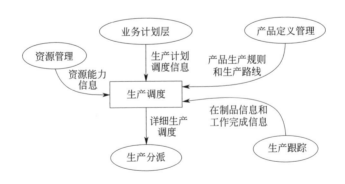

图 3-96　生产调度模块的信息流

　　生产分派定义为一组把生产任务分派给设备和人员的生产流的活动，包括：批控制系统中调度分批开始、生产线上调度生产运转的开始、在生产单位中指定标准操作条件的对象、

向工作中心传递工作顺序、向人工操作发送工作顺序。图 3-97 描述了生产分派模块主要传递的信息流，包括详细生产调度、产品生产规则和生产路线、资源可用性信息、实际生产和设备状况、生产分派清单、生产和资源的分派清单。

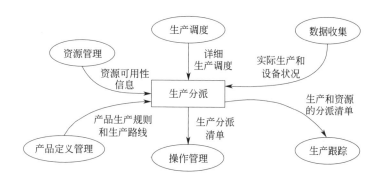

图 3-97　生产分派模块的信息流

操作管理定义为一组指导生产执行的活动，对应了生产分派名单所列出的内容。操作管理的活动包括：通过产品生产的操作顺序的合理安排来选择、启动和移动工作单元（例如批次、子批次，或批量），实际的操作工作则是过程控制层的一部分。图 3-98 描述了操作管理模块主要传递的信息流，包括生产分派清单、产品生产规则和生产路线、操作命令、操作响应以及生产信息和生产事件。

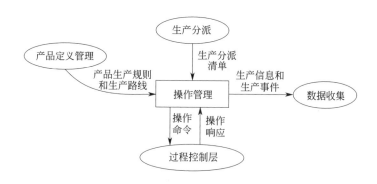

图 3-98　操作管理模块的信息流

数据收集定义为一系列为特定工作过程或特定生产要求收集、编辑和管理生产数据的活动。制造执行系统主要处理诸如数量（重量、单位等）和有关参数（比率、温度等）的过程信息，以及诸如控制器、传感器和执行器状态的设备信息。处理的信息包括：传感器读取、设备状态、事件数据、操作员登录数据、交互数据、操作行动、消息、模型计算结果，以及其他产品制造的重要信息。数据收集是基于固定时间或事件的，按时间或事件添加数据，把收集的信息联系起来，图 3-99 描述了数据收集模块主要传递的信息流，包括：设备和过程数据、生产信息和生产事件、生产和资源历史数据、实际生产和设备状况。

生产跟踪定义为一系列根据生产和资源的历史数据跟踪生产过程的活动，它向生产调度模块提供信息，使得生产调度可以根据当前情况进行更新；同时，它也向生产统计模块提供产品生产过程中详细的人员设备实际使用情况、物料的消耗、物料的生产等信息。图 3-100 描述了生产跟踪模块主要传递的信息流，包括生产和资源历史数据、生产和资源的分派清单、质量和绩效数据、在制品信息和工件完成信息、生产物料和消耗品信息。

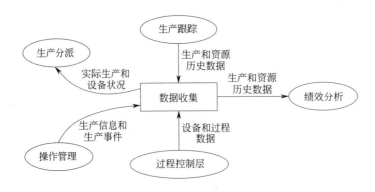

图 3-99　数据收集模块的信息流

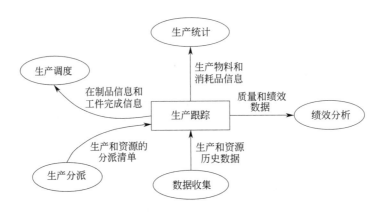

图 3-100　生产跟踪模块的信息流

绩效分析定义为一系列为业务系统分析和汇报绩效信息的活动，包括对装置生产周期、资源利用、设备使用、设备性能、程序效率以及生产可变性等信息的分析，这些分析可被用于完善 KPI 报告以及进行生产和资源利用的最优化。一旦优化开始，并且强制实施约束，其他系统约束就会产生，另外，市场条件和产品组合的变更可能会引起优化标准和系统约束的改变。在多变的环境里，绩效分析活动有规律地重新检查当前的产量、政策及预期情形，使系统的生产量最大化。图 3-101 描述了绩效分析模块主要传递的信息流，包括生产 KPI 定义、资源可用性信息、生产和资源历史数据、统计信息、质量和绩效数据。

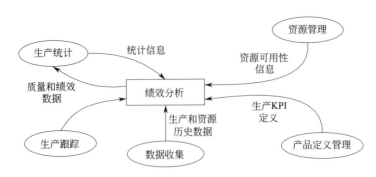

图 3-101　绩效分析模块的信息流

生产统计定义为一系列为业务计划层做出生产响应准备的活动。包括总结和汇报关于产品生产过程中人员和设备的实际使用情况、物料消耗、物料生产，以及其他诸如成本和绩效分析结果的有关生产数据的信息。图 3-102 描述了生产统计主要传递的信息流，包括：生产物料和消耗品信息、质量和绩效数据、生产绩效统计信息、统计信息。

（2）**影响生产的主要功能模型**

影响生产的主要功能模型定义了维护管理、质量管理、库存管理，它们都是制造类企业的制造执行层中必不可少的组成部分，对制造类企业的生产运行会产生极为重要的影响，有时甚至是决定性的影响。例如：质量管理对制药企业的生产制造尤为重要，而库存管理对物流中心或精炼行业的生产制造尤为重要。

维护管理可以定义为一组协调、指导和跟踪设备、工具及相关资产的维护功能的活动，该功能保证了设备、工具及相关资产的制造可

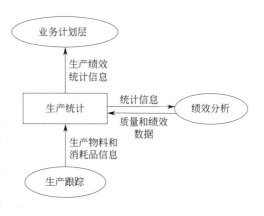

图 3-102　生产统计模块的信息流

用性，并且保证反应性的、周期性的、预防性的或者先发性的维护调度得以顺利执行。维护管理支持以下 4 个主要的维护类别：

① 提供设备故障响应的维护；

② 基于时间或周期的循环维护的调度和实施；

③ 提供基于状态的维护，源于从设备或从设备推断获得的信息；

④ 资源运行绩效和效率的优化。

质量管理定义为协调、指导和跟踪质量测量和报告的功能的活动集合，广义的质量管理同时包括质量操作和那些以保证中间和最终产品质量为目的的操作管理，主要功能包括：

① 测试和检验物料质量（原料、成品和中间产品）；

② 测量和报告设备能力以满足质量目标；

③ 保证产品质量；

④ 设置质量标准；

⑤ 设置人员资格和培训质量标准；

⑥ 设置质量的控制标准。

库存管理可以定义为制造设施在企业生产运行的过程中协调、指导、管理、跟踪库存和物料移动的活动，主要功能包括：

① 管理和跟踪产品和物料的库存；

② 履行周期性和按要求的库存周期计算；

③ 管理工作中心之间物料的移动；

④ 测量和报告库存和物料的移动能力；

⑤ 协调和控制物料移动中利用的人员和设备；

⑥ 指导和监测物料与生产管理、质量管理或维护管理之间的进出传递；

⑦ 向生产管理活动汇报库存；

⑧ 追溯原料在储藏库的进出；

⑨ 确定拆包调度；

⑩ 运输和监控储藏库中物料的移动。

依据中国制造类企业的通常情况，维护管理、质量管理、库存管理与生产管理之间主要

交互的信息流如图 3-103 所示。由于行业间差异较大，图中只定义了各模型之间最通用的信息交互，具体行业或实际企业可以根据自身的实际情况进行信息流的扩展、修改或删减。

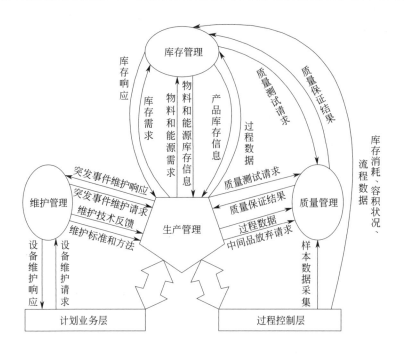

图 3-103　生产、维护、质量、库存间的信息流

(3) 影响生产的其他功能模型

影响生产的其他功能模型并不是所有的制造类企业都必需的，但是有时它们对生产也将会产生非常重要的影响，或是可以对生产的管理提供非常有益的帮助，例如，能源管理、生产安全管理、系统仿真等。同时，对于不同行业和企业的实际情况，需要的功能扩展也将会有所区别。

3.4.4　MES 系统的行业特点及差异

MES 的应用需要充分考虑企业的具体情况，以寻求最合适的信息化解决方案。对于企业的分类，从生产方式上考虑，可以划分为按定单生产、按库存生产或上述两者的组合；从生产类型上考虑，则可以划分为批量生产和单件小批生产；从产品类型和生产工艺组织方式上，企业的行业类型可划分为流程型制造模式和离散型制造模式。本书从产品类型和生产工艺组织方式上对企业进行分类和比较。

典型的流程生产行业有：医药、石油化工、电力、金属冶炼、能源、水泥、食品等领域。典型的离散制造行业主要包括：机械制造、电子电气、航空航天、汽车船舶等行业。无论是功能模型还是信息模型，MES 系统都覆盖了流程生产行业和离散制造行业，但由于从工艺流程到生产组织方式，流程生产行业和离散制造行业都存在较大的差别，在 MES 具体实施上，要根据行业特征区别对待。

(1) 行业的需求差异

流程生产行业主要是通过对原材料进行混合、分离、粉碎、加热等物理或化学方法，使原材料增值，通常以批量或连续的方式进行生产；而离散制造行业主要是通过对原材料物理形状的改变、组装，成为产品，使其增值。在 MES 需求、应用环境等诸多方面，两者存在较大的差异。

从产品结构角度分析，离散制造企业的产品结构可以用"树"的概念描述，其最终产品一定是由固定个数的零件或部件组成，这些关系非常明确并且固定；而流程生产企业的产品结构往往不是固定的，例如：上级物料和下级物料之间的数量关系可能随温度、压力、湿度、季节、人员技术水平、工艺条件的不同而不同。在流程生产行业 MES 中，一般采用配方的概念来描述这种动态的产品结构关系，且工艺过程伴随产出的不只是产品或中间产品，还可能细分为主产品、副产品、外协产品、回流物和废物，MES 在描述这种产品结构的配方的时候，还应具有批量、有效期等方面的要求。

从工艺流程角度分析，面向订单的离散制造行业的特点是多品种和小批量，因此，生产设备的布置有可能不是按产品而是按照工艺进行布置的，例如，离散制造业往往要按车、磨、刨、铣等工艺过程，或者按照典型工艺过程来安排机床的位置。因为每个产品具体的工艺过程都可能不一样，而且可以进行同一种加工工艺的机床有多台，因此，离散制造业需要对所加工的物料进行调度，并且往往中间产品需要进行搬运。流程生产行业企业的特点是品种固定、批量大、生产设备投资高，而且按照产品进行布置。通常，流程生产企业设备是专用的，很难改作其他用途。MES 系统规划的时候，要考虑到不同行业生产设备布置的特点，做好配置。

从自动化水平角度分析，离散制造企业自动化主要在单元级，例如数控机床、柔性制造系统等，由于是离散加工，产品的质量和生产率很大程度依赖于工人的技术水平，因此，离散制造业企业一般是人员密集型企业，自动化水平相对较低。而流程生产企业则大多采用大规模生产方式，生产工艺技术成熟，广泛采用过程控制系统 PCS，控制生产工艺条件的自动化设备比较成熟，因此，流程生产行业企业生产过程多数是自动化的，生产装置的人员主要是管理、监视和设备检修。

（2）行业的应用特点

基于离散制造业企业与流程生产业企业之间的上述特点和需求差异，MES 在面向离散制造业和流程生产业的应用时应该有所区别。

① 与 MRP-Ⅱ/ERP 的信息集成　MES 处于企业的制造执行层，从业务计划层 MRP-Ⅱ/ERP 接收计划指令并向其反馈信息，因此，无论是流程生产行业还是离散制造行业，MES 都要与 MRP-Ⅱ/ERP 建立紧密的信息集成。但是由于流程生产行业与离散制造行业的 MRP-Ⅱ/ERP 系统中所使用的一些术语、管理概念，以及管理习惯不同，MES 在与其进行信息集成时要根据行业的不同，有区别地对待。主要表现在以下几个方面：

a. 两者对于生产模式的要求不同。流程生产行业中体现了以配方为核心的生产模式，而离散行业中体现了以产品 BOM 为核心的生产模式。

b. 生产计划方式不同。虽然流程企业根据市场的需求进行生产的观念已经逐步加深，但一般情况下，特别是市场需求量大的产品是"以产促销"，即通过大批量生产来降低成本，提高竞争力，因此，作为流程企业生产计划的依据，主要是市场预测。而离散企业主要是根据订单进行生产，同时，也将市场预测作为生产计划制订的依据。离散企业的 MRPⅡ/ERP系统向 MES 下达作业计划指令主要以"工作令"的方式，而流程企业的作业计划下达主要以指令计划形式。

c. 成本核算方式方面，离散企业计算产品成本是按照产品 BOM 所描述的加工装配过程，从低层向高层逐层累积得出的，这种按照成本发生的实际过程计算成本的方法称为逐层累积法，或称为成本滚加计算法，它反映了产品增值的实际过程。而流程企业的成本核算方式一般采用平行结转法，在其成本组成中，生产成本中占比例最大的是原材料。通常，原材料占产品成本的 70%～80%，而人工成本所占比例较小，约占 2%～5%，其他为分摊成本。

② 作业计划调度　离散企业的生产作业计划调度需要根据优先级、工作中心能力、设备能力、均衡生产等方面对工序级、设备级的作业计划进行调度，这种调度是基于有限能力的调度，并通过考虑生产中的交错、重叠和并行操作来准确地计算工序的开工时间、完工时间、准备时间、排队时间以及移动时间，通过良好的作业顺序，可以明显地提高生产效率。

流程企业的产品是以流水生产线方式组织的连续的生产方式，只存在连续的工艺流程，不存在与离散企业对应的严格的工艺路线。因此，在作业计划调度方面，不需要也无法精确到工序级别，而是以整个流水生产线为单元进行调度，从作业计划的作用和实现上，比离散企业简单。

③ 数据采集　MES 的数据采集功能可以实现对生产现场各种数据的收集、整理，是进行物料跟踪、生产计划、产品历史记录维护以及其他生产管理的基础。

离散企业的数据采集以手工上报为主，并可以结合条码等半自动信息采集技术进行工时、设备、物料、质量等信息的采集，这种数据采集方式时间间隔较大，容易受到人为因素的影响，要特别注意保障数据的准确性。流程生产行业的自动化程度较高，设备控制级大量采用 DCS、PLC，在检测设备方面，各种智能仪表、数字传感器已普遍应用，而过程控制则广泛采用以小型机为主的自动控制系统，传统的"计、电、仪"分工界限已不再明显，计算机技术的应用已深入各个领域。这些自动化设备能自动准确记录各种生产现场信息，对于MES 而言，重点在于系统构建时与这些自动化设备做好数据接口。

④ 作业指令的下达　在离散行业的 MES 中，将作业计划调度结果下达给操作人员的方式一般采用派工单、施工单等书面方式进行通知，或采用电子看板方式让操作人员及时掌握相关工序的生产任务。作业计划的内容主要包括工序开工时间、完工时间、生产数据等。流程生产行业的 MES 中，不仅要下达作业指令以及面板数据，而且要将作业指令转化为各个机组及设备的操作指令和各种基础自动化设备的控制参数，并下达给相应的生产控制系统 PCS。

⑤ 反冲处理　流程型生产企业的生产完工上报广泛采用反冲处理，一般在工艺流程的末端设置完工上报点，而对前面工序流程实行反冲处理，如人工工时反冲、设备工时反冲、物料反冲，从而对在制品和成本进行跟踪。离散制造中的完工上报，一般对每道工序都要进行上报，或在关键工序设置反冲点，对前面工序进行反冲处理。

⑥ 设备管理　离散行业生产设备的布置不是按产品而是按照工艺进行布置的，可以进行同一种加工工艺的机床一般有多台，一般单台设备的故障不会对整个产品的工艺过程产生严重的影响，重点是需要管理好关键、瓶颈设备。而在流程行业的流水线生产中，生产线上的设备维护特别重要，每台设备都是关键设备，不能发生故障，一台设备的故障会导致整个工艺流程的停滞。

⑦ 库房物料管理　离散行业中一般对半成品库设有相应的库房，各工序根据生产作业计划以及配套清单分别进行领料。流程行业由于连续生产，一般不设半成品库房，配方原料的库位一般设置在工序旁边，配方领料不是根据工序分别领料，而是根据生产计划一次领料，放在工序库位中。

⑧ 质量管理　无论离散行业还是流程行业，质量检验和管理都相当重要，但在 MES 中对质量检验和管理的方式有所区别。离散行业对单件小批生产一般需要检验每个零件、每道工序的加工质量，对批量生产一般采用首检、抽检、与 SPC 分析相结合的方式。而流程行业一般采用对生产批号产品进行各工序上的抽样检验。

当然，在每个行业的不同生产方式和生产类型中，MES 的应用还存在一些差别，在建立 MES 系统时仍要根据各自特点进行综合分析。

3.4.5 企业 MES 系统实施步骤及问题

MES 系统实施是一个系统性、集成化的大工程，定制化的 MES 系统实施过程一般主要包括：MES 系统需求调研、MES 系统定制开发、MES 系统实施、MES 系统试运行等几个主要阶段和步骤。

（1）MES 系统需求调研阶段

在这个阶段，定制 MES 系统供应商需要辅助企业用户对车间的业务流程进行合理改善，优化部门组织管理结构和业务管理流程，减少无价值的管理流程和职责岗位，合理分工；明确 MES 系统项目时间计划安排、软硬件配置要求、数据准备要求等内容，为 MES 系统项目的执行、实施奠定总基调。同时，还需要对现场数据进行采集，以及与企业其他现有系统集成进行定义，并落实项目实施资金计划。

（2）MES 系统定制开发阶段

MES 供应商会根据企业的具体需求定制详细的系统功能模块，从而避免引起不必要的返工问题；同时要严格按照 MES 系统项目计划执行，准备基础数据，搭建网络环境、服务器环境、硬件环境等系统运行的基础环境，并在企业车间进行反复调试，确认细节方面的研发设计，确保不拖延 MES 系统开发工期。

（3）MES 系统实施阶段

做好数据迁移和 MES 系统验证工作，对运维流程进行定义和规范管理，确保运维过程规范和合理。在 MES 系统软件运行监控与考核平台上，定义问题的级别和升级处理机制、人员的职责和角色、系统软件和硬件信息等内容，对系统运维中的对象和资源进行管理。对于有关 MES 系统内部功能、设计的返工的问题，要进行全盘考虑，充分测试，尽量减少出现关联 bug。

（4）MES 系统试运行阶段

MES 系统试运行中，先取用适量的业务数据，从而减少试运行的工作量，其中最重要的是要注意系统切换的平稳性。在系统切换过程中，要进行多次模拟，确保准确性，为保证今后用户业务的开展，试运行期间也要考虑到现在作业员工的正常工作安排不受影响。

在市场需求的驱动下，经过 30 多年的发展，制造执行系统 MES 的研究和应用已经取得了不少的进步，在制造业信息化集成中扮演的角色也越来越重要。当前，国内外开发了不同的 MES 软件系统，以下给出部分 MES 系统的详细介绍。

① Siemens　Siemens 解决方案的独特性体现在它是完全以 ISA-SP95 作为蓝图来设计和实现整个系统构架的，SIMATIC IT Production Modeler 可使工厂模型和所有标准操作程序的定义在完全图形化的环境下完成。

② Honeywell　Honeywell 公司 MES 产品从 20 世纪 90 年代末开始，先由单一的功能模块发展到整体解决方案，该产品将经营目标转化为生产操作目标，同时将经过处理验证的生产绩效数据进行反馈，从而形成计划管理层、生产执行层和过程控制层三个层次的周期循环。另外，Honeywell 又将其 MES 解决方案与资产管理解决方案、先进控制与区域优化解决方案、生产信息集成平台等应用套件和信息集成平台整合为协同生产管理解决方案，也可看成是 MES 功能模块的扩充。

③ 和利时　北京和利时公司为了满足工业发展需要，研发了流程行业生产管理系统 HOLLIAS-MES，以企业级实时数据库和关系数据库为核心，提供实时信息系统、质量分析系统、设备维护管理系统、能源消耗管理系统、批量管理系统、生产成本核算系统、生产调度系统等功能，为企业生产管理人员进行过程监控与管理、保证生产正常运行、控制产品

质量和生产成本提供了灵活有力的工具。

④ ESP-Suite 浙大中控信息技术有限公司开发的 ESP-Suite 是面向流程工业企业的综合自动化整体解决方案，以综合集成软件平台和实时监控软件平台为核心，包括 PCS、MES 和 ERP 三个层次的软件产品、工程与技术服务，主要由先进控制与优化系列软件 APC-Suite、行业 MES 解决方案套件 MES-Suite 等组成。APC-Suite 解决生产过程的安全、稳定、环保等问题，达到节能降耗、安全无污染的目的。该系统以信息技术提升传统产业的核心竞争力，目前应用范围包括石化、化工、电力、造纸、制药、冶金等行业。

⑤ OrBit-MES 深圳华磊讯拓科技有限公司采用了 OrBit 组件平台与微软 .NET（VS2005）平台的双平台战略，由可视化业务流程建模的工作流引擎（Workflow）所驱动，提供面向装配类型企业、加工类型企业、特殊行业的整体解决方案。

(5) MES 系统实施问题

MES 的起步比较晚，面对的又是最复杂的制造执行过程，需要协调各种资源和信息，因此在研究和实践过程中面临着不少难题，主要表现在以下几个方面：

① MES 的系统体系还不完整 MES 系统的基本功能还不够完善，核心模块的流程管理和优化产业导向通常缺乏。对于离散制造业，目前尚无完整、系统的解决方案及成熟的软件产品。

② 缺乏 MES 技术标准 MES 在设计、开发、实践、保养等方面缺乏一定的技术标准，这导致系统在这些方面的成本较高，从而影响了 MES 产品的性能。

③ MES 集成性还没有完全解决 由于缺少统一的数据模型，MES 各功能子系统之间及 MES 系统与企业其余相关信息集成较为缺乏，使得 MES 作为企业制造协同的引擎功能不能得到充分的发挥。

④ 通用性和可配置性较差 现有 MES 系统针对的只是某些特定的需求，难以应对企业业务流程的重组和变更，针对基于数据集成技术的工厂数据模型的不足，使系统的可配置性、可重构性、可扩展性差，限制了 MES 系统的推广和应用。

⑤ 系统实时性不强 MES 作为面向制造车间的实时信息系统，实时性是体现 MES 功能的基础，现有的数据收集与信息反馈机制不够准确、实时和完整，底层数据的实时收集、多源信息的融合、复杂信息的处理和快速决策等方面非常薄弱。

⑥ 智能化程度不高 MES 系统中涉及的信息及决策过程非常复杂，因为缺少相关的智能机制，现有 MES 大多只提供了一个系统平台，需要大量的人工参与，难以保证生产过程的高效优化。

(6) MES 技术发展趋势

随着制造业市场竞争压力的不断提高，制造业企业对于 MES 系统信息化管理的需求也在不断增长，MES 技术也随之不断提升，未来 MES 技术的目标在于能够帮助制造业企业实现 ISA-SP95 标准化的、易于配置使用的、无客户化代码的、可集成性良好的门户功能应用，从而不断向着全球协同制造迈进。针对 MES 系统的协同制造目标，MES 技术呈现出以下发展趋势：

① 新型的 MES 体系结构 基于新型体系结构的 MES 系统，是一种更具开放性、客户化、可配置、可伸缩的 MES 系统，通过高新技术的融入，MES 技术应当能够快速实现应对企业业务流程的变更、重组和快速配置。另外，随着网络技术的发展及其对制造业的重大影响，新型 MES 体系结构中 MES 技术需要与网络技术相结合，实现 MES 系统应用的网络化。

② 更强的集成化功能 MES 技术的发展应当能够实现 MES 系统更广泛集成，不仅包括制造车间本身，还能覆盖企业整个业务流程，建立一个覆盖能量流、物流、质量、设备状

态的统一智能工厂，适应企业业务流程的变更或重组需求，提高 MES 系统的可配置性。

③ 更高的实时性和智能化　未来 MES 技术应当能够支持更精确的过程状态跟踪和更完整的数据记录，可以实时获取更多的数据来更准确、更及时、更方便地进行生产过程管理与控制，并具有多源信息的融合及复杂信息处理与快速决策能力。MES 技术的不断进步，应当能够实现更精确的过程状态跟踪和更完整的数据记录，为智能生产控制的自动化提供数据依据。

④ 网络化协同制造　实施 MES 系统的目标在于将价值链和企业中其他系统和人的集成能力结合起来，使制造业的各部分敏捷化和智能化。由此可知，MES 技术的发展趋势应当能够支持全球范围内不同工厂的实时化信息互联，通过实时过程管理，建立过程化、敏捷化和级别化的生产管理，实现同步生产、网络协同制造。

⑤ 标准化　标准化是 MES 技术发展的又一大趋势，未来 MES 系统应当严格按照 ISA-SP95 标准，实现标准化的车间生产管理，帮助制造企业建立规范化企业级和制造级信息集成体系。

随着人工智能技术、在线模拟和决策工具、多智能体、数字孪生技术等开始应用于管理过程，MES 的工作模式也将从"高效地执行生产计划"转变为"迅速地对预测到的问题进行反应"，最终实现朝着对制造过程的各种复杂情况进行自适应的方向发展。

3.5　车间级 ERP 企业资源计划

3.5.1　企业资源计划概述

在全球经济逐渐趋于整体化、市场逐渐趋于国际化的背景下，传统的以企业为中心的发展模式已无法满足市场要求。以客户为中心，高效利用企业资源，在最短时间内以较低成本交付高质量产品，完成客户需求的管理模式正在逐渐兴起。如何在同等资源约束条件下高效地利用和整合企业内部和外部资源，对客户需求、产品生产与存货、原料库存与采购、资金运用等方面进行一个整体的协调优化，从而不断降低生产成本，规范企业的业务流程，增加对市场的快速反应能力，进而增强自身竞争优势，是企业迫切需要解决的问题。

由此，美国著名的管理咨询公司 Gartner Group 于 20 世纪 90 年代初期提出了面向全社会资源、体现供应链管理思想的集成式管理模式——企业资源计划（Enterprise Resource Planning，ERP）。ERP 是建立在信息技术基础上，融合现代企业的先进管理思想，全面集成企业物流、信息流和资金流，为企业提供经营、计划、控制与业绩评估等的管理模式。通俗地说，ERP 是为企业有效利用人、财、物等资源，使产、供、销、服务等活动处于最佳化的信息化工具系统。

据美国生产与库存控制学会统计，使用 ERP 系统，平均可以为企业带来的定量经济效益如下：

① 库存下降约 30%～50%，库存投资减少约 40%～50%，库存周转率提高约 50%；

② 延期交货减少 80%，企业准时交货率平均提高 55%，误期率平均降低 35%，大大提高了销售部门的信誉；

③ 采购人员依靠及时准确的生产计划信息，集中精力进行价值分析，货源选择，研究谈判策略，缩短采购时间和节省采购费用，采购提前期缩短约 50%；

④ 由于计划的改进，零件需求的透明度提高，零件到达能够做到及时与准确，生产线上停工待料现象将大大减少，停工待料减少约 60%；

⑤ 由于库存费用下降、劳力节省、采购费用节省等一系列人、财、物效应，使得制造成本降低约12%；

⑥ 提高管理水平，减少管理人员10%，提高生产能力约10%～15%。

此外，ERP还为企业带来更深层次的定性的效益：提高工程开发效率、促进新产品开发、提高产品质量、为科学决策提供依据、充分发挥人的作用以及提高企业员工生活质量等。

3.5.2 ERP理论发展历史

ERP理论的发展始于20世纪60年代，到现在已经有了半个世纪的历史。在过去的60年里，ERP理论不断地发展、完善，主要经历了以下5个阶段：订货点方法（Reorder-Point，ROP）、物料需求计划（Material Requirement Planning，MRP）、闭环物料需求计划（Closed-loop MRP）、制造资源计划（Manufacturing Resource Planning，MRP-Ⅱ）和企业资源计划（ERP）。

(1) 订货点方法ROP

ROP是一种使库存量不得低于安全库存的补充库存方法，其基本原理是：物料逐渐消耗，库存逐渐减少，当库存量降到某个数值，剩余库存量可供消耗的时间刚好等于订货所需要的时间（订货提前期）时，企业就要下达订单来补充库存，这个时刻的库存量称为订货点。该方法适用于消耗均衡的销售和生产环境，其基本原理如图3-104所示：横坐标表示时间，纵坐标表示库存数量，斜线的斜率表示物料消耗的平均速度，库

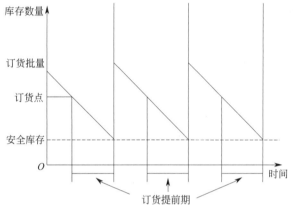

图3-104 订货点方法ROP基本原理

存量的上限是最大库存量，下限是安全库存量，库存物料随时间推移而被使用和消耗，当库存量达到订货点时，企业就向供应商发出订货请求；此后物料仍在消耗，库存量仍在减少，当产品消耗达到安全库存量时，订货物料刚好到货入库，库存量再次达到最大库存量。然而，在企业实际生产运营中，存在着需求不确定或订货至交货时间不确定等因素，会导致补充订货到来之前的库存短缺，企业为了减少这种风险，通常在订货至交货期间多备一些存货，但这样又增加了库存成本，因此，该方法已无法满足企业的高效生产要求。

(2) 物料需求计划MRP

物料需求计划MRP是利用一系列产品物料清单数据、库存数据和主生产计划计算物料需求的一套技术方法。MRP通过订单或订购数量和适当的提前期来补偿净需求，能给出物料补充订单的建议及未完成订单物料需求的重排建议，它将已有的最终产品的生产计划作为主要的信息来源，而不是根据过去的统计平均值来制订生产和库存计划。

MRP要达到的目标就是在需要的时间，提供需要的数量，其基本流程如图3-105所

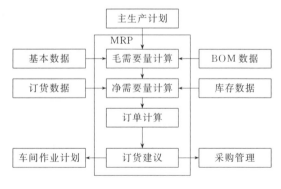

图3-105 MRP的流程图

示，在制订物料需求计划时，需要考虑产品结构，得出各项相关物料的需求情况，对比物料的库存数量和在途订单数量，得出各种物料的实际需求量，提前订货，以保证生产的正常进行。因此，MRP 的基本任务包括：从最终产品的生产计划导出相关物料（原材料、零部件等）的需求数量和需求时间，根据物料的需求时间、生产周期、订货周期来确定其开始生产的时间和物料的订货时间。

（3）**闭环物料需求计划** Closed-loop MRP

MRP 的特点是自上而下地贯彻物料需求计划，计划的调整与控制很难实现，因此，在 MRP 基础上，综合考虑产能需求计划以及 MRP 执行过程中的反馈信息，建立闭环物料需求计划系统，根据执行过程的反馈调整 MRP，进而确保 MRP能够有效执行。这些执行过程包含投入/产出的生产控制过程、详细排程与派工，以及来自工厂及供应商双方的预期延迟报告、供货商排程等。

闭环 MRP 的基本流程如图 3-106 所示，是在物料需求计划的基础上充分考虑能力的约束，加入生产能力需求计划，即全部工作中心的负荷平衡，运用这一计划来验证所提出的加工和采购计划的可行

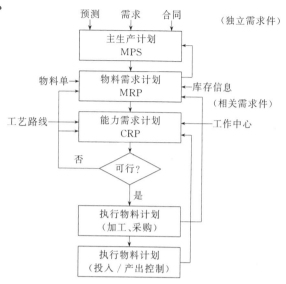

图 3-106　闭环 MRP 的流程图

性，及时地对 MRP 进行调整，以保证下达给执行部门（车间、供应）的是一个确认的可执行计划。在计划下达后，将在执行过程中出现的物料问题（如设计更改、废品、外购件未能按时到货）和能力问题（如定额不准、设备故障、人员缺勤）及时反映到计划层，形成自下而上的反馈信息。

（4）**制造资源计划** MRP-Ⅱ

MRP-Ⅱ是闭环 MRP 的直接延伸和扩展，是对制造业企业资源进行有效计划的一整套方法，它是一个围绕企业的基本经营目标，以生产计划为主线，对企业制造的各种资源进行统一计划和控制，使企业的物流、信息流、资金流流动畅通的动态反馈系统。

MRP-Ⅱ可以简单理解为集成了财务管理功能的闭环 MRP，其基本流程如图 3-107 所示，由多种相互联系的过程组成，包括经营规划、生产规划（销售和运营规划）、主生产排程、物料需求计划、能力需求计划和能力与材料的执行支持系统。这些系统的输出数据与诸如商业计划、采购承诺报告、装运预算和资金表示的库存映射等财务报告相集成。

（5）**企业资源计划** ERP

ERP 理论是从 MRP-Ⅱ发展而来，它继承了 MRP-Ⅱ的基本思想和功能，不断扩展管理的范围及深度，跨越了物料、加工工作地、设备、劳动力等制造资源的范围，覆盖了供应商资源、客户资源、企业多个工厂之间的制造资源、多个分销地点的销售资源、企业人力资源、管理会计资源、设备预维修资源等管理资源，将客户需求、企业内部的生产经营活动以及供应商的资源整合在一起进行统一规划和管理。因此，ERP 是 MRP-Ⅱ的增强模式，其主要模块功能构成如图 3-108 所示。

目前，ERP 系统支持离散制造、流程制造以及混合制造环境，应用范围从制造业扩展到了零售业、银行业、电信业、政府机关和学校等，通过融合数据库技术、图形用户界面、

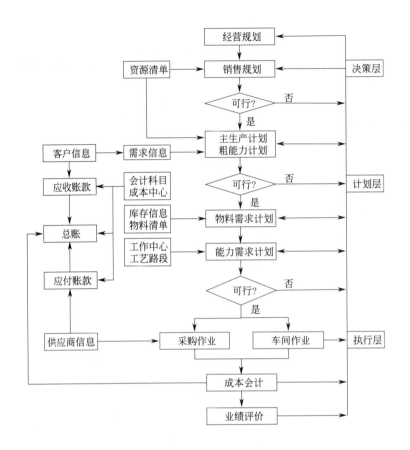

图 3-107　MRP-Ⅱ 的流程图

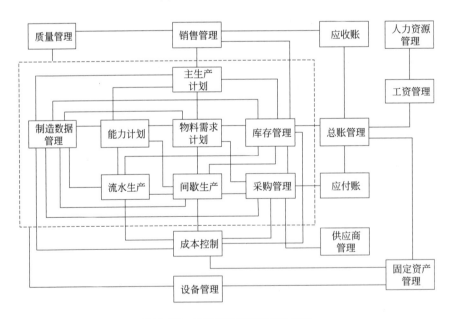

图 3-108　ERP 的主要模块功能构成

客户服务器结构、计算机辅助开发工具、可移植的开放系统等对企业资源进行了有效的
集成。

图 3-109 从信息集成的角度给出了
MRP、MRP-Ⅱ、ERP 之间的关系，三
者信息集成的范围和内容不断地扩大。
MRP 实现了供、产、销三个企业中最主
要业务部门的物料信息集成与控制，解
决了"既不出现短缺，又不积压库存"
的矛盾；MRP-Ⅱ 实现了物料信息同资金
流信息的集成，实时监控物料流动和物
料成本，指导企业经营生产活动，其信
息集成的对象仅局限于企业内部；ERP
利用发展的网络信息技术，将信息集成
的范围延伸到整个供应链，实现了供应
链上客户、供货商和制造商信息的集成，

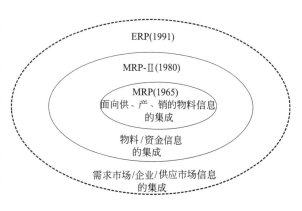

图 3-109　MRP、 MRP-Ⅱ、 ERP 的扩展关系图

所以 ERP 是一种运用信息技术管理"整个供应链"的信息化管理系统。

3.5.3　ERP 系统架构及功能模块

ERP 是一个庞大的管理系统，图 3-110 给出了 ERP 系统的业务架构，可分为决策层、
管理层和运营层。其中，运营层覆盖了企业日常运营的核心业务流程以及管理和支持流程；
管理层通过管控模式的设计，实现业务、财务和人力资源的管理监控，使得业务过程达到高
效、协同运作的目的；决策层通过提供企业战略管理和战略规划的各种工具与方法，来实现
战略目标管理、业务规划、投资者关系管理等功能。运营层在管理层的指导下，为决策层提
供决策依据，从而实现企业经营过程的闭环管理。

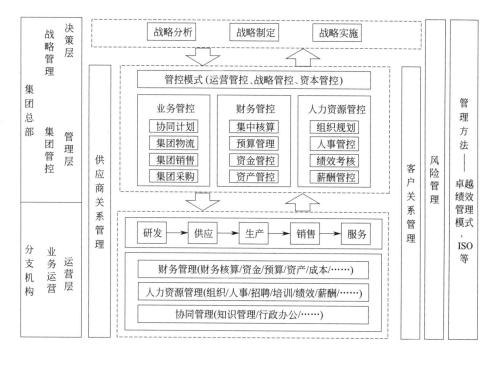

图 3-110　ERP 系统的业务架构

在 ERP 系统的业务架构基础上，ERP 系统的应用架构如图 3-111 所示，其核心层次可划分为：业务展现层（或称业务表示层）、业务逻辑层、数据访问层。除此之外，在顶层定义了用户与访问接入设备层次，用于定义接入 ERP 系统应用的支持标准，底层数据库是指存储 ERP 相关业务信息的关系数据库，底层服务是指非当前 ERP 系统实现的其他企业服务，可以来自企业的其他系统或其他的企业系统提供的服务。图中右侧的基础设施模块是指提供实现 ERP 系统运行的通用基础技术和设施，如通信技术和平台、系统中间件基础功能、操作系统等；安全体系模块是指针对 ERP 系统的安全体系，包括安全标准、安全机制、策略和功能；运营管理模块是指管理系统运行的技术体系，如系统备份、部署等。

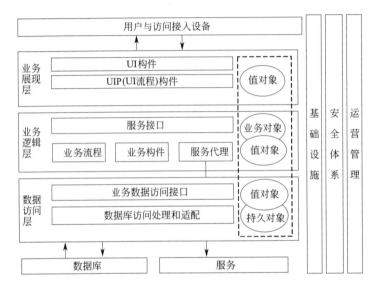

图 3-111　ERP 系统的应用架构

ERP 系统技术架构描述用来支持业务、数据、应用构件部署的基础设施能力，包括中间件、网络、通信等软硬件及相关的平台和技术标准等，通常采用多层技术架构的形式，包含信息门户层、业务流程层、业务服务层、基础平台层。信息门户层将企业不同角色的相关人员通过 Internet 紧密地结合在一起协同工作，并能有效整合第三方系统；业务流程层可灵活配置流程引擎，其中业务流程和工作流程都是可视的，企业可以随时查阅每一项业务的流程规则、路线、处理状态及参与者，用户的操作也变得更加简单和直观；业务服务层提供统一的接口标准，使所有的业务都作为功能插件连接在业务流程上，这些服务可以根据用户的需要来决定是否使用甚至更换；基础平台层将包含各种底层存储、计算和传输的技术细节，通过封装进行屏蔽，有效降低系统集成、应用部署的复杂度。

作为企业所有资源全面一体化整合集成的管理信息系统，ERP 的主要功能构件组成可分为如图 3-112 所示的 7 个子系统。

（1）基础数据管理子系统

ERP 基础数据是指在 ERP 投入运行前需要设置或输入的数据，这部分数据是 ERP 运行的前提数据，往往是静态的，其功能结构如图 3-113 所示。

（2）生产制造管理子系统

生产制造管理指对生产进行计划、组织与控制，以生产计划为主线，使各种资源按计划所规定的流程、时间和地点进行合理配置与管理，可分为离散制造管理和流程制造管理两种，主要包括主生产计划、物料需求计划等功能模块，如图 3-114 所示。

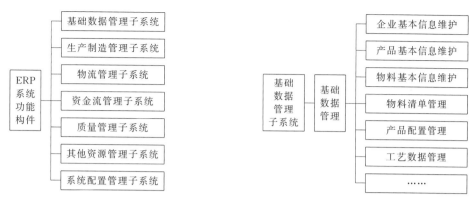

图 3-112　ERP 系统功能构件结构图　　　　　图 3-113　基础数据管理子系统功能结构

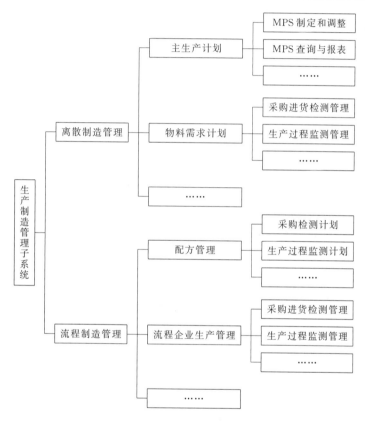

图 3-114　生产制造管理子系统功能结构

（3）物流管理子系统

物流管理是指生产过程中，根据物质资料实体流动的规律，应用管理的基本原理和科学方法，对物流活动进行计划、组织、指挥、协调、控制和监督，使各项物流活动实现最佳的协调与配合，其功能模块主要包括采购管理、销售管理以及客户关系管理等，如图 3-115 所示。

（4）资金流管理子系统

资金流管理是企业为了达到既定的经营目标和实现预期的利润目标，对于生产经营过程中所需要的资金的筹集和形成、投放和分配、运用和周转、受益和成本，以及贯穿于全过程的计划安排、预算控制、分析考核等所进行的全面管理，其功能模块主要包括总账、应收账款、应付账款等，如图 3-116 所示。

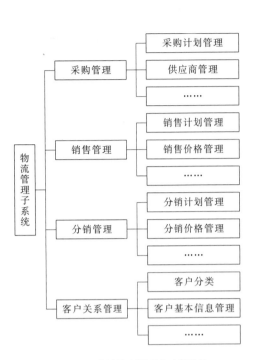

图 3-115 物流管理子系统功能结构

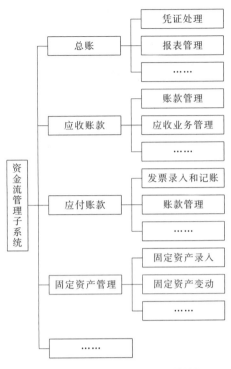

图 3-116 资金流管理子系统功能结构

（5）**质量管理子系统**

质量管理是以产品为中心来描述的，是指在产品从市场调研到设计开发、制造、销售再到售后和报废的全生命周期中都要加以质量控制，其功能模块如图 3-117 所示。

（6）**其他资源管理子系统**

ERP 其他资源管理子系统还包括人力资源管理、设备管理、综合信息查询等，人力资源管理是指企业的一系列人力资源政策以及相应的管理活动，设备管理是对企业主要生产设备的设计、制造、购置、安装、使用、报废等全过程进行管理，综合信息查询包括各种信息的统计分析等。其功能模块如图 3-118 所示。

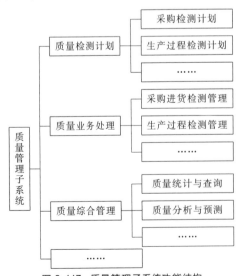

图 3-117 质量管理子系统功能结构

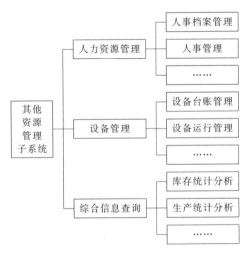

图 3-118 其他资源管理子系统功能结构

（7）系统配置管理子系统

系统配置管理包括系统运行管理、系统建模管理和系统配置管理等，用于对用户权限、建模工具等进行管理，其子系统功能结构如图 3-119 所示。

目前国内外 ERP 系统软件的主要供应商如下：

① 德国 SAP 公司　SAP 公司成立于 1972 年，总部位于德国沃尔多夫市，是企业管理软件及协同商务解决方案供应商。SAP 公司主要的 ERP 产品为 mySAP-ERP，它具有完整的自助服务、财务分析、人力资本管理、运营和企业服务功能，此外，还包括对用户管理、配置管理、集中数据管理和 Web 服务管理等系统管理问题的支持。

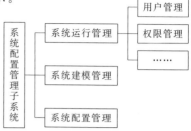

图 3-119　系统配置管理子系统功能结构

② Oracle/PeopleSoft 公司　Oracle 公司是数据库管理软件及服务供应商，成立于 1977 年，总部位于美国加州 RedwoodShore。PeopleSoft 是人力资源解决方案的行业领导者，于 2005 年 1 月被 Oracle 公司收购。目前 Oracle/PeopleSoft 提供的 ERP 产品主要有 Oracle 公司的 Oracle 应用系统产品，主要功能包括企业绩效管理、合同管理、客户数据管理、客户关系管理、财务管理、订单管理、物流管理、销售管理、市场营销管理、生产制造管理、产品生命周期管理、项目管理、智能管理、供应链管理、交互中心管理、供应链计划、供应链执行、维护管理、人力资源管理，以及原来 PeopleSoft 公司的软件产品系列。

③ 中国金蝶公司　金蝶国际软件集团有限公司创始于 1993 年 8 月，是企业管理软件及电子商务应用解决方案供应商。金蝶是我国第一个基于互联网平台的 3 层结构的 ERP 系统，其第三代 ERP 产品金蝶 EAS 面向中大型企业，由超过 50 个应用模块高度集成，涵盖企业内部资源管理、供应链管理、客户关系管理、知识管理、商业智能等，并能实现企业间的商务协作和电子商务的应用集成。

④ 中国用友公司　用友网络科技股份有限公司成立于 1988 年，长期致力于提供具有自主知识产权的企业应用软件、电子政务管理软件的产品、服务与解决方案，并在金融信息化和软件外包等领域占据市场领先地位。用友公司是中国最大的管理软件、ERP 软件供应商之一，涉及供应链管理、人力资源管理、企业资产管理、办公自动化和行业管理软件等诸多领域。

3.5.4　ERP 管理思想及特点

ERP 的核心管理思想就是实现对整个供应链的有效管理，主要体现在以下三个方面：

（1）对整个供应链资源进行管理的思想

在全球化的经济时代，企业单凭自身资源无法在市场竞争中赢得优势，必须把经营过程中的有关各方如供应商、制造工厂、分销网络、客户等纳入一个紧密的供应链中，才能有效地安排企业的产、供、销活动，即利用社会资源，满足企业快速高效进行生产经营的需求，以期提高生产效率并在市场上获得竞争优势。ERP 系统大大改善了社会经济活动中物流与信息流运转的效率和有效性，实现了对整个供应链资源的合理配置，适应了企业在知识经济时代适应市场竞争的需要。

（2）精益生产、同步工程和敏捷制造的思想

ERP 系统支持对混合型生产方式的管理，其管理思想表现在两个方面：其一是"精益生产"思想，即企业按大批量生产方式组织生产时，把客户、销售代理商、供应商、协作单位纳入生产体系，由此，企业同其销售代理、客户、供应商之间的关系已不再简单地是业务往来关系，而是利益共享的合作伙伴关系，这种关系组成了一个企业的供应链；其二是"敏捷制造"思想，当市场发生变化，企业遇到特定的市场和产品需求时，企业的基本合作伙伴不一定能满足新产品开发生产的要求，这时企业会组织一个由特定的供应商和销售渠道组成的短期或一次性的供应链，形成"虚拟工厂"，把供应和协作单位看成是企业的一个组成部分，运用"同步工程"组织生产，用最短的时间将新产品打入市场，时刻保持产品的高质量、多样化和灵活性。

(3) 事先计划与事中控制的思想

ERP 系统中的计划体系主要包括：主生产计划、物料需求计划、能力计划、采购计划、销售执行计划、利润计划、财务预算和人力资源计划等。而且这些计划功能与价值控制功能已完全集成到整个供应链系统中；另外，ERP 系统通过定义事务处理相关的会计核算科目与核算方式，以便在事务处理发生的同时自动生成会计核算分录，保证了资金流与物流的同步记录和数据的一致性，从而实现了根据财务资金现状，追溯资金的来龙去脉，并进一步追溯所发生的相关业务活动，改变了资金信息滞后于物料信息的状况，便于实现事中控制和实时做出决策。

基于以上管理思想，ERP 系统的特点包含统一性、集成性、实用性、实时性以及开放性五个方面。

统一性是 ERP 系统最大的特点，ERP 系统是整个公司的信息化管理整合，统一企业内部所有的数据信息，形成统一的数据基础，将原先企业中不同部门业务组的数据整合统一起来，使得数据一致，提升企业报表数据的可信性以及精准性。

集成性是指 ERP 系统是财务业务一体化的系统，财务端所有的应收、应付以及总账数据均可以追溯到相关的业务单据，集成财务业务可以使得财务数据有单可查，这样更透明更真实，尤其适合上市公司，为其审计以及财报的可信度增加了依据。

实用性是指 ERP 系统是企业信息管理系统，更是使企业的管理思想、管理办法具体落地到基层的管理工具，其围绕企业业务经营活动，协调各业务管理部门的业务信息和流程，帮助企业提高管理效率，从而提升企业整体的核心竞争能力。

实时性是指 ERP 系统可以帮助企业不同部门进行实时的动态配合工作，所谓"兵马未动，粮草先行"强调的也是企业中不同部门和岗位配合的问题。

开放性是指 ERP 系统采用的是模块化设计，各个模块相互独立又可以相互组合，这样的设计使得企业可以根据自身的发展阶段选取需要的模块进行管理支持，之后又可以逐步增加或者修改模块设置。

3.5.5　企业 ERP 项目实施步骤及问题

企业实施 ERP 是一个渐进的过程，要有明确的实施导向和实施步骤，企业 ERP 实施进程如图 3-120 所示，主要分三个阶段。

第一阶段：项目发起与决策阶段。这一阶段主要是进行项目论证，在企业管理咨询公司的帮助下进行企业需求分析、企业诊断，确定实施 ERP 的目标规划和实施战略，同时对企业的高级管理层进行 ERP 教育培训。在此基础上进行 ERP 软件与供应商的选择，确定实施方案，成立项目实施组织，完成项目的前期决策与准备工作，项目实施组织应由具有较高业务水平和出色业绩并且具有威信和灵活性，能及时做出决策的人组成。该阶段主要评价对象

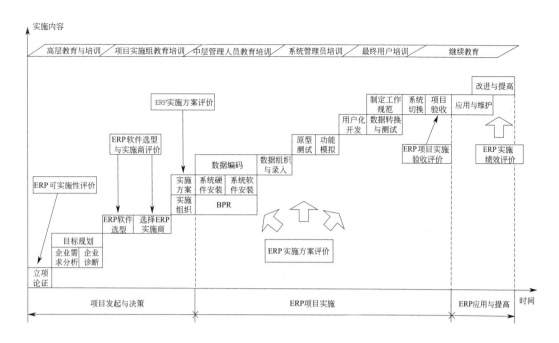

图 3-120　ERP 项目实施进程

是准备实施 ERP 的企业、ERP 软件及供应商和实施方案，对企业进行 ERP 项目可实施性评价是企业 ERP 实施决策的前提，对 ERP 项目实施方案评价是项目有效实施的保障，而 ERP 软件和实施商的选择对企业 ERP 项目实施的成败具有决定影响。因此，ERP 软件及实施商评价是该阶段的重点评价内容。

第二阶段：ERP 项目实施阶段。这是实施 ERP 项目的关键阶段，该阶段根据拟订好的实施方案和实施计划，由项目实施组织负责推进，根据前期企业诊断和系统流程优化的需要，首先对企业流程进行重组或改造，与此同时，在 ERP 软件供应商的参与下完成系统硬件和软件的安装，同时展开数据编码工作；然后进行数据的组织与录入工作，在经过原型测试和功能模拟之后，提出客户化二次开发需求，并由供应商和企业信息部门完成；接下来进行数据转换和测试，进而实现系统切换；另外还要制定详细的操作规范，经过试运行之后进行项目验收。在项目实施的同时，还要不断推进教育培训计划，由于这一阶段的工作量大，涉及企业各个方面，既有各个功能模块的实施，又有系统的集成，再加上企业内外部环境的变化及人的因素，不仅需要良好的项目管理，而且还需要有及时的阶段性的实施过程评价。对每一个实施环节和实施里程碑进行动态评价，是控制项目实施风险的重要措施。

第三阶段：ERP 应用与提高阶段。ERP 系统成功运行并不是实施 ERP 的最终目的，在应用与维护的同时，还要考虑 ERP 系统能为企业可能带来的效益，通过对 ERP 系统实施绩效评价，发现不足，找出改进的途径，使企业对 ERP 的应用水平和效果不断改进提高。在运行、维护、改进的同时还要注意对企业各级员工的继续教育，使 ERP 的理念贯穿于企业的各个方面。ERP 实施绩效评价不仅要反映实施 ERP 系统所产生的直接经济效益，还要反映 ERP 产生的间接效益，评价的关键是要采用能够平衡反映企业实施效益的评价方法。

目前国内企业在 ERP 系统的实施过程中仍然有很多问题，主要体现在以下几个方面。

① 国外的企业管理系统与国内企业的管理方法流程架构上的相互不适应。

② 国内的企业管理层对于新型的管理工具不熟悉，不了解 ERP 系统的优缺点，导致无

法区分哪些软件可以代替人工，哪些管理软件无法代替人工做出决策。

③ 企业缺乏对人员观念转变的有效管理，ERP 系统的实施大多伴随着企业的流程改造和业务优化，企业员工如果只是认为系统是 IT 系统，没有将其看作是管理系统，那么很容易让软件去适应现有的流程而不是进行有效的业务改造。

④ 企业普遍缺乏高层决策人员的积极参与，部分企业的领导只在项目启动阶段参与，之后就放手给信息化部门而自己无暇过问。还有企业领导变更，新的领导对于信息化实施的态度存在迟疑的情况，领导的态度会逐步放大到基层。在项目实施过程中为了企业的管理优化、管理可视化、管理及时化，会触动很多部门的既有利益和秩序，这些都会不可避免地遇到来自企业内部员工的阻力。

只有深刻地意识到以上这些问题，并且在 ERP 项目实施之初就进行预防，才可以保证企业为这种新型的管理工具投入大量资金获得相应的回报。因此，企业在实施 ERP 系统时需要考虑以下几个事项。

① 企业实施 ERP 的风险　ERP 系统的实施属于企业管理上的一次改革，在项目实施中企业不能单纯地将原有的管理模式用计算机来代替，必须要融入先进的 ERP 的管理模式。实施 ERP 是企业的一个系统工程，它覆盖了计划、采购、库存、生产管理、销售与分销、财务、售后服务、成本核算等部分，涉及了企业的方方面面，只有企业全体员工共同参与，才能保证实施的成功。

② 是自主开发还是购买 ERP 系统　在企业考虑 ERP 系统的自行开发时，常常是基于以下两点：一是可以大大节约软件系统的投资成本，毕竟购买一套 ERP 系统并实施需要花费几万美元甚至几十万美元不等，一般公司很难承受；二是认为对自身业务流程比顾问公司和软件供应商更加熟悉，定制和自行开发可有的放矢。然而，自行开发存在很大弊端，因为企业的需求分析是从业务人员目前的业务出发的，但很多时候业务人员自身亦不知道如何提升工作效率，在此基础上开发出来的系统往往只是对现有流程的系统模拟，或仅仅实现了有关数据的共享，而忽略了应用 ERP 系统的初衷是引进新的管理思想，全面提升企业管理。而为众多企业广泛应用的成熟系统，可以避免这个问题，选择软件系统时，一定要从企业自身实际出发，量力而行。

③ ERP 的选型　ERP 的选型首先要考虑企业的特点，在制造行业的企业里，根据制造的产品和生产制造方式不同可以有离散型制造、重复型制造、流程型制造、项目制造、按订单装配等几种方式，企业的机构庞杂程度也不一样，所以企业首先要分析自身的特点，这样在选型的过程中就会很有针对性，并根据自身经营和制造的特点选择软件。

不同 ERP 供应商的软件在不同方面具有独特的优势，但也有一定的行业范围限制，并没有一个万能的 ERP 软件对于任何行业都适合，所以企业在选择软件方面要根据自己的特点选择软件。作为 ERP 软件，如财务、库存、生产计划、采购的通用功能都是可以实现的，企业主要应该从一些特殊的功能方面来考虑，例如要考虑企业特殊的生产模式、以后销售网络的建设等。

另外，在企业有老的信息系统或 CAD 等软件的情况下，要考虑到和这些软件如 CAD、PDM 等系统的接口问题，以及老的硬件、数据库等的二次利用问题。除此之外，还要考虑软件供应商的发展潜力以及软件系统的稳定性等问题。

④ 人员及培训　在 ERP 软件的实施过程中，人员与培训是系统实施成败的关键因素。实施队伍的建立一般在项目的实施之前，考虑到 ERP 软件实施的难度以及它是一个技术问题，不可能以自学的形式来达到对软件的熟悉。根据统计，ERP 系统一个模块的学习至少需要两个月的时间，所以项目的全体人员应该全部参加培训，快速掌握软件。ERP 项目组的成员既要懂得计算机，又要懂得管理，熟悉企业内的各种业务流程，要有做财务模块、制

造模块、二次开发、系统维护的人员。一般来讲，项目组的人员不要求多，要求精，要求每个人都能够独当一面。此外，ERP 项目的实施是一个长期的过程，要求项目组的成员从开始到结束的每个阶段都熟悉，这就要求有一些长期为项目组服务的成员。

⑤ 实施的方法　成功实施 ERP 系统的方法很多，一般根据企业的自身实际情况而定。鉴于系统实施工作量巨大，一般采取的做法是循序渐进，逐步实现，尽管这样有可能会人为地割开了系统各功能模块之间的联系，但是只要理解业务数据的真正流向，这种方法对于日常业务繁忙、无法全面同时运作新老流程的企业，还是比较适用的。

参考文献

[1] 向杭．A 生产车间设施布局优化与仿真研究．成都：西南石油大学，2018.
[2] 徐钢．CPS 在冶金产品质量在线管控中应用研究．北京：北京科技大学，2019.
[3] GB/T 37393—2019．数字化车间　通用技术要求.
[4] GB/T 19114.44—2012．工业自动化系统与集成　工业制造管理数据　第 44 部分：车间级数据采集的信息建模.
[5] GB/T 25485—2010．工业自动化系统与集成　制造执行系统功能体系结构.
[6] 李顺．H 公司车间布局优化与仿真研究．马鞍山：安徽工业大学，2017.
[7] 李临群．H 公司生产车间布局优化研究．青岛：山东科技大学，2020.
[8] 孟祥超．L 企业机加车间设施布局优化研究．重庆：重庆理工大学，2020.
[9] 温鹏飞．M 公司 T 型轮胎生产车间布局与优化．长春：吉林大学，2019.
[10] 王仲浩．S 企业智能制造平台构建研究．南京：东南大学，2018.
[11] 姚振宇．船舶板材切割车间数字化制造管控系统开发．镇江：江苏大学，2020.
[12] 张昊翔．多源异构设备的数据采集及智能物流集成技术的研究．长春：长春理工大学，2018.
[13] 彭程．飞机数字化装配现场数据集成及应用研究．杭州：浙江大学，2020.
[14] 李然．分布式控制系统在发电厂中的应用研究．北京：北京工业大学，2017.
[15] 何迪．工业 SCADA 系统的交互设计研究．杭州：浙江工业大学，2020.
[16] 曾龙飞，熊曦耀，巢晟轩．国防科研生产领域智能制造推进的方法策略研究．航空科学技术，2021，32（01）：94-99.
[17] 殷士勇．环锭纺纱信息物理生产系统及其关键技术研究．上海：东华大学，2020.
[18] 韩佳伟．基于 CAN 通信的 DNC 系统智能转换模块设计．兰州：兰州交通大学，2017.
[19] 吴奇学．基于 CPS 的工业机器人运动监测与控制系统研究．哈尔滨：哈尔滨工业大学，2020.
[20] 赵硕伟．基于 DCS 控制的精馏系统设计与实现．保定：河北大学，2017.
[21] 夏磊．基于 DNC 系统的分布式船舶柴油机数控加工管理系统的设计与实现．镇江：江苏大学，2019.
[22] 李少飞，韩栋梁，贺宵琛．基于 MES 和 SCADA 系统的 LTCC 基板数字化制造车间设计．山西电子技术，2017（02）：59-62.
[23] 韩共乐．基于边缘计算的制造状态主动感知和协同决策研究．西安：长安大学，2020.
[24] 刘政．基于广义 DNC 的制造执行系统（MES）的研究与实现．北京：北京工业大学，2017.
[25] 杨梅．基于混合算法的车间布局多目标优化及仿真研究．长沙：湖南大学，2016.
[26] 张新生．基于数字孪生的车间管控系统的设计与实现．郑州：郑州大学，2018.
[27] 王东炜．基于系统布置设计及智能算法的厨具生产车间设施布局优化．银川：宁夏大学，2020.
[28] 宋铠钰．基于信息互联的数字化车间智能化关键技术研究．北京：北京工业大学，2020.
[29] 郝理想．基于虚拟仿真的生产车间布局设计方法研究．合肥：合肥工业大学，2006.
[30] 李政杰．基于移动互联网的车间设备管理平台设计与实现．贵阳：贵州大学，2018.
[31] 姚鹏．基于以太网的异构数控机床 DNC 系统的研究与实现．郑州：郑州大学，2018.
[32] 万锦厂．基于蚁群 Stigmergy 协作机制和 ANN 的多智能制造主体协同方法研究．深圳：深圳大学，2017.
[33] 赵红武，史亚斌，赵勇，等．开关设备数字化车间的纵横一体运行数据流模型设计．工业技术经济，2019，38（04）：77-86.
[34] 李瑞．冷却塔风机 PLC 监控预警系统并入 DCS 技术研究．天津：天津科技大学，2017.
[35] 陈轩．面向 MES 的离散制造车间 SCADA 系统设计开发．南京：南京理工大学，2017.
[36] 王军．面向纺织智能制造的信息物理融合系统研究．上海：东华大学，2017.

[37] 陈志盛. 面向机械智能制造的 DNC 与 MES 集成系统开发. 广州：广东工业大学，2018.

[38] 黄李炳. 面向金属加工制造业的 SCADA 系统研究. 杭州：浙江理工大学，2017.

[39] 陈轩，孔建寿，彭忆炎. 面向数字化车间的 SCADA 系统设计开发. 机械制造与自动化，2018，47（04）：109-112.

[40] 董继伟. 面向数字化工厂的车间布局及仿真. 北京：北京林业大学，2018.

[41] 杜洁瑶. 面向虚实融合的叶片车间设备布局及可视化研究. 哈尔滨：哈尔滨工业大学，2019.

[42] 闵陶，冷晟，王展，等. 面向智能制造的车间大数据关键技术. 航空制造技术，2018，61（12）：51-58.

[43] 卢阳光. 面向智能制造的数字孪生工厂构建方法与应用. 大连：大连理工大学，2020.

[44] 刘强. 铅酸电池智能工厂及其关键技术研究. 杭州：浙江大学，2018.

[45] 唐堂，滕琳，吴杰，等. 全面实现数字化是通向智能制造的必由之路：解读《智能制造之路：数字化工厂》. 中国机械工程，2018，29（03）：366-377.

[46] 毕洪硕. 热处理加热炉 DCS 控制系统设计. 大连：大连交通大学，2018.

[47] 王兆华. 实体书店物联网应用平台设计及实现. 北京：北京印刷学院，2017.

[48] 饶纳新，栾京东，郭明儒，等. 数字化车间 DNC/MDC 与 MES 集成技术研究与系统设计. 航天制造技术，2019（02）：41-44，48.

[49] 杨卫华. 数字化车间 DNC 网络管理系统设计与实现. 秦皇岛：燕山大学，2017.

[50] 王成城，丁露，张涛. 数字化车间数据采集与应用技术探讨. 中国仪器仪表，2018（02）：37-42.

[51] 孙盼. 数字化车间双行设备布局问题研究. 西安：西安电子科技大学，2020.

[52] 姚伟. 数字化生产车间的布局及优化研究. 西安：西安电子科技大学，2009.

[53] 王博. 同步电机远程数据采集与监视控制系统. 杭州：浙江大学，2018.

[54] 工业和信息化部信息化和软件服务业司国家标准化管理委员会工业标准二部. 信息物理系统白皮书（2017）.

[55] 工业和信息化部信息技术发展司. 信息物理系统建设指南（2020）.

[56] 殷玉萍. 信息物理系统资源调度关键技术研究. 西安：西安科技大学，2017.

[57] 汪林生. 虚实融合技术在智能制造中的应用研究. 南京：南京邮电大学，2018.

[58] 郑博. 一种数控机床状态监控系统的设计与实现. 郑州：郑州大学，2017.

[59] 廉鹏飞. 智能车间多源信息采集技术研究与系统开发. 南京：南京航空航天大学，2016.

[60] 郭安. 智能车间信息物理系统关键技术研究. 沈阳：中国科学院大学（中国科学院沈阳计算技术研究所），2018.

[61] 王麟琨，王春喜. 智能工厂/数字化车间参考模型概述与分析. 中国仪器仪表，2017（10）：63-72.

[62] 杜茵. 智能化生产车间建模与 Simio 仿真. 柳州：广西科技大学，2019.

[63] 张成梁，姜杏利. 智能制造车间规划与管理关键问题分析. 现代制造技术与装备，2020，56（08）：222-224.

[64] 晁翠华. 智能制造车间生产过程实时跟踪与管理研究. 南京：南京航空航天大学，2016.

[65] 胡世涛. 智能制造环境下生产与物流联动控制方法研究. 重庆：重庆大学，2019.

[66] MESA International. The benefits of MES：a report from the field. Mesa International White Paper (1)，1997.

[67] MESA International. Execution-driven manufacturing management for competitive advantage. MESA International White Paper (5)，1997.

[68] MESA International. MES explained：a high level vision. MESA International White Paper (6)，1997.

[69] MESA International. MES functionalities & MRP to MES data flow possibilities. MESA International White Paper (2)，1997.

[70] Swanton B. MES five years later：prelude to phase Ⅲ. American：AMR report，1995：13725.

[71] MESA. MESA's next generation collaborative MES model. MESA International White Paper (8)，2004.

[72] IEC/ISO 62264-1. Enterprise-control system integration. Part 1：Models and Terminology.

[73] IEC/ISO 62264-2. Enterprise-control system integration. Part 1：Data Structures and Attributes.

[74] 周力. 面向离散制造业的制造执行系统若干关键技术研究. 武汉：华中科技大学，2016.

[75] 王万雷. 制造执行系统（MES）若干关键技术研究. 大连：大连理工大学，2005.

[76] 沈清泓. 企业制造执行系统和关键性能指标评估技术研究. 杭州：浙江大学，2013.

[77] GB/T 25109.1—2010. 企业资源计划　第 1 部分：ERP 术语.

[78] 姚保林. 现代企业信息化管理：ERP/eBusiness 及其实践. 上海：上海大学出版社，2001：5-10.

[79] 熊先金. 企业 ERP 失败原因及对策研究. 成都：西南交通大学，2005.

[80] GB/T 25109.4—2010. 企业资源计划　第 4 部分：ERP 系统体系结构.

[81] GB/T 25109.3—2010. 企业资源计划　第 3 部分：ERP 功能构件规范.

[82] 王少君. 企业资源计划（ERP）实施评价与决策优化模型研究. 哈尔滨：哈尔滨工业大学，2010.

[83] 唐彭佳. 制造业 ERP 实施策略研究. 武汉：武汉理工大学，2005.

第4章

工艺规划与智能调度

4.1 工艺规划和管理

4.1.1 工艺规划发展概述

工艺规划主要以产品装配图、工件工作图、产品质量要求、产品生产类型，以及当前的生产条件等为依据，对产品及工件进行详细分析，以确定工件的定位基准、安装方式及各种形状特征的加工方法，并选择合适的加工设备、刀具、夹具等，最终制定详细的工艺路线，包括确定切削用量、加工余量、尺寸与误差、加工时间，以及对加工阶段进行划分等。一般的工艺规划流程如图4-1所示，主要以静态生产环境为前提，在符合工件要求及加工技术要求的前提下，制定合理、可行的工艺路线，并不会考虑到工厂的实时状态。

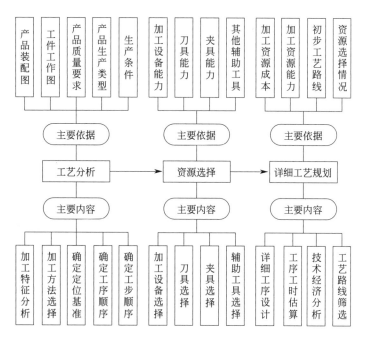

图 4-1　工艺规划流程

传统的工艺规划是基于人工经验完成的，工艺人员经验与判断的差异通常会造成工艺路线的不一致性，随着社会的快速发展和产品的快速更迭，靠人工经验进行工艺规划对实际制造环境的反应速度已无法满足实际生产需求。为缓解这一系列问题，计算机辅助工艺规划（Computer Aided Process Planning，CAPP）在 20 世纪 60 年代中期应运而生，它是通过向计算机输入被加工零件的几何信息和加工工艺信息等，由计算机自动输出零件的工艺路线和工序内容等工艺文件的过程。

CAPP 研究的早期意图是建立包括工艺卡片生成、工艺内容存储及工艺规程检索在内的计算机辅助工艺系统，但由于其没有工艺决策能力和排序功能，通用性较差。1969 年，挪威推出的 AUTOPROS 系统属于世界上第一个真正具有通用意义的 CAPP 系统。同济大学于 1983 年研制出了国内第一个 CAPP 系统 TOJICAP。随着科学技术的进步和国内外 40 多年的开发研究，逐渐涌现出一大批 CAPP 系统，如上海交通大学开发的 SIPM/CAPP、华中科技大学开发的开目 CAPP、清华大学开发的 THCAPP、美国普渡大学开发的 TIPPS、英国 UMIST 大学开发的 ICAPP、美国先进制造科学研究所开发的 Met-CAPP 等。

CAPP 是连接计算机辅助设计 CAD 和计算机辅助制造 CAM 的桥梁和纽带，是将产品设计信息转换为各种加工、管理信息的关键环节。图 4-2 给出了 CAPP 与现代集成制造系统中其他系统之间的信息流向，CAPP 系统接收来自 CAD 系统的产品几何、结构、材料、精度、粗糙度等设计信息并向 CAD 系统反馈产品的工艺性评价信息，向 CAM 系统提供 NC 编程所需的设备信息、工装信息、切削参数、加工起始点与终止点坐标、刀具补偿量等工艺信息，并接收 CAM 反馈的工艺修改意见，向计算机辅助夹具设计 CAFD 系统提供工艺规程文件和夹具设计任务书。此外，CAPP 系统接收来自企业资源计划 ERP 系统的生产计划信息和技术准备计划等信息，并向 ERP 系统提供工艺路线、设备需求、工装需求、工时定额、材料定额等信息，向制造执行系统 MES 提供各种工艺规程文件、设备需求和工装需求信息，并接收 MES 系统的设备变更信息、工装状况信息和工艺修改意见，向计算机辅助质量 CAQ 系统提供加工质量要求信息并接收其反馈的质量控制数据。

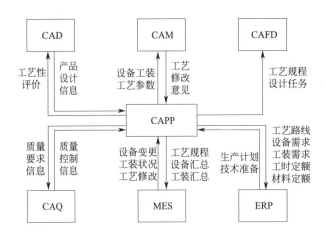

图 4-2　CAPP 与其他系统之间的信息流向

根据 CAPP 的工作原理不同，可以将其系统的发展历程划分成以下四种类型：

（1）**派生式 CAPP 系统**

派生式 CAPP 系统是建立在成组技术基础上，其基本原理是利用相似零件具有相似工艺过程，在 CAPP 系统设计阶段将车间所生产的零件按其制造特征分为若干零件族，为每一零件族设计一个主样件并制订该零件族的标准工艺存入数据库中，一个新零件的工艺是通过检索相似零件族的标准工艺并加以筛选、编辑、修改而成。派生式 CAPP 系统原理简单、开发周期短、投资少、易于取得实际效益，是中小企业常采用的方式。但是，该系统中存储的是一些标准工艺，当设计的新零件找不到相应的零件族时，系统就不能发挥作用，导致其存在通用性差的问题，只适用于特定的工厂，已无法满足智能制造的需求。

（2）创成式 CAPP 系统

创成式 CAPP 系统的工艺规程是根据程序中所反映的决策逻辑和制造工程数据信息生成的，这些信息主要是有关各种加工方法的加工能力和对象、各种设备和刀具的适用范围等一系列的基本知识。工艺决策中的各种决策逻辑存入相对独立的工艺知识库，供主程序调用。设计新零件工艺时，输入零件的信息后，系统能自动生成各种工艺规程文件，用户不需修改或略加修改即可。这类 CAPP 系统通过逻辑推理决策自动生成零件的工艺，具有较高的柔性，适应范围广。但是，系统没有自动获取知识的能力，缺乏解释机制，容错能力差，不能适应环境的变化，而最理想的创成式 CAPP 系统是通过决策逻辑效仿人的思维，在无需人工干预的情况下自动生成工艺路线。

（3）CAPP 专家系统

从 20 世纪 80 年代中期起，创成式 CAPP 系统的研究开始转向人工智能的专家系统方面，该类系统与上述两类系统的显著差别在于具有一个将工艺知识与经验以产生式规则、框架或其他方法所表达的知识库和一个模拟工艺设计专家进行工艺决策的推理机，系统可以按照用户选定的推理方式和控制策略，并根据零件的输入信息生成具有专家级水平的零件工艺规划。知识库与推理机是专家系统的两大组成部分，知识库存储从工艺专家那里得到的工艺知识，推理机利用知识库中的知识，按一定的推理方法和控制策略进行推理，得到问题的答案。CAPP 专家系统可以在一定程度上模拟人脑进行工艺设计，使工艺设计中的许多模糊问题得以解决，其知识库和推理机相互分离，增加了系统的灵活性，当生产环境变化时可修改知识库使之适应新的要求。但是，CAPP 专家系统在知识获取方面依赖于专家经验，这些经验性很强的知识不容易转化为推理规则，缺乏处理不确定信息的能力，且控制策略无柔性，推理方法单一，系统自优化和自完善功能较差。

（4）智能式 CAPP 系统

由于 CAPP 系统要首先将大量的工艺知识、工艺决策的相关逻辑和工艺设计人员的工程经验存储在系统的数据库中，然后针对具体的零件特征、生产条件等信息，检索、生成、优化工艺路线，整个过程要处理大量的数据，传统的方法难以实现。随着人工智能技术的成熟，将人工智能技术与 CAPP 技术结合起来已经成为 CAPP 系统研究的主要方向。智能式 CAPP 系统指的是利用人工智能技术进行工艺路线的辅助规划，主要从两个方面展开：一是工艺知识获取和挖掘，例如将神经网络技术应用于零件加工特征获取；二是工艺路线排序，例如将遗传算法、粒子群算法等技术应用于工序排序。由于工艺设计是多层次、多任务、多约束的规划过程，且工艺知识又具有多样性、离散性和经验性等特点，要真正实现 CAPP 的智能处理单纯只靠一两种方法难以实现，因此，符号智能与计算智能的有机结合将成为今后 CAPP 智能信息处理的主要方向。

采用 CAPP 系统代替传统的工艺设计方法具有重要的意义，主要表现在：

① CAPP 是连接 CAD 和 CAM 的桥梁，是连接产品信息同 ERP 的纽带，是实现 CAD/CAPP/CAM/ERP 集成的关键；

② 可以使工艺设计人员摆脱大量、烦琐的重复劳动，将主要精力转向新工艺和新技术的研究与开发；

③ 可以显著缩短工艺设计周期，保证工艺设计质量，提高产品对市场的响应能力；

④ 可以提高产品工艺的继承性，最大限度地利用现有资源，降低生产成本；

⑤ 可以使没有经验的工艺人员设计出高质量的工艺规程，缓解当前机械制造工艺设计任务繁重与缺少有经验工艺设计人员的矛盾；

⑥ 有利于企业工艺设计标准化、最优化工作，提高企业工艺设计水平；

⑦ 为企业信息化提供正确的工艺数据，保证数据的一致性和安全性，为智能制造奠定基础。

4.1.2 柔性工艺规划问题描述

柔性工艺规划是指在给定的资源约束下，任何全部或者部分可替代的工艺计划的统称。众所周知，每一个工件都具有多种加工方式和次序，工艺师可以选择其中任何一种工序序列进行工件的加工，每个工序可以选择不同的机床。这种工艺路径的柔性水平对于提高生产车间调度的灵活性以及处理突发的非预期事件的能力至关重要。

零件上有很多种几何特征，每个几何特征在整个加工过程中可能会有多种不同的加工顺序，而且每个加工特征可能有多种可选的加工方法，每一种加工方法下又有很多设备可以完成其加工任务，其中每个设备类型又包含多种可选用的机床型号，而每种机床型号又有多台机床可以选择，如图4-3所示。

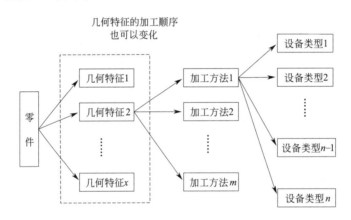

图 4-3　柔性工艺加工方式的柔性图示

柔性CAPP系统的主要运行原理如图4-4所示，先由零件的每个特征生成特征加工链，再输入零件的总体信息生成GT码，利用GT码检索和成组技术建立零件的工艺路线模板，通过增加、删除、修改生成一个零件标准的工艺路线，然后利用零件特征的加工工艺链生成多条工艺路线，完成柔性工艺设计，最后根据资源匹配结果，选择一个最优的路线进行工艺详细设计。

图 4-4　柔性 CAPP 系统主要运行原理

柔性工艺路线的表示方法有很多种，其中具有代表性的有 Petri 网、AND/OR 图和网状图。图 4-5 给出了利用 AND/OR 图和网状图来表示一个零件的柔性工艺路线，此网状图是一种非循环单向图，具有 3 类节点，S 点表示开始节点，E 点表示结束节点，两者属于虚拟节点，方框表示加工任务节点，分别用 1、2、3、……表示加工工序，箭头表示工序的加工顺序，OR 表示加工柔性，即此特征可以由不同的工艺进行加工。如果一个节点的后续路线是由一个 OR 所连接，只需要通过一条 OR 到 JOIN 路线，如果路线不是由 OR 所连接，就必须要完成此路线上的所有工序。例如该零件的一条可行工艺路线是：$(1,3) \rightarrow (2,5) \rightarrow (3,2) \rightarrow (6,5) \rightarrow (7,7) \rightarrow (9,5) \rightarrow (10,11) \rightarrow (11,13) \rightarrow (12,15) \rightarrow (13,6) \rightarrow (16,15) \rightarrow (17,14)$。第一个数字表示工艺号，第二个数字表示此工序所选择的机器。由此可见，一个零件特别是复杂零件的柔性工艺路线数目非常多，对柔性工艺规划问题的求解也非常困难。

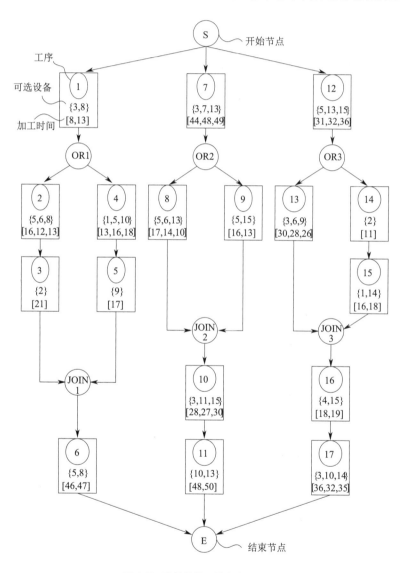

图 4-5 零件柔性工艺路线网状图

因此，柔性工艺规划问题一般描述为：每个被加工零件有多条工艺路线，如何选出一条工艺路线使得某种指标最优。为了更好地描述该问题的数学模型，通常做以下假设：

① 每台机器同一时刻只能处理一道工序；

② 从零时刻开始，所有的机器都是可行的；

③ 当零件的一道工序完工后，立即运送到下一台机器处理其下一道工序，传输时间忽略不计；

④ 一个零件的不同工序不能一起加工。

根据以上假设，建立柔性工艺规划模型的目标函数包括零件的总加工时间最小和零件的总加工成本最小，而模型的约束条件包括机器约束（每台机器同一时刻只能处理一道工序）、工件工序约束（一个零件的不同工序不能一起加工）、一个工件只有一条柔性工艺路线可以被选中、一道工序只有一台可选机器可以被选中。该问题是一个 NP-Complete 问题，如果问题达到一定规模，采用精确算法将无法在合适时间内找到满意解，因此，通常采用近似算法中具有较强搜索能力的遗传算法来求解该问题。

4.1.3　CAPP 系统基本结构及关键技术

由于工艺设计是一个极其复杂的过程，涉及的因素也非常多，企业中具体应用的 CAPP 系统通常对制造环境依赖性很大，所以各个 CAPP 系统的组成千差万别，但 CAPP 系统的基本结构都是相似的，一般包括以下五部分内容。

(1) 零件信息的获取

零件信息是 CAPP 系统进行工艺设计的对象和依据，零件信息的获取是 CAPP 系统的重要组成部分。目前计算机还不能像人一样识别零件上的所有信息，因此必须有一个专门的数据结构对零件信息进行描述，如何输入并描述零件信息是 CAPP 最关键问题之一。

(2) 工艺决策

工艺决策是 CAPP 系统的核心，其作用是基于获取的零件信息，按照预先规定的顺序和逻辑，调用相关的工艺数据和规则，进行必要的计算、比较和决策，生成零件的加工工艺规程。

(3) 工艺数据库/知识库

工艺数据库/知识库是 CAPP 系统的支撑工具，其集合了工艺设计所需要的所有信息资源，主要包括工艺数据（如加工方法、切削用量、加工余量、机床、刀具、夹具、量具以及材料、工时、成本核算等多方面信息）和规则（包括工艺决策逻辑、决策习惯、经验等内容）。

(4) 人机交互界面

人机交互界面是用户的工作平台，包括系统菜单、零件信息获取界面、工艺设计界面、工艺数据/知识输入和管理界面、工艺文件的显示、编辑与管理界面等。

(5) 工艺文件的管理/输出

工艺文件是 CAPP 系统提交给用户的最终产品，一个系统可能有成千上万个工艺文件，文件的管理、维护和输出是 CAPP 系统的主要内容，也是整个 CAD/CAPP/CAM 集成系统的重要组成部分。

图 4-6 给出了一个智能 CAPP 系统结构，该系统包括控制模块、零件信息获取模块、工艺决策模块、工程数据库、数据库管理模块、人工神经网络训练模块和工艺文件管理模块。

① 控制模块即人机交互界面，其主要作用是协调和控制其他模块的运行，实现人机之

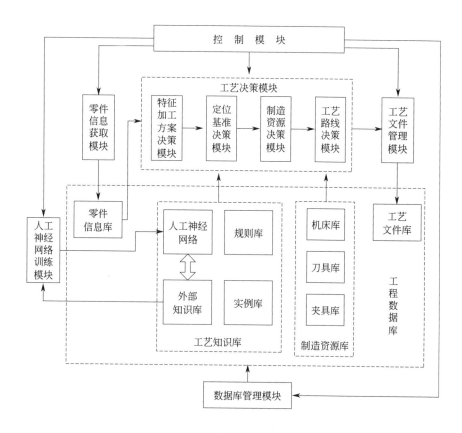

图 4-6　智能 CAPP 系统结构

间的信息交流，控制零件信息的获取方式，使系统能够满足集成的需要。

② 零件信息获取模块既要求其能够从三维 CAD 系统自动获取零件的几何信息，又能够以人机交互的方式完成工艺设计所必需的其他信息的输入，提取的零件信息存于零件信息数据库中并且能够随三维实体模型的变化而动态更新，便于工艺决策的调用。

③ 工艺决策模块包括特征加工方案决策、定位基准决策、制造资源决策和工艺路线决策四部分。特征加工方案决策是以从零件信息库中获取的加工特征信息为输入，经过已训练好的人工神经网络推理得到特征加工方案。定位基准决策是利用基于定位基准决策的人工神经网络自动为零件选择定位基准。制造资源决策根据前两部分的决策结果，经过运算推理确定加工相应特征所需要的机床、刀具、夹具等。工艺路线决策用于寻找具有最小加工成本的加工工艺路线。整个工艺决策模块完成的各种决策都是运用人工智能技术来实现的。

④ 工程数据库包括零件信息库、工艺知识库、制造资源库和工艺文件库。零件信息库中保存零件的几何信息及工艺信息，并对其进行管理；工艺知识库中储存工艺设计所依赖的大量工艺知识，根据工艺知识的表达形式将工艺知识库分为规则库、实例库和人工神经网络数据库，它们分别存储相应表达形式的工艺知识；制造资源库包括机床库、刀具库和夹具库，分别保存机床、刀具和夹具等制造资源信息；工艺文件库中保存系统生成的工艺文件。

⑤ 数据库管理模块主要作用是将工艺设计所需要的所有数据信息输入其相应数据库，并对这些数据进行增加、删除和修改等编辑操作。

⑥ 人工神经网络训练模块用于设计人工神经网络，确定网络的结构、输入输出处理方

法、训练函数和参数选择等，并选择训练样本训练网络。

⑦ 工艺文件管理模块不仅能输出用户所需的各类工艺卡片，而且考虑到实际应用中经常需要对现有的工艺文件进行修改，该模块还允许对生成的工艺卡片进行增加、删除和修改等编辑操作。

智能 CAPP 系统的详细工作流程如图 4-7 所示，首先从 CAD 系统中自动获取零件特征，其次手工输入特征的加工工艺要求，编辑接口程序把零件特征信息按统一的数据结构存入零件信息库，然后工艺决策模块按顺序依次运行特征加工方案决策模块、定位基准决策模块、制造资源决策模块和工艺路线决策模块，得到零件的工艺路线，最后进行工艺审核。工艺文件管理模块对工艺决策模块输出的工艺数据进行编辑和管理，生成并输出工艺文件。

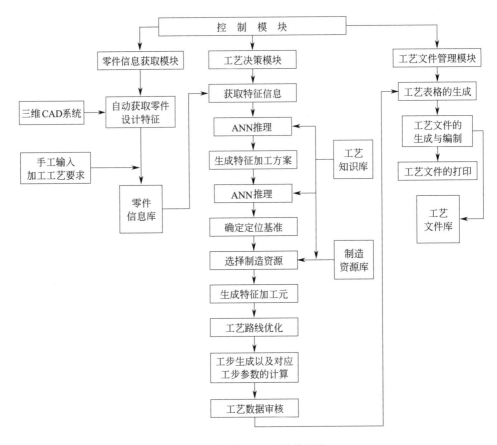

图 4-7 智能 CAPP 系统流程图

根据 CAPP 系统的基本结构及工作流程，以下从零件信息的描述与输入，工艺知识的获取、表达与运用，工艺知识库的组织与管理，工艺决策技术四个方面给出 CAPP 系统的关键技术。

(1) 零件信息的描述与输入

建立 CAPP 系统首先要解决的问题就是零件信息的描述与输入，目前国内外已经提出的零件信息描述方法可以概括为图纸信息描述法和 CAD 信息直接获取法两种。

图纸信息描述法是把零件图纸上的各项要求转换为数据信息输入到计算机中，常见方法有以下几种。

① 零件分类编码描述法　零件分类编码描述法是根据成组技术原理，用一组顺序排列

的数码对零件的形状、尺寸和精度等信息进行标识，形成零件族。该方法最大特点是输入简便、容易实现，但对零件信息的描述过于粗略，其细节部分无法准确描述。目前，国际上用于描述零件信息的编码系统主要有德国的 Opitz 系统、荷兰的 MICLASS 系统、日本的 KK-3 系统和我国的 JLBM-1 系统等。

② 形面要素描述法　形面要素描述法是把一个零件看成是由若干个基本的几何形面要素组成，将这些要素划分为主要素（如外圆面、内孔等）和辅要素（如退刀槽、倒角等），主要素构造出零件的主要结构形状，辅要素一般依附于某一个主要素而存在，用于完成某种特定功能或改善零件的工艺性。

③ 图论描述法　图论描述法是利用图论的基本原理来描述零件的结构形状，即用节点表示零件的形状要素，用边表示两个相邻表面的连接情况，用边上赋值表示两个相邻表面的夹角。一个零件对应于一个"图"，该方法输入烦琐、费时，适用于结构较简单、较规则的回转体零件。

④ 拓扑描述法　拓扑学认为三维零件包括有限数量的点、线、面、体等元素，这些元素可以看成是一些单元，因此一个零件就可以用一组单元来表示。运用拓扑原理描述零件时，首先建立一组关联矩阵来表示顶点与边、边与面、面与体之间的关系，以确定零件的基本结构，然后规定单元值及边界以确定零件实际形状要素的尺寸。该方法可以详尽地描述零件的结构信息，但用于工艺设计时并不需要如此详细，并且缺少工艺设计所需的工艺信息，因此主要适用于 CAD 系统。

⑤ 特征要素描述法　特征要素描述法将零件特征看作一种具有特定形状、特定功能和特定工艺属性的基本信息单元，而零件就是由特征组合而成，其特征既不是单纯的几何实体，也不同于工艺中的形面要素，它具有更加丰富的内涵，可用于描述各种类型的零件。

⑥ CAD 信息直接获取法　CAD 信息直接获取法是指 CAPP 系统所需的零件几何与非几何信息均直接来源于 CAD 系统内部的数据信息，这种方法既可避免烦琐的手工输入，又可实现 CAD/CAPP 的信息交换，是一条由 CAD 到 CAPP 的最为理想的信息传递途径。CAD 系统对零件的几何信息描述非常完整，但对非几何信息却难以表达，而 CAPP 系统最需要的就是非几何信息，这使得 CAPP 系统不能直接从 CAD 系统中读取所需的全部信息，必须通过人机交互才能完成。

鉴于上述情况，许多学者提出了为 CAD、CAPP、CAM 等产品生命周期中的各个应用环节建立一个统一的数据模型，以实现 CAD/CAPP/CAM 的信息集成，许多国家陆续制定了各自的图形传输数据标准，如美国的 IGES、德国的 SET 以及国际标准化组织的 STEP。STEP 的目标是研究完整的产品模型数据的交换技术，最终实现在产品生命周期内对数据进行完整一致的描述和交换。然而，各种标准仍在发展之中，且由于特征视角的多态性以及特征识别与映射技术的不成熟，也使得 CAPP 系统不能直接从 CAD 系统中获取所需的全部信息，因此，要真正实现 CAD/CAPP 系统的全面集成还有待进一步研究。

(2) 工艺知识的获取、表达与运用

工艺知识是人类在工艺研究与实践中所积累的认识与经验的总和，可以划分为以下三类：

① 选择性知识　这类知识属于一般性常识，可以通过查阅工艺设计手册而获得，如毛坯类型选择、零件材料选择、工艺装备选择等。

② 决策性知识　决策性知识是指计算、判断、推理以及经验性知识，包括计算决策知识（如加工余量计算、工艺尺寸计算、切削用量优化计算、工时定额计算等）、逻辑决策知识（如加工方法决策、定位基准决策、装夹方式决策、加工顺序决策等）和创造性决策知识

（如工艺路线优化、特殊工艺处理等）三种。

③ 控制性知识　控制性知识是关于知识的知识，它一方面是指如何选择、运用工艺知识的元知识，另一方面是关于工艺知识的背景知识，如知识范畴、应用范围、表达格式等说明性文字。

为了把工艺知识与经验从专家的头脑和设计手册中抽取出来，研究各种获取知识的方法和途径成为知识处理中第一个需要解决的问题。要把抽象的工艺知识以某种形式逻辑地表现出来，并编码到计算机中去或在其间进行传递相当复杂，而且一个工艺问题能否有合适的知识表达方式往往成为知识处理成败的关键。例如：创造性知识是指存在于工艺专家头脑中、带有技巧性和创造性的一类知识，是难以获取和形式化表达的知识类型，迄今为止，还未找到更加有效的获取方法，只能通过人机协作的方式来完成。由于设计过程的复杂性和工艺知识的特殊性，目前仍未形成完整的工艺设计理论体系，使得知识的获取、表达与运用成为CAPP系统开发的难点之一。

（3）工艺知识库的组织与管理

工艺知识库的建造模式、组织结构与工艺知识的自身特点有着非常密切的关系，主要体现在以下几个方面。

① 多样性　工艺知识具有多种形态，有的可以用确切的步骤和公式来表达，成为过程性知识；有的可以用肯定、准确的陈述来表示，成为事实性知识；有的在一定条件下存在因果关系或规律，成为因果性知识；还有的不能用任何固定的形式来表达，成为非形式化知识，使得工艺知识的完整表达难以实现。

② 动态性　工艺设计系统是一个实时系统，其主要结构知识库一旦生成，必然要随着加工对象、制造设备和工艺习惯的改变而改变，所以应不断地修改、扩充和更新工艺知识库。

③ 离散性　许多工艺知识是面向具体加工对象的，不具有普遍性，由此构成的工艺知识库只适应于特定的制造环境和工艺习惯，其知识的共享性较差，导致在设计时应用工艺知识变得比较复杂。

④ 模糊性　工艺设计知识往往具有不确定性、模糊性，有时还存在矛盾性，由此必然引起专家系统推理结果的模糊性，这就要求系统具备在具有模糊性甚至相互矛盾的各种设计因素中进行模糊决策的能力和知识。

⑤ 不完备性　由于机械产品和加工设备种类繁多，属性构成差异很大，而且在工艺设计中又存在着大量的非技术性和非工艺性因素，造成工艺设计知识极其庞大，工艺事实无法穷尽。

就机械加工工艺设计而言，由于适应所有制造环境、覆盖全部种类零件的CAPP通用系统目前尚不存在，所以为了真正实现CAPP系统的实用化和通用化，就必须要求知识库具有开放性、透明性和灵活性，以便让用户可以根据企业自身的制造条件、零件类型和工艺习惯在较大范围内自主地建立工艺知识库，并可方便地扩充与更新知识，以满足不同企业的实际需求。因此，知识库的管理与维护就显得特别重要。

（4）工艺决策技术

CAPP系统的核心问题是工艺设计的决策方式，由于工艺决策涉及面广、影响因素多，所以实际应用中的不确定性较大。国内的研究习惯是把工艺决策分为加工方法决策和加工顺序决策两个方面，而国外则把刀具轨迹计算、加工过程模拟等也作为工艺决策的一部分，工艺决策可分为以下三种方式：

① 计算决策　是指采用数学计算的方法解决决策问题，如加工余量、切削用量、工序尺寸等都可以用公式进行计算或估算。CAPP系统能够非常容易地用通用程序来解决计

算决策的关键是建立数学模型，目前，工艺学已经建立了很多理论计算公式，有些公式由于比较复杂，过去手工制订工艺规程时一直得不到推广应用，而在 CAPP 中将可以发挥更大的作用。因此 CAPP 将促进工艺理论和方法的发展，使更多的工艺问题可以采用解析方法解决。

② 逻辑决策　是指采用逻辑推理和判断的方法来解决决策问题，如加工方法选择、加工阶段划分、加工顺序安排等应根据工艺知识和经验、运用逻辑推理方法加以解决，其关键是工艺知识的获取与利用。

③ 创造性决策　是指只能依靠工艺人员的丰富经验或者灵感、顿悟才能解决的决策问题。这一类问题往往具有不确定性和模糊性，所运用的经验或者灵感不可能表达为明确的逻辑形式，因而求解带有很大的主观性和随机性，不同的专家会有不同的处理结果，同一工艺专家在不同的时间和场合也会存在处理上的差异。

4.1.4　CAPP 存在的问题及发展趋势

迄今为止，虽然 CAPP 的研究已取得很多成果，国内外也开发了一些 CAPP 系统，但是在实际应用过程中，由于 CAPP 的复杂性和特殊性，仍然面临着如下问题。

(1) 零件信息的描述与获取

零件信息的描述与获取问题关系到 CAD 与 CAPP 及其他应用系统集成的问题，并直接关系到 CAPP 系统能否真正实用化和商品化。目前零件信息或部分信息仍然是由使用者手工输入的，如何输入并描述零件信息，彻底解决 CAPP 系统的产品数据二次输入是 CAPP 亟待解决的问题。

(2) 工艺决策方法的实现

工艺决策是 CAPP 系统进行工艺设计的关键，是制约 CAPP 系统实用化、通用化、智能化的核心问题。长期以来，人们研究开发了多种工艺决策方法，如派生式、创成式、智能式等，但至今没有彻底解决 CAPP 系统的工艺决策方法问题。

(3) CAPP 系统的通用性

工艺设计受多因素的影响，例如产品、批量、加工环境等，所以 CAPP 系统很难像 CAD 系统那样设计成通用的系统。在多品种、小批量的生产模式逐渐成为机械制造业主要趋势的情况下，CAPP 系统将很难适应频繁变化的加工对象和变化环境。因此，CAPP 系统要实现真正实用化和商用化，通用性问题必须解决。

(4) 工艺数据库知识的获取、表达及构建

工艺决策所用的数据有加工方法、机床、刀具、夹具、量具以及材料、切削用量、工时、成本核算等多方面信息，所需的工艺知识包括工艺决策逻辑、决策习惯、经验、规则等众多内容，如何组织和管理这些信息并便于扩充和维护，使之适用于不同的企业和产品，是当今 CAPP 系统迫切需要解决的问题。

(5) CAPP 系统与其他应用系统的集成

工艺是设计和制造的桥梁，工艺数据是产品全生命周期中最重要的数据之一，是企业编排生产计划、制订采购计划、生产调度的重要基础数据，在企业的整个产品开发及生产中起着重要的作用。CAPP 需要与企业的各种应用系统集成，包括 CAD/PDM/ERP/MES 等，由于不少企业 CAD、CAPP、ERP 是分阶段、不同时期应用的，目前还存在着信息的孤岛，工艺数据的价值还没有得到有效的发挥和利用。

在 40 多年的发展过程中，CAPP 在生成原理、系统结构、决策方法等方面都取得了很大的进展，纵观国内外 CAPP 的研究与开发现状，CAPP 未来的发展趋势集中在集成化、智能化、并行化和工具化等方面。

① 集成化　集成化指 CAPP 系统与其他集成化系统信息与数据的传输和共享。在工程设计领域，通常是指与 CAD/CAM 系统的集成，若推广到整个工厂范围，还包括与 PDM/ERP/MES 等系统的集成，CAPP 与其他系统的集成正在从局部自动化走向全面自动化。

② 智能化　智能化是制造业发展的总趋势，智能化 CAPP 是 CAPP 技术发展的本质特征和必然趋势。过去各种各样的 CAPP 专家系统研究较多，近年来神经网络、模糊理论、实例推理和遗传算法、深度学习等技术在 CAPP 系统中的推广应用，为 CAPP 系统的进一步智能化奠定了理论基础。

③ 并行化　以并行设计理论为指导，在集成化和智能化基础上进一步发展起来的 CAPP 系统，充分体现了并行工程的思想，其不仅在于设计阶段的并行，还包括制造、规划过程中各个功能部门的并行。并行化的核心是 CAD/CAPP 之间的并行，主要体现在 CAPP 能在 CAD 产品设计过程中为其提供产品设计工艺性反馈，对设计方案和结果进行可制造性分析和评价，尽早发现设计中的问题，确保设计的合理性。

④ 工具化　通过开发通用的 CAPP 应用模块，用户可根据实际需求，组装或二次开发成实用化的 CAPP 系统，能够大大提高 CAPP 系统的通用性和柔性。

4.2　车间生产智能调度

4.2.1　生产调度问题描述

生产调度是根据工艺规划阶段生成的工艺路线，结合工厂当前的生产情况及设备的工作状态，生成加工任务的生产计划，并以时间、设备利用率等为目标，在尽量满足客户要求及工厂生产计划的前提下，进行实时生产与调度。生产调度可以描述为：用 m 台机床来加工 n 个工件，每个工件都有多个工序且每个工序可以在多个机床上加工，如何把有限的制造资源分配给加工工件，使某种指标最优化。一般的生产调度流程如图 4-8 所示。

生产调度是通过对生产过程进行详细分析，包括生产前的准备工作（如毛坯处理、到达时间和加工数量）与生产中的实时状态（如机床状态和工序加工进度）等，形成动态资源分配方案，并对多个方案进行评价以获得最佳调度方案。在实际生产中，生产调度与工艺规划不同，生产调度的侧重点并非在技术要求层面，而是以诸如满足交货期、缩短工件加工时间、降低加工成本等为目的，对各加工资源进行调度。

车间调度问题的出现主要是由车间制造资源的有限引起的，如果车间的机床是无限多的，不管什么样的工件来加工，每道工序都可以有一个机床选择，就不存在调度的问题。然而，随着车间制造资源的增加，导致制造成本的增加，真实的情况是工件多而机床设备少，车间的生产调度问题不可避免。

在调度问题中，通常存在一组工件（J_1，J_2，…，J_n），每个工件具有 h_i 道工序以及一组机器（M_1，M_2，…，M_m）。一个调度问题常用三元组 $\alpha|\beta|\gamma$ 描述：α 域描述机器环境；β 域提供加工特征和约束的细节，一个实际问题可能不包含其中任何一项，也可能有多项；γ 域描述性能指标。

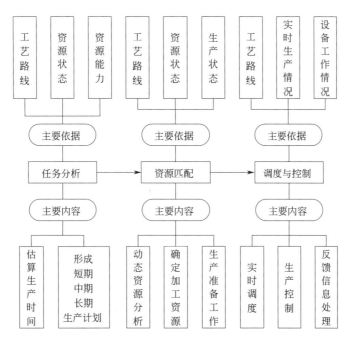

图 4-8 车间生产调度流程

(1) α 域

α 域根据研究侧重点的不同，可将调度问题分为以下几种：

① 单机调度模型 单机调度模型是所有机器环境模型中最简单的，也是其他复杂机器环境的特例，是指在一台机器上，每个加工任务都要按照某种加工顺序进行加工，如果是 n 个工件就有 n ！种排列顺序，实际上复杂环境里的调度问题可以分解为若干个单机调度问题。

② 并行机调度模型 并行机调度模型是有并行的 m 台机器，工件可能在 m 个机器上的任何一台机床上加工，也可以在属于某个子集的任何一台机器上进行加工，并行机环境又可以分成并行同速、并行异速和并行无关联三种情况。

③ 作业车间调度模型 作业车间调度是指在有 m 台机床的车间里，每项工作都有自己预先确定好的加工路径和加工时间，但是工件在每台机床上加工的先后顺序不一定相同，模型要解决的问题就是怎样安排这些工件在每台机床上的加工顺序和加工时间。

④ 流水车间调度模型 流水车间调度是指有串联的 m 台机床，每项工作都要经过每个机床，而且加工路径都是相同的（即每个工件加工时都要经过各台机床），通常情况下所有的队列都遵循先进先出的规则。

⑤ 开放车间调度模型 以上几种模型在生产车间中每个工件都有确定的加工路线，但在实际中，工作路线通常是不确定的，需要由调度者来决定，这种工作路线是开放的，属于开放车间。开放车间调度是指在车间有 m 台机床，每个工件在每台机器上都进行多次加工，加工路径没有任何限制，允许调度者为每个工件确定加工路径。

⑥ 柔性车间调度模型 生产的柔性包括设备使用柔性和设备安排柔性，其中前者指设备可用于多个工件的多道工序的加工，而后者指工作的设备加工路径不固定，具有可选的路径。这类问题包括柔性流水车间调度和柔性作业车间调度两种，具有设备安排柔性，至少一道工序存在多台加工机器，或者至少一个工件存在多种可能的加工路径。

⑦ 批处理机调度 批处理机是一类能同时加工多个工件的机器，突破了传统调度问题

中一台机器上任何时刻只能加工一个工件的假设，其对工件的加工以批为单位进行，批加工时间由批内最大加工时间决定，同一批内的工件具有相同的加工开始时间和完成时间，一批工件的加工一旦开始，就不能中断，可将其分解为工件分批和批调度两个子问题。

⑧ E/T 调度　E/T 调度是为了适应准时制生产模式提出的，其基本内涵是从企业利润角度出发，对产品的加工以满足交货期为目标。通常情况下，E/T 调度可以分为公共交货期问题和不同交货期问题，前者指所有待加工的工件属于同一订单，产品需要在同一时间内交付给客户，即工件具有相同的交货期；后者指不同的工件具有不同的交货期。

⑨ 动态调度　生产调度分为动态调度和静态调度两大类，静态调度是在调度环境和任务已知的前提下的事前调度方案，但实际生产过程中，由于诸多因素，如处理单元和物料等资源的变化难以预先精确估计，往往影响调度计算，使实际生产进度与静态调度的进度表不符，需要进行动态调整。动态调度分为滚动调度和被动调度，滚动调度指调度优化随着时间推移，在一个接一个的时间段内动态进行；被动调度指当生产过程变化、原来的调度不可行时所进行的调度修正。

（2）β 域

β 域所描述的加工约束如下：

① 提交时间，指工件到达系统的时间，也就是工件可以开始加工的最早时间；

② 与加工顺序相关的调整时间，又称分离调整时间，即不能包含在加工时间内的调整时间；

③ 中断，指不必将一个工件在其加工完成之前一直保留在机器上，允许调度人员在任何时间中断正在加工工件的操作并安排机器做另外的工作（如加工其他工件或者维修等），通常假设不允许中断；

④ 故障，指机器不可用；

⑤ 优先约束，指某道工序开始之前，其他一道或多道工序必须完成；

⑥ 阻塞，指一个流水车间在两台相邻的机器之间只有有限的缓冲区，当缓冲区变满后，上游的机器无法释放已加工完毕的工件，加工完的工件只能停留在该机器上，从而阻止了其他工件在该机器上加工；

⑦ 零等待，指不允许工件在两台机器间等待，工件加工一旦开始，就必须无等待地访问所有机器；

⑧ 再循环，指同一工件可能重复访问同一机器多次。

（3）γ 域

γ 域描述的性能指标如下。

① 基于加工完成时间的指标

a. 最大完成时间。

$$C_{\max} = \max\{C_i\} \tag{4-1}$$

式中，C_i 为工件 J_i 的加工完成时间。

b. 平均完成时间。

$$\overline{C} = \frac{1}{n}\sum_{i=1}^{n} C_i \tag{4-2}$$

c. 最大流经时间。

$$F_{\max} = \max_{1 \leqslant i \leqslant n} F_i = \max_{1 \leqslant i \leqslant n}\{C_i - r_i\} \tag{4-3}$$

式中，r_i 为提交时间；F_i 为工件 J_i 从进入制造系统到加工完毕离开系统所经历的时间，称为流经时间。

d. 总流经时间。

$$\sum_{i=1}^{n} F_i \tag{4-4}$$

e. 加权流经时间。

$$\sum_{i=1}^{n} \omega_i F_i \tag{4-5}$$

f. 平均流经时间。

$$\overline{F} = \frac{1}{n} \sum_{i=1}^{n} F_i \tag{4-6}$$

② 基于交货期的性能指标

a. 总拖后时间。

$$\sum_{i=1}^{n} T_i \tag{4-7}$$

b. 最大拖后时间。

$$T_{\max} = \max_{1 \leqslant i \leqslant n} \{T_i\} \tag{4-8}$$

c. 平均拖后时间。

$$\overline{T} = \frac{1}{n} \sum_{i=1}^{n} T_i \tag{4-9}$$

$$T_i = \max\{C_i - d_i, 0\} \tag{4-10}$$

式中，T_i 为工件 J_i 的拖后时间，d_i 为 J_i 的交货期。

d. 平均延迟时间为 $\overline{L}$，最大延迟时间为 $L_{\max}$。

e. 拖后工件个数为 n_T，即完成时间大于交货期的工件数。

③ 基于库存的性能指标

a. 平均已完成工件数 $\overline{N_c}$。

b. 平均未完成工件数 $\overline{N_n}$。

c. 平均机器空闲时间 $\overline{I}$。

d. 最大机器空闲时间 $I_{\max}$。

④ 基于机器负荷的性能指标

a. 最大机器负荷 $WL_{\max}$，即具有最大加工时间机器的负荷。

b. 总机器负荷 WL_{tot}，即所有机器负荷之和。

c. 机器负荷间的平衡，即所有机器负荷间的方差或标准差。

车间调度的对象与目标不同，对应的加工约束和性能指示不同，这决定了车间调度问题具有以下特性。

(1) 多目标性

不同企业或不同的生产环境下，对车间调度的优化目标要求不同，在实际生产过程中，有时不只是单纯考虑一个目标，而需要同时考虑多个目标。由于各个目标可能彼此冲突，因而在调度计划的制订过程中，必须综合权衡考虑。

(2) 多约束性

车间调度的研究对象和目标决定了该问题是一个多约束问题，需要考虑工件自身的约束和车间资源约束等，调度结果只有在满足车间资源约束的情况下才是可行的，同时，车间调度还需要受到如操作工人、运输小车、刀具以及其他辅助生产工具的约束。

（3）动态随机性

制造系统的加工环境是在不断变化的，在运行过程中会遇到多种随机干扰，如加工时间变化、机床设备故障、原材料紧缺、紧急订单插入等，因此，车间调度过程是一个动态随机过程。

（4）离散性

一般制造系统是典型的离散系统，是离散优化问题，工件的加工开始时间、任务的到达、设备的增添和故障、订单的变更等都是离散事件。

（5）计算复杂性

车间调度是一个在若干等式和不等式约束下的组合优化问题，该问题已经被证明是一个NP-Complete问题，随着调度规模的增大，问题可行解的数量呈指数级增长，计算过程复杂。

4.2.2 车间生产调度的优化方法

车间调度问题的特性决定了其求解及实施的难度，调度模型从简单到复杂，研究方法也随着调度模型变迁，从开始的数学方法发展到启发式的智能算法，可将解决调度问题的方法划分为三类：基于运筹学的方法、基于启发式规则的方法和人工智能方法。

（1）基于运筹学的方法

① 数学规划方法　数学规划方法是较早地用于求解车间调度的方法，其中，混合整数规划方法是常用的求解调度问题的数学方法，该方法限制决策变量必须是整数，但是在运算中出现整数的数量随问题规模呈指数增长。拉格朗日松弛法是在求解调度问题上应用比较成功的数学方法，拉格朗日松弛法用非负拉格朗日乘子将工艺约束和资源约束进行松弛，然后将惩罚函数加入到目标函数中，在可行的时间里能对复杂的规划问题提供较好的次优解，已经被用来解决作业车间调度问题。

② 分支定界法　分支定界法采用动态结构分支描述所有的可行解空间，这些分支隐含有要被搜索的可行解，是主要的枚举策略之一。该方法可以用数学式和规则来描述，在对最优解搜索过程中，允许把大部分的分支从搜索过程中去掉，适合求解总工序数 N 小于 250 的调度问题，而对于求解大规模问题通常需要消耗巨大的计算时间，因此其使用受到限制。

（2）基于启发式规则的方法

① 优先调度规则　优先调度规则是一种早期采用的构造性调度方法，其本质是按照某种规律得到一种简单的调度规则，将待加工工序按照此规则排列，得到满足某一指标要求的调度方案。该方法实现简单、方便、快速且非常实用，但使用这些规则无法确保全局最优并且常常留有进一步的优化空间。近年来，优先调度规则常常与启发式算法或人工神经网络结合使用。

② 瓶颈移动方法　瓶颈移动方法是按照解的大小顺序对所有机器进行排序，有着最大下界的机器被确定为瓶颈机器，对所有瓶颈机器排序，留下被忽视的未被排序的机器，固定已排序的机器。当每次瓶颈机器排序后，每个先前被排定的有接受改进能力的机器，通过解决单一机器问题的方法，再次被局部重新最优化。该算法实施比较复杂，计算时间长。

（3）人工智能方法

人工智能方法是求解车间调度问题的重要方法。该方法是利用人工智能的原理和技术进行搜索，譬如将优化过程转化为智能系统动态的演化过程进而实现优化，该方法主要包括：约束满足技术、神经网络、专家系统、多代理系统、混沌搜索以及元启发式算法（例如：进化算法、免疫算法、蚁群算法和粒子群优化算法等）。

① 约束满足技术　通过运用约束减少搜索空间的有效规模，这些约束限制了选择变量的次序和分配到每个变量可能值的排序。当一个值被分配给一个变量后，不一致的情况将被剔除，去掉不一致的过程称为一致性检查，但是也需要进行回访修正，当所有的变量都得到了分配的值并且不违背约束条件时，约束满足问题就得到了解决。虽然该方法对求解车间调度问题有一定的优势，但是这些方法在很大程度上仅仅提供了较高水平的指导方针，并不具有太大的实用价值。

② 神经网络　神经网络指由大量简单神经元互连而构成的一种计算结构，它在某种程度上可以模拟生物神经系统的工作过程。该方法较早地被用来求解调度问题，目前应用最多的是 BP 网络和 Hopfield 网络。由于神经网络通过训练和学习来寻找输入和输出的关系，随着问题规模的增大，网络规模也急剧增大。

③ 专家系统　专家系统是一种模拟人类专家解决领域问题的计算机程序系统，主要由知识库和推理机两个部分组成。它将传统的调度方法与基于知识的调度评价相结合，根据系统当前的状态和给定的优化目标，对知识库进行有效的启发式搜索和并行模糊推理，避开烦琐的计算，并选择最优的调度策略，为在线决策提供支持。但该方法开发周期长，成本高，需要丰富的调度经验和知识，对新的环境适应性差等。

④ 进化算法　进化算法通常包括遗传算法、遗传规划、进化策略和进化规划，是借鉴生物界中进化与遗传的机理，用人工方式构造的一类优化搜索算法。遗传算法主要发展自适应系统，是应用最广的算法；进化策略主要解决参数优化问题，而进化规划主要求解预期问题。自 1975 年 Holland 提出 GA 以来，国内外用 GA 求解车间调度问题的应用非常广泛。

⑤ 蚁群算法　蚁群算法的灵感来源：蚂蚁在寻找食物过程中，会在经过的地方留下一些化学物质"外激素"或"信息素"，这些物质能够被同一蚁群中后来的蚂蚁感受到，并作为一种信号影响后来者的行动，而后来者也会留下外激素对原有的外激素进行修正，如此反复循环，外激素最强的地方形成一条路径。研究表明该算法具有较强的求解能力，同时也存在一些缺点，如容易出现停滞现象、收敛速度慢等问题。

⑥ 局部搜索方法　局部搜索方法是运用人工智能、物理学等领域的思想，对基本局部搜索算法进行推广或扩展，目的是克服基本局部搜索算法极易陷入局部最优的缺点，形成了以模拟退火算法、禁忌搜索算法等为代表的方法，被用来求解调度问题。

⑦ 粒子群优化算法　粒子群优化算法是一种基于群体智能理论的优化算法，目前已成功应用于函数优化、神经网络训练、多目标优化和模糊控制系统等领域。在粒子群优化算法中，系统初始化一组随机解，称之为粒子，每个粒子都有一个由目标函数决定的适应值，每个粒子还有一个速度来决定它们飞翔的方向和距离。在每一次迭代中，粒子通过跟踪两个极值来更新自己的位置：第一个极值是粒子自身所找到的最优解，称为个体极值；另一个极值是整个种群目前找到的最优解，称为全局极值。

在以上优化方法中，运筹学方法也称为最优化方法，能够保证得到的是最优解，但只能解决较小规模的问题，而且求解速度较慢。而启发式规则和人工智能方法可以很快地得到问题的解，但不能保证得到的是最优解，适合解决大规模问题。除了上述主要优化方法外，还有很多方法可以用来求解车间调度问题，如混沌算法、量子算法、协同算法、DNA 算法、鱼群算法等，每种算法都有其自身的优缺点。近年来许多学者开始将各种启发式算法或最优化算法进行组合应用研究，以达到高度优化的目标。

4.2.3 作业车间调度系统设计

作业车间调度问题是指在某个加工系统中，有 n 个工件需要在 m 台机床上加工，而且每个工件都有一道工序或是多条工序，每道工序还可以选择不同的加工设备，其约束可参考 4.2.1 节的 β 域，其调度目标函数可设定为制造时间间隔 S_1、设备负荷均衡 S_2、总延误时间 S_3、总的设备空闲时间 S_4、最大延误时间 S_5，采用加权求和法得到调度系统的性能优化目标函数 S，见式(4-11)，其中 w_i 为各目标的权重因子。

$$S = \sum_{i=1}^{5} w_i S_i \tag{4-11}$$

本书以南昌大学赵震设计的车间调度系统为例，介绍作业车间调度系统的设计及模块功能，系统的主要模块包括离线计划设计模块、实时运行模块、计划输入模块三部分，各模块的数据流程如图 4-9 所示。在生产任务输入模块输入车间信息，把计划要生产的任务进行处理形成调度单据，与机器、工件、工艺等信息一同存入静态数据库中；从静态数据库中读取所需的任务信息和制造资源信息等来形成作业计划数据集，根据实际的需求设置优化目标、权重、遗传算法种群规模以及进化的代数等参数值，执行调度算法生成调度排序的结果并进行评价，保存得到的调度方案；车间生产人员严格地按照调度方案给出的任务列表进行加工，实时运行模块监测加工任务的进度，当一个加工任务完成时，动态数据库就进行自动更

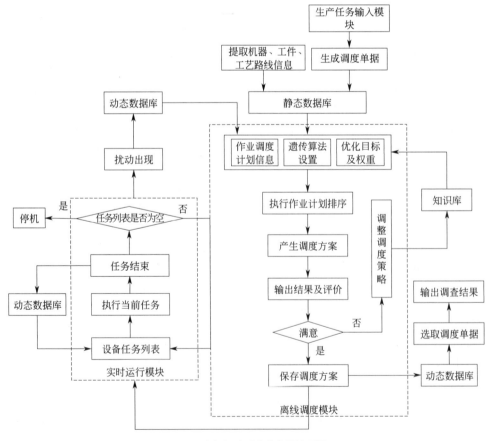

图 4-9 车间调度系统的数据流程图

新，把完成的任务从数据库中删除；此外，当任务出现异常或订单有更新时，将信息存入动态数据库，进入离线调度模块生成新的调度方案。

（1）离线计划设计模块

调度人员从系统中调出新建的调度单据，根据调度单据中包含的要加工工件，得到所需的工艺信息，如工艺路线、制造资源和加工时间等信息，都是调度计划制订中必须有的信息。当然，调度人员也可以根据车间的制造资源的运行实际情况，调整工件的加工设备，使其得到更优的调度结果。通常采用混合的遗传算法进行调度结果优化，所以也要输入一些算法所需要的参数和调度目标。图 4-10 为离线计划设计模块的流程图。

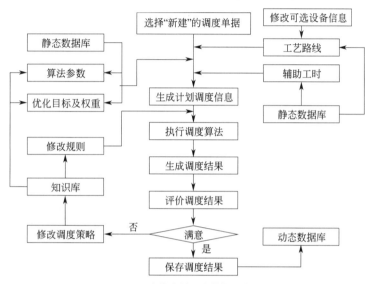

图 4-10　离线计划设计模块的流程图

（2）实时运行模块

该模块主要是针对车间级的工作人员。实时运行模块一方面把生成的调度计划下达到车间各个机床设备（即用生成的设备任务列表来直接控制机床）；另一方面接收生产返回的信息来更新动态数据库，对车间生产的实时加工情况进行检测，并对车间的突发情况作出及时反应来提高系统的柔性。整个实时运行模块的流程图如图 4-11 所示。

车间级工作人员根据离线计划模块生成的作业计划安排到各个设备上的加工任务列表，来控制工件的加工时间和顺序。当任务下达后，车间级工作人员就根据任务列表中的信息来控制设备的工作状态（如：启动、等待、忙碌、空闲等），此时加工过程也出现了未加工、正在加工及加工完成等几种状态，这些加工信息不断地返回给动态数据库，进行数据库动态信息的更新。当一个工件加工完之后，查看任务列表中的任务是否加工完，如果没有加工完就进行下一个工件的加工，要是加工完成就更新设备可使用时间，看看是否接受下一个设备任务列表。当加工过程中出现扰动（如机器故障）时，车间级的工作人员就把信息反馈给调度人员，调度人员就开始查看在机器上加工的工件是否有可替代的机器设备可以加工，如果发现有可替代的设备，就根据车间的实际运行情况，对受影响的调度单据进行重新调度，产生新的作业计划；如果没有，那么要用到该机器设备的工件的状态就变为了取消，对于没有受到影响的调度单据，仍然按照以前的计划进行加工。

（3）计划输入模块

该模块主要是把上层计划任务根据调度人员的决策思想和经验进行分析、分解和重组，形成调度单据，其过程如图 4-12 所示。

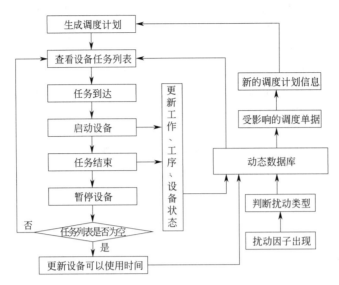

图 4-11　整个实时运行模块的流程图

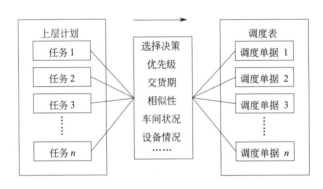

图 4-12　计划输入模块的功能图

4.2.4　车间调度的发展趋势

　　研究车间作业调度问题，寻求先进的车间作业调度算法，具有较大的现实意义，主要表现在以下几个方面：

　　① 为企业提供良好的作业生产排序方案，使企业制订出合适的作业生产计划；

　　② 提供及时准确的车间作业调度方案，确保企业生产系统的高效运行；

　　③ 应用先进合理的车间作业调度算法，合理配置各种资源，使企业零件的加工准备时间、等待时间减少，设备利用率与生产效率提高，在制品的资金占用减少，生产成本降低；

　　④ 调度问题的研究推动了遗传算法、模拟退火算法、启发式方法等优化方法的发展与融合，也为其他领域类似问题的解决提供了条件与手段；

　　⑤ 提高企业制造系统运行效率，增强市场竞争力。

　　车间生产调度的结果是由工艺规划和车间制造资源按照与某个调度目标相匹配得到的结果，所以车间生产调度效果的影响因素主要来自工艺规划和制造资源。工艺规划作为车间生产调度系统中最重要的输入，直接决定了车间调度结果并影响车间制造资源的利用率和工作效率，所以一个面向车间生产调度系统的工艺规划规程应该是优化的、柔性的，只有这样才能真正适应车间生产实际情况；制造资源是约束车间生产调度的一个重要约束条件，工艺规划要和制造资源匹配，才可用到好的调度结果。

车间生产调度系统的研究已经成为一个提高车间生产效率和企业竞争力的关键技术，其未来的发展趋势主要表现在以下四个方面：

① 车间生产调度系统正由单一的调度系统向多个系统集成的柔性化综合系统方向发展，其与工艺系统的集成及其他系统的集成已经是车间生产发展趋势的必然结果，集成的好坏直接影响了车间生产调度系统的好坏；

② 车间生产调度系统正在由单目标优化向多目标优化发展，使车间调度更贴近实际车间的情况；

③ 车间生产调度系统正由静态调度计划向动态车间调度方向发展；

④ 车间生产调度系统的算法正在朝人工智能技术方向发展，如遗传算法、模拟退火算法等。

4.3 工艺规划与车间调度智能集成

4.3.1 工艺规划与车间调度集成问题描述

在对传统制造系统的研究中，都是把工艺规划和车间调度作为独立的和具有先后顺序关系的系统来进行研究，并没有对两个系统进行集成研究，导致传统制造系统存在以下问题。

(1) 传统工艺规划的局限性问题

传统工艺规划系统的工作模式是静态的，工艺设计人员的决策是在假定车间资源在任何时间都是无限或空闲的情况下做出的，因此，工艺设计人员常常会选择最佳的加工设备，而没有考虑到车间的实时资源状况，导致不同的工艺设计人员在设计不同产品的工艺路线时，偏好选择同一台加工设备，这种在工艺设计人员眼中"优化"的工艺路线在车间具体执行时效果并不理想。

(2) 工艺规划与实施的时间差问题

工艺路线的制定是在车间生产之前完成的，即使在制定工艺路线时考虑到车间的情况，路线规划阶段与路线实施阶段的时间差也可能会影响工艺路线的可行性，因为计划制订时所考虑的车间资源约束在这段时间差内可能已经发生变化，所以这种约束的动态变化有可能使原先的工艺路线失去"优化"的意义，甚至变得无效，有的和实际的车间生产状况完全矛盾。

(3) 传统调度的局限性问题

虽然调度系统更加接近于车间的实际情况，但是重新调度和重新规划的复杂性使得其很难充分发挥车间资源和可选工艺路线的优势。传统的调度计划往往产生于工艺规划之后，在进行调度的时候就必须考虑到工艺规划所产生的工艺路线，这样调度就不可避免会受到工艺路线的约束，限制调度系统的工作效果。同时，工艺路线的局限性也会直接影响调度计划的可行性，车间生产常受制于瓶颈设备故障，工具、材料、人员等不到位，订单取消，以及交货期的改变等干扰因素，由于干扰具有突发性和不可预见性的特点，这就要求担任生产准备任务的工艺规划和调度系统能够快速而高效地做出响应，避免造成生产的中断。

(4) 优化目标冲突的问题

工艺规划与调度的优化目标不一样，如果二者没有进行集成，就有可能出现目标冲突问题。工艺规划的优化是以成本、资源利用率、总加工时间为目标，而调度则把合理的投放时间放在首位，若二者的优化目标缺乏协调，也会带来一些问题。另外，传统的工艺规划与调度只是考虑到了单一的优化准则，而在实际的制造环境中工艺规划和调度都是多目标优化问题，因此不止一种优化准则需要被同时考虑，而且这些准则在决策中的权重是随着车间资源状态的变化而随时改变的。所以，工艺规划和调度的优化准则之间也需进行协调，以防止出现"优化冲突"。

为解决传统制造系统将工艺规划与生产调度独立、串行执行导致的多种局限性问题，现代制造业正逐步尝试将二者深度集成。通过工艺规划与车间调度的集成与优化，可以在工艺规划时就考虑到未来加工现场的资源利用状况，这对于消除加工现场资源冲突、提高设备的利用率、缩短产品制造周期、提高产品质量和降低制造成本具有重要意义。

随着制造技术的不断改进与提升，一方面，大多数车间普遍存在普通设备、数控设备及加工中心共存的现状，由于设备功能可能存在相似性，为充分利用各种加工资源，同一道工序可以由多台设备完成；另一方面，由于加工手段和技术的多样性，工件已不再拘泥于单一工艺路线，对工件制定多条工艺路线，对提高调度柔性、减少资源冲突有重要意义。常见的生产调度问题及特点总结如表 4-1 所示，工艺规划与生产调度集成问题同时具有并行机及复合工艺路线的特点，相较于作业车间调度、流水作业调度等传统的调度问题，其求解空间更大、复杂度更高，调度结果也更加符合实际的生产情况，已被认定为 NP-Hard 问题。

⊡ 表 4-1 各生产调度问题及特点

调度问题	单机调度	并行机调度	开放车间调度	流水作业调度	作业车间调度	工艺规划与生产调度集成
多种工件	√	√	√	√	√	√
多道工序			√	√	√	√
多台加工设备		√	√	√	√	√
加工设备不同			√	√	√	√
不同工件的工序数不同						√
考虑工序的加工顺序				√	√	√
不同工件加工路线不同					√	√
并行机		√				√
复合工艺路线						√

通常的工艺规划与生产调度集成问题（IPPS）可以描述为：有多个工件需要在多个加工设备上进行加工，每个工件对应多条工艺路线，每道工序对应多台可用的加工设备，通过对工艺路线及加工设备的选择，以及对各工序进行排序，得到符合工序约束、满足优化目标的调度方案。与传统制造不同，在工艺规划与生产调度集成制造中，工艺人员将根据设备能力制定多条可选工艺路线，对于各工序并不会主观上仅仅选择对应于各道工序最优的加工设备，而是筛选出能够完成相应工序的多种加工设备。对于工艺路线，并不会在工艺规划阶段确定各工件对应的"最优"路线，而是以企业要求的评价指标，将工件对应的多条工艺路线作为预调度的输入，通过预调度确定各工件对应的最终工艺路线，以及各工序对应的加工设备。

4.3.2 工艺规划与调度集成建模及系统设计

目前，针对工艺规划与车间调度的集成问题，国内外学者提出了一些集成模型，大致可以归纳为非线性工艺规划、闭环式工艺规划以及分布式工艺规划三种。它们的共同特点是利用工艺规划和车间调度的交叉，通过对工艺规划系统的某种改良，充分发挥工艺规划系统的柔性，从而提高整个集成系统的柔性。

（1）非线性工艺规划

非线性工艺规划（Nonlinear Process Planning，NLPP）模型基于静态的制造环境，在每个零件进入车间之前生成所有可能的工艺路线，并根据工艺规划的优化目标给每个可选工艺路线赋予一定的优先级，然后进入调度系统，由车间调度系统根据车间的具体资源状况选择最优的工艺路线。工艺规划与车间调度集成的已有文献大部分都采用了该集成模型的思想，其优点是生成了所有可能的工艺路线，从而扩大了车间调度的优化空间，有利于找到最优的工艺路线，缺点是由于生成了所有可能的工艺路线，加大了系统的存储空间，而且对所有的工艺路线进行优化搜索，增加了系统优化的计算时间，有可能造成无法在可以接受的时间内找到满意解。NLPP 是工艺规划与车间调度集成的最基本的模型，由于此模型的集成思想简单、可操作性强，所以现有对集成模型的研究主要集中在该模型上。

（2）闭环式工艺规划

闭环式工艺规划（Closed Process Planning，CLPP）模型是根据调度系统所反馈的车间资源信息来生成工艺路线，因此 CLPP 能够较好地考虑到车间资源状态，生成的工艺路线相对于当前的生产环境是可行的。实时状态数据是 CLPP 的关键，根据实时的反馈信息进行动态工艺规划。此外，CLPP 利用了集成原理中的反馈机制，能够较好地实现工艺规划与车间调度的集成，但是由于现有的 CLPP 只是提供了信息与功能接口，而在信息和功能的耦合上考虑的深度不够，如何提高 CLPP 信息和功能的耦合深度，是一个有待解决的问题，且 CLPP 需要实时采集车间资源信息，如何表示、传输和处理车间资源的实时信息，也是一个有待解决的问题。

（3）分布式工艺规划

分布式工艺规划（Distributed Process Planning，DPP）模型中工艺规划和调度计划是同步完成的，它将工艺规划和调度计划分成两个阶段：第一阶段是初步规划阶段，主要是分析零件特征、特征与特征之间的关系，根据零件的特征信息确定初步的加工方法，同时对加工资源（如原材料、加工设备等）进行初步的计算估计；第二阶段是详细规划阶段，主要工作是把车间加工设备信息和生产任务信息进行匹配，同时生成完整的工艺路线和调度计划。DPP 的基本思想是分层规划，在初期就考虑到了工艺规划系统与车间调度系统的集成问题，并且工艺规划与调度计划始终是并行的，双方在整个集成决策过程中都体现了交互、协调与合作的工作方式，但是其从整体上优化工艺路线与调度计划的能力不够，可以通过与其他模型的综合应用来提高其整体优化的能力。

以上三种集成模型各有优点和缺点，总结如表 4-2 所示。

◻ **表 4-2 现有集成模型的优缺点比较**

	优点	缺点
非线性工艺规划	提供了生产此零件的所有可行的工艺路线，从而增加了调度系统的柔性，提高了工艺路线的使用率和可重用率	需要生成所有的可行工艺路线，所以当规模较大时会出现组合爆炸问题，从而增加了生产调度的复杂性，不符合车间的实际要求
闭环式工艺规划	较好地考虑到车间的实时资源状态，在此基础上生成的工艺路线是可行的	要求对实时状态的数据处理速度快，如果每次调度都全部进行一次工艺路线的生成和工序设计，实时性很难保证
分布式工艺规划	在规划初期就考虑到了工艺规划与调度的集成问题，且始终是并行进行的，两者在整个集成决策过程中都体现了交互、协调与合作的工作方式	采用分布处理的思想，符合人脑的思维习惯，但缺乏从整体上用工艺路线来指导生产调度

目前，非线性工艺规划 NLPP 是工艺规划与调度集成问题中的基本模型，大多数关于 IPPS 问题的研究均以此模型为基础，本书给出工艺规划与生产调度集成问题的基本模型如下。

已知某企业有一笔订单，共有多种不同工件需要加工，各工件有多条工艺路线可供选择，每道工序对应多台可用的加工设备，在此情况下，以最大完成时间为优化目标，通过对工艺路线、加工方法、加工设备的选择，以及对所有工序的加工顺序进行排序，获得最优的工艺路线及调度方案。为更好地对数学模型进行描述，考虑以下假设：

> 各个工件之间相互独立，相互之间没有优先级差别；
> 每台设备在同一时刻只能处理一道工序；
> 同一个工件的不同工序不能同时加工；
> 每个工件的每道工序一旦开始加工不能中断；
> 设备的初始状态均为空闲，且在零时刻，任意任务都是可行的；
> 工件的一道工序加工完后马上转移到下一工序所需要的设备，转移时间忽略；
> 所有工序的准备时间和加工顺序没有关系并包含在工序的加工时间中。

根据以上假设，建立工艺规划与调度集成问题的目标函数包括机器的最大完工时间最短、总加工成本最小、最大滞后工件的滞后量最小、工件的总拖期量最小、拖期的工件数量最少、总提前量和总拖期量之和最小等；而模型的约束条件包括机器约束（每台机器同一时刻只能处理一道工序）、工件工序约束（一个零件的不同工序不能一起加工）、一个工件只有一条工艺路线可以被选中、一道工序只有一台可选机器可以被选中，以及在一个调度方案中两个不同工序只能有一种先后关系、所有工序的完工时间应该大于或者等于 0 等。以上介绍的是工艺规划与调度集成问题的混合整数规划模型，该模型可以利用求解混合整数规划问题的方法进行求解。

西安理工大学的巴黎通过对工艺规划与生产调度进行分析，提出了一种工艺规划与生产调度集成制造系统运行模式，该模式的运行流程如图 4-13 所示，由 5 部分组成，分别为订单处理层、工艺规划层、生产计划层、调度层及生产实施层。

订单处理层用于订单的接收及处理，若企业通过对自身能力评估，认为订单可以接收，则会对该订单进行分解，以下达至工艺规划层；工艺规划层针对不同工件的工艺要求及特征，制定多条适用于不同工件的工艺路线作为调度层的输入参数，通过调度得以进一步优选与优化；生产计划层通过交货期、产量、库存级别等，平衡各工件的年、季、月生产数量，使其满足客户的需求；调度层优化配置各加工资源，以时间、成本等为指标，确定各工件的工艺路线；生产实施层根据工艺路线及调度方案，进行实体产品的制造。

该模式的运行流程可概括如下：系统接收订单任务，根据产品的规格、质量要求、价格、交货期等信息，对自身的生产能力及生产技术进行评估，预测生产成本及利润，生成针对该订单的可行性报告；若该订单可行，则与客户签订协议。根据客户提供的产品信息，如物料需求、工件及组件等信息，结合自身的生产及技术能力，确定加工子任务集、装配子任务集，对于需要外购/外协的工件及组件，生成相应的采购/外协清单；工艺规划人员根据各加工子任务，进行相应工件的工艺分析、设备能力分析及可用设备分析，生成初步的工艺规划路线，在初步规划阶段，通常有多条工艺路线适用于同一工件的加工；生产计划人员根据产量、交货期及初步的工艺规划等信息，生成初步生产计划；调度人员根据初步工艺规划及初步生产计划信息，以特定的生产目标，如加工周期、设备利用率、成本等，进行资源的优化配置及工艺路线的优选，获得确定的工艺路线。由于在调度阶段，需要获得工件的各个工序的加工时间，而此时并没有完成详细的工艺规划设计，一般来说，需要对加工时间进行估计；调度人员将确定的工艺路线及资源配置信息反馈到工艺规划部门，工艺规划人员进行详

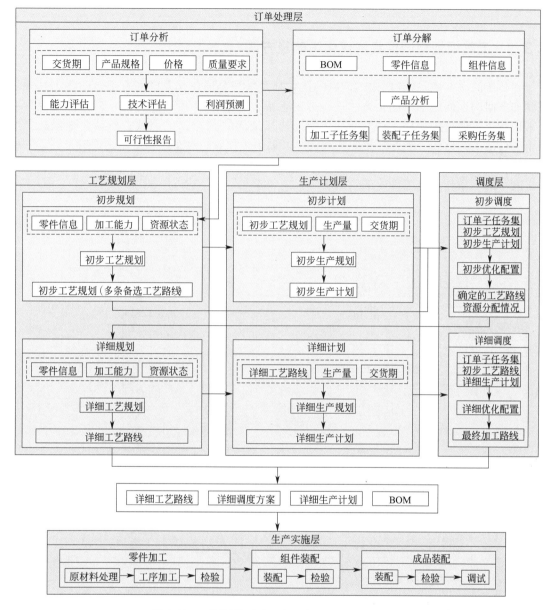

图 4-13　工艺规划与生产调度集成制造系统的运行流程

细的工艺设计，并确定工序的加工时间，最终将详细的工艺路线传递至生产计划层；生产计划人员根据具体的工艺路线，制订按年、季、月、周等为时间周期的生产计划，确定每个时间段内各工件、组件及成品的产量；调度人员根据详细的工艺路线及生产计划，结合制造资源能力及状态，对预定时间段内的生产任务进行预先调度，确定该时间段内各个工件详细的加工路线及加工顺序，并将确切的调度信息下达至生产厂区及车间；由各相关车间进行工件的加工，以及组件、成品的装配，最终完成成品调试，保存至仓库，等待顾客验货。

在以上运行流程中，工艺规划与调度已不再是串行、独立的运行关系，二者间存在信息的传递与反馈，工艺路线的确定需要以预先的调度结果作为参照，从而避免了传统工艺规划过度依赖人员经验，导致设备利用不均衡、容易产生调度瓶颈、生产周期延长等问题，对于消除加工现场资源冲突、提高设备的利用率、缩短产品制造周期、提高产品质量和降低制造成本具有重要影响。

4.3.3　工艺规划与调度集成优化策略及方法

在传统的研究中，针对 IPPS 问题的优化都是采用分层优化求解的方法，即将工艺规划问题和车间调度问题采用优化算法进行分别求解，如图 4-14 所示。首先，针对工艺规划系统采用优化算法进行计算，并根据某些指标选择最优的 S 条工艺路线；然后，根据选择的每个工件的工艺路线，结合车间的资源状况，采用优化算法对车间调度系统进行计算，并根据某些指标确定最终的调度方案；最后，根据调度方案从每个工件的 S 条可选工艺路线中确定其中的一条作为该工件的工艺路线。

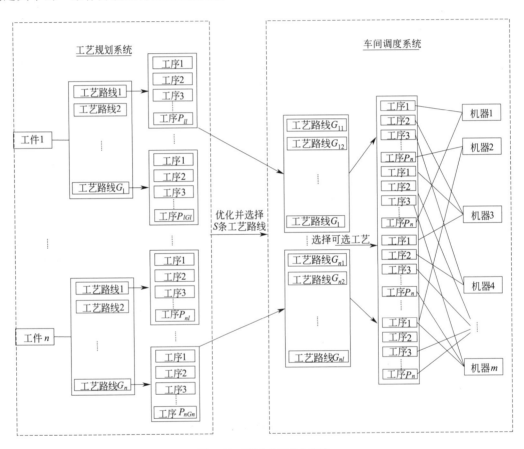

图 4-14　IPPS 分层优化策略

从以上的描述可以看出传统的分层优化首先对工艺规划问题求解，其次对生产调度问题求解，然后根据调度方案确定最终的工艺路线，这种计算方式影响到了集成系统的求解效率，也无法完全体现 IPPS 的优势。因此，华中科技大学的李新宇等提出了一种集成优化策略，将工艺规划和车间调度进行集成优化，可以提高系统的求解效率，而且能够体现 IPPS 的优势，如图 4-15 所示，将工艺规划系统与车间调度系统进行集成与同步优化，并根据某些目标同时确定各个工件的工艺路线和车间调度方案。该方案避免了因为分层优化而浪费的系统运行时间，提高了优化系统的效率；优化过程中考虑到了工件的全部可选加工工艺，避免了因为分层而遗漏的可选工艺信息，提高了系统的柔性。

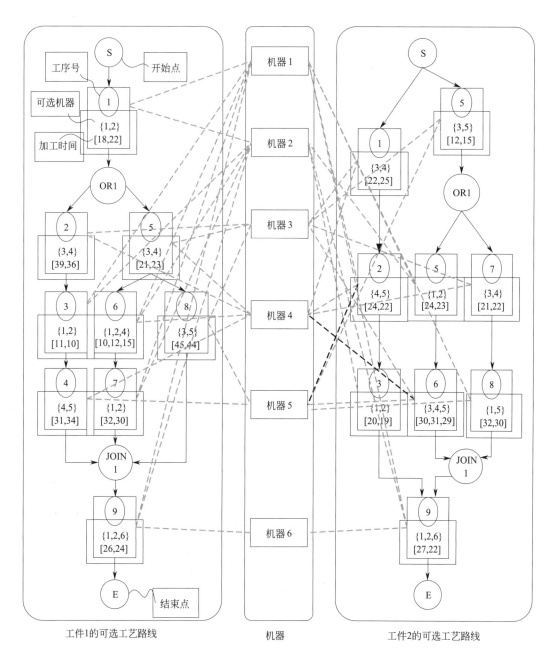

图 4-15 IPPS 集成优化策略

基于集成优化策略的算法流程如下：

步骤 1：输入各个工件的工艺信息；

步骤 2：对各个工件的工艺信息进行优化；

步骤 3：针对每个工件，从优化后的工艺中选择一条可行的工艺路线；

步骤 4：将每个工件所选择的工艺路线信息输入到车间调度系统中；

步骤 5：对车间调度系统进行优化，更新最好解个体；

步骤 6：判断是否满足工艺系统算法的终止条件，若满足则输出最好解个体，否则转到步骤 2，$gen = gen + 1$。

工艺规划与车间调度集成问题求解方法的核心思想是基于 NLPP 模型，即工艺规划产生所有工件的多条工艺路线，再对所有零件的工艺路线组合进行优化仿真调度，在为每个工件确定最优工艺路线的同时确定最优的车间调度方案。由于考虑到了多条工艺路线，所以 IPPS 问题比车间调度问题更加复杂，解空间更大。从理论上来讲，能够用于求解车间调度问题的所有方法都能用于求解 IPPS 问题，但是由于 IPPS 和车间调度存在很多本质上的不同，用相同的方法求解这两个问题，在算法设计上存在很大的不同，所以到目前为止，用于求解 IPPS 的研究方法包括数学规划方法及启发式算法。

① 数学规划方法　数学规划方法主要集中在混合整数规划模型，由于 IPPS 较车间调度问题更加复杂，现有的数学模型往往假设各个工件的所有工艺规划已全部生成。这种假设为建模提供了方便，但是无法求解更一般化的 IPPS 问题。

② 启发式算法　由于启发式算法在求解调度问题时有着优秀的表现，因此也是目前求解 IPPS 问题的主流方法，其中，遗传算法是最常用的启发式算法，基于遗传算法的 IPPS 问题的研究成果相继被提出。

除了上述提到的方法外，还有很多方法可以用来求解 IPPS 问题，如神经网络方法、协同进化算法、基于 Web 的方法等，每种算法都有其自身的优点和缺点。

4.3.4　扩展型工艺规划与调度集成问题

目前，针对 IPPS 问题的相关研究主要以基本 IPPS 问题为研究对象，导致 IPPS 问题与实际生产情况相差很大。为了提高 IPPS 问题的研究意义及工程应用价值，将装配、运输、批量、交货期、不确定加工时间及多目标优化等因素考虑到 IPPS 问题当中，多种扩展型 IPPS 问题被提出。

(1) 装配、运输与加工一体化 IPPS 问题

在传统制造环境，受限于市场需求、加工技术及生产理念等方面的影响，通常采用品种少、批量大的生产模式，产品较为固定，加工技术较为简单，生产率较低，大多为集中式的流水线生产。在现代制造中，一方面由于产品复杂度不断提高，导致部分工件的制造过程较为复杂，其制造过程往往需要跨越不同的车间甚至厂区，不可避免地产生运输环节，对运输工具的调度，将会影响整个加工过程的完成时间，往往不可忽略；另一方面，工件制造仅为整个生产环节的最底层，完工的各类工件将通过设备或人工的方式组装成组件，最后总装成成品，无论是组件还是成品的组装，都有其对应的 BOM 及相关的设备，这些因素必然会对生产流程产生影响。因此，将装配及运输环节纳入到生产调度当中，将更加符合实际生产情况，是缩短生产周期的一条有效途径。

(2) 考虑批量及 BOM 的 IPPS 问题

目前，针对 IPPS 问题的研究主要集中在基本 IPPS 问题，考虑批量的调度问题研究大多集中在作业车间调度等问题上，并未同时考虑复合工艺路线及并行机的情况，导致这些问题难以适应实际制造环境。实际生产中，大量的通用件往往为批量生产模式，为提高生产效率、缩短生产周期、深度优化生产流程，大多数企业对工件实行分批加工，以尽量达到并行加工、缩短流程时间的目的。

(3) 考虑柔性分批策略的 IPPS 问题

随着当今制造业竞争环境不断激烈，客户需求不断提高，对生产系统提出了高效率、高柔性、及时化等多方面的要求，对生产过程的控制较为严格与精细。批量加工广泛存在于各个加工领域，如何合理划分各工件的批次及各批次工件的批量，已成为当前实际生产中亟待解决的问题。批量划分一般包括对批次及批量的划分，若各工件的批次可变，且同一工件的各子批工件对应的批量可变，则相对于固定批次或固定批量的划分策略，这种批量划分策略具有更高的柔性。

（4）具有交货期约束的 IPPS 问题

近年来，随着全社会对节能降耗和增收节支的持续关注，以适时适量、零库存为宗旨的准时化生产模式已成为现代制造企业的普遍共识。实际生产中，各订单均有指定的交货期限，过早完工易造成成品积压，导致库存成本提高；而拖期交货，又将导致生产进度被打乱、客户满意度降低及企业信誉损失等问题。目前，针对 IPPS 问题的相关研究大多以最大完工时间为优化目标，并未考虑到工件的交货期，因此，将交货期因素考虑到 IPPS 问题中，对具有交货期约束的 IPPS 问题进行研究，将更加符合企业的实际生产情况，具有重要的研究意义及实际意义。

（5）考虑时间不确定的 IPPS 问题

目前，针对 IPPS 问题的相关研究大都将加工时间作为定值考虑。而实际生产中，受操作工人技能差异、临时工艺、切削参数调整、工件返工/返修、刀具/夹具磨损等多种因素的影响，工件的部分关键工序甚至所有工序的加工时间呈现显著的不确定性特征，实际生产环境中的动态性和随机性，将导致加工时间很难用一个确定的值来描述。加工时间的不确定性是实际生产中普遍存在且最具代表性的一类不确定因素，将加工时间的不确定性考虑到 IPPS 问题中，更加符合企业的实际生产情况，具有重要的研究意义。

（6）IPPS 问题多目标优化

多目标优化普遍存在于交通运输、工业制造、城市规划、食品加工等多个行业，如在城市规划中，既要考虑到建设成本，还应考虑到市民交通、医疗、教育等方面的便利性，以及各个不同类型建筑及设施的协调性，是复杂的多目标规划问题。由于存在多个需要优化的目标，且目标间往往存在冲突，因此，相对于单目标优化，多目标优化问题更加复杂。由于实际中普遍存在多目标优化问题，对此类问题的研究将更具有实际意义。

4.4 基于生产计划排程的车间作业调度

4.4.1 生产计划排程问题描述

生产计划排程是在给定产品生产工艺流程、生产机器产能以及不同工序的条件下，为企业的主要生产计划做出详尽的规划，包括需求产品的工艺顺序、负责生产产品的各班组工作安排，即制订出短期内可落地执行的生产排程计划，是生产计划的重要组成部分。通常，生产计划可根据其目标层次不同，分为战略层面的长期计划、战术层面的中期计划以及生产车间作业层面的短期计划。企业的长久发展及规划依靠长期计划，而季度、月度等生产目标则是中期计划起主导作用，短期计划主要用来支撑按照接单需求所进行的生产活动，主要包含物料生产计划以及生产作业计划，以上三个层面所代表的生产计划联系如图 4-16 所示。首先依托企业从战略层次出发制订的长期计划，参照市场部门从现有订单情况出发对需求做出的预测，制订出主生产计划，内容包括：企业在一定时间周期内，主要可供应的产品类型、可生产数量，以及可生产时间。这是制作原料采购计划、生产排程计划的主要依据。

生产排程过程中主要分为 3 种生产环境：第一种是 MTO（Make-To-Order）生产模式，

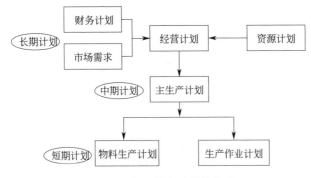

图 4-16　生产计划层次结构体系

指当接到客户通过各种订购渠道提交的订单才生产，避免在不明确需求的情况下生产出过多产品，从而造成高库存、呆库存，但是该模式从接货到完成订单交付的周期较长，对于短时间内要求交货的订单并不友好；第二种是 MTS（Make-To-Stock）生产模式，是按照已有的长期生产计划来制订原料采购计划，即按照原料库存以及根据现有产品的库存预警来进行生产，只有在订单交货期才会出现库存减少的情况，虽然一定程度上可减少不能按时交货的频率，但是库存成本的大量投入对企业的盈利十分不利；第三种是 ATO（Assemble-To-Order）生产模式，即组装式生产模式，要求生产企业在生产线上及时组装交货，争取短时间内完成订单交付，但是半成品容易造成高库存、呆库存。

生产计划排程的关注重点在于什么时候用哪台机器进行哪一道工序的生产对企业最有利，所以可以从机器、生产需求、不同生产任务的加工特点以及企业主要关注的优化目标四个方面进行界定。

（1）机器的数量与种类

根据生产过程中需要使用的机器数量可以分为单机排程问题和多机排程问题。单机排程的情况较为简单。多机排程问题又可以按照机器在产品生产过程中能够发挥的作用分为专用串联机排程和通用平行机排程问题，前者代表的情况是指机器可支持的生产工序不同，机器之间是互相配合一先一后的关系，类似于串联电路，两台机器之间的工作会互相影响；后者代表的情况是指一道工序可由不同的机器完成，不同机器之间的生产互不影响，类似于并联电路。另外就是将平行机与串联机混合进行生产，此时的求解方式更为复杂。

（2）生产需求

根据排程的生产需求将生产排程划分为开放车间排程和封闭车间排程。前者是指在制定排程任务时以客户的需求为关注点，根据客户需求订单的产品类型来决定产品的加工顺序，按照订单的需求截止期来确定生产时间；而后者不仅要考虑客户的订单需求情况，也要根据企业自身的原料、半成品、成品存储规划策略来进行排程计划的编制，排程过程更为复杂。

（3）任务的加工特点

根据任务的加工特点可将生产排程划分为静态排程和动态排程。静态排程指生产排程方案一旦确定，各个排程任务的加工开始时间、结束时间等核心内容均不会发生变化，是一次性生产排程；动态排程着重强调排程方案的灵活性，可以根据实际生产过程中出现的各种情况来对初步制定的排程方案进行调整，调整的前提是尽量维持原计划不变，否则会对之前已经安排好的人力物力造成一定损失，另外也要对各种特殊情况的紧急程度进行判别，从而制定符合大局的生产排程方案。

（4）企业优化目标性质

根据企业优化目标，主要从时间维度和成本维度来进行分类，常见的有：基于所有任务最终完成时间最小的排程模型、基于延期时间最短的排程模型以及基于公司运营成本的排程模型等。由于各项生产成本较难量化，所以研究相对较少。除此之外，根据考虑的影响生产排程方案因素的多少，目标优化问题也分为单目标和多目标。单目标情况较为简单，多目标则期望所考虑的目标都能达到最优，从而实现整体最优。

在制订生产排程计划时，往往影响排程方案的因素较多，有的因素之间存在对立关系，如何做出最有利于企业的排程方案十分困难，常用的生产排程计划的合理性评定指标可以分为以下三类。

① 最大或者最小能力指标 就时间约束而言，常见的有生产周期最短、流通时间最短；就机器约束而言，实现各机器或者各生产线的利用率程度最高；就工人而言，希望其加班时间最短。

② 成本导向指标 常见的有实现企业的利润最大化和将企业的运营成本控制在最小，具体又可以将运营成本拆分为原材料成本、机器成本、库存成本以及意外情况造成的无法按时交货所引发的违约成本等。

③ 需求方满意度指标 该类型指标主要评判的内容有产品供应方是否能做到按时交货、货物的交付是否准确等。

生产计划排程的主要内容是包含每一批次加工任务的各工艺加工顺序以及耗费时长，对以上三类优化指标进行求解。因此，构成生产排程计划的核心主要有：需求任务、基本假设、企业目标。需求任务主要包括开始生产的日期、完成生产的日期、任务完成一共耗费的时间以及一个生产任务最大可完成的生产产品数量；而基本假设与工艺规划和智能调度的约束条件类似，包括某一机器在某一时刻只能支持一道加工工序、某一时刻进行的某一道加工工序只能支持在某一机器上进行、在进行某道工序的安排时至少有一个机器可供选择、理想情况下不存在设备故障和人员怠工、必须要保证前一个工序加工完成才可以安排下一道工序等；企业目标是明确各任务的加工顺序和时间。

对于生产计划排程问题的求解算法的研究一直是关注的重点，可将其归类为智能算法、基于规则方法和基于运筹学方法。

① 智能算法 智能算法主要是受到生物进化的启示，通过制定一系列迭代收敛的规则，经过迭代搜索得到最优解，主要方法有遗传算法、模拟退火算法、蚁群算法等。

② 基于规则方法 目前，基于规则方法主要包括简单规则、启发式规则、复合规则，在实际规则选取过程中，要根据其问题建模的主要对象及假设条件来确定，选取合适的规则是解决问题的重要一步。在实际应用中涉及的规则主要有以下几种：

a. 先到先服务（First Come First Served，FCFS），即在排程过程中按照接到需求任务时间的先后顺序来确定生产顺序；

b. 后到先服务（Last Come First Served，LCFS），该规则与 FCFS 相反，优先安排最晚接到的需求任务；

c. 最短加工时间（Shortest Processing Time，SPT），该规则是按照每个需求任务的耗时长短来确定加工顺序；

d. 最早交货期（Earliest Due Date，EDD），该规则是按照接收到的需求任务所要求的交货时间来进行排程，与接到任务的时间不同，交货期越靠前，越早被安排生产。

基于规则方法计算过程简单，很容易落地实现，在实际应用过程中很受欢迎。

③ 基于运筹学方法 将排程问题按照数学语言描述，实际上就是要解决多个生产任务在多台机器上的具体工作计划，同时选择相关指标作为目标函数来进行求解，这类问题可以

转化为常见的各种运筹规划模型，例如整数规划以及动态规划等。针对这些问题，运筹学中常用的方法有分支定界法，该方法的优点是便于理解，对于求解小规模的排程问题有一定优势，缺点在于遇到大规模的排程问题时效率较低。另外还有拉格朗日松弛法，该方法与分支定界法不同，可以在比较短的时间范围内求出一个次优解并进行评估，该方法的适用范围以及灵活性更加有利于求解排程问题。

4.4.2 高级计划与排程系统 APS

高级计划与排程系统是一个用来计划排程的软件系统，它利用生产中各种规则和物料、能力信息、订单优先级等约束，为实现企业的利益最大化目标，通过智能算法自动产生一个详细的、可视化的计划，管理调度整个企业资源。在高级计划与排程软件中，使用约束理论对企业内部的物料、人员、设备、工艺、库存等资源以及企业外部的供应商、客户、运输、订单等进行约束，并对整个生产过程进行实时监控，使用数据库技术和计算机平台，及时、动态地对生产排产的可行方案进行快速选择，为企业管理人员提供一个更加精确、真实的生产计划方案，指导企业对整体生产活动进行安排。

高级计划与排程涉及企业管理的方方面面，之所以"高级"是因为它不仅包括基本功能车间的生产排产，还包括需求计划、分销计划、运输计划和企业或供应链分析等，它需要为企业提供一个完整的涉及企业管理各个方面的计划和任务分配结果，制订一个完整的长、中、短期计划，不仅要直接指导车间的生产任务，还要为领导层提供完整的企业战略资源调配和资金分配等方案，因此，APS各个模块的主要功能如下。

① 需求计划　通过各种通信技术获取企业内、外与企业计划相关的数据，利用各种分析手段生成企业的最新、实时的协作预测，指导企业制订下一步计划。

② 生产计划与排程　该模块是高级计划与排程中直接关系车间生产的重要环节，通过分析企业生产过程中的物料、生产能力及供应商等资源约束，制订一个具体的车间生产计划。

③ 分销计划　分销计划帮助分析企业原始数据，确定怎样优化分销成本或者综合分析生产能力和成本对客户服务水平的影响。

④ 运输计划　帮助企业确定最优的为客户运送产品的路线，降低运输成本。

⑤ 企业或供应链分析　帮助企业作出一些战略上的决策，如对供应商选择、工厂选址、分销中心的选择调整等，它是从宏观角度分析一个或多个产品，及时发现企业级的战略决策问题。

其中，生产计划与排程模块是APS中的重要模块，它通过实时地采集生产订单、资金周转状况、生产状态、意外事件等约束条件，在满足目标条件的情况下，定期对车间生产中的人、机、物等计划进行调整。其与其他对象的关系模型如图4-17所示。

APS技术的不断发展，一方面归因于众多学者不懈的研究推广，另一方面则是由于计算机硬件以及软件技术的成熟使得很多想法得以落地实现。一般而言，APS的数据源来自公司的ERP系统或者是其他线上下单渠道，对这些数据进行统一化处理，然后再依据模型来选用或者设计合适的算法来求解面临的问题。图4-18给出了APS系统与ERP、MES系统之间的层次关系。

ERP系统主要是为了企业对所有资源的管理，方便管理者在宏观层面上对企业各个方面的资源进行计划安排，其只能提供一个粗略的生产计划，并且难以实现生产过程中的实时数据采集功能，因此需要在业务计划层和过程控制层添加一个制造执行系统MES。MES将

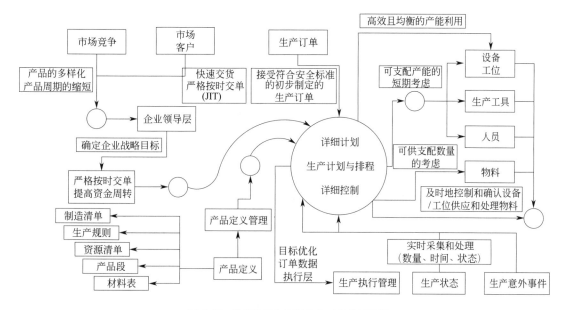

图 4-17 生产计划与排程和各对象关系模型

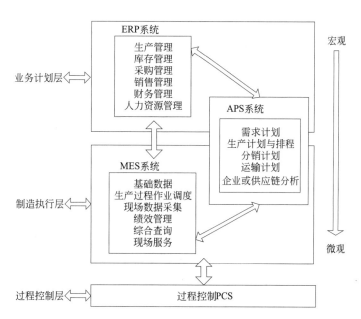

图 4-18 APS 系统与其他系统的层次关系图

过程控制层中采集的生产现场实时数据传递给业务计划层,并将业务计划层制订的生产计划通过 MES 实时传输到生产现场,这样可以通过对生产状况进行实时监测、控制、统计、分析了解整个生产过程所有细节。而生产计划与排程是一个企业提高经济效益的关键环节,虽然 MES 和 ERP 都具有计划排程的功能,但 ERP 是基于无限产能给出的粗略计划,无法考虑生产成本、产品交货期、工艺路线等约束条件下的更为复杂的排产问题,且 ERP 一般针对静态下的企业资源进行计划,无法实时动态地响应企业资源的变化;MES 的生产排程功能非常有限,它是在 ERP 产生的长期计划指导下,进行的短期的生产作业计划下达,对于生产线上实时数据的变化,只能依靠人工经验对生产计划来进行调整,且无法实现精确的计划排程功能。

实际上，APS属于MES的一个模块，一方面由于生产过程中排产计划的重要性，另一方面由于APS弥补了ERP和MES在生产计划排程上的不足，所以单独拿出来作为一个功能软件来开发使用，它能够通过MES获取车间的实时数据，根据ERP系统中的长期计划和任务完成情况，结合约束理论考虑企业生产排程过程中其他必要的约束条件，生成各类企业计划，并将详细的计划传输给MES系统，将宏观的生产计划传输给ERP系统，指导整个企业计划做出一些合理的调整。

由于APS是基于约束理论，并依赖高速计算机和数据库等先进理论和工具发展起来的生产管理软件，其功能优势表现在以下几个方面。

(1) 实时性

在实际生产过程中可能会面对各种各样的突发情况，如紧急插单、设备损坏、物料短缺、人员请假等特殊情况，这些情况会对实际的生产排程方案产生一定影响，这就要求企业快速地对这些特殊情况进行处理，而APS能够实时地对出现的特殊情况生成新的约束，并进行重新的规划，保证生产正常进行。

(2) 实现复杂排程

生产排程问题是典型的NP问题，求解该类问题时计算量巨大，且计算量随着问题规模增大呈指数增长。APS包含丰富的数学模型、排产规则、启发式算法，利用高性能计算机做常驻内存运算可以实现复杂的多目标、多约束、柔性的排产。

(3) 实现多目标优化

企业实际生产排程中尽可能使成本最小化及利润最大化，但是成本和利润是相互制约的，这两个目标受生产过程中众多因素共同作用，如设备的利用率、工件流转时间、生产周期，甚至算法求解效率等，需要在众多的目标中进行权衡，实现多目标下的生产排程，使企业真正实现利润最大化。APS快速的计算能力能够有效解决企业实际生产中的多目标排产的需求。

(4) 精确性

APS是在约束理论下对企业生产资源进行精确计划的过程，能够准确反映企业内部的实时、动态的生产状况，并且通过优化算法保证优化结果的快速准确性，为企业生产前的准备提供详细的计划资料，使生产管理人员能够做出细致、周密的生产决策。

(5) 高效性

应用APS系统通过界面输入格式化的工件、设备及其相关约束信息，可以迅速得到相应的生产计划，降低企业制订生产计划的难度，方便管理人员对企业的管理，对企业管理水平、生产成本、客户满意度都有很大的提升。

基于以上优点，对使用APS排程技术的企业来讲，受益之处可表现在以下4个方面：

① 编制排程方案的时间大大缩短，生产效率大幅提高，对于市场需求的变动可尽快做出反应；

② 在编制排程计划时，已经考虑了企业最为关注的优化目标，例如库存成本、工作人员满意度等；

③ 可以有效减少不能按时交货的情况发生；

④ 确保各个机器或者生产线都能合理利用。

4.4.3 基于APS的车间作业调度

基于APS的车间作业调度模块体系结构主要由作业计划层、生产调度层和生产活动控制层组成，如图 4-19 所示，其功能描述如下。

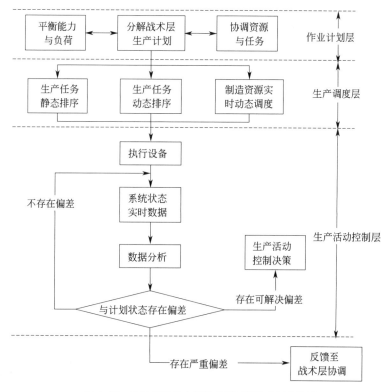

图 4-19　APS 系统的车间作业调度模块体系结构图

（1）作业计划层

作业计划层是对战术层计划部门下达的生产计划数据进行分解，结合车间当前的实时状态数据，在合理利用各项资源并有重点地优化特定生产指标的情况下，确定当前计划期内各制造设备具体使用情况以及每日内需加工工件的种类和数量，具体功能可概括为分解战术层生产计划、平衡能力与负荷、协调资源与任务等。

（2）生产调度层

生产调度层一方面是在上层作业计划的基础上确定需要进入制造系统的生产任务的进入顺序，另一方面则是在制造过程中对各产能资源的动态控制。静态调度和动态调度统称为调度问题。静态调度发生在所有加工工作开始之前，即确定各待完成任务的加工顺序，顺序一旦确定，将不会再在之后的加工过程中发生改变；动态调度则指在实际的加工过程中，要随时根据制造系统中的设备、作业等制造因素的变化来实时对调度方案进行调整。由于实际的作业环境中存在因素的随机性和不稳定性，往往使用动态调度。

（3）生产活动控制层

生产活动控制层的任务就是通过对系统状态数据的实时采集、分析及对过程的控制与决策支持等手段，使制造系统尽量按照计划与调度的期望状况来运行，最终达到制造系统的目标。

生产调度层处在车间调度模块体系结构中的中间层，上承作业计划层的计划任务，下启生产活动控制层的实时控制，是实现车间调度模块整体功能的关键所在。其重要性体现在它保证了生产计划的有效实施，高效低耗地使用生产资源均衡生产，减少了零件的加工准备、等待和运输传送时间，缩短产品的生产周期，确保产品按时交货，从而提高了设备利用率和生产效率，同时减少在制品对流动资金的占有率，降低生产成本，使企业能够更好地适应不断变化的市场需求。对于特定车间而言，并不要求其一定要包含体系结构中的所有功能，可根据车间的实际需求来确定适合其自身的体系结构。

APS系统中车间作业调度模块的设计步骤如图4-20所示，具体如下。

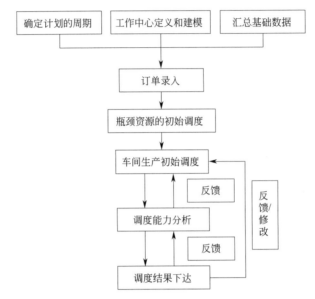

图 4-20　基于 APS 的车间作业调度流程图

① 确定计划的周期　需要考虑的因素包括内部的生产提前期、外部交货期，生产提前期体现在生产实际中某个订单的完成需要的时间，制定车间作业调度方案的目标就是使生产不受订单中断或改变的影响。

② 工作中心定义和建模　对工作中心的划分必须满足物料流动以及生产流程特点的特定需要，由于制造系统产销率只受瓶颈资源的制约，所以建模时只需根据瓶颈资源建立一个车间模型，作为排产计划的基石，而不必考虑车间内的所有资源。

③ 汇总基础数据　主要是指用于对主生产计划进行分解的各种产品信息，准确的基础数据是制定车间作业调度方案的基础，而数据精度也直接关系着 APS 系统排产计划的精确度。

④ 订单录入　主生产计划是客户订单或者市场预测的直接体现者，而计划正是 APS 的核心之一。

⑤ 瓶颈资源的初始调度　瓶颈资源涉及原材料、工序、设备等，是整个排产计划成功与否的关键，对于瓶颈资源排产应采取计算机和人工相结合的方式。首先，由计算机进行初排，然后由有经验的人工对初排的结果进行核实、充实或改正，另外，要解决瓶颈资源上的调度问题，需要有一套高效可行的算法来实现。

⑥ 车间生产初始调度　划分了工作中心，完成了基础数据的汇总工作以及瓶颈资源上的生产活动的初始排序，接下来，就能够对整个制造车间的生产活动进行初排。

⑦ 调度能力分析　对调度方案的可行性分析主要根据工作中心能力平衡，特别是对关键的资源进行能力平衡的再分析，能够与能力达到平衡则认为排产结果可行，否则需要对调度方案进行相应的修改，同时还需要考虑交货期、库存和订单变更等因素对调度方案的影响。

⑧ 调度结果下达　逐级向各生产组织机构下达经过验证的可行的调度方案。

⑨ 反馈/修改 由于生产过程是一个随机状况多发的过程，当排产计划无法适应随时变化的生产环境时，则要按照生产组织机构中由低到高的顺序对生产信息进行反馈。计划部门则以反馈回的信息为依据，对调度方案进行相应的修改，之后再下达，如此形成一个闭环的调度系统。

参考文献

[1] STEUDEL H J. Computer aided process planning：past，present and future. International Journal of Production Research，1984，22：253-266.

[2] 肖伟跃. CAPP 中的智能信息处理技术. 长沙：国防科技大学出版社，2002：2-18.

[3] LEE K H，JUNG M Y. Petri net application in flexible process planning. Computers & Industrial Engineering，1994，27 (1-4)：505-508.

[4] HO Y C，MOODIE C L. Solving cell formation problems in a manufacturing environment with flexible processing and routeing capabilities. International Journal of Production Research，2010，34 (10)：2901-2923.

[5] SORMAZ D N，KHOSHNEVIS B. Generation of alternative process plans in integrated manufacturing systems. Journal of Intelligent Manufacturing，2003，14 (6)：509-526.

[6] 雷德明. 现代制造系统智能调度技术及其应用. 北京：中国电力出版社，2011.

[7] 金亮亮. 基于网络图与工艺规划集成的车间调度建模与优化. 武汉：华中科技大学，2016.

[8] 潘全科. 智能制造系统多目标车间调度研究. 南京：南京航空航天大学，2003.

[9] FISHER M L. Optimal solution of scheduling problems using lagrange multipliers：part Ⅱ. Operations Research，1973，86：294-318.

[10] JAIN A S，MEERAN S. Deterministic job-shop scheduling：past，present and future. European Journal of Operational Research，1999，113 (2)：390-434.

[11] ADAMS I，BALAS E，ZAWACK D. The shifting bottleneck procedure for job shop scheduling. Management Science，1988，34：391-401.

[12] FLOREZ E，GOMEZ W，LOLA B. An ant colony optimization algorithm for job shop scheduling problem. International Journal of Artificial Intelligence & Applications，2013，4 (4)：1-14.

[13] GAO K Z，SUGANTHAN P N，PAN Q K，et al. Pareto-based grouping discrete harmony search algorithm for multi-objective flexible job shop scheduling. Information Sciences，2014，289：76-90.

[14] 赵震. 基于柔性工艺规划的车间生产调度系统研究. 南昌：南昌大学，2010.

[15] 巴黎. 多因素多工艺集成环境下生产调度问题研究. 西安：西安理工大学，2016.

[16] 李新宇. 工艺规划与车间调度集成问题的求解方法研究. 武汉：华中科技大学，2009.

[17] UEDA K，FUJII N，INOUE R. An emergent synthesis approach to simultaneous process planning and scheduling. CIRP Annals-Manufacturing Technology，2007，56 (1)：463-466.

[18] KIM Y K，PARK K，KO J. A symbiotic evolutionary algorithm for the integration of process planning and job shop scheduling. Computers & Operations Research，2003，30 (8)：1151-1171.

[19] WANG Y F，ZHANG Y F，FUH J，et al. A web-based integrated process planning and scheduling system. IEEE International Conference on Automation Science and Engineering，2008.

[20] NAM S H，SHEN H Q，RYU C，et al. SCP-matrix based shipyard APS design：application to long-term production plan. International Journal of Naval Architecture and Ocean Engineering，2018，10 (6)：741-761.

[21] 郝雨. 烟草企业生产排程模型的建立与优化. 武汉：华中科技大学，2008.

[22] 张园. 面向多订单生产线的 APS 优化算法研究. 大连：大连海事大学，2019.

[23] 李海宁，孙树栋，郭杰. 基于混合整数规划的高级计划排程方法研究. 制造业自动化，2012，34 (18)：59-62.

[24] 蔡颖. APS 供应链优化引擎. 广州：广东经济出版社，2004：45.

[25] 彭星光. 离散型制造企业 APS 中的大规模车间调度问题研究. 西安：西安理工大学，2018.

[26] 马国钧. 从 ERP，MES 到 APS：寻找提高企业效率和效益的利器. 中国军转民，2008 (8)：38-40.

[27] 梁亚敏. 基于高级计划与排程的作业车间调度优化模型研究. 哈尔滨：东北林业大学，2013.

第 5 章

智能制造车间案例分析

5.1 离散型智能制造车间案例分析

5.1.1 离散型智能制造模式

离散制造模式的产品通常是由多个零件经过一系列不连续的工序进行加工装配而成，物料离散地按一定工艺顺序运动，在运动中不断改变形态和性能，最终形成产品，其生产流程一般包括零部件的加工、装配等过程，典型的离散型制造行业有机械、汽车、家电等。

在离散型制造企业中，通常将主要业务为零部件生产制造的企业称为加工型企业，把偏重总体装配的企业称为装配型企业，还有一部分企业同时进行零部件加工和总体的装配，与以上两类企业相比更为复杂，这三类企业相互配套关联，组成了整个离散型企业制造的产业链网络。

离散型制造企业中一个整体的生产过程一般被划分成多个加工任务，各个任务占用企业的部分资源和生产能力，通常根据加工任务的不同将企业划分成一个个生产型组织，例如：车、铣、刨、磨、钻和装配等。一般来说，企业里的零部件生产加工是彼此独立的，这些被独立制作生产的零件最后通过装配成为最后的成品，在企业中为了减少物料的传输距离和提高生产效率，通常基于产品的生产流程来安排生产设备的摆放位置，实际中设备的使用和工艺路线的设计也比较灵活多变，并且订货数量、产品设计以及需求的处理上变动比较多，因此，离散型制造的主要特点如下。

（1）物料多样性

离散型制造的产品相对复杂，一般包含多个零部件，并且都具有各自不同的相对较为固定的产品结构和零部件配套关系。离散型制造企业通常有多种品种和多个系列的产品，这决定了物料和在制品的多样性。

（2）生产计划复杂

在离散型制造业中，呈现出多目标、多约束、动态随机的生产环境，企业生产计划与调度是一个极其复杂的大系统问题。一方面，企业订单存在不确定性导致企业作业计划安排的复杂性，并且由于其生产环境的限制，每种产品的工艺流程又不同，其计划的及时性导致能力需求计划对生产计划的修正也相对频繁，难以实时预测；另一方面，工序转移随时可能发生，需求计划对生产计划的修正也相对频繁，不同产品的生产时间和交货日期存在差异，使得生产计划的制订变得更加复杂。

（3）生产过程控制困难

面向订单的离散型制造业的特点是多品种和小批量，随着市场竞争的加剧及客户个性化要求越来越高，产品不仅多而且差异化明显，产品的生产过程、工艺路线等都存在较大差别，并且生产任务较多，加工时间长，生产中的众多不稳定因素导致生产控制非常困难。此外，实际生产的动态过程使车间层的调度能力薄弱，制约着计划和控制的统一，使实际的调度排产困难。

（4）库存和成本管理的复杂性

离散型制造企业存在较多种类不同的零部件，其原材料采购业务以及成品的发货业务也很多，原材料、半成品、成品、废品频繁出入库不仅导致库存管理的复杂性，而且增加了成本计算的复杂性。

（5）需要实现对生产动态的协同管理

离散型制造业是一个典型的大量协作生产和具有广泛分销网络的行业，产品的生产是在各个车间甚至是与工厂外包企业共同完成，众多的零部件各自生产，再按一定比例装配，缺少任何一个部件都不能使最终的产品成型。为了实现精益生产以及满足客户交货期的要求，除了要求提高车间生产效率以外，还需要加强各个环节之间的协同性，才能高效地完成生产任务。

针对以上特点，对机械、航天航空、汽车、船舶、轻工、服装等离散型制造领域，开展智能车间/工厂的集成创新与应用示范，推进数字化设计、装备智能化升级、工艺流程优化、精益生产、可视化管理、质量控制、智能物流等试点应用，推动企业全业务流程智能化整合，显得尤为重要。

本节以三一集团为例，介绍离散型智能制造车间案例及模式。

5.1.2　三一集团企业介绍

三一集团位于湖南省长沙市经济技术开发区三一工业城，是我国民营企业的标杆之一。自1989年成立以来，三一集团以年均50%以上速度增长，已经发展为中国最大的工程机械制造商之一。在中国，三一集团建有长沙、北京、长三角三大产业集群，沈阳、新疆、珠海三大产业园区；在海外，三一集团建有印度、美国、德国、巴西四大研发制造基地，业务覆盖全球150多个国家和地区。

三一集团主营业务是以"工程"为主题的装备制造业，覆盖混凝土机械、挖掘机械、起重机械、筑路机械、桩工机械、风电设备、港口机械、石油装备、煤炭设备、精密机床等全系列产品。在立足装备制造主营业务基础上，三一集团正大力发展新能源、金融保险、住宅产业化、工业互联网、军工、消防、环保等新业务，已成为国内风电成套解决方案和可再生清洁能源的提供者，同时也是中国成熟的PC成套装配提供商。此外，树根互联的"根云"平台已成为中国三大工业互联网平台之一。

近年来，三一集团以我国制造强国战略为纲领，构建高效节能的、绿色环保的、环境舒适的人性数字化工厂。通过对智能化加工中心及生产线、数字化加工车间刀具管理系统、生产线智能化仓储及运输配送装置、公共制造资源定位与物料跟踪管理、数字化加工车间计划与执行管控、数字化加工车间物流执行管控、数字化加工车间质量管控和生产控制中心中央控制等智能化生产装备与车间软硬件系统的研制应用，实现业内领先的集成数字化智能制造车间。

5.1.3 智能车间建设背景

工程机械是典型的离散型制造行业，三一集团制造模式是典型的离散型制造，其产品往往由多个零件经过一系列并不连续的工序加工最终装配而成，这种制造模式分散且独立，需要大量的人力物力予以配合，才能完成产品的生产制造。随着人工成本的不断提高和工程机械行业的深度发展，传统的制造模式已不能满足企业高质量的发展需求。为破解这一困局，三一集团以数字化车间智能制造应用项目为契机，在生产车间导入自动化制造模式，优化运行系统，提升设备生产制造能力，很好地应对了工程机械企业多品种、高效率、高质量、低成本方面的压力与挑战。

三一重工 18 号厂房是亚洲最大的智能化制造车间，有混凝土机械、路面机械、港口机械等多条装配线，是三一重工总装车间，2008 年开始筹建，2012 年全面投产，总面积约十万平方米，如图 5-1 所示。从 2012 年开始，以三一重工 18 号厂房为应用基础，由三一重工、湖大海捷、华工制造、华中科大等单位联合申报的工程机械产品加工数字化车间系统的研制与应用示范项目，目的是打造工程机械数字化车间智能制造样本，从传统的粗放型工业生产模式积极探索"互联网＋工业"的新型生产模式，用信

图 5-1　三一重工 18 号厂房外观

息技术对制造业进行升级，建立先进的制造和管理系统，做大做强中国制造。

三一重工对企业智能制造提出的建设目标是：所有结构件和产品都在很精益的空间范围内制造，车间内只有机器人和少量作业员工在忙碌，装配线实现准时生产，物流成本大幅降低，制造现场基本没有存货。持续推动信息技术与经营管理及产品相融合，以数据驱动为原动力，创新业务模式、优化业务流程，以最高的经营效率适应外部环境与客户需求的快速变化，支撑全球化与一体化的战略发展之路，在数据驱动的核心竞争优势下，形成智能制造、智能产品、智能服务三层产业创新和服务体系，在行业向智能制造转型方面做出示范。

5.1.4 解决方案与实施内容

（1）解决方案

三一集团针对离散型制造行业多品种、小批量的特点，围绕零部件多且加工过程复杂导致的生产过程管理难题和客户对产品个性化定制日益强烈的需求，以工程机械产品为样板，以自主与安全可控为原则，依托数字化车间实现产品"混装＋流水"模式的数字化制造，以物联网智能终端为基础的智能服务，实现产品全生命周期及端到端流程打通，引领离散型制造行业产品全生命周期的数字化制造与服务的发展方向，并以此示范，向离散型行业其他企业推广。其整个数字化制造的业务架构体系如图 5-2 所示。

围绕智能工厂数字化车间建设，三一集团建成基于物联网技术的多源异构数据采集和支

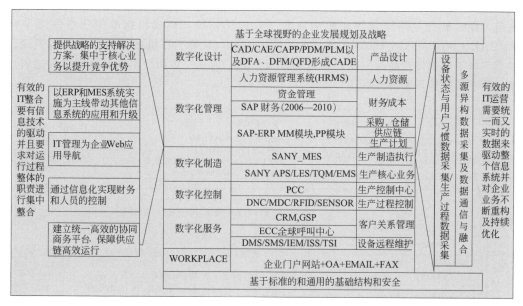

图 5-2　贯穿整个数字化制造的业务架构体系

持数字化车间全面集成的工业互联网络，研发智能上下料机械手、基于 DNC 系统的车间设备智能监控网络、智能化立体仓库与 AGV 运输软硬件系统、基于 RFID 设备及无线传感网络的物料和资源跟踪定位系统、高级计划排程系统（APS）、制造执行系统（MES）、物流执行系统（LES）、在线质量检测系统（SPC）、生产控制中心管理决策系统等关键核心智能装备与系统，打造或实现智能化生产控制中心、智能化加工中心与生产线、智能化生产执行过程管控、智能化仓储与物流等。数字化车间总体架构如图 5-3 所示。

图 5-3　三一智能工厂数字化车间总体架构

（2）实施内容

① 开发工厂三维模型，实现基于虚拟仿真的数字化规划　对整个生产工艺流程建模，在虚拟场景中试生产，优化规划方案，在规划层面的仿真模型实验过程中实现产能分析与评估，通过预测未来可能的市场需求，动态模拟厂房生产系统的响应能力；在装配计划层面的仿真模型中，通过仿真实验进行节拍平衡分析与优化，规划最优的装配任务和资源配置。

② 集成工业设计软件，实现基于模型的研发体系　根据工程机械行业的实际需求，应用面向工程机械行业深厚背景知识的成套工业软件系统，形成包括基于三维图形平台的CAD/CAE/CAPP/CAM/PDM等集成化的解决方案，具备工程机械行业特点的知识库、模型库及单项工业软件产品间的接口规范和集成标准，为三一集团提供产品研制过程的信息化支撑。整个研发体系见图5-4。

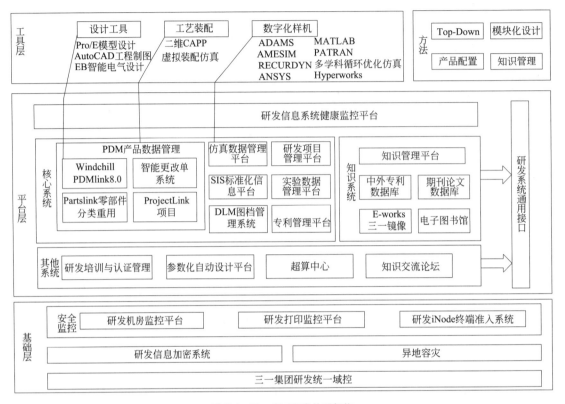

图 5-4　三一集团研发体系架构

具体实施方面，以三维模型管理软件技术为基础，建立面向工程机械产品研制的计算机辅助设计软件、辅助制造软件、制造过程管理信息系统、零部件加工质量检测软件以及各个工具软件与产品研制的信息管理系统，规范数据集成与信息共享接口和相关标准，开发信息共享接口开发包，进行数据集成，提高三一集团产品研制水平。

③ 建设智能加工中心与生产线，实现数字化制造　为了快速准确地响应需求，提高产品质量和服务水平，必须借助物联网等现代信息技术与数字化技术，实现对全制造过程人、机、料、法、环等数据进行采集与处理、分析及应用，从而打通企业信息化与制造装备、生产物料、人力资源等各种资源之间的联络通道，实现企业从数字化设计、数字化管理、数字化制造到数字化装备的闭环控制，使企业能有效地掌控技术资源和制造资源，从而实现对复杂工程机械装备产品制造过程的集成管理与精确控制，如图5-5所示。

a. 智能化加工设备。早在2007年，有"智能化机械手"之称的焊接机器人现身三一挖掘机生产线，并在2008年后得到进一步推广；2012年三一重工在上海临港产业园建成全球最大最先进的挖掘机生产基地，焊接机器人大规模投入使用，大幅提升了产品的稳定性和生产效率，使得三一挖掘机的使用寿命大约翻了两番，售后问题下降了四分之三。此外，机器人的使用减少了工人数量，管理模式的重心从原来的管人转移到了管理设备上，相对而言，管理设备要容易很多。

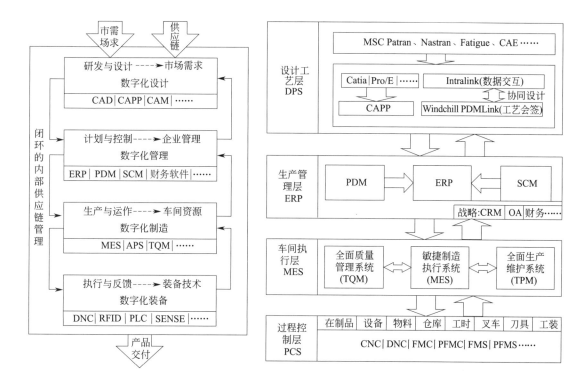

图 5-5　数字化车间闭环的企业信息流以及数据层模型

　　b. 智能刀具管理。在实际加工中，有多种因素会对加工刀具产生影响，首先是加工工件本身的因素，如加工工件材质、结构形式、工件刚度等对刀具使用效果影响较大；其次是加工工装、定位基准、压紧方式、工装刚度等都会影响刀具使用效果；再次是加工工艺方案，如加工顺序、切削三要素（切深、进给、切削速度）对刀具使用效果影响更大；最后是加工机床，设备的切削功率、设备的刚度、设备的结构形式、切削冷却介质对加工刀具发挥效率也有很大影响。三一集团充分考虑刀具寿命和加工工件成本的关系，根据不同结构的工件选择不同的刀具，包括刀具材料、刀具结构以及刀具装夹方式等，有的刀具选择涂层刀片来增加刀具的耐用度，延长刀具寿命。在高速加工时，对刀具动平衡也有要求，通过配备刀具动平衡仪，并在加工成本允许的前提下选择耐用度较高的刀具。

　　c. DNC。DNC 是计算机与具有数控装置的机床群组成的分布在车间中的数控系统，该系统对用户来说就像一个统一的整体，系统对多种通用的物理和逻辑资源整合，可以动态地分配数控加工任务给任一加工设备，进而提高设备利用率，降低生产成本。

　　d. 搭建工业生产物联网。通过网络接入机台，实现机台的生产信息采集，机台互联，实现控制与数据传输，使机台使用率最大化，见图 5-6。

　　e. 公共资源精细化管理。通过 WSN、RFID 和 GPS 等定位技术对在制品、叉车、人员、设备等各类制造资源进行定位，并将制造资源的位置信息传至数据 HUB，如图 5-7 所示，数据 HUB 对这些制造资源的位置信息进行解析和转换等处理，再将处理后的信息输入制造资源定位数据库。例如，实现刀具从采购到报废的全流程管控，并实现选刀、刀具领用及归还的管理，刀具数据通过 RFID 管控。

　　利用以上智能化加工设备、管理系统及物联网等智能装备和系统，实现生产过程的自动化，大幅提高生产效率，见图 5-8。

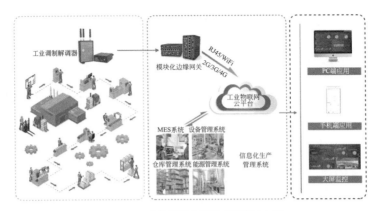

图 5-6　工业物联网体系搭建原理及应用

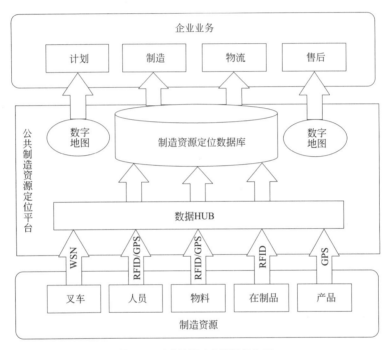

图 5-7　公共资源定位数据架构图

图 5-8　智能装备的应用

④ 建设智能化立体仓库，实现数字化物流管控　数字化物流的核心是仓库管理系统（WMS），如图 5-9 所示，通过以太网连接 MES 计算机、AGV 计算机以及手持 PAD 等，根据生产过程监控及排产计划，自动实现物料的精准配送与直供上线。

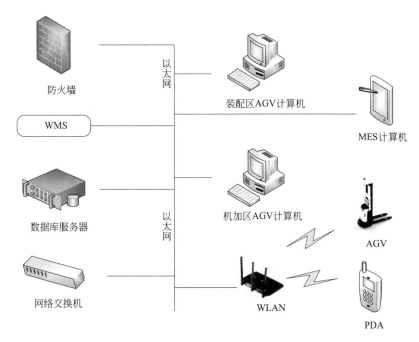

图 5-9　数字化物流仓库应用架构图

a. 智能化立体仓库。三一智能化立体仓库总投资 6000 多万元，分南北两个库，由地下自动输送设备连成一个整体，总占地面积 9000 平方米，仓库容量大概是 16000 个货位，如图 5-10 所示，库区有几千种物料，主要是泵车、拖泵、车载泵物料，能支持每月数千台产品的生产量。立体仓库后台运作的自动化配送系统由华中科大与三一集团联合研制，通过这套系统，三一集团打造了批量下架、波次分拣、单台单工位配送模式，实现了从顶层计划至底层配送执行的全业务贯通，大大提高了配送效率及准确率，准时配送率超 95％。

b. AGV 智能小车。智能化立体仓库的核心是 AGV 智能小车，当有班组需要物料时，装配线上的物料员就会报单给立体仓库，配送系统会根据班组提供的信息，迅速找到放置该物料的容器；然后开启堆高机，将容器自动输送到立体库出库端液压台上，此时，AGV 操作员发出取货指令，AGV 小车自动行驶至液压台取货；取完货后，由于 AGV 小车采用激光引导，小车上安装有可旋转的激光扫描器，在运行路径沿途的墙壁或支柱上安装有高反光性反射板的激光定位标志，AGV 依靠激光扫描器发射激光束，然后接收由四周定位标志反射回的激光束，车载计算机计算出车辆当前的位置以及运动的方向，通过和内置的数字地图进行对比来校正方位，从而将物料运送至指定工位。在 18 号厂房南北智能化立体仓库，不仅有这样的 AGV 自动小车，其后台配送也是自动化系统完成的，如图 5-11 所示。

c. 自动化配送系统。三一自动化立体仓储配送系统实现了该公司泵车、拖泵、车载泵装配线及部装线所需物料的暂存、拣选、配盘功能，并与 AGV 配套实现工位物料自动配送至各个工位。

仓储模式采用自动化立体仓库存储（主要储存中小件）、垂直升降库存储（主要储存小件）和平面仓库存储（主要储存大件等其他特殊物资）三种类型。自动化立体仓库和垂直升降库的数据采用一套软件进行统一管理，集中配送。通过垂直升降库的应用，解决了将近总量30%的物料种类的储存和出入库作业模式，很大程度地缓解了自动化立体仓库的出入库作业压力，有效提高了整个系统的作业能力。

图 5-10　智能化立体仓库

图 5-11　AGV智能小车

拣配采用每4台套提前一班（8小时）模式，按照工位进行配送。在两个库区分别设置两层的配盘区域，根据装配工位数量及各工位装配物料情况，对配盘区域的拣配托盘位置进行分配，拣配过程中采用LED显示屏和RFID手持终端模式进行人工作业。

⑤ 研发MES系统，实现智能化生产执行过程控制　SanyMES系统是由三一集团IT总部自主研发的制造执行系统，它充分利用信息化技术，从生产计划下达、物料配送、生产节拍、完工确认、标准作业指导、质量管理、条码采集等多个维度进行管控，并通过网络实时将现场信息及时准确地传达到生产管理者与决策者。该系统除了通过各种方式（如短信、邮件）向管理者传递生产信息外，其设置在生产现场的MES终端机给一线工人生产制造带来了极大便利，见图5-12。

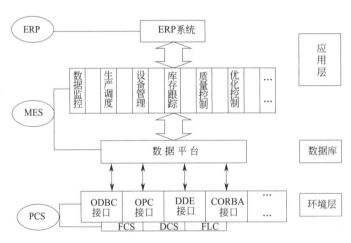

图 5-12　MES模型与接口

a. 高级计划排程。考虑企业资源所提供的可行物料需求规划与生产排程计划，让规划者快速结合生产限制条件与相关信息（如订单、途程、存货、BOM与产能限制等），做出平衡企业利益与顾客权益的最佳规划与决策，满足顾客需求。面对竞争激烈的市场，强化了ERP系统中以传统MRP规划逻辑为主的生产规划与排程的功能，APS系统的同步规划能力，不仅使得规划结果更具备合理性与可执行性，亦使企业能够真正达到供需平衡的目的。

b. 执行过程调度。三一车间内布置有一排排的MES终端机，生产线工人不仅可以及时报完工、方便快捷地查询物料设计图纸和库存情况，更重要的是SanyMES终端机可以正确地指导工人每个工位如何进行安装、安装时需要哪些零部件，同时给予安全提示。有了MES系统后，再也不用去借图纸，直接在 MES 终端就能查到最新的图纸信息，全触摸屏操作，简单方便，而且通过查看标准作业指导以规范工人的操作，避免了纸质作业指导书的损坏和更新不及时造成的附加作业，极大地提高了工作效率和作业质量。

⑥ 构建质量管控体系　在质检信息化方面，通过 GSP、MES、CSM 及 QIS 等各种质量管理系统的整合应用，实现涵盖供应商送货、零部件制造、整机装配、售后服务等全生命周期的质检电子化，并实现了 SPC 分析、质量追溯等功能。

传统质检是采用纸质记录本来记录检验结果和质量问题，现在则是用 MES 系统，每一个检验项目都标准化、电子化，以前在记录本上的内容都作为数据录入平板电脑等终端，一旦发现质量异常，系统就会第一时间自动启动不合格处理流程，将情况发送给相关责任人。在不合格品控制流程中的隔离、评审等 6 个环节，保证每道工序的每个产品在下一道工序前合格，而数据的录入则会为产品质量追溯提供可靠依据。

三一集团的自制件可以具体查到是某台产品零部件、制作时间、制作地点和工位、制作人、制作条件等信息，供应商提供的零部件则可以查到批次和反馈，最终实现过程质量的监控。

⑦ 建立智能化生产管控中心

a. 中央控制室。借助企业硬件平台（大屏、监控设备）以及现场生产中心设备，对生产现场进行集中管理和调度，具体功能如下：

- 生产计划及执行情况、设备状态、生产统计图；
- 智能计划系统操作界面；
- 生产现场监控、看板展示及异常报警；
- 各区域监控信息；
- 设计部日常操作；
- 物流部日常操作；
- 质量部日常操作。

b. 现场监视装置。全方位的工厂车间监控系统能实现对生产过程的全面监控和记录，保证生产现场的安全，以及现场事故的追溯和回放。

c. 现场 Andon。Andon 系统能够为操作员停止生产线提供一套新的、更加有效的途径。在传统的汽车生产线上，如果发生故障，整条生产线立即停止。采用了 Andon 系统之后，一旦发生问题，操作员可以在工作站拉一下绳索或者按一下按钮，触发相应的声音和点亮相应的指示灯，提示监督人员立即找出发生故障的地方以及故障的原因，不用停止整条生产线就可以解决问题，因而可以减少停工时间，同时提高生产效率。

Andon 系统的另一个主要部件是信息显示屏，每个显示面板都能够提供关于单个生产线的信息，包括生产状态、原料状态、质量状况以及设备状况，显示器同时还可以显示实时数据，如目标输出、实际输出、停工时间以及生产效率，根据显示器上提供的信息，操作员可以更加有效地开展工作。

⑧ 基于大数据，实现用户驱动的智慧服务

a. 基础平台。以三一集团业务现状和信息系统为基础，设计面向全生命周期的工程机械运维服务支持系统——智能服务管理云平台，并借助 3G/4G、GPS、GIS、RFID、SMS等技术，配合嵌入式智能终端、车载终端、智能手机等硬件设施，构造设备数据采集与分析机制、智能调度机制、服务订单管理机制、业绩可视化报表等核心构件，构建客户服务管理系统（CSM）、产品资料管理系统（PIM）、智能设备管理系统（IEM）、全球客户门户（GCP）四大基础平台，见图 5-13。

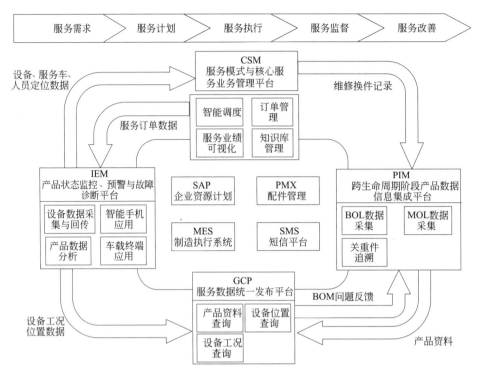

图 5-13 智慧服务平台系统关系图

b. 大数据平台。使用大数据基础架构 Hadoop，搭建并行数据处理和海量结构化数据存储技术平台，提供海量数据汇集、存储、监控和分析功能。基于大数据存储与分析平台，进行设备故障、服务、配件需求的预测，为主动服务提供技术支撑，延长设备使用寿命，降低故障率，见图 5-14。

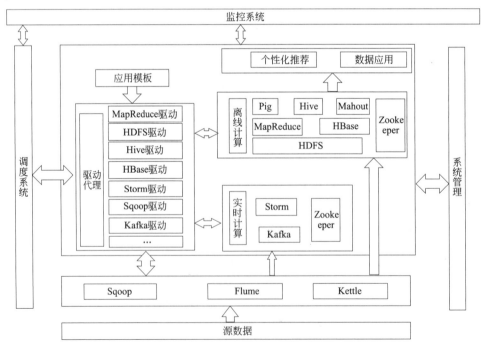

图 5-14 大数据平台架构图

基于大数据研究成果，对企业控制中心（ECC）系统升级，实现大数据的存储、分析和应用，有效监控和优化工程机械运行工况、运行路径等参数与指标，提前预测预防故障与问题，智能调度内外部服务资源，为客户提供智慧型服务。

5.1.5　主要成效与经验总结

从大厂房到智能工厂，三一集团实施智能化改造后，物料标签100％条码化，18号厂房在制品减少8％，物料齐套率提高14％，单台套能耗平均降低8％，物流成本降低20％以上，生产线效率提高5％，人均产值提高24％，现场质量信息匹配率100％，原材料库存降低30％。2014年18号厂房预计同比节约制造成本1亿元，年增加产量超过2000台，每年同比产值新增60亿元以上。

同时，形成的智能制造、智能产品和智能服务三层智能化模式，具体内容如下：

（1）智能制造

引进数字化工厂理念，通过虚拟现实和建模仿真手段，对生产线工艺布局、物流方案、生产计划等进行仿真验证，形成"先工艺仿真后厂房投建""同步规划车间信息化"两大指导原则。使用机器人、数控机床、AGV、立体仓库等先进制造和物流装备，形成系统的数字化工厂规划解决方案及产品，为三一精机和三一智能的机床和机器人客户提供机加、焊接数字化车间规划和信息化解决方案。三一集团也积极推进了车间物联网系统应用，通过自主知识产权的DNC系统和共同知识产权的RFID系统，研发适用于离散型制造业的三维生产监控解决方案。

三一集团借助智能制造建立了全球最先进的现代化数字工厂，如图5-15所示，实现了厂房内物流、装配、质检各环节自动化，一个订单可逐级快速精准地分解至每个工位，

图5-15　三一智能车间全貌

创造了一小时下线一台泵车、五分钟一台挖掘机的"三一速度"，同时还建立起贯穿全球流程的精细化管理体系。数字化工厂技术目前已在集团十多个业务单位得到应用，助推了公司生产模式的变革。

（2）智能产品

三一集团通过自主研发研制出了应用于工程机械装备中的传感、控制、显示、驱动全系列的核心部件，形成了具有完全自主知识产权的产业链，特别是SYMC控制器作为行业内第一款具备自主知识产权的控制器，在三一集团的各类产品中得以广泛应用。同时，为了实现与被控对象的深度融合，三一研制了适用于工程机械的传感器，这种传感器深入执行部件的内部，从而实现了关键核心执行部件的在线调整和设备状态的在线感知。

（3）智能服务

三一集团通过先进的信息化技术，投资3000余万元建成智能服务平台ECC，成为国内工程机械行业最早启动企业控制中心（ECC）系统项目的企业，基于"天地人合一、一二三线协同"作战的运营理念，通过ECC系统，三一集团可以有效监控售出的每一台工程机械，全面掌握这台机械的运行工况、运行路径等，通过及时发现机械运行中的问题，立即为客户提供远程维修诊断。利用互联网、物联网、大数据等信息技术，打造智能服务运营体系，创

新行业"人人服务"模式，拓展产品全生命周期服务，引领中国装备制造水平，提升国际市场竞争力。

本项目在智能制造、智能产品、智能服务三个方面的总体规划、技术架构、业务模式、集成模型等方面进行有益的探索和应用示范，为工程机械行业开展类似应用提供了一个很好的模式，不仅有助于工程机械行业通过信息化的手段和先进的物联网技术来加速产品升级迭代，而且促进行业通过开展智能工厂的应用实践来完成企业创新发展，更是为我国装备制造业由生产型制造向服务型制造转型提供了新思路。

未来，三一集团将更多利用大数据技术、云计算、虚拟整合、3D打印、机器人等技术，提升公司智能制造及运营能力。三一集团具有海量、高增长率和多样化的信息资产，这些数据将带给公司更强的决策力、洞察发现力和流程优化能力。

5.2 流程型智能制造车间案例分析

5.2.1 流程型智能制造模式

流程型制造企业原料主要为自然资源以及一些可回收资源，其生产流程连续、复杂且危险，涉及物理变化、化学反应等，生产产品可作为其他类型制造企业原材料，流程型制造被看作我国社会稳定发展的坚强后盾。典型的流程型制造企业有冶金、炼油、化工、电力、钢铁、造纸和食品等行业，属于资源消耗的大户，也是实现资源循环利用的关键单元。

随着流程型制造业在工艺设计、生产设备等方面的技术改进以及自动化程度的加强，我国流程型制造企业高速发展，多个行业产能排在全球第一，如电力、钢铁等。但是整体来看，流程型企业在资源利用率、节能环保、生产安全等问题上依然同先进国家存在差距，生产效能有待提升。与离散型制造业相比，流程型制造业强调通过一组连续的流程对原材料按照配料表进行加工处理，最终的成品无法再拆分成几种原材料产品的组合；而离散型制造的产品还可拆分为各个零件，并且零件还能二次使用。因此，流程型企业对生产过程的流畅性、低错误率、实时反馈有较强需求，其主要特点如下。

（1）生产机理复杂

流程型制造业涉及原材料的物理变化、化学变化等，最终产出物的质量易受生产环境中的湿度、温度、压力、工人技艺、操作能力等因素影响。复杂的生产机理对流程型制造业的工艺优化、生产环境智能调节等都提出了更高的要求。

（2）生产过程连续

流程型制造业必须保障原材料供应无间隙，各个生产环节在整个产品制造过程中运行无故障，一旦过程不连续，就会使得工厂陷入全面瘫痪，影响生产效率。

（3）生产流程监测

流程型制造业生产机理复杂、生产过程连续的特性，使得对生产流程全周期进行监控显得尤为重要，可以帮助企业快速处理生产过程中发生的问题。但目前并不是所有流程型企业都拥有完善的监测反馈机制，需要技术进一步发展、企业进一步改革，以实现全面覆盖。

（4）生产安全

流程型制造工业的生产中化学反应存在一定的危险性，生产所用原材料和最终产物中包含易燃、易爆、有毒、有害物品等，而且生产事故一旦发生将带来严重、不可挽回的后果，必须保障所有人员的生命安全。

（5）节能环保要求

由于流程型制造业前期发展时不注重污染排放等问题，导致空气污染、水污染等环境问题，例如钢铁、有色等企业，近年来国家也发布了许多相关政策督促相关企业在生产中节约能源、减少废料中污染物排放量等。

流程型企业智能工厂建设之路涵盖领域很多，系统极其复杂，在建设智能工厂时切不能贸然推进，以免造成企业的投资打水漂，应当依托有实战经验的咨询服务机构，结合企业内部的 IT、自动化和精益团队，高层积极参与，根据企业的产品和生产工艺，做好需求分析和整体规划，在此基础上稳妥推进，必将取得实效。

本节以君乐宝企业为例，介绍流程型智能制造车间案例及模式。

5.2.2　君乐宝企业介绍

君乐宝乳业集团成立于 1995 年，是河北省最大的乳制品加工企业、农业产业化国家重点龙头企业、国家乳品研发技术分中心，在河北、河南、江苏、吉林等地建有 21 个生产工厂、17 个现代化大型牧场，业务范围包括婴幼儿奶粉、低温酸奶、常温液态奶、牧业四大板块，已建立起涵盖奶业全产业链的运营布局，上下游协同发展，为消费者提供营养、健康、安全的乳制品。

为实现高质量发展、生产世界级的好奶粉，君乐宝首创了两个模式：一是全产业链模式，即牧草种植、奶牛养殖、生产加工全产业链一体化生产经营，确保产品的安全放心；二是"五个世界级"模式，用世界级水平的研发、世界级先进的牧场、世界级领先的工厂、世界级一流的合作伙伴和世界级食品安全管理体系，确保产品的高品质。

2017 年，君乐宝乳业集团凭借婴幼儿奶粉及液态奶智能制造试点示范项目成功入围工信部公布的智能制造试点示范项目名单，是唯一入选的乳制品企业。

5.2.3　智能车间建设背景

随着我国国民经济的不断发展，人民生活水平日益提高，家庭的膳食结构得到普遍改善，国民饮奶量逐年上升，饮奶习惯逐步养成，对高端高附加值乳制品的消费量呈明显上升趋势。近年来，我国乳业发展明显加快，消费升级趋势明显，但同发达国家相比仍有巨大的提升空间，正处在由数量扩张型向质量效益型转变的关键时期。

国家推动"中国制造 2025"与"互联网＋"融合发展，实施"中国制造 2025"，对促进我国乳业升级发挥了积极作用。伴随乳业新时代的到来，市场变化迅速，消费者需求差异性加剧，对产品安全的诉求更为严格，产品研发周期缩短，工艺过程越来越复杂，同时在激烈的行业竞争中，成本管理也给企业带来了更为严峻的挑战。为满足优质、高产、低消耗以及安全生产、保护环境等要求，提升生产过程智能控制水平，实现传统制造向智能制造转变势在必行。

本项目基于君乐宝自身行业优势，面向中国国产乳业转型升级，开展智能工厂建设与集成创新，实现婴幼儿奶粉从原奶到成品的自动化加工，提升工厂从产品设计、工艺管理、生产制造、质量检测到物流营运等环节的全生命周期管理的信息化、自动化和智能化水平，显著提高产品质量效益和企业核心竞争力，推广流程型智能制造新模式，并对行业形成示范带动作用。

基于智能制造示范项目，君乐宝乳业集团建设1座数字化婴幼儿奶粉生产车间、1条全自动灌装线、1座立体仓库及配套设备，开发全自动物流仓储系统、LIMS实验室管理系统、企业资源计划（ERP）、产品数据管理平台（PDM），搭建车间制造执行系统（MES），装用生产流程实时数据采集与可视化（SCADA）、食品安全检测、产品质量追溯等软件并搭建互联互通平台，建设高效节能的奶粉智能工厂，实现从原奶入厂、加工生产、物流管理及销售到客户服务的全程信息化，提升工厂管理水平和生产效率，减少人员作业劳动强度、优化作业流程、提升作业效率、降低物流生产经营成本，整体提升企业核心竞争力。

5.2.4 解决方案与实施内容

(1) 解决方案

婴幼儿奶粉智能制造的总体考虑是对总体布局和工艺流程进行仿真优化，并基于物联网、互联网实现设备、软件间的集成与协同，将原料投放、前处理、包装、仓储物流、生产过程监控、能源管理、环境监测与预警处置、质量追溯等诸多工艺环节纳入一体化管理，实现生产流程数据可视化以及车间的自动化、数字化和智能化。

围绕婴幼儿奶粉智能工厂建设，研发生产车间前处理系统、蒸发干燥系统、粉处理系统、MES生产管理系统、LIMS实验室管理系统、成品自动输送系统、条码自动识别系统、成品自动码垛系统、自动仓储系统、自动控制系统、自动化仓储管控系统、ERP管理系统等核心智能制造装备和软件系统。通过互联互通，实现四个层次的融会贯通：在管理战略层应用BI进行科学的分析和决策，在战术层应用ERP技术对企业的人、财、物等资源进行管理，在执行层应用MES技术对生产、质量、设备、能源、物流等方面实现数字化管理，在采集层应用机器人、智能仪表、PLC、传感器、SCADA等技术实现自动化生产和质量监控。实现生产程控化、检测自动化、输送管道化，提升生产效率、能源利用率，降低运营成本、产品不良品率和缩短产品研发周期，进而推动行业的整体建设，实现传统乳品行业向智能化转型。

通过详细调查奶粉生产流程及生产执行层、管理层和决策层的业务需求，围绕车间的自动化、数字化和智能化目标，建立车间数字化模型，并据此设计解决方案，如图5-16所示。车间数字化模型从系统层级分为以下四个层级。

① 工业控制层 基于工业以太网构建统一的工厂物联网，将生产过程中的生产、检测、物流、动力、能源等设备进行联网并实时采集数据，从而在大量实际运行数据/信息基础上，实现生产信息的实时可视化，帮助管理人员和操作人员全面掌握生产状态，对整个业务运作流程进行控制与管理。

② 生产执行层 位于企业上层资源计划管理系统与底层工业控制系统之间的面向生产现场的生产执行层，是管理和优化从任务下达到完成加工整个生产活动的硬件和软件的集合，主要由产品生命周期管理（PLM）、企业资源计划（ERP）、制造执行系统（MES）、实验室信息管理系统（LIMS）以及物流管理系统等信息化系统组成。

PLM平台为企业提供可靠、开放和灵活的产品设计、协同、工作流和知识管理功能；ERP负责统筹规划管理，建立以规范业务流程为基础、以财务为核心的一体化经营管理平台；MES以生产排产、调度、跟踪为主线，从厂级的角度统筹生产相关的所有资源，并组织指挥生产，负责生产作业计划制订、资源优化调度、物料管理、生产质量、工艺控制、能源供应控制、生产过程监控以及必要的数据信息转换等数据集成和应用，及时准确掌握生产现场各种信息，详细安排生产，对现场的各种事件及时反应，提高精细化管理水平。

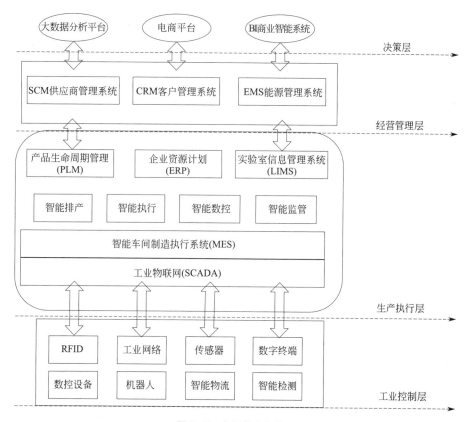

图 5-16　车间数字化模型

LIMS 系统与各种检验仪器和化验设备连接，自动采集数据，减少了人工录入、手动计算、数据传输方面的误差，提高了化验室的自动化水平和规范化、标准化程度，加速了质量信息的获取和共享，为生产过程提供了可靠而及时的质量分析数据，有利于优化调节工艺条件，提高产品质量；同时通过对数据的综合处理，可以发现产品质量变化趋势，做到早发现、早调整，防止和减少不合格产品的产生。LIMS 系统的使用还可以追踪原料质量对产品质量的影响，避免因原料质量带来的产品质量波动情况，为管理决策提供科学而可靠的依据。目前，LIMS 系统中收集到的质量检验结果数据全部传递到 ERP 系统中，以此作为原料接收入库和产品合格放行出厂的依据。

③ 经营管理层　经营管理层包括供应商管理系统（SCM）、客户管理系统（CRM）和能源管理系统（EMS）等。

SCM 系统是企业运营成功的关键，实施供应链管理的企业与战略性供应商共同设计、创造及分享市场供求信息，其运作空间可无限延伸至企业运营领域之外；同时，传统企业间的竞争方式也随之转变为企业供应链间的竞争，企业与合作伙伴之间的合作关系日趋紧密。为支持战略的供应链变革转型，提高运营效率，实现君乐宝战略目标，公司利用信息化手段实现管理的计划、组织、指挥、协调和激励职能，对产品生产和流通过程中各环节所涉及的物流、信息流、资金流、价值流以及业务流进行合理调控，以期达到最佳组合，发挥最大效率，以最小的成本为客户提供最大的附加值。

CRM 系统主要功能包括经销商访销、销售标准动作、市场执行检查、渠道订单管理、销售计划及渠道管理、客户拜访及业务人员绩效管理等，实现经销商拜访计划、执行的电子化，平台实时记录拜访内容及成果，市场督查人员可以实时对拜访进行抽查检核，业务人员在拜访过程中可以实现订单追加、修正等，这将实现对市场管理的标准化、规范化、量化和可追溯化。

EMS 系统实现能源消耗数据的智能仪表计量、在线实时采集传输、储存、汇总统计、对标分析、远程监控，通过信息化技术与 MES 系统进行数据交换，实现多维度能耗分析。通过互联网技术的应用来节约能源，是降低能源消耗成本的有力管控手段和先进工具。

④ 决策层　决策层包括大数据分析平台、电商平台、商业智能系统（BI）等。

大数据分析平台基于整合工厂自身的实时数据、业务数据以及集团下达的相关信息，构建一体化的工厂数据分析系统，满足全厂的数据集中利用、运营监控及决策管理的需要，同时又能满足操作层面（各业务部门和生产车间）的报表查询，分析应用的需求；通过长期的数据积累，为工厂领导层提供生产相关的关键数据，逐步实现"生产过程监管精细化"方面的数字化工厂建设战略目标，提高领导决策指挥的智能化；通过数字化工厂的建设，运营管理人员可以清楚掌握产销流程以及合理的生产计划编排与生产进度，同时利用物联网技术和设备监控技术及时正确地获取生产线数据，提高生产过程的可控性，减少生产线上人工的干预，将生产管理、生产流程及生产效率统一于生产制造模式中，从而构建一个高效节能、绿色环保、环境舒适的现代化工厂。

电商平台包括平台门户、电话销售、微信营销、会员管理、基于移动位置服务技术的门店与消费者就近关联、消费者就近提货、积分管理等。平台销售以君乐宝奶粉系列产品为主，辅助以销售君乐宝旗下常温酸奶、菌粉以及合作商家的母婴类产品。该平台将在现有的平台门户基础上进行扩展升级，实现微信、App 等多种下单方式，让消费者手机下单、就近提货、微信支付，平台实现自动与经销商、门店的利益分成；消费者提货后通过扫描产品二维码实现消费积分，通过积分兑换以提高消费黏性，实现终端拉动；经销商也可以通过手机 WAP、App、微信等多种便捷方式下单，将大大提高下单的便捷性和有效性，提高商机管理能力。

BI 平台将各系统分析汇总的经营管理分析报告推送至决策层，决策层基于推送报告，判断企业的经验管理状况，科学决策管理。

以上系统四层架构结合自动化生产线，形成了智能工厂架构，即：管理业务横向互联、制造业务纵向集成、数据信息互联互通。所以各个工厂的管理业务必须实现横向互联，数据共享，统一平台管理，实现系统间的互联互通，合理安排生产；同时，制造业务从产品全生命周期的角度来说，工业控制层、生产执行层、经营管理层和决策层实现纵向集成，自下而上传递信息，将经营管理决策的信息流向下传达；在这两个层面的基础上，打通信息孤岛，使所有数据能够互联互通，如图 5-17 所示。

(2) 实施内容

① 数据采集系统　数据采集系统主要是对各生产数据进行采集，形成报表，该系统记录几乎整个生产运行过程中的所有过程值，包括模拟量及开关量实时值、罐子及管线状态、程序运行状态，还可根据要求配置报警信息的查询。通过自动化设备与软件系统的结合，可以自动采集整个生产过程的状态数据，并能够实时记录和分析设备自身的运行数据。整个过程实现了人工不参与数据采集，系统自动编制输出温度、采集时间、浓度等数据的报表，为生产人员提供现场实时数据和计划数据，及时发现生产异常并做出相应的排除提示，为生产追踪和性能分析等模块提供生产过程的历史数据，能够再现整个生产过程，支持质量事故后追踪和生产过程分析。

② 监控系统　监控系统主要包括中心控制室、生产线运行状态监控、生产线环境视频监控三个系统，由基于西门子 S7400PLC 和 2 台 SCADA 站的全自动中央控制系统组成，SCADA 站与 PLC 之间通过工业以太网进行数据通信。

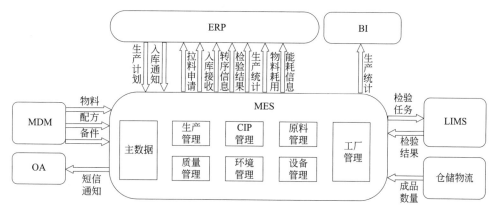

图 5-17　整体系统架构

中心控制室监控系统由微软和西门子公司共同开发，结合工业控制要求及计算机技术要求，支持微软诸多编程接口，系统开放性强；控制系统具有智能化的自动防错功能，实现对物流、能流、物性及资产的全流程监控与高度集成。

生产线运行状态监控系统是生产状态的数据监控系统，目的是给使用人员快速提供生产线和单个机器设备的当前运行状况，它将生产数据或设备参数通过通信网络，直接地从机器的控制器通过服务器传送到操作员站并被显示出来。通过选择合适的传感器，如阀门泵和液位传感器等，检测设备的运行状态，配置的传感器和执行器的运行状况被在线显示和监控，相关工艺过程与运行状态也同时被记录，并且可以被回放检查。

公司基于现有的车间监控系统状况和业务发展实际需求，将全公司范围的生产线环境视频接入并与视频会议系统互联互通，实现统一管理、统一监控、统一数据、统一平台，提高综合监控效率。通过分级部署、集中展示等措施，实现安全保卫和生产设备动态可视化监控等多业务的融合。

③ 生产控制系统　建设生产线中央控制系统，主要功能包括上位机控制系统、PLC 控制系统、执行器传感器接口（Actuator Sensor Interface，Asi）网络和相关软件程序设计。

上位机控制系统软件采用 Wonderware 的系统平台结构，这种结构的设计使系统的扩展能力极强，系统的 Information server 可以通过门户网向互联网发布信息，客户的高级管理人员可以在本地、外地随时通过互联网（IE 浏览器）查看系统所发布的工厂实时数据，从而达到信息及时传递和掌握实时工厂信息的主动性。系统设有配料防错系统，在配料单元的小料投放、混料罐以及香精柜等环节均实现条码扫描管理，在每次投料过程中防错系统都要将条码扫描的数据与配方系统的相关数据进行防错对比，并进行二次确认，将投料环节的相关数据记录到系统数据库中以备查询，从而有效地避免在配料过程中少投料、投错料的事件发生。系统将留有远程连接功能，工程师可远程接入提供技术支持，从而大大缩短响应时间。

PLC 控制系统包括控制系统结构、过程控制和控制系统的安全性。其中，控制系统结构是通过装在中央控制室内的西门子的 S7400PLC 系统来控制全厂，一套 SCADA 生产线中央控制系统在 Wonderware 的 Intouch 系统上开发；过程控制是实现生产过程的区域控制，在电脑界面上显示该区主要过程和设备的操作状态，操作员可以进入到该区域的详细工厂画面，操作工可以在画面上进入到每一个设备的画面，进而对该设备进行监视和操作；控制系统的安全性将实现工厂操作安全管理，工厂操作安全管理依靠所有的状态数据控制目标和设备模型，记录以不同用户身份登录的用户所有的操作，如手动开关/启停阀门、电动机，启动和停止程序等。

现场的 APV 阀门采用 Asi 网络控制，遵循国际电工协会的 S88 标准的软件设计，使系统具备较强的可操作性和扩展性。

④ 制造执行系统　制造执行系统包括了从原奶及原辅料进厂直至成品入库整个过程的质量管理、产品流追溯以及整个生产过程中关键参数的采集，具体包括以下功能模块：

 a. 奶车管理系统；

 b. 化验室在线质量配方及批次管理生产；

 c. 效率分析追踪与反追踪系统；

 d. 数据采集系统；

 e. 生产和报表管理系统。

⑤ 能源管理系统　能源管理的总目标是建立一个全局性的能源管理系统，构成覆盖能源信息采集及能源信息管理两个功能层次的计算机网络系统，实现对电能、天然气、压缩空气、采暖水、循环水和自来水等能源介质的自动监测，进而完成能源的优化调度和管理，实现安全、优良供能，提高工作效率，降低能耗，从而达到降低产品成本的目的。系统包括能源数据采集、能源数据实时监控和能源数据分析发布管理三大部分，其主要功能是实现对所有与能源有关的数据采集，并在能源管理部门范围内实现数据的发布，并可以为企业管理级的 MES、ERP 系统提供信息。

整个能源管理系统包括采用工业级控制设备 PLC 作为核心处理运算单元和可靠的计算机网络，如图 5-18 所示，全厂设置一个集中能源监控中心，通过网络从各能源子站中获取能源数据，实现全厂的能源数据集中监控和管理，并通过网络实现在能源管理部门范围内的数据发布。在软件应用层次，系统以国际通用的 OPC 标准为软硬件标准，实现工厂系统信息的互通互联，避免"信息孤岛"问题。目前，绝大部分工业软件硬件供应商都支持这种标准。

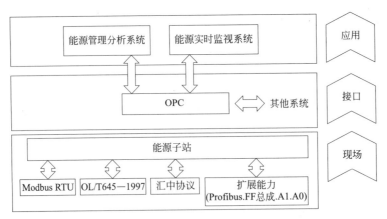

图 5-18　能源管理系统组成与数据流

⑥ 工厂内部网络架构建设与各系统集成　工厂内部网络架构采用工业级的 Wi-Fi、星形局域网络，广域网采用光纤专线等稳定成熟技术，保证平台运行的实时性和安全性。

在核心业务处理区，只需要将数据层的各种数据库服务器独立出来，通过数据库的负载能满足业务量的要求，主要包含交换中心数据库服务器、应用系统数据库服务器、B/S 标准版数据库服务器等。至于应用层，由于使用了负载均衡器作为系统的接入，可以非常方便地增加应用服务器的数量以满足要求，并且可以做到对用户全透明。

全生命周期数据统一平台作为乳品行业的追踪与反追踪系统，关注乳品行业的焦点区域，面向食品卫生的需求，对批量跟踪、产品质量、规格管理、批量过程的实时分析、危险区域的参数管理等方面均做出贡献，以此提高生产效率和实现更广阔的生产管理应用扩展功能。

5.2.5 主要成效与经验总结

以上项目实施后，建立的君乐宝智能生产线如图 5-19 所示，在前端由 B2B 平台等捕捉商机、洞察市场需求，在企业内部由 ERP 系统实现从市场需求到生产和采购需求的迅速转化，上游供应商、合作伙伴、养殖场等可以迅速地通过数字工具获得企业供应需求，缩短采购周期、提高供给效率。

图 5-19　君乐宝智能生产线

通过该项目的建设，婴幼儿奶粉及常温液态奶生产效率较行业提高 20％以上，运营成本降低 20％以上，产品研制周期缩短 30％以上，产品不良品率降低 20％以上，能源利用率提高 10％以上，实施前后相关指标的提升对比如表 5-1 所示。

▣ 表 5-1　实施前后相关指标的提升对比

类别	序号	指标	实施前	实施后
直接效益	1	新产品产值比率/％	11.2	14.5
	2	毛利润率/％	17	18.2
	3	每年资金周转次数	14	11
	4	每年产销计划完成率/％	92	96
	5	成本降低率/％		1.50
	6	物流成本降低率/％		2.33
	7	每吨产品耗电量/(kW·h)	146.88	152.32
	8	每吨产品耗水量/t	4.35	4.76
	9	每吨产品废液排放量/kg	3.48	4.05
	10	每吨产品固体废物排放量/kg	0	0
	11	污染物综合排放合格率/％	100	100
	12	产品合格率/％	100	100
食品安全管控能力提升	1	产品安全关键点监控	速度慢、效率低、可靠性低	在线、实时监控，能够迅速作出反应
	2	产品溯源环节信息采集	手工记录，难以有效追溯	系统自动采集，准确、迅速、及时
	3	产品安全溯源	难以准确溯源	在线溯源，能够及时定位关键环节
	4	产品安全问题原因判定	需要人工统计分析后确定，速度慢、滞后	根据系统溯源信息及时判定
	5	产品退回率/％	0.00	0.00
	6	产品召回率/％	0.00	0.00
	7	质量投诉次数/(次/年)	56	35

类别	序号	指标	实施前	实施后
食品安全 管控能力 提升	8	运输配送到货及时率/%	94	99.10
	9	运输货损率/%	3	1
	10	仓储货损率/%	2	0
市场服务 和 响应能力	1	订单满足率/%	92.80	96.30
	2	订单流失率/%	0.16	0.09
	3	单据处理峰值/(单/h)	357	526
	4	订单响应时间/h	72	24

通过"智能工厂"和"智慧企业"建设，实现牧场、工厂和市场的无缝连接和一体化运营，将有效促进乳制品产业链的一体化运营，提升供应链效率。通过市场需求倒逼工厂实现产品升级，大大优化和拓宽销售渠道，缩短市场交易链条，创新乳制品行业的商业模式，促进产业升级，将带动河北省乃至全国乳制品企业提速转型，迎接数字化大潮，紧跟发展趋势，把握时代脉搏。

5.3　混合型智能车间与调度的案例分析

5.3.1　混合型智能制造模式

混合型制造企业的生产活动中既有流程型生产特征，又有离散型生产特征，其生产过程介于离散生产过程和流程生产过程之间，是一种半流程型或半离散型的生产过程。由于产品的离散与流程之间的顺序和相互作用不同，可将混合型制造企业分为以下两种：一种为离散与流程两种生产方式交互发生，如钢管轧管的生产流程不仅具有连续流程工艺相对固定的特点，而且由于轧管的品种、规格繁多，机器每轧制一种规格的轧管，可能在流程生产过程中要进行轧制工具的更换，从而又具有离散型加工企业的特点；另一种为离散与流程生产是相续的关系，如纸箱生产的前几道工序为流程生产，后几道工序则属于离散生产。

在混合型加工中，流程生产过程与离散生产过程并存，所以从不同的角度来看它既具有流程型加工的特点，又具有离散型加工的特点。混合企业生产过程的特点一般是多品种、变批量生产，生产流程是相对固定的，组织生产以生产计划与调度为主，生产必须强调生产过程中各个工序、各套设备生产加工组织的整体性，优化企业整体生产经营过程才能保证企业在生产成本和经营效益上的最优结果。

本节以河南羚锐制药企业为例，给出混合型智能制造车间案例及模式。

5.3.2　羚锐制药企业介绍

河南羚锐制药股份有限公司（以下简称羚锐制药）是一家以药品、医疗器械、健康食品生产经营为主业的高新技术企业。

羚锐制药拥有百余种骨科、心病科、脑病科、麻醉科产品，包括橡胶膏剂、片剂、胶囊剂、颗粒剂等十大剂型。

羚锐制药 2019 年入围河南省工业和信息化厅公布的 20 家智能制造标杆企业名单，被认定为全国智能制造数字化工厂、国家绿色工厂。

5.3.3 智能车间建设背景

制药工业作为我国智能化水平重点提升十大领域之一，在智能制造转型中面临着特殊的机遇与挑战。与汽车制造、电子制造、冶金、石化等行业相比，制药工业的平均自动化水平不高，运用信息化管理的理念和管理水平相对较低，具体原因主要包括信息化建设基础弱、安全质量监管强和投资收益见效慢三个方面。

经皮给药系统是指药物以一定的速率通过皮肤，经毛细血管吸收进入体循环而产生药效的一类制剂，可避免肝脏首过效应，不受胃肠吸收中各种因素影响，具有长效缓释、安全性更高、随时停药的特点。然而与经皮给药制剂广阔发展前景不相适应的是，中药橡胶膏剂作为国内主要应用的经皮给药制剂，其生产技术受制于传统制作工艺及装备技术的落后，普遍存在产能提升缓慢、生产成本高等问题。由于缺少智能装备技术，在质量检测、数据采集、数据分析等过程管控方面相比于其他类型行业也存在较大差距。

本项目建设实时在线监控及故障诊断系统，实现对生产过程的实时监控、诊断和处理，减少因过程异常导致的停机、停线、停产等问题，提高生产过程的全面保障水平。羚锐制药以 MES 为主，与 ERP、PLM 等系统集成，将生产过程进行了有机协同集成，各环节信息互通、功能互联，以提高过程管理水平和效率。此外，本项目取消了有机溶剂的使用，避免了生产过程中大量挥发性有机化合物废气排放，集中回收处理含尘废气、废渣及污水，减少能源消耗，达到"近零"排放标准。

羚锐制药智能工厂建设目标是建成国内领先的年产百亿贴膏剂产品的智能制造数字化工厂，实现生产流程、仓储过程的自动化、可视化。通过生产现场实时数据采集、工艺数据库平台、车间 MES 与 ERP 系统的协同与集成，实现产品全生命周期管理，达到缩短新产品研发周期、提高生产效率、降低不合格品率、降低企业运营成本的目的，其智能工厂在中医药行业发挥引领示范作用，并在行业中进行复制、推广和应用。

5.3.4 解决方案与实施内容

（1）总体考虑

本项目以贴膏剂产品生产工艺为基础，以工业互联网、智能技术装备、集成管控系统为手段，设计开发切合贴膏剂生产工艺的智能应用系统，采用"方案设计、关键技术研究、设计开发、系统集成、系统完善"的技术路线，如图 5-20 所示，完成百亿贴膏剂智能制造数字化工厂的建设。

贴膏剂产品数字化工厂主要由包材库、冷藏库、贵细品库、标签库、原材料库、中央仓库、分拣区、浸膏提取车间、膏剂涂布生产车间以及质检包装车间组成，其中包材库、冷藏库、贵细品库、原材料库由组合式货架构成，通过 AGV 小车实现物品的出入库操作；中央仓库由单元式货架构成，通过堆垛机实现物品的自动出入库操作。其工艺流程如图 5-21 所示。

（2）建设内容

① 工业互联网建设　项目采用工厂无线网络、工业以太网及网络安全系统等工业互联网技术，设计建设数字化车间工业互联网体系，确保工业互联网稳定、高效、可扩展、安全性。主干局域网采用万兆光纤、星形结构，数据通信网络和视频通信网络分离，建设覆盖全厂的无线网络，并采用网管系统及应用防火墙，确保网络安全。

② 贴膏剂智能生产线建设　生产线包括全自动提取智能生产线、全自动热挤出涂布智

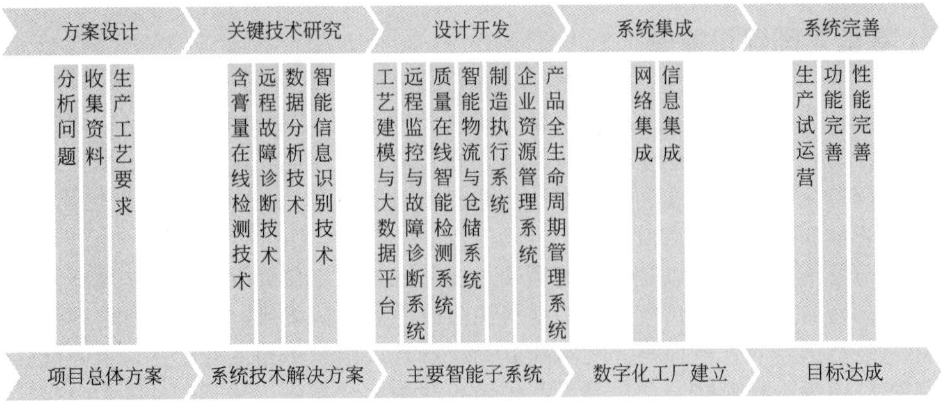

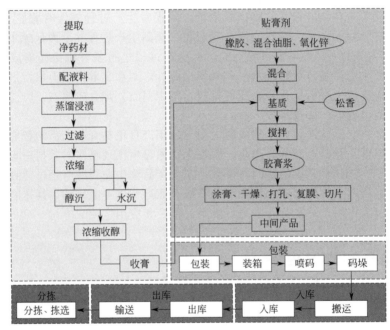

图 5-20　项目技术路线

图 5-21　贴膏剂产品数字化工厂工艺流程

能生产线，管理范围覆盖全部工艺流程，采用新型热回流提取成套设备、国内首创热挤出涂布成套设备、六轴关节型搬运机器人等多种核心技术装备，突破自动切片包装、自动在线检测两种关键短板装备，年处理 2800 t 药材，产出 100 亿贴膏剂产品。

在满足生产质量管理规范（GMP）要求的前提下，选用技术先进、高效节能的环保型国产自动控制设备，关键工艺设备指标达到国内领先、国际先进水平。在提取工艺方面，本项目对珍贵药材粉碎工序采用了超微粉细胞破壁机，机内装有分级结构，生产过程连续进行，出料粒度可调，一般是常温、低温及超低温粉碎作业，物料破壁率在 98% 以上，物料无残渣。物料粉碎后经过真空上料系统和物料输送系统后，在出料口实现自动称量和包装。

贴膏剂制剂工艺包括造粒、配制、制浆、涂布等环节。切胶机将胶块放到传送带上，用油压切胶刀将胶块切割为胶条，在切割过程中，通过数控系统控制传送带传送距离，从而控制胶条宽度。该设备能够降低人员劳动强度，提高切割效率，为生产线的自动化和连续性创造条件。造粒机将切割为胶条的橡胶通过挤出切割后形成橡胶颗粒，在造粒过程中通过数控系统控制生产过程中的橡胶挤出速度、旋转飞刀转动频率以及喂料频率、振动筛频率，生产出颗粒橡胶。该设备能够将条状橡胶转化为颗粒橡胶，提高制浆生产效率。

国内首创全自动挤出涂布生产线成套设备，降低对涂布基材的厚度、克重要求，自动化的复合基材放卷机构可以满足无纺布、弹性布等多种材料的双轴自动放卷；根据复合材料的特殊性，设计了两级张力控制系统，更好地控制复合基材进入复合时的张力状态。该成套装备涂布速度由原来的 6m/min 提升至目前的 20m/min。通过在线激光打孔设备、在线 X 射线测厚仪，贴膏剂打孔密集、整洁，药物涂层均匀一致，产品透气度、使用舒适度极大提高，生产效率及产品质量达到国内领先水平，填补了我国贴膏剂生产核心装备空白。

贴膏剂产品在中药行业中属于多类产品，存在产品规格多、包装形式多的问题。本项目设计的智能包装成套系统，支持多规格的自动模切包装，实现模切、计数码垛、装袋、喷码、装小盒、激光在线打码、三维裹包、捆扎、码垛全过程的自动化、智能化控制。智能包装成套设备主要由输送设备、自动包装生产线、机器人、专机设备、管理模块等组成，如图5-22 所示。贴膏剂产品有 30 多种品种，智能生产线需支持多品种、多规格的柔性制造，该生产线通过与 MES 集成，实现基于 MES 指令的动态过程控制和柔性生产。

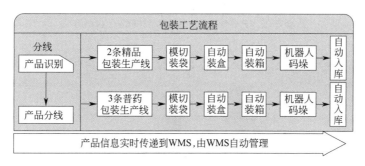

图 5-22　贴膏剂产品包装工艺流程

③ 工艺建模与大数据平台　基于贴膏剂制造工艺及配方的工艺模型，建设工艺建模与大数据平台，包括工艺数据、过程数据、销售数据等，同时，部署云服务平台，实现产品防伪及终端数据收集，并反馈给工艺研制流程。贴膏剂产品工艺建模与大数据平台结构如图5-23 所示，工艺建模是指建设基于贴膏剂提取、涂布工艺及配方的生产模型，包括模型要素定义、模型要素分析等功能；大数据平台是指以工艺建模为基础，融合过程数据采集，逐步形成工艺大数据平台，为工艺改进优化提供数据支撑、决策支撑。以大数据为数据源，部署云服务平台，支持终端产品检索防伪、终端用户问答及终端用户数据收集，逐步丰富大数据平台，将数据反馈给产品研制环节，持续改进。

④ 远程监控与故障诊断系统　集成生产线 SCADA 系统、在线检测系统、环境监控系统、安防系统，实现集中远程监控，在中控室实现对生产、质量、安防、物流等信息的集中监控，便于各部门集中办公，实现扁平、高效管理；建立故障诊断数据库，对监控数据进行分析、诊断，判定故障，结合 MES 报警模块进行故障报警，同时给出合理化建议和措施，反向控制相关智能生产线、设备，实现数据采集、数据分析、故障诊断、改进建议、反向控制的闭环监控、诊断、控制等流程。

⑤ 智能在线检测系统　建设智能在线检测系统，实现制造过程多个关键工艺点的实时检测，如图5-24 所示。检测系统通过接口自动接收 MES 的质检参数，实现不同批次、规格参数的自动下达和动态设定，实现质检过程依据不同标准的智能管控。将采集的实际数据与标准参数进行比对分析，形成分析结果，进行质量判定，在工艺知识库、数学模型、大数据分析等支持下为人工智能技术应用创造条件。

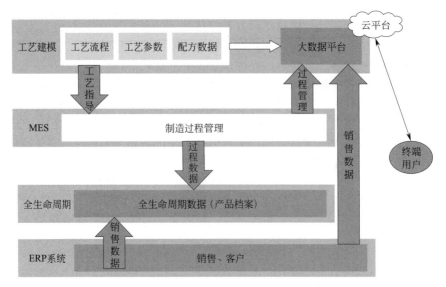

图 5-23　贴膏剂产品工艺建模与大数据平台结构

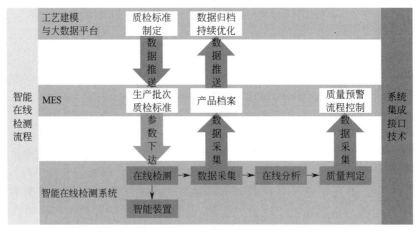

图 5-24　贴膏剂产品智能在线检测系统数据流程

　　质检数据实时传递到 MES 做归档保存的同时，关键数据由 MES 传递到工艺大数据平台，作为数据海量分析及工艺改进优化的数据来源。如果质检结果出现不合格信息，则该信息传递到 MES，由 MES 报警模块进行报警操作。

　　⑥ MES 系统　建设贴膏剂 MES 系统，管理范围覆盖全工艺过程，具备生产建模、生产计划、生产过程、数据采集、过程质量、设备集成、报表等功能，满足与 ERP、生产线设备、智能仓储与物流、产品全生命周期管理等系统协同集成的要求。以 MES 为核心，管控、调度、集成各系统及设备，实现贴膏剂生产智能化作业，其主要功能如下。

　　a. 系统平台。自主开发 MES，要求平台成熟、稳定、可扩展，支持集团化应用，支持云平台、移动化应用。

　　b. 数据建模。对制造过程相关的工艺、设备、人员、组织结构等进行数据定义、建模，相关工艺、配方数据来源于工艺大数据系统。

　　c. 生产领料管理。根据作业计划及配方，形成原料领料需求，尤其是过程添加料，领料信息通过接口传递到原材料库房，形成自动出库。

d. 过程管控。贴膏剂生产线属于连续性流程作业，过程管控主要体现在关键工艺对多品种的支持，包括在线质量、提取、涂布、切片成形、包装等关键工艺环节的智能管控。通过工序看板的方式，进行工艺指导，提供工艺信息展示、浏览功能。

⑦ 智能物流与仓储系统　本项目中智能物流与仓储系统管理范围为贴膏剂成品库，结合智能包装成套设备、电子监管码打码系统、机器人码垛系统、自动化立体仓库系统，实现包装、码垛、入库、分拣出库的全过程自动管理，实现仓储、物流一体化管理。

机器人码垛输送系统由包装后输送线、码垛机器人、机械手夹具、AGV、拆盘机构组成。系统对接成品包装线，自动读码判定码垛规则，实现机器人自动码垛、自动呼叫 AGV，AGV 将产品搬运到立体仓库入库平台完成自动入库。

仓储业务系统是一套完整的自动化立体仓库系统，由自动化立体仓库、WMS 管理系统、仓库控制系统（WCS）组成，实现仓储过程的自动化作业，同时通过集成 MES、ERP 系统，打通出入库数据流，实现整体业务的协同。系统功能包括：库存基本业务功能的设计和开发，自动、可配置的存储优先级管理，人工记账与自动记账相结合的记账模式。

5.3.5　主要成效与经验总结

本项目的实施，突破了中药橡胶膏剂产品自动涂布技术及设备、自动化包装技术及设备、在线检测系统等关键短板装备，应用了工业控制软件 MES、智能仓储技术、实验室数据管理系统 LIMS、药品质量追溯系统等管理系统，有力地推动了中医药行业智能化升级，带动智能装备在中药贴膏行业的普及推广。

目前，羚锐制药已经完成了中药材自动化提取车间、热压法生产车间、全自动高架仓库部分的建设任务，初步建成"年产百亿贴膏剂产品"生产基地，2017 年 6 月通过 GMP 认证。基地在工艺上采用国际先进的生产技术，研发并应用了智能化生产装备，实现生产流程的科学布局。中药提取过程自动化、贴膏剂制造过程全程自动控制、产品包装线自动化、立体数控自动化物流仓储系统建设等技术创新 100 多项，是公司近年来各类创新成果的集中应用和展示，是国际国内中药行业自动化程度最高的生产基地之一。取得的标志性建设成果如下。

(1) 中药材自动提取车间

中药材自动提取车间集中应用了多功能热回流提取技术、减压真空浓缩技术、热泵浓缩技术等多项核心技术，其中热泵浓缩技术是国内首次应用于中药提取工艺上，与传统工艺相比，生产周期缩短 50%，节约蒸汽 60% 以上，回收率提升 5 个百分点，综合能源节约 40% 左右，同时有效地保留了药物的有效成分。此外，生产运行过程全部采用的是工业电源，几乎没有任何二氧化碳排放的问题，实现了清洁生产。

(2) 热压法生产车间

生产过程实现了自动换布、涂布、激光打孔、覆膜、下卷、切片、分装，减少了 16 名操作人员，不合格品也相应减少，并且涂布速度由 6 m/min 提升至 20 m/min，生产效率得到大幅度提高，在保证产量的同时，节约了人工成本。应用在线检测和在线切孔技术，通过感应系统和报警系统及时发现生产过程中的异常现象，并能够根据监测结果调整压力、温度、挤出胶浆速度等，保障产品质量；同时，能够在线自动检测故障原因并进行诊断，对提取、膏剂涂布、覆膜、激光切片等关键工艺实时监测，达到国内领先、国际先进水平。

(3) 自动化高架仓库

建设的贴膏剂成品库，结合智能包装成套设备、电子监管码打码系统、自动化立体仓库系统，实现包装、码垛、入库、分拣出库的全过程自动管理，实现仓储、物流一体化管理，达到国内领先水平。

项目通过与原有生产效率、产品研发周期、不合格品率、运营成本等指标的对比分析，生产效率提升 288％，生产用工人数降低 75.44％，单位产值能耗降低 71.18％，产能提升 455.56％，项目的经济效益和社会效益十分显著，关键指标改善对比见表 5-2。

▣ **表 5-2　项目实施前后关键指标改善对比**

指标类型	项目实施前	项目实施后	指标变化率
生产效率	208 万贴/(人·年)	807 万贴/(人·年)	＋288％
运营成本	3.09 亿	2.48 亿	－20％
产品研制周期	20 个月	10 个月	－50％
产品不良品率	1.08％	0.48％	－55.56％
单位产值能耗	23.52kg 标准煤/万贴	6.78kg 标准煤/万贴	－71.18％
作业人数	48.05 人/亿贴	11.8 人/亿贴	－75.44％
产能提升	18 亿贴	100 亿贴	＋455.56％

参考文献

[1]　陈义涛. 离散型制造企业 ERP 选择研究. 成都：成都理工大学，2012.
[2]　庞国锋，徐静，沈旭昆. 离散型制造模式. 北京：电子工业出版社，2019：200-300.
[3]　郭芷洛. 流程型企业智能制造能力分析及评价研究. 北京：北京邮电大学，2020.
[4]　河南省工业和信息化厅. 智能制造 31 例. 北京：机械工业出版社，2020（04）：273-290.

缩　略　语

AEC（Architecture，Engineering & Construction）建筑、工程和施工行业

AGV（Automated Guided Vehicle）自动导引运输车

AI（Artificial Intelligence）人工智能

AHP（Analytic Hierarchy Process）层次分析法

ALDEP（Automated Layout Design Program）自动布局设计程序

AM（Additive Manufacturing）增材制造技术

AMR（Advanced Manufacturing Research）美国先进制造研究协会

ANN（Artificial Neural Network）人工神经网络

APACS（Advanced Process Automation and Control System）先进的过程自动化和控制系统

APC（Advanced Process Control）先进过程控制系统

App（Application 的缩写）应用程序，通常指手机软件

API（Application Programming Interface）应用程序编程接口

APS（Advanced Planning and Scheduling）高级计划排程系统

ARIS 方法（Architecture of Integrated Information System）

Asi（Actuator Sensor Interface）执行器传感器接口

ATO（Assemble-To-Order）组装式生产模式

BI（Business Intelligence）商业智能系统

BP（Back Propagation）误差反向传播

BOM（Bill Of Material）物料清单

B/S（Browser/Server）浏览器/服务器模式

CAD（Computer Aided Design）计算机辅助设计

CAPP（Computer Aided Process Planning）计算机辅助工艺规划

CAM（Computer Aided Manufacturing）计算机辅助制造

CAN（Controller Area Network）控制器局域网络总线

CAT（Control Automation Technology）控制自动化技术

CCD（Charge-Coupled Device）电荷耦合元件

CIMS（Computer Integrated Manufacturing Systems）计算机集成制造系统

CISC（Complex Instruction Set Computer）复杂指令集计算机

CMOS（Complementary Metal-Oxide-Semiconductor）互补金属氧化物半导体

CNC（Computer Numerical Control）计算机数字控制

Closed-loop MRP（Closed-loop Material Requirement Planning）闭环物料需求计划

CIM-OSA 方法（Computer Intergrated Manufacturing-Open System Architecture）

CLPP（Closed Process Planning）闭环式工艺规划

CORELAP（Computerized Relationship Layout Planning）计算机辅助关联法布局规划

CRAFT（Computerized Relative Allocation of Layout Planning）计算机辅助相对分配法布局规划

CRM（Customer Relationship Management）客户管理系统

CRT（Cathode Ray Tube）阴极射线管

C/S（Client/Server）服务器/客户机

CSM（Customer Service Management）构建客户服务管理系统

CSMA/CD（Carrier Sense Multiple Access with Collision Detection）载波侦听多路访问/冲突检测

CPS（Cyber Physical Systems）信息物理系统

DCS（Distributed Control System）分布式控制系统

DCAM（Data Management Capability Model）数据管理能力评价模型

DDC（Direct Digital Control）直接数字控制

DE（Differential Evolution）差分进化算法

DEA（Data Envelopment Analysis）数据包络分析法

DMU（Decision Making Units）决策单元

DNC（Distributed Numerical Control）分布式数字控制

DNS（Domain Name Server）域名服务器

DoS（Denial of Service）拒绝服务

DPP（Distributed Process Planning）分布式工艺规划

DTW（Digital Twin Workshop）数字孪生车间

DVR（Digital Video Recorder）数字视频记录仪

DMM（Data Capability Maturity Model）数据能力成熟度模型

EAM 方法（Enterprise Asset Management）企业资产管理

EBOM（Engineering BOM）设计 BOM

ECC（Error Correcting Code）错误检查和纠正的技术

ECS（Embedded Control System）嵌入式系统

ECU（Electronic Control Unit）电子控制装置

EDD（Earliest Due Date）最早交货期

EMS（Energy Management System）能源管理系统

EPC（Electronic Product Code）产品电子代码

ERP（Enterprise Resource Planning）企业资源计划

EPA（Ethemet for Plan Automation）是 Ethernet、TCP/IP 等商用计算机通信领域的主流技术直接应用于工业控制现场设备间的通信，并在此基础上建立的应用于工业现场设备间通信的开放网络通信平台

FBD（Functional Block Diagram）功能模块图

FCFS（First Come First Served）先到先服务

FCS（Fieldbus Control System）现场总线控制系统

FLP（Facility Layout Problem）设施布局问题

FPGA（Field Programmable Gate Array）现场可编程逻辑门阵列

FS（Fieldbus Server）现场总线服务器

GA（Genetic Algorithm）遗传算法

GCP（Global Customer Portal）全球客户门户

GE（General Electric Company）通用电气公司

GIS（Geographic Information System）地理信息系统

GMP（Good Manufacture Practices）生产质量管理规范

GPS（Global Positioning System）全球定位系统

HMI（Human Machine Interface）人机界面

IaaS（Infrastructure as a Service）基础设施即服务

IC（Integrated Circuit）集成电路

ICS（Industry Control System）工业控制系统

IDEF 方法（ICAM Definition method）

IEM（Internet Equipment Management）智能设备管理系统

IIoT（Industrial Internet of Things）工业物联网

IL（Instruction List）指令表

IPPS（Integrated Process Planning and Scheduling）生产调度集成

IPC（Inter-Process Communication）进程间通信

ISA（Instrument Society of America）国际仪表学会

IT（Information Technology）信息技术

JIT（Just In Time）准时制

JSP（Java Server Pages）JAVA 服务器页面

KPI（Key Performance Indicator）生产关键绩效指标

LAN（Local Area Network）局部区域网
LCFS（Last Come First Served）后到先服务
LD（Ladder Diagram）梯形图
LES（Logistics Execution System）物流执行系统
LIMS（Laboratory Information Management System）实验室管理系统

MBD（Model Based Definition）基于模型的定义
MBOM（Manufacture BOM）制造 BOM
MDC（Manufacturing Data Collection & Status Management）车间的详细制造数据和过程系统
MES（Manufacturing Execution System）制造执行系统
MESA（Manufacturing Execution Systems Association）制造执行系统协会
ML（Machine Learning）机器学习
MQTT（Message Queuing Telemetry Transport）消息队列遥测传输
MRP（Material Requirement Planning）物资需求计划
MRP-Ⅱ（Manufacturing Resource Planning）制造资源计划
MTBF（Mean Time Between Failure）平均故障间隔时间
MTO 生产模式（Make-To-Order）当接到客户提交的订单才生产
MTS 生产模式（Make-To-Stock）按照已有的长期生产计划来制订原料采购计划
MULTIPLE（Multi-floor Plant Layout Evaluation）多层楼房设施布局设计法
MVC（Model View Controller）MVC 框架，M 是指业务模型，V 是指用户界面，C 是指控制器

NASA（National Aeronautics and Space Administration）美国国家航空航天局
NC（Numerical Control）数字控制
NLPP（Nonlinear Process Planning）非线性工艺规划
NP（Nondeterministic Polynomially）非确定性多项式
NSF（National Science Foundation）美国国家科学基金会
NVR（Network Video Recorder）网络视频记录仪

OCR（Optical Character Recognition）光学字符识别
OEE（Overall Equipment Effectiveness）设备综合效率
ONS（Object Name Service）对象名解析服务
OPC 标准［Object Linking and Embedding（OLE）for Process Control］应用于自动化行业及其他行业的数据安全交换互操作性标准
OPC-UA（OLE for Process Control Unified Architecture）过程控制统一对象模型
OPEC（Organization of Petroleum Exporting Countries）石油输出国组织

PaaS（Platform as a Service）平台即服务
PBOM（Process BOM）工艺 BOM
PC（Personal Computer）个人计算机
P/PE（Product & Process Engineering）产品及产品工艺管理
PCS（Process Control System）过程控制系统
PDA（Personal Digital Assistant）掌上电脑
PDT（Portable Data Terminal）便携式数据终端
PDM（Product Data Management）产品数据管理平台
PIM（Products Information Management）产品资料管理系统
PKI（Public Key Infrastructure）公钥基础设施技术
PKS（Process Knowledge System）过程知识系统
PLC（Programmable Logic Controller）可编程控制器
PLM（Product Lifecycle Management systems）产品生命周期管理

PSO（Particle Swarm Optimization）粒子群算法

QBOM（Quality BOM）质量 BOM
QIS（Quality Information System）品质信息系统

RET（Real Time Ethernet）实时以太网
RFID（Radio Frequency Identification）射频识别技术
RFC（Request For Comments）以编号排列的文件
RISC（Reduced Instruction Set Computer）精简指令集计算机
RGV（Rail Guided Vehicle）有轨穿梭小车
RMS（Real Manufacturing System）现实制造系统
ROP（Reorder Point）订货点方法

SA（Simulated Annealing）模拟退火算法
SBDH 语义数据记录系统
SBOM（Service BOM）服务 BOM
SCADA（Supervisory Control And Data Acquisition）实时数据采集与可视化
SCM（Supply Chain Management）供应链管理
SERCOS（Serial Real Time Communication Specification）串行实时通信协议
SFC（Sequential Function Chart）顺序功能图
SLP（Systematic Layout Planning）系统化布置方法
SoS 级（System of Systems）系统之系统级
SOSA（Sensor，Observation，Sample，Actuator）传感器，观察，采样，执行机构
SPC（Statistical Process Control）在线质量检测系统
SPT（Shortest Processing Time）最短加工时间
SSM（Sales and Service Management）销售和客户服务管理
SSN（Semantic Sensor Network）语义传感网络
SaaS（Software as a Service）软件即服务
SQL（Structured Query Language）结构化查询语言
ST（Structured Text）结构化文本
TCP/IP（Transmission Control Protocol / Internet Protocol）传输控制协议/互联网协议
TDM（Test Data Managerment）试验数据管理系统

UML（Unified Modeling Language）统一建模语言
UPS（Uninterruptible Power Supply）不间断电源
UDP/IP（User Datagram Protocol/ Internet Protocol）用户数据包协议/互联网协议
USB（Universal Serial Bus）通用串行总线

VMS（Virtual Manufacturing System）虚拟制造系统

W3C（World Wide Web Consortium）万维网联盟
WCS（Warehouse Control System）仓库控制系统
WDPF（Westinghouse Distributed Processing Facility）分布式处理装置
WMS（Warehouse Management System）仓库管理系统
WSN（Wireless Sensor Networks）无线传感器网络
WSS（Workshop Service System）车间服务系统

XML（Extensible Markup Language）可扩展标记语言